Microsoft Teams

Die verständliche Anleitung

von
Nicole Enders

Vierfarben

Liebe Leserin, lieber Leser,

Teamarbeit, Homeoffice und Digitalisierung sind vielbenutzte Schlagworte der Stunde. Wer sich mit diesen Themen intensiver befasst, stößt zwangsläufig auf Microsoft Teams. Die Business-Applikation ist in aller Munde und erfreut sich ständig ansteigender Nutzerzahlen. Unternehmen, Schulen und Universitäten setzen die Software für die dezentrale Zusammenarbeit ein.

Die vielfältigen Möglichkeiten von Microsoft Teams sind leicht zu benennen: Die Software erleichtert die Kommunikation im beruflichen Umfeld. Sie bietet Newsfeeds, Videokonferenzen, Chats und private Unterhaltungen. Dokumente, wie Tabellen, Berichte und Präsentationen, lassen sich direkt im Arbeitsbereich öffnen und gemeinsam bearbeiten. Änderungen werden sofort synchronisiert und allen Mitgliedern angezeigt. Und für den Bildungssektor gibt es mit »Teams for Education« eine Lösung speziell für den Einsatz in Schulen und Universitäten.

Das vorliegende Buch hilft Ihnen Microsoft Teams in vollem Umfang, sicher und gekonnt einzusetzen. Schritt für Schritt lernen Sie die vielfältigen Möglichkeiten zu nutzen: vom ersten Videochat und der gemeinsamen Arbeit im Team bis zu hilfreichen Tipps für das effiziente Homeoffice. Nicole Enders ist eine erfahrene Expertin für Microsoft Teams. Als Beraterin und Entwicklerin setzt sie sich seit 2007 intensiv mit den verschiedenen Anforderungen an eine Zusammenarbeit in Unternehmen auseinander. Sie kennt passende Lösungen für zahlreiche Szenarien. Von den Vorteilen, die Microsoft Teams für die gemeinsame Arbeit bietet, ist sie absolut überzeugt.

Dieses Buch wurde mit größter Sorgfalt geschrieben und hergestellt. Sollten Sie dennoch Fragen, Kritik oder inhaltliche Anregungen haben, freue ich mich, wenn Sie mit mir in Kontakt treten.

Nun wünsche ich Ihnen aber viel Freude mit diesem Buch und Microsoft Teams!

Ihr Erik Lipperts
Lektorat Vierfarben
erik.lipperts@rheinwerk-verlag.de

Auf einen Blick

Wir hoffen, dass Sie Freude an diesem Buch haben und sich Ihre Erwartungen erfüllen. Ihre Anregungen und Kommentare sind uns jederzeit willkommen. Bitte bewerten Sie doch das Buch auf unserer Website unter **www.rheinwerk-verlag.de/feedback**.

An diesem Buch haben viele mitgewirkt, insbesondere:

Lektorat Erik Lipperts
Korrektorat Isolde Kommer, Großerlach
Herstellung Norbert Englert
Typografie und Layout Vera Brauner
Einbandgestaltung Mai Loan Nguyen Duy
Titelbilder Shutterstock: 1033103851 © GaudiLab; iStock: 1221479489 © damircudic, 1172681419 © DuxX, 1147503620 © golero
Satz III-Satz, Husby
Druck mediaprint solutions, Paderborn

Dieses Buch wurde gesetzt aus der TheSans (10 pt/14,5 pt) in FrameMaker.
Gedruckt wurde es auf chlorfrei gebleichtem Offsetpapier (90 g/m²).
Hergestellt in Deutschland.

Bibliografische Information der Deutschen Nationalbibliothek:
Die Deutsche Nationalbibliothek verzeichnet diese Publikation in der Deutschen Nationalbibliografie; detaillierte bibliografische Daten sind im Internet über *http://dnb.dnb.de* abrufbar.

ISBN 978-3-8421-0785-4

1. Auflage 2020
© Rheinwerk Verlag, Bonn 2020

Vierfarben ist eine Marke des Rheinwerk Verlags. Der Name Vierfarben spielt an auf den Vierfarbdruck, eine Technik zur Erstellung farbiger Bücher. Der Name steht für die Kunst, die Dinge einfach zu machen, um aus dem Einfachen das Ganze lebendig zur Anschauung zu bringen.

Informationen zu unserem Verlag und Kontaktmöglichkeiten finden Sie auf unserer Verlagswebsite **www.rheinwerk-verlag.de**. Dort können Sie sich auch umfassend über unser aktuelles Programm informieren und unsere Bücher und E-Books bestellen.

Inhalt

Kapitel 4 – Wie kann ich die Teamarbeit mit einem gemeinsamen Aufgabenboard unterstützen?

Kapitel 5 – Mit Kanälen und Tags einen Teamraum organisieren

Kapitel 6 – Mit Online-Besprechungen den Informationsaustausch fördern

Kapitel 9 – Aufbau oder Integration eines Intranets in die tägliche Teamarbeit

Kapitel 10 – Governance: den Überblick behalten

Kapitel 11 – Exkurs: Microsoft Teams im Bildungssektor

Kapitel 1
Einstieg in Microsoft Teams

Möchten Sie lernen, wie *Microsoft Teams* Sie in Ihrem Arbeitsalltag unterstützen kann und wie Sie die verschiedenen Funktionen am sinnvollsten einsetzen können? Dann ist dieses Buch genau für Sie gedacht. In diesem Kapitel gehe ich auf die gängigsten Einsatzszenarien und die ersten Schritte bei der Einrichtung Ihrer persönlichen Einstellungen ein. In späteren Kapiteln lernen Sie dann unter anderem, wie Sie chatten, Teamräume nutzen oder Online-Besprechungen effektiv gestalten können.

> **»Nichts ist so beständig wie der Wandel.«**
> **(Heraklit von Ephesus, 535–475 v. Chr.)**
>
> Die Anforderungen an Ihre Arbeit verändern sich stetig. Und so ändern sich auch die Anforderungen an die von Ihnen im Arbeitsalltag verwendeten Tools. Microsoft ist bestrebt, möglichst zeitnah auf neue oder geänderte Wünsche einzugehen und somit ist *Microsoft Teams* ein Tool, das sich stetig verändert. Daher kann es – je nachdem wann Sie dieses Buch lesen – sein, dass Sie weitere in der Zwischenzeit hinzugekommene Funktionen entdecken. Auch können sich Menüpunkte teilweise an einer anderen Stelle als hier beschrieben befinden.
>
> Die Grundfunktionen und der primäre Einsatzzweck von *Microsoft Teams* werden sich allerdings nicht verändern, sodass Sie auch viele Monate nach dem Erscheinungsdatum mit diesem Buch den perfekten Einstieg in die digitale Zusammenarbeit mit Ihren Kollegen finden werden.

1.1   Sinn und Zweck – was ist Microsoft Teams?

Könnte *Microsoft Teams* die Lösung sein, die Sie in der Zusammenarbeit mit Ihren Kollegen, Kunden und Partnern unterstützt? Können Sie damit aus dem Homeoffice heraus in Kontakt mit anderen Menschen bleiben, und können Ihre Kinder darüber von zu Hause aus unterrichtet werden? Und gibt es eine Unterstützung für die sogenannten *First Line Worker*?

Ich lehne mich mal aus dem Fenster und antworte mit »ja«. *Microsoft Teams* ist eine App, die von Microsoft im Rahmen eines Microsoft-365-Abonnements angeboten wird und für verschiedene Zwecke eingesetzt werden kann, wie zum Beispiel:

- Instant-Messaging/Chat
- (Video-)Telefonie
- Projektarbeit (Besprechungen, Dokumente und Aufgaben)
- Informationsaustausch innerhalb einer Organisationseinheit
- Communitys/Arbeitsgruppen
- Zusammenarbeit mit externen Personen
- Firmenveranstaltungen
- digitales Lernen

Ich gehe nun auf einige der Möglichkeiten detaillierter ein, damit Sie schon einmal ein Gefühl dafür bekommen, was Sie in diesem Buch erwartet.

1.1.1   Mit einem Kollegen chatten

Alles beginnt mit einem Gespräch, und im privaten Umfeld haben sich verschiedene Instant-Messaging- bzw. Chat-Apps längst etabliert. Im beruflichen Umfeld kann *Microsoft Teams* zum Chatten verwendet werden. Anstelle einer E-Mail können Sie der gewünschten Person nun eine Nachricht über den *Chat* senden und sich mit ihr austauschen. Einen Chat nutzen Sie in der Regel, wenn Sie auch einige Zeit auf die Antwort warten können. Denn bei einem Chat handelt es sich um ein asynchrones Kommunikationsmittel; das bedeutet, Ihr Gesprächspartner liest die Nachricht vielleicht erst wesentlich später. Diese Art der Kommunikation eignet sich gut, wenn Sie nur begrenzte gemeinsame freie Zeitabschnitte haben und in der Zwischenzeit dennoch eine Unterhaltung führen möchten. So kann jeder von Ihnen dann antworten, wenn er gerade Zeit hat. In Abschnitt 2.1 ff. finden Sie weitere Informationen zu diesem Einsatzszenario.

1.1.2   Weitere Personen in den Chat holen

Sollten Sie in einer Unterhaltung das Gefühl haben, dass Ihnen eine oder mehrere weitere Personen weiterhelfen können, so können Sie diese einfach zu Ihrem Chat einladen und nun gemeinsam das Gespräch fortführen. Die neu eingeladenen Personen haben keinen Zugriff auf den bisher geführten Chat und müssen von Ihnen evtl. erst einmal inhaltlich abgeholt werden. Dafür können Sie und Ihr bisher alleiniger Gesprächspartner sich jedoch sicher sein, dass keine explizit nur zwischen Ihnen beiden vertraulich ausgetauschten Informationen anderen Personen zugänglich gemacht werden. In Abschnitt 2.1.6 gehe ich im Detail auf die Möglichkeiten ein.

1.1.3   Mit Kollegen telefonieren (mit/ohne Kamera)

Während eine Unterhaltung mittels eines Chats asynchron und somit zeitversetzt erfolgen kann, ist es in vielen Fällen einfacher, direkt mit einer anderen Person zu sprechen. Sie können aus einem Chat heraus die gewünschte Person oder bei einem Gruppenchat auch die gesamte Gruppe anrufen und so ein Telefonat mit ihnen führen (siehe Abschnitt 2.3). Dabei können Sie entscheiden, ob es sich um einen Audioanruf oder einen Videoanruf handeln soll. Die Entscheidung, ob die Kamera aktiviert wird oder nicht, obliegt dabei jedem einzelnen Teilnehmer. Bei aktivierter Kamera lassen sich Besprechungen fast so durchführen, als würde man gemeinsam in einem Raum sitzen.

1.1.4   Remote unterstützen mittels Bildschirmfreigabe

Wenn Sie Hilfe benötigen und ein Kollege beispielsweise sich ein Verhalten auf Ihrem Rechner anschauen soll oder wenn Sie ein Arbeitsergebnis präsentieren möchten, können Sie wie in Abschnitt 2.3.2 beschrieben hierfür Ihren Bildschirm freigeben. Sie können eine Bildschirmfreigabe jederzeit aus einem Chat heraus oder innerhalb eines Telefonats oder einer Besprechung beginnen. Während der Bildschirmfreigabe können Sie sogar die Steuerung der Maus und der Tastatur an einen Ihrer Gesprächspartner übergeben und sich somit noch besser helfen lassen.

1.1.5   Im Team gemeinsam Dokumente bearbeiten, Aufgaben verwalten und Informationen austauschen

Zu Beginn einer Zusammenarbeit werden Sie vielleicht einen Chat bzw. einen Gruppenchat nutzen. Wenn Sie über die Zeit hinweg allerdings irgendwann feststellen, dass diese Art der Zusammenarbeit langfristig angelegt ist, sollten Sie ein Team anlegen und sich dort organisieren. Sie können einen solchen virtuellen Arbeitsraum nutzen, um

- Dokumente zentral abzulegen,

- gemeinsam an Dokumenten zu arbeiten (gleichzeitig),

- über ein zentrales Aufgabenboard Ihre Aufgaben innerhalb des Teams abzustimmen sowie

- verschiedenste Informationen innerhalb des Teams auszutauschen.

Ein solcher Teamraum ist schnell angelegt und kann von Ihnen sowie den weiteren Teammitgliedern an Ihre individuellen Bedürfnisse angepasst werden. Jeder Teamraum kann somit etwas anders aussehen, wobei der generelle Aufbau und die angebotenen Funktionen überall dieselben sind. In Kapitel 3, Kapitel 4 und Kapitel 5 gehe ich auf die vielfältigen Möglichkeiten näher ein.

1.1.6 Besprechungen planen, durchführen und aufzeichnen

Sie können mit *Microsoft Teams* außerdem wie in Kapitel 6 beschrieben Online-Besprechungen durchführen. Dabei wird zwischen spontan angesetzten Besprechungen und geplanten Besprechungen unterschieden. Eine spontane Besprechung wird auch als *Sofortbesprechung* bezeichnet. Sie kann aus einem privaten Chat oder aus der Unterhaltung innerhalb eines Teams gestartet werden. Wenn sich beispielsweise im Rahmen eines Chats der Bedarf an einem direkten Austausch ergibt, kann somit ein Anruf gestartet und das entsprechende Thema besprochen werden. Sollte die Klärung des Themas nicht ganz so dringend sein, kann auch an dieser Stelle ein Termin für die Besprechung festgelegt und somit eine Besprechung geplant werden. Eine *geplante Besprechung* finden Sie auch in Ihrem Kalender wieder, über den Sie ebenfalls Besprechungen planen können.

Sie können verschiedene Arten von Besprechungen planen

Je nach den Einstellungen in Ihrem *Tenant* können Sie zwei verschiedene Arten von Besprechungen planen. Bei der einen Option handelt es sich um eine gewöhnliche Besprechung, in der alle Teilnehmer gleichermaßen berechtigt sind, zu sprechen und Inhalte freizugeben. Diese Art von Besprechung ermöglicht es jedem Teilnehmer, sich an dem Gespräch zu beteiligen und Informationen mit den anderen Teilnehmern zu teilen.

Die zweite Option nennt sich *Liveereignis* und sollte in den Fällen verwendet werden, in denen Sie nur eine sehr eingeschränkte Anzahl an Teilnehmern

haben, die Redeanteile besitzen sollen. Diese Personen können Inhalte freigeben und sprechen. Alle anderen Teilnehmer sind stille Zuhörer und können höchstens Fragen in einer Art Chatbereich stellen. Diese Besprechungs-
form können Sie für öffentliche Veranstaltungen wie beispielsweise
Webinare bzw. generell für Informationsveranstaltungen verwenden, in
denen Sie keine Diskussionen mit allen Teilnehmern führen möchten.

1.1.7   Mit unternehmensexternen Personen zusammenarbeiten

Neben der Zusammenarbeit mit Ihren Kollegen können auch die Kommunikation und die Zusammenarbeit mit externen Personen wie Kunden, Partnern
oder Lieferanten einen großen Teil Ihres Arbeitsalltags ausmachen. Wie wäre es
für Sie, wenn Sie dieselben Tools und Möglichkeiten nutzen könnten, die Ihnen
auch für die interne Zusammenarbeit zur Verfügung stehen? Laden Sie einfach
eine externe Person in einen Teamraum ein, und

- arbeiten Sie gemeinsam an Dokumenten,

- weisen Sie sich gegenseitig Aufgaben zu, oder

- tauschen Sie einfach beliebige Informationen über den Chat innerhalb des
  Teams aus.

Sie können auch innerhalb Ihres Teams einen Bereich einrichten, auf den externe Personen keinen Zugriff haben, und so jederzeit die Kontrolle über die
geteilten Informationen behalten. Erste Informationen zur Zusammenarbeit
mit externen Personen finden Sie in Abschnitt 3.6.

1.1.8   Zentrale Informationen für das gesamte Unternehmen bereitstellen

Haben Sie in Ihrem Unternehmen ein Intranet im Einsatz, und möchten Sie
möglichst ohne Medienbrüche aus Ihrer Projektarbeit heraus auf die im Intranet verfügbaren Informationen zugreifen? Dann integrieren Sie Ihr Intranet in
Microsoft Teams, wie in Kapitel 9 beschrieben. Und falls Sie noch kein Intranet
aufgebaut haben, können Sie auch ein sogenanntes *organisationsweites Team*
gründen und dort zentrale Informationen für das gesamte Unternehmen bereitstellen.

1.1.9   Alles unter einem Dach – Teamarbeit, Aufgaben und Prozesse an einem Ort

Wenn Sie *Microsoft Teams* für die verschiedenen Einsatzszenarien nutzen und somit täglich viel Zeit mit diesem Tool verbringen, kann die Integration weiterer Dienste oder Anwendungen aus Ihrem Unternehmensalltag sehr sinnvoll sein. Sie können auch Unternehmensprozesse mithilfe anderer Dienste aus der Microsoft-365-Welt umsetzen und diese in einzelne Teams oder in *Microsoft Teams* selbst einbinden. Dadurch steht Ihnen eine gemeinsame Benutzeroberfläche für Ihren Arbeitsalltag zur Verfügung, und Medienbrüche gehören der Vergangenheit an. In Kapitel 7 gehe ich näher auf diese Möglichkeiten ein.

1.2   Was muss ich tun, um Microsoft Teams nutzen zu können?

Falls *Microsoft Teams* in Ihrem Unternehmen noch nicht eingesetzt wird, müssen Sie nun erst einmal entscheiden, welche Lizenzierung Sie vornehmen möchten. Darüber hinaus müssen Sie klären, wo Ihre Daten gespeichert werden, welche Endgeräte genutzt werden sollen und welche Apps Sie auf diesen Geräten installieren dürfen. Anschließend geht es darum, die Benutzer für Sie und Ihre Kollegen anzulegen und die ersten persönlichen Einstellungen vorzunehmen. Aber lassen Sie uns Schritt für Schritt vorgehen.

1.2.1   Die passende Lizenz auswählen

Für den privaten Einsatz wird *Microsoft Teams* kostenlos angeboten, und auch im kommerziellen Umfeld bietet Microsoft das Paket *Microsoft 365 Business Basic* aktuell (Stand September 2020) die ersten sechs Monate gratis an.

Auf der Webseite von Microsoft *www.microsoft.com/de-de/microsoft-365/microsoft-teams/compare-microsoft-teams-options* finden Sie detaillierte Informationen zu den einzelnen Angeboten und können die für Sie bzw. Ihr Unternehmen passende Lizenzierung auswählen.

Die wesentlichen Unterschiede zwischen der kostenlosen Version von *Microsoft Teams* und den Business-Editionen gestalten sich folgendermaßen:

	Kostenlos	Business
Dateispeicher	2 GB pro Benutzer	1 TB pro Benutzer
Telefongespräche und Audiokonferenzen	–	✓
Besprechungen aufzeichnen	–	✓
Verwaltungstools für Benutzer und Apps	–	✓
Garantierte Verfügbarkeit von 99,9 %	–	✓

Tabelle 1.1 *Unterschiede zwischen den verschiedenen Editionen von Microsoft Teams*

Wie Sie Tabelle 1.1 entnehmen können, liegt der Fokus der kostenlosen Version von *Microsoft Teams* auf dem Informationsaustausch via Chat sowie einer gemeinsamen Dateiablage, während die Business-Editionen zur umfassenden Unterstützung der Zusammenarbeit vorgesehen sind.

Abbildung 1.1 *Überblick über das aktuelle Angebot von Microsoft*

Besondere Edition für Bildungseinrichtungen

Wenn Sie für eine Bildungseinrichtung tätig sind, können Sie eine besondere Edition von *Microsoft Teams* nutzen, die auch als *Microsoft Teams Education* bezeichnet wird. Diese Edition wird Ihnen kostenfrei zur Verfügung gestellt, wenn Sie nachweisen können, dass es sich tatsächlich um eine Schule bzw.

ein Bildungsinstitut handelt. Auf der Webseite *www.microsoft.com/de-de/education/products/teams/* können Sie die Registrierung vornehmen.

Die Edition für Bildungseinrichtungen verfügt über einige Besonderheiten, um die Zusammenarbeit zwischen den Lehrkräften und den Schülern bzw. Studenten zu unterstützen. So kann die Lehrkraft beispielsweise Inhalte vorbereiten und an die Schüler bzw. Studenten verteilen, die dann wiederum ihre persönlichen Notizen erfassen können. Eine Aufgabenverwaltung inklusive Feedbackprozess oder Benotung ist außerdem in dem Angebot enthalten. In Kapitel 11 gehe ich näher auf diese Möglichkeiten ein.

1.2.2   Wo dürfen die Daten gespeichert werden?

Sie können bei der Registrierung von *Microsoft Teams* als Teil von *Microsoft 365* auswählen, in welcher Region Ihre Daten verwaltet werden sollen. Unter *https://products.office.com/de-de/where-is-your-data-located* finden Sie aktuelle Informationen zu den Standorten der für Sie relevanten Dienste.

Der Hauptsitz von Microsoft liegt in Redmond, und somit verwundert es nicht, dass Microsoft 365 und somit auch *Microsoft Teams* zunächst in den USA angeboten wurden. Mit der Zeit kamen immer mehr Regionen hinzu.

Abbildung 1.2 *Rechenzentren in der Europäischen Union*

Bedingt durch die besonderen Vorgaben hinsichtlich des Datenschutzes in der Europäischen Union wurde hierfür eine separate Region mit eigenen Rechenzentren angelegt. Wie Sie der Abbildung 1.2 entnehmen können, werden in der EU folgende Rechenzentren betrieben:

- Irland
- Niederlande
- Österreich
- Finnland
- Frankreich

Um die hohe Verfügbarkeit von 99,9 % zu gewährleisten, werden die Daten redundant in möglichst weit voneinander entfernten Rechenzentren verwaltet. Ursprünglich bestand die gesamte Region nur aus den Rechenzentren in Irland und den Niederlanden; später kamen Österreich und Finnland sowie zuletzt Frankreich als weitere Optionen hinzu.

Um dem besonderen Sicherheitsbedürfnis in Deutschland entgegenzukommen, wurden auch für uns eigene Rechenzentren in Berlin und Frankfurt eingerichtet.

Sie können somit entscheiden, wo Ihre Daten in der Cloud gespeichert werden. In der Praxis ist die Nutzung der europäischen Cloud auch in Deutschland sehr weit verbreitet, da das Angebot der deutschen Cloud noch nicht so lange besteht und einige Dienste noch nicht vollumfänglich unterstützt werden.

1.2.3   Welche Hardware ist erforderlich?

Microsoft Teams ist weitestgehend plattformunabhängig und kann somit von einem beliebigen Rechner mit den folgenden Betriebssystemen genutzt werden:

- Windows
- Mac
- Linux

Sie können auch mobile Endgeräte wie Tablets oder Smartphones auf Basis von Android und iOS verwenden.

Für einen optimalen Einsatz sollte das von Ihnen eingesetzte Gerät über eine Kamera sowie Lautsprecher und ein Mikrofon verfügen. Alternativ können Sie auch ein Headset oder eine Webcam anschließen. Gerade in Besprechungen ist es wichtig, dass Sie Ihre Gesprächspartner gut verstehen können und diese wiederum Sie gut verstehen und bei aktivierter Kamera auch eine möglichst hohe Bildqualität erreicht wird.

Die genauen Hardwareanforderungen können Sie bei Microsoft auf der Webseite *https://docs.microsoft.com/de-de/microsoftteams/hardware-requirements-for-the-teams-app* nachlesen.

1.2.4   Umgebung einrichten

Wenn Sie *Microsoft Teams* bereits verwenden, können Sie diesen Abschnitt überspringen. Denn in diesem Fall besitzen Sie und Ihre Kollegen bereits ein Benutzerkonto und haben entschieden, ob Sie lieber die Browser-Version, die *Desktop-App* oder eine *mobile App* nutzen möchten.

Wenn Sie allerdings gerade erst mit *Microsoft Teams* beginnen, sollten Sie sicherstellen, dass jeder über ein entsprechendes Benutzerkonto verfügt. Es muss eine Person geben, die nach der Beschaffung von *Microsoft Teams* über ein administratives Benutzerkonto verfügt. Wenn es sich dabei um Sie handelt, können Sie die folgenden Schritte ausführen:

1. Rufen Sie die Seite *www.office.com* auf.

2. Betätigen Sie die Schaltfläche **Anmelden**.

3. Geben Sie Ihren Anmeldenamen ein, und betätigen Sie die Schaltfläche **Weiter**.

4. Geben Sie Ihr Passwort ein, und betätigen Sie die Schaltfläche **Anmelden**.

5. Beantworten Sie die Frage, ob Sie Ihre Anmeldeinformationen speichern möchten, durch Betätigen der Schaltfläche **Ja** oder **Nein**.

6. Sie befinden sich auf der Startseite von Microsoft 365. Hier haben Sie Zugriff auf sämtliche für Sie freigegebenen Apps und Dienste wie beispielsweise *Microsoft Teams*. Die Auswahl der zur Verfügung stehenden Dienste hängt von Ihrer Lizenzierung ab. Da Sie sich mit einem administrativen Benutzerkonto angemeldet haben, können Sie nun mit einem Klick die App **Admin** aufrufen.

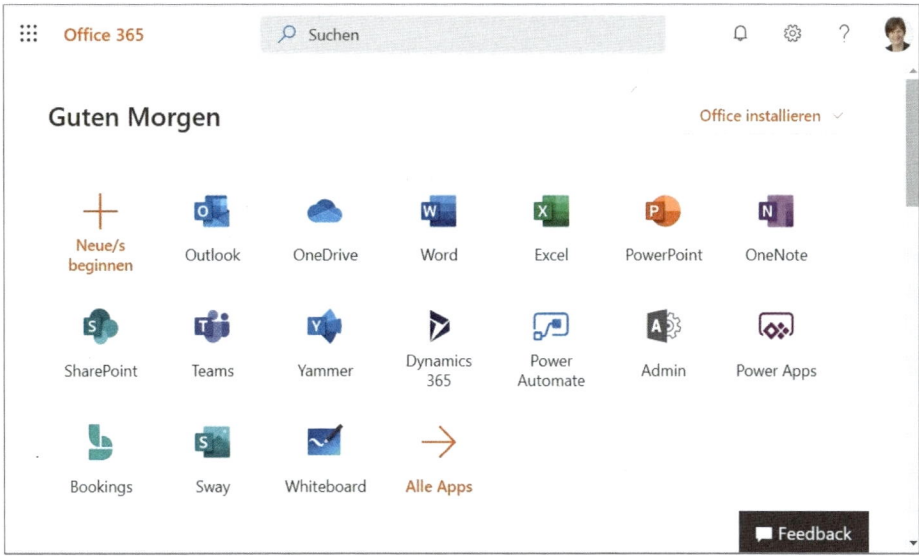

7. Sie befinden sich nun im *Admincenter* von Microsoft 365. Rufen Sie in der linken Navigation den Menüpunkt **Benutzer • Aktive Benutzer** auf.

8. In der nachfolgenden Abbildung sehen Sie eine exemplarische Darstellung der Auflistung aller Benutzer. Um einen weiteren Benutzer anzulegen, betätigen Sie nun die Schaltfläche **Benutzer hinzufügen**.

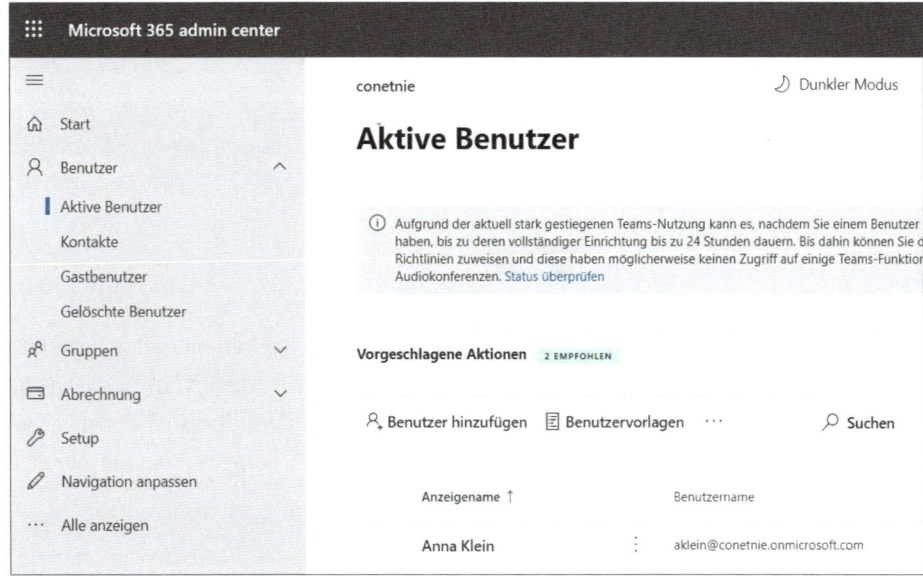

9. Es sollte der dargestellte Dialog für die Anlage eines neuen Benutzers erscheinen. Geben Sie nun den Vor- und Nachnamen des neuen Benutzers an. Anschließend können Sie den Anzeigenamen, der Ihnen vorgeschlagen wird, anpassen sowie einen Benutzernamen festlegen. In vielen Unternehmen wird für den Benutzernamen ein vom Vor- und Nachnamen der Person unabhängiges Schema verwendet.

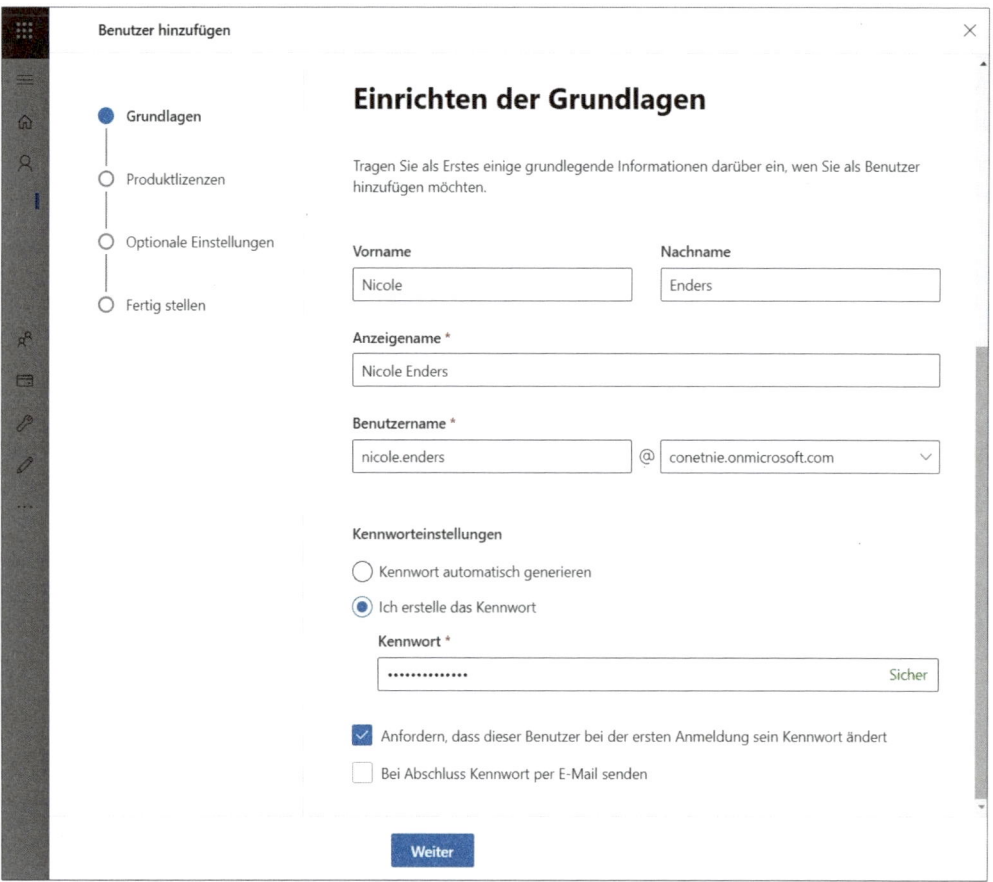

10. Wenn Sie nun ein wenig nach unten scrollen, sollten Sie entsprechend der Abbildung sehen, dass Sie auch das Kennwort festlegen können. Dies kann automatisch erstellt oder von Ihnen angegeben werden. In diesem Fall wählen Sie die Option **Ich erstelle das Kennwort** aus, vergeben ein Kennwort und betätigen die Schaltfläche **Weiter**.

11. Als Nächstes müssen Sie dem Benutzer eine Lizenz zuweisen. In dem dargestellten Fall weise ich dem Benutzer eine E5-Lizenz zu, mit der er sämtliche Apps und Dienste meiner Umgebung nutzen kann. Je nach Lizenzierung werden Ihnen unterschiedliche Optionen an dieser Stelle angeboten. Sie erhalten zusätzlich aber auch die Information, über wie viele freie Lizenzen Sie noch verfügen. Wählen Sie die gewünschten Lizenzen aus, und betätigen Sie auch hier die Schaltfläche **Weiter**.

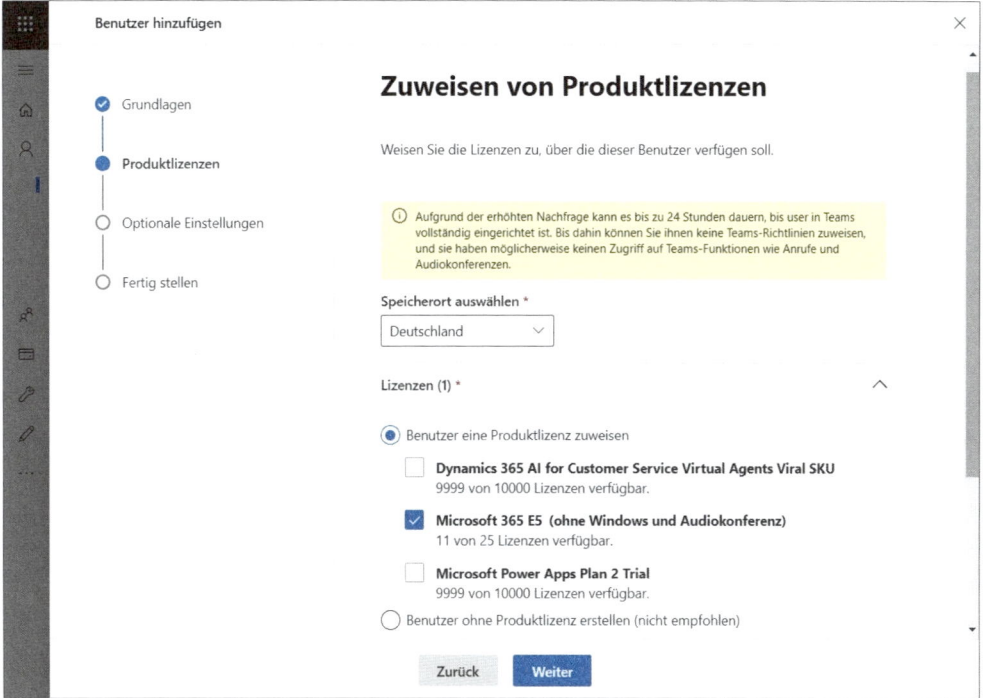

12. Im nun erscheinenden Dialog können Sie für den zu erstellenden Benutzer weitere Informationen wie beispielsweise Kontaktinformationen oder die Zugehörigkeit zu einem Standort bzw. einer Organisationseinheit hinterlegen. In der Praxis werden diese Informationen meistens aus einem Ihrer internen Systeme synchronisiert und müssen hier nicht erneut angegeben werden. Daher ist dieser Schritt auch optional. Betätigen Sie hier lediglich die Schaltfläche **Weiter**.

13. Im letzten Schritt können Sie Ihre Eingaben noch einmal überprüfen und schließen den Vorgang durch Betätigen der Schaltfläche **Hinzufügen fertig stellen** ab.

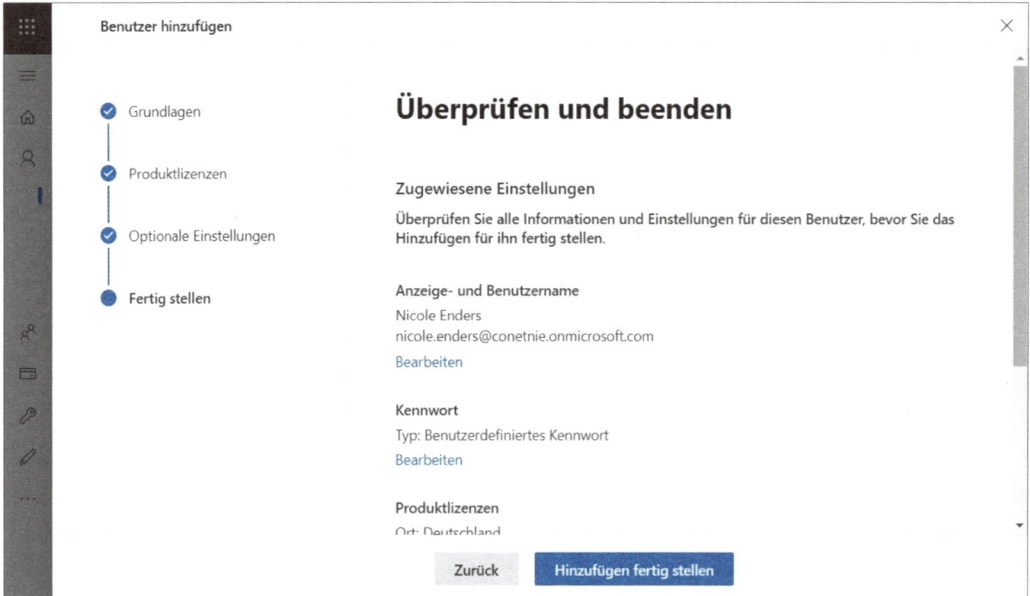

Nun lassen Sie der entsprechenden Person ihren Benutzernamen und das festgelegte Kennwort getrennt voneinander und auf sicherem Wege zukommen, sodass sie sich damit anmelden kann. In unserem Fall gehen wir einmal davon aus, dass Sie für sich persönlich ein separates Benutzerkonto angelegt haben.

Unterscheiden Sie zwischen einem persönlichen und einem administrativen Benutzerkonto!

Falls Sie aus bestimmten Gründen in Ihrem *Tenant* über ein administratives Benutzerkonto verfügen, sollten Sie auf jeden Fall ein zweites Benutzerkonto anlegen, das über dieselben Berechtigungen verfügt wie jeder normale Benutzer innerhalb Ihres Unternehmens. Dieses Benutzerkonto sollten Sie im Alltag verwenden. Das administrative Benutzerkonto hingegen sollte nur dann von Ihnen genutzt werden, wenn Sie administrative Tätigkeiten ausüben.

Melden Sie sich im Zweifelsfall mit Ihrem administrativen Benutzerkonto ab, und rufen Sie erneut die Website *www.office.com* auf. Dort können Sie den in Abbildung 1.3 oben rechts gezeigten Menüpunkt ⊗ aufrufen und durchlaufen erneut den Anmeldedialog, in dem Sie nun die Anmeldeinformation des gerade angelegten Benutzers eingeben.

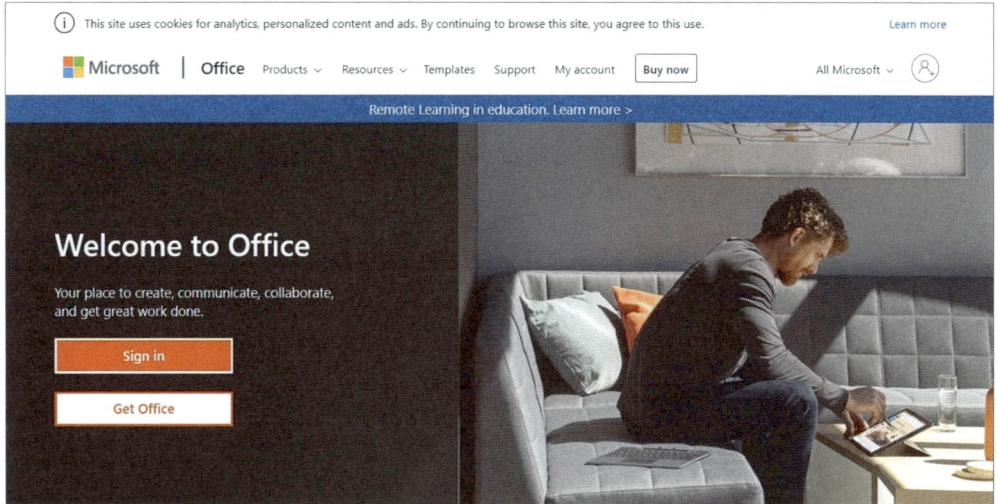

Abbildung 1.3 *Melden Sie sich mit Ihrem neuen Benutzerkonto an.*

Wie Sie in Abbildung 1.4 erkennen können, stehen Ihnen nun weniger Apps zur Verfügung. *Microsoft Teams* gehört aber weiterhin zu Ihrer Auswahl, und mit einem Klick auf **Teams** öffnen Sie die Anwendung in Ihrem Browser. Alternativ können Sie auch den Link *https://teams.microsoft.com* verwenden.

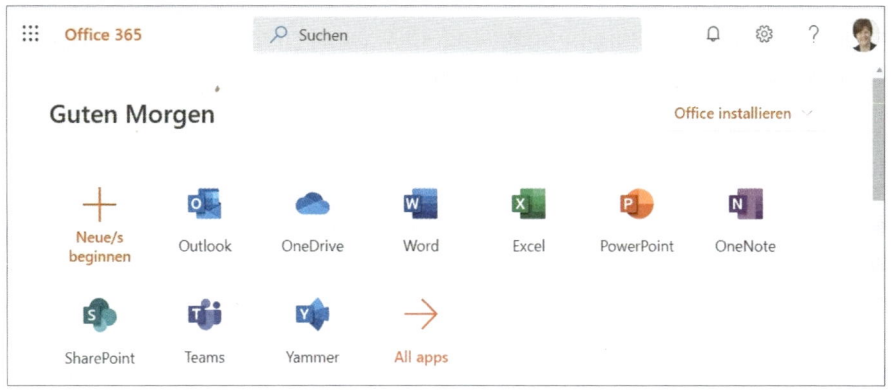

Abbildung 1.4 *Sie haben sich mit Ihrem neuen Benutzerkonto angemeldet.*

Wie Sie Abbildung 1.5 entnehmen können, werden Sie bei einem Aufruf über Ihren Browser explizit gefragt, ob Sie *Microsoft Teams* tatsächlich über den Browser nutzen oder alternativ die Desktop-App herunterladen und diese verwenden möchten.

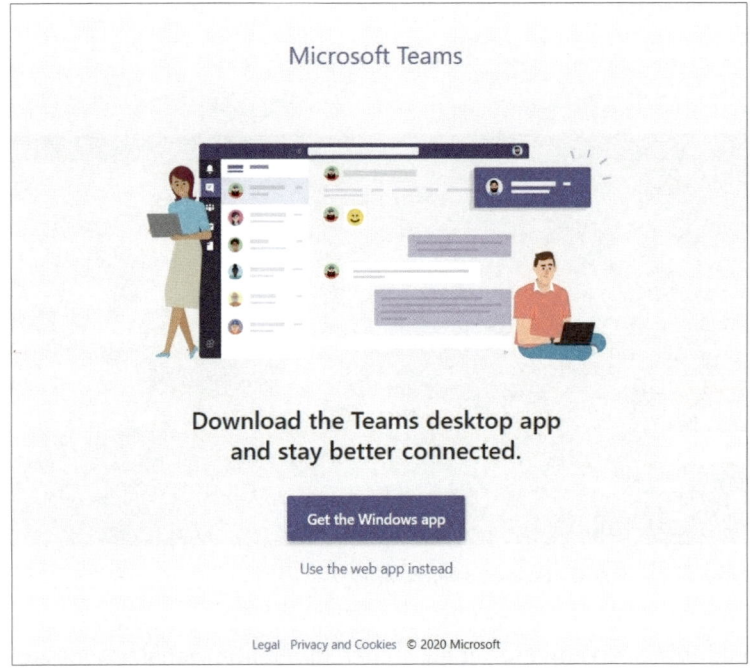

Abbildung 1.5 *Bei Aufruf von Microsoft Teams über den Browser werden Sie gefragt, ob Sie Teams lieber im Browser öffnen oder die Desktop-App herunterladen möchten.*

Sie entscheiden sich nun erst einmal für die Browser-Variante und sollten entsprechend der Darstellung in Abbildung 1.6 *Microsoft Teams* ohne Benachrichtigungen, Chat oder sonstige Nachrichten vorfinden.

Die *Browser-Version* bietet Ihnen bereits sehr viele Möglichkeiten, um mit Ihren Kollegen zusammenzuarbeiten sowie sich untereinander auszutauschen.

Ich persönlich empfehle Ihnen dennoch die Installation der Desktop-App. Diese App können Sie automatisch nach Hochfahren Ihres Rechners starten lassen. Die Ausführung der App kann im Hintergrund erfolgen, und Sie bleiben dennoch erreichbar für Ihre Kollegen. Bei der Browser-Version müssen Sie explizit die Webseite aufrufen und werden auch nur dann als verfügbar angezeigt, wenn das entsprechende Browser-Fenster aktiv ist.

Innerhalb der Browser-Version finden Sie unten links den Menüpunkt ⊡, um auch nachträglich die Desktop-App herunterzuladen (siehe Abbildung 1.6).

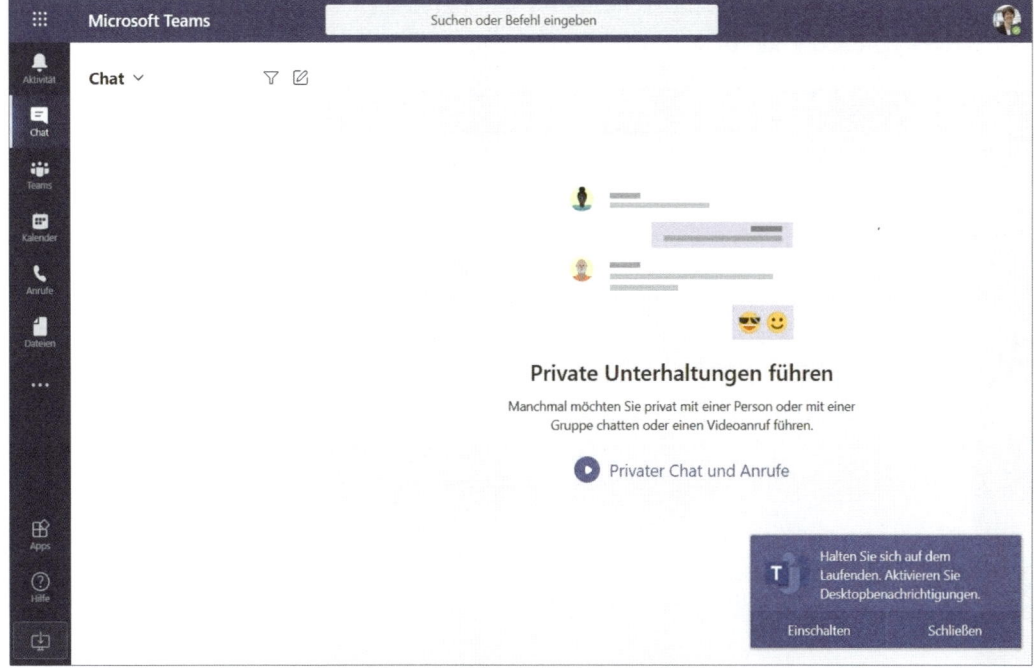

Abbildung 1.6 *Herzlich willkommen bei Microsoft Teams. Sie haben noch keine Benachrichtigungen oder Chatnachrichten, aber das werden wir in nächster Zeit ändern.*

Die mobile App kann über Ihr Smartphone oder Tablet mit Android oder iOS als Betriebssystem kostenfrei heruntergeladen werden. Suchen Sie hierzu nach *Microsoft Teams*, und wählen Sie die App mit dem lilafarbenen Logo und Microsoft als Anbieter aus. Nach der Installation können Sie auch hier Ihre Anmeldeinformationen angeben und von diesem Moment an auch von unterwegs an Unterhaltungen teilnehmen.

Desktop-App als Basis für die Demos in diesem Buch
Ich verwende in diesem Buch bis auf wenige Ausnahmen die Desktop-App für die Vorstellung der einzelnen Funktionen. In der Browser-Version und in der mobilen App kann es zu kleineren Abweichungen kommen, und es kann sein, dass einige Funktionen dort komplett fehlen. Ich versuche, auf größere Unterschiede an der entsprechenden Stelle einzugehen.

1.2.5   Ein paar persönliche Einstellungen vornehmen

Bevor ich Ihnen zeige, wie Sie erste Chatnachrichten versenden oder Telefonate führen, möchte ich Sie mit den persönlichen Einstellungen vertraut machen, die Sie für sich vornehmen können.

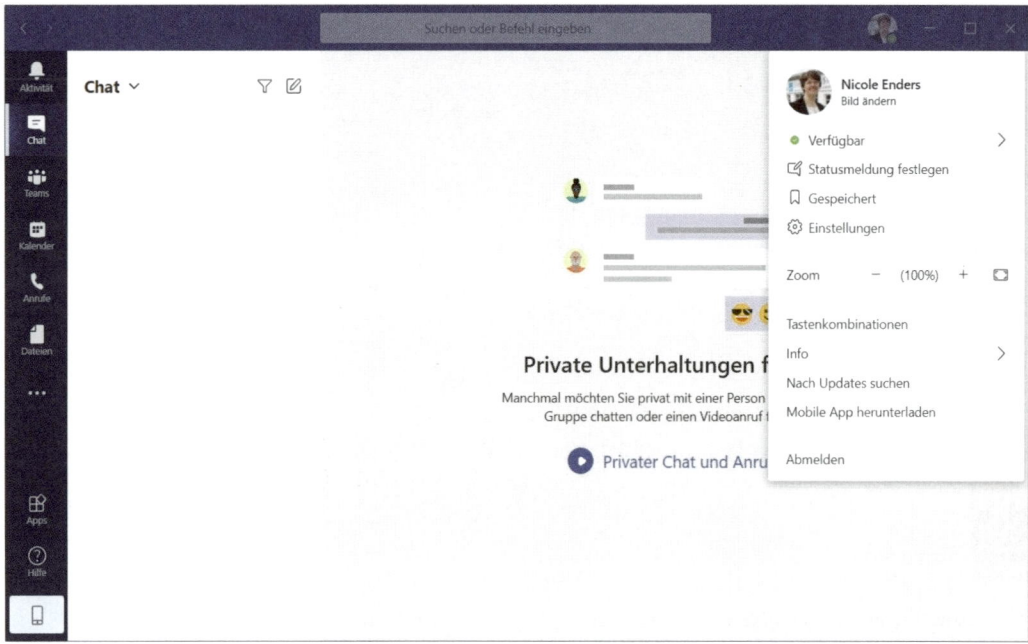

Abbildung 1.7 *Rufen Sie das Menü mit Ihren persönlichen Einstellungen auf, das sich hinter Ihrem Profilbild verbirgt.*

Sehen Sie das in Abbildung 1.7 dargestellte Menü, das sich hinter meinem **Profilbild** verbirgt und mit einem Klick auf mein Foto geöffnet hat? Es kann sein,
dass für Sie noch kein Profilbild hinterlegt ist und stattdessen oben rechts Ihre
Initialen dargestellt werden. Klicken Sie darauf, und schon öffnet sich auch bei
Ihnen das Menü.

Um Ihr Profilbild zu ändern, gehen Sie folgendermaßen vor:

1. Klicken Sie auf den Link **Bild ändern**.

2. In dem daraufhin erscheinenden Dialog klicken Sie auf den Link **Bild hochladen**.

3. Wählen Sie nun ein Bild aus, und betätigen Sie die Schaltfläche **Öffnen**.

4. Sie sehen nun bereits eine Vorschau Ihres neuen Profilbildes und bestätigen die Auswahl über die Schaltfläche **Speichern**.

5. Zum Abschluss schließen Sie den Dialog über die Schaltfläche **Schließen**.

Allgemeine Einstellungen

Rufen Sie in dem Menü hinter Ihrem Profilbild nun den Menüpunkt **Einstellungen** auf, damit wir eine erste Konfiguration für Sie vornehmen. Sie befinden sich zunächst im Bereich **Allgemein** und können dort zwischen drei verschiedenen Designs wählen. Außerdem können Sie festlegen, ob die App automatisch nach Hochfahren Ihres Rechners gestartet werden soll und welche Sprache Sie bevorzugen (siehe Abbildung 1.8).

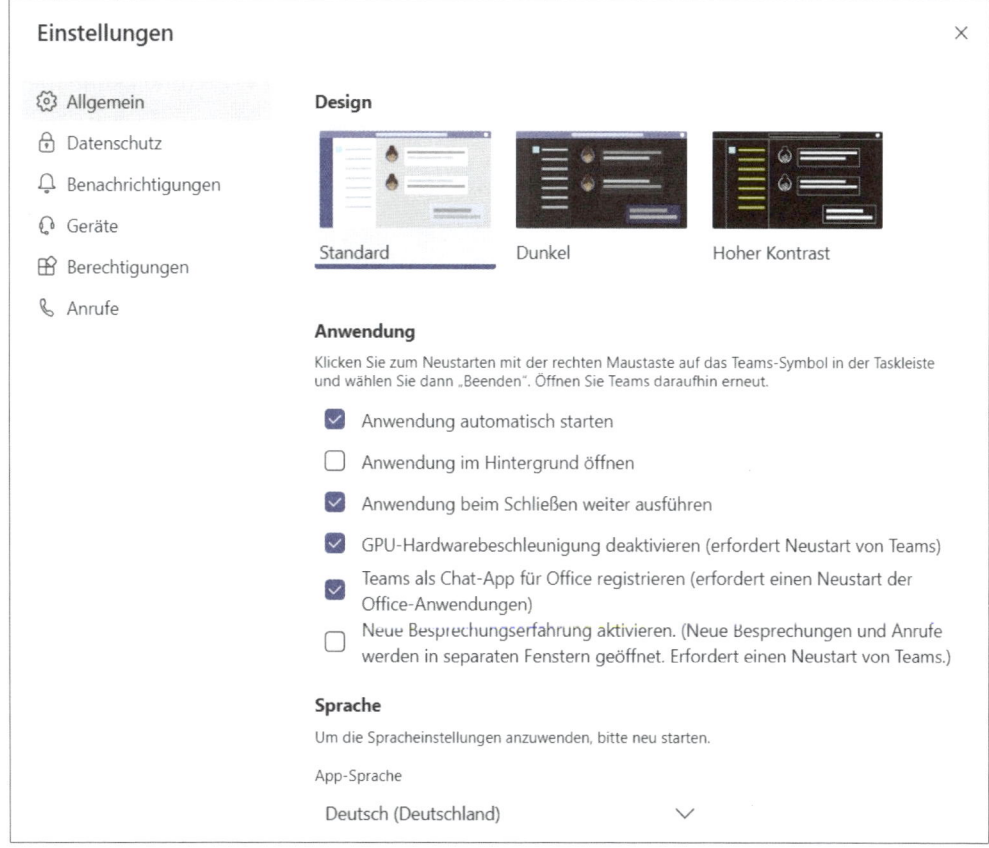

Abbildung 1.8 *Wählen Sie ein Design, das Ausführungsverhalten sowie Ihre bevorzugte Sprache aus.*

Wählen Sie mindestens die Option **Anwendung automatisch starten** aus.

Unterschied zwischen Anzeigesprache und Tastatursprache

Sie können unterschiedliche Sprachen für die Anzeige und die Tastatur angeben. Falls Sie beispielsweise eine englischsprachige Tastatur verwenden, können Sie hier die Einstellung auf Englisch festlegen, während die Anzeigesprache für Menüpunkte, Schaltflächen sowie Datums- und Zeitangaben beispielsweise auf Deutsch festgelegt wird.

Benachrichtigungen

Als Nächstes möchte ich Ihnen die Optionen im Bereich **Benachrichtigungen** vorstellen. Sie können die einzelnen Konfigurationsmöglichkeiten vermutlich erst im späteren Verlauf dieses Buchs genauer einschätzen; aber dann wissen Sie schon einmal, an welcher Stelle Sie die Konfiguration vornehmen können.

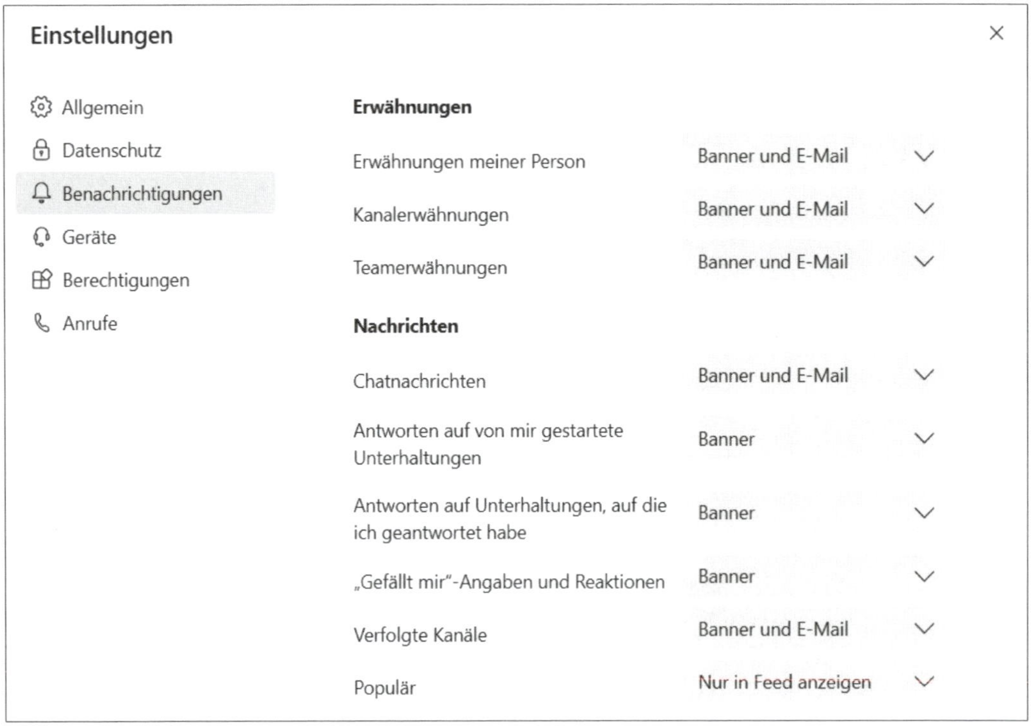

Einstellungen		×
⚙ Allgemein	**Erwähnungen**	
🔒 Datenschutz	Erwähnungen meiner Person	Banner und E-Mail ⌄
🔔 Benachrichtigungen	Kanalerwähnungen	Banner und E-Mail ⌄
🎧 Geräte	Teamerwähnungen	Banner und E-Mail ⌄
🏢 Berechtigungen		
📞 Anrufe	**Nachrichten**	
	Chatnachrichten	Banner und E-Mail ⌄
	Antworten auf von mir gestartete Unterhaltungen	Banner ⌄
	Antworten auf Unterhaltungen, auf die ich geantwortet habe	Banner ⌄
	„Gefällt mir"-Angaben und Reaktionen	Banner ⌄
	Verfolgte Kanäle	Banner und E-Mail ⌄
	Populär	Nur in Feed anzeigen ⌄

Abbildung 1.9 *Sie können die Art der Benachrichtigungen zentral für die unterschiedlichen Ereignisse verwalten.*

Abbildung 1.10 *Für das jeweilige Ereignis können Sie aus verschiedenen Optionen wählen.*

Wie Sie Abbildung 1.9 und Abbildung 1.10 entnehmen können, können Sie für die unterschiedlichen Ereignisse in *Microsoft Teams* jeweils festlegen, wie Sie benachrichtigt werden möchten. Sie haben dabei folgende Auswahlmöglichkeiten:

- **Banner**: Bei einem Banner handelt es sich um eine Benachrichtigung durch ein Pop-up, das für einige Sekunden unten rechts auf Ihrem Bildschirm erscheint, Ihnen einen Ausschnitt der entsprechenden Nachricht anzeigt und Ihnen darüber hinaus ggf. sogar ermöglicht, eine Antwort zu versenden. Mit einem Klick auf das Banner können Sie die gesamte Nachricht öffnen und weitere Funktionen nutzen.

- **Banner und E-Mail**: Bei dieser Option erscheint zum einen das Banner. Darüber hinaus erhalten Sie mit ein wenig Zeitversatz außerdem eine E-Mail mit einem Ausschnitt der Nachricht sowie einem Link auf die gesamte Nachricht.

- **Nur in Feed anzeigen**: Bei dieser Option erscheint kein Banner, um Sie über das Ereignis zu informieren. Stattdessen wird lediglich eine Benachrichtigung in Ihrem Aktivitätsfeed hinzugefügt, den Sie über den Menüpunkt **Aktivität** oben links aufrufen können. Die Benachrichtigung im Aktivitätsfeed erfolgt auch bei den beiden vorherigen Optionen.

- **Aus**: In diesem Fall erfolgt keine Benachrichtigung über das entsprechende Ereignis.

Nicht bei jedem Ereignistyp stehen Ihnen sämtliche Optionen zur Verfügung. So können Sie bei neuen Chatnachrichten beispielsweise die Option »Nur in Feed anzeigen« nicht auswählen. Wenn wir im späteren Verlauf die verschiedenen Möglichkeiten von *Microsoft Teams* näher beleuchtet haben, sollten Sie die hier angebotenen Konfigurationsmöglichkeiten nutzen, um nur genau die Benachrichtigungen zu erhalten, die Sie in Ihrem Arbeitsalltag benötigen.

Audiogeräte und Kamera

Über den Menüpunkt **Geräte** gelangen Sie zu der in Abbildung 1.11 dargestellten Ansicht. Hier können Sie die von Ihnen verwendeten Geräte auswählen:

- Lautsprecher
- Mikrofon
- Kamera

Wenn Sie wie ich manchmal ein Headset verwenden oder eine zusätzliche Webcam nutzen, um auch von einem zweiten Monitor aus geradeaus in die Kamera schauen zu können, ist diese Konfigurationsoption sinnvoll. So können Sie definieren, welche Geräte Sie in *Microsoft Teams* nutzen möchten.

Für die Audiogeräte reicht es in der Regel bereits aus, wenn Sie in der obersten Auswahlbox beispielsweise Ihr Headset auswählen. Daraufhin werden die Auswahlboxen für Lautsprecher und Mikrofon automatisch aktualisiert.

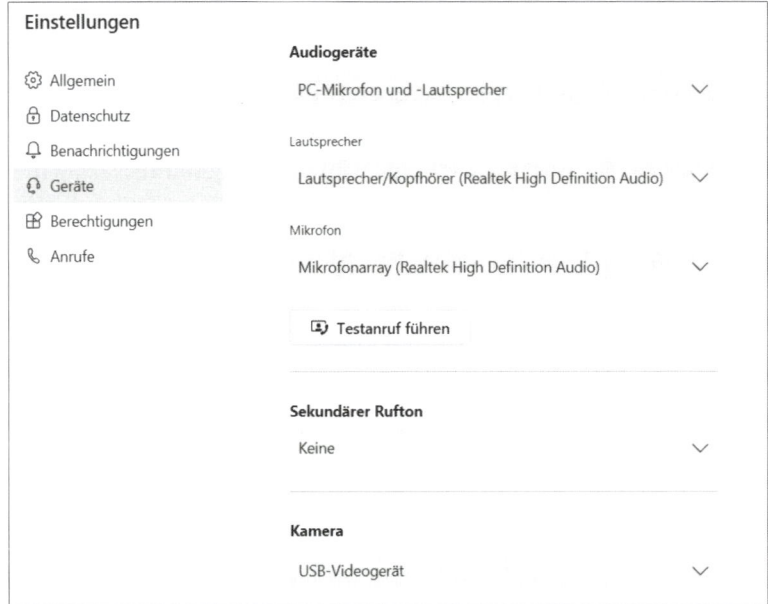

Abbildung 1.11 *Legen Sie fest, welche Audiogeräte und welche Kamera Sie innerhalb von Microsoft Teams nutzen möchten.*

Sollten Sie aber beispielsweise nur über ein externes Mikrofon verfügen und die Lautsprecher Ihres PCs weiterhin nutzen wollen, so müssen Sie das externe Mikrofon in der dritten Auswahlbox von oben auswählen.

Die Kamera können Sie ebenfalls auswählen, wobei standardmäßig die in Ihrem PC verbaute Kamera verwendet wird. Sollten Sie eine externe Kamera wie beispielsweise eine Webcam nutzen, so müssen Sie die Auswahl an dieser Stelle ändern. Durch ein Vorschaubild können Sie schnell prüfen, ob Sie die richtige Kamera ausgewählt haben.

Kann ich meine Änderungen nicht speichern?

Suchen Sie vielleicht gerade eine Schaltfläche, um die von Ihnen vorgenommenen Änderungen zu speichern? Sie werden keine solche Schaltfläche finden; die Änderungen werden sofort übernommen, und Sie müssen lediglich den Dialog über das × oben rechts oder durch einen Klick außerhalb des Dialogs schließen, um den Vorgang abzuschließen.

Präsenz- und Statusinformationen

Sie haben nun gesehen, wie Sie Ihre persönlichen Einstellungen vornehmen können. Wenn Sie mit anderen Personen zusammenarbeiten, wird es für Sie in bestimmten Situationen wichtig sein zu erkennen, wann eine Person verfügbar ist, um beispielsweise an einer Besprechung teilzunehmen. Ich zeige Ihnen nun, wie Sie Ihre eigenen Präsenz- und Statusinformationen pflegen können.

Wie Sie in Abbildung 1.12 sehen können, haben Sie über das Menü hinter Ihrem Profilbild die Möglichkeit, Ihre *Präsenzinformationen* zu pflegen. Standardmäßig werden Sie als **Verfügbar** angezeigt. Wenn Sie gerade an einer Besprechung teilnehmen, sind sie **Beschäftigt**, und wenn Sie Ihren Rechner sperren, werden Sie als **Abwesend** dargestellt. Sie können diese Status aber auch manuell setzen.

In Abbildung 1.13 habe ich meinen Status auf **Nicht stören** gesetzt. Dieser Status wird übrigens automatisch gesetzt, wenn Sie Ihren Bildschirm für andere Personen freigeben. Während die anderen Status eher informativ sind, hat dieser Status noch eine weitere Funktion. Zum einen erhalten Sie bei einem Wechsel in diesen Status eine Mitteilung: »Sie werden nur für dringende Nachrichten und von Ihren Kontakten mit Priorität benachrichtigt.« Dieser Status ist demnach für Situationen vorgesehen, in denen Sie ungestört arbeiten möchten und keine Unterbrechungen durch Nachrichten oder Anrufe wünschen.

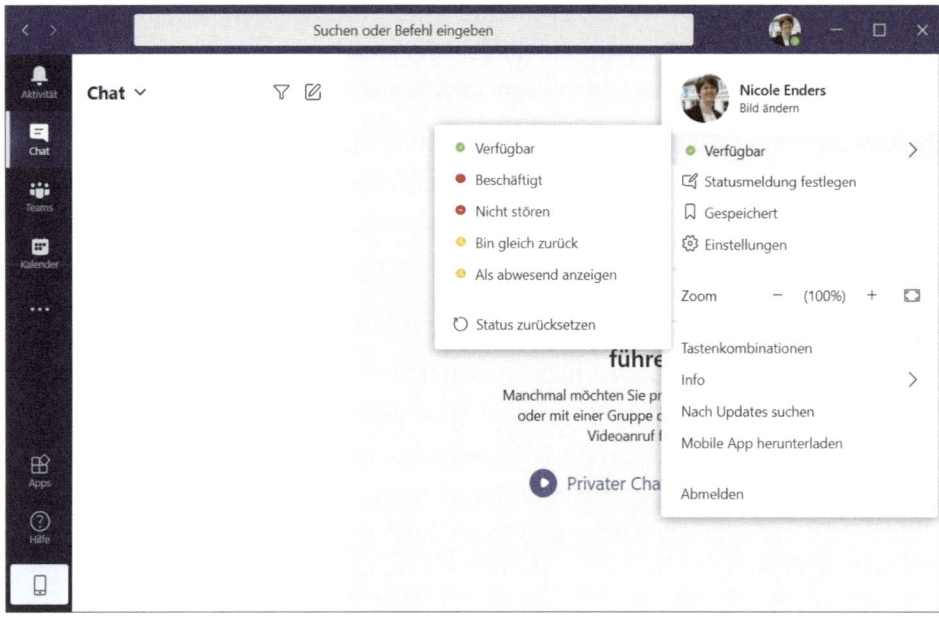

Abbildung 1.12 *Legen Sie Ihre Präsenzinformationen manuell fest.*

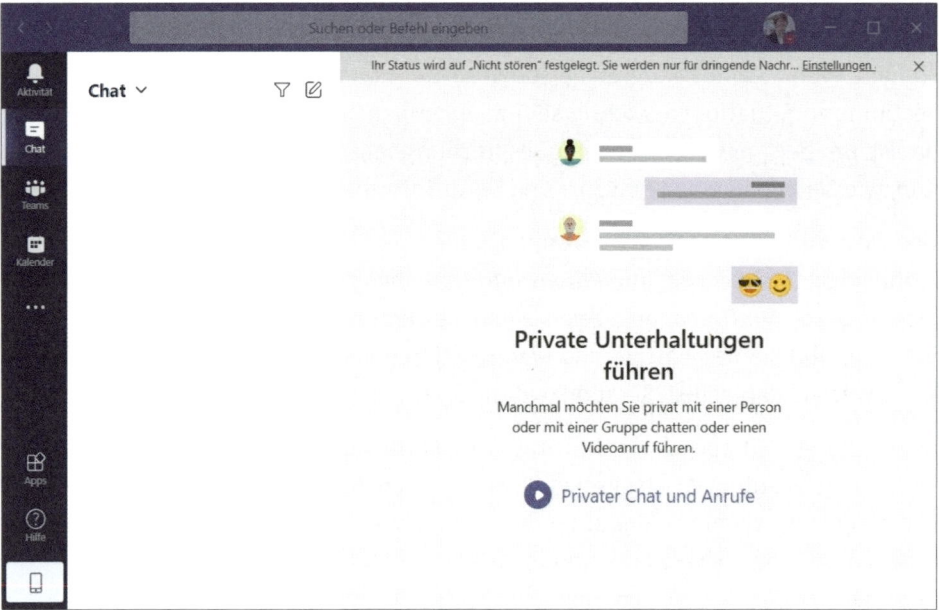

Abbildung 1.13 *Setzen Sie Ihren Status auf »Nicht stören«, um sich auf eine wichtige Aufgabe zu konzentrieren.*

In Abschnitt 2.1.5 erkläre ich Ihnen, was wir unter einer dringenden Nachricht verstehen und wie Sie selbst eine solche Nachricht erfassen und versenden können. An dieser Stelle schauen wir uns lieber an, was wir unter einem Kontakt mit Priorität verstehen. Denn diese Personen scheinen uns auch dann erreichen zu können, wenn wir eigentlich keine Störung wünschen.

Rufen Sie dazu erneut Ihre persönlichen Einstellungen auf, und wechseln Sie anschließend zu dem in Abbildung 1.14 dargestellten Bereich **Datenschutz**. Unter der Überschrift **Nicht stören** betätigen Sie nun die Schaltfläche **Prioritätszugriff verwalten**.

Abbildung 1.14 *In Ihren persönlichen Einstellungen können Sie den sogenannten Prioritätszugriff konfigurieren.*

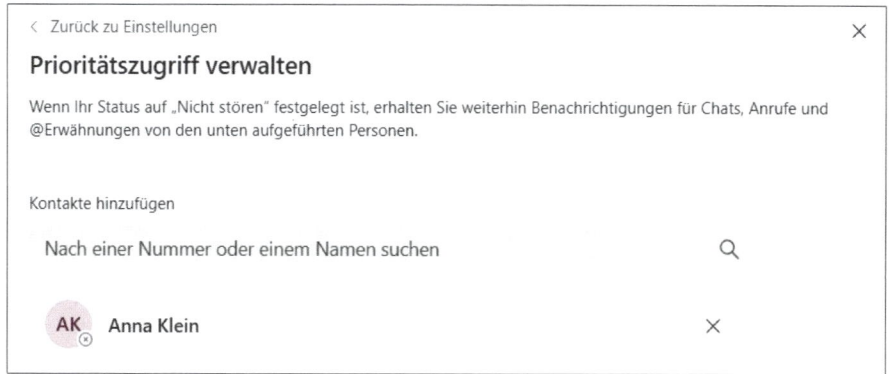

Abbildung 1.15 *Wählen Sie die Personen aus, von denen Sie möchten, dass sie Sie jederzeit erreichen können.*

Sie befinden sich daraufhin in dem in Abbildung 1.15 dargestellten Konfigurationsdialog, um die Personen auszuwählen, die Sie jederzeit erreichen können sollen. Geben Sie dazu in das Eingabefeld **Nach einer Nummer oder einem Namen suchen** den Namen der entsprechenden Person ein, und wählen Sie diese aus, sobald sie Ihnen vorgeschlagen wird. Sie können mehrere Personen auswählen oder auch Personen aus der Liste über das × rechts neben ihrem Namen wieder entfernen.

Ich nutze die Funktion des *Prioritätszugriffs* beispielsweise, wenn ich an einer Besprechung teilnehme und innerhalb der Besprechung eine Information benötige, auf die ich gerade noch warten muss. Vielleicht war der entsprechende Kollege vorher nicht verfügbar, und ich habe ihm eine Nachricht hinterlassen, dass er sich möglichst schnell bei mir melden soll. So kann ich die Information direkt in die Besprechung mit einbringen. Eine andere Situation aus der Praxis wäre, wenn ich gerade im kleinen Kollegenkreis an einem wichtigen Dokument arbeite und nicht gestört werden möchte. Die Kollegen, mit denen ich gerade zusammenarbeite, sollen mich aber dennoch erreichen können. Überlegen Sie einmal, für welche Szenarien aus Ihrem Alltag eine solche Funktion sinnvoll sein könnte.

Im Bereich »Datenschutz« können Sie auch die Lesebestätigungen aktivieren bzw. deaktivieren

Da wir uns gerade im Bereich **Datenschutz** aufgehalten haben, möchte ich Sie auf eine weitere Funktion aufmerksam machen. Sie können hier auch die sogenannten **Lesebestätigungen** aktivieren bzw. deaktivieren (siehe Abbildung 1.16).

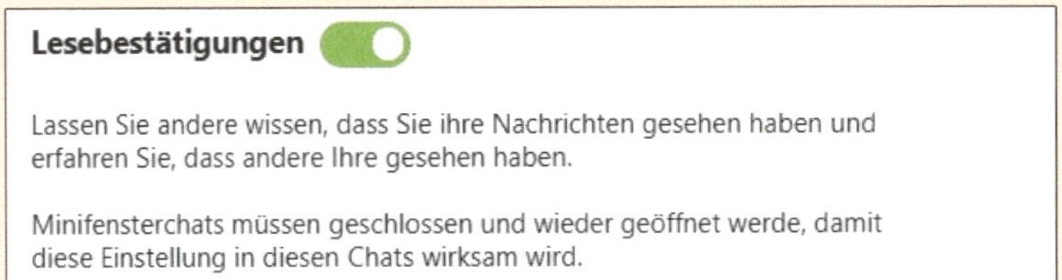

Lesebestätigungen

Lassen Sie andere wissen, dass Sie ihre Nachrichten gesehen haben und erfahren Sie, dass andere Ihre gesehen haben.

Minifensterchats müssen geschlossen und wieder geöffnet werde, damit diese Einstellung in diesen Chats wirksam wird.

Abbildung 1.16 *Legen Sie fest, ob Sie Lesebestätigungen erhalten und versenden möchten.*

Sie werden in Abschnitt 2.1.3 lernen, wie eine solche *Lesebestätigung* aussieht. Sie sollten allerdings wissen, dass es sich hierbei um eine Einstellung handelt, die sich sowohl bei Ihnen als auch bei Ihren Gesprächspartnern auswirkt. Wenn Sie demnach eine Bestätigung erhalten möchten, dass Ihr Gesprächspartner Ihre Nachricht gelesen hat, müssen Sie im Gegenzug auch Ihrem Gesprächspartner erlauben zu sehen, wann Sie eine Nachricht von ihm gelesen haben. Es handelt sich also um eine globale Einstellung. Falls Sie nicht wünschen, dass jemand sehen kann, ob Sie eine Nachricht gelesen haben, müssen Sie die Option deaktivieren und damit zurechtkommen, dass Sie nun auch nicht mehr sehen können, ob eine Ihrer Nachricht bereits gelesen wurde.

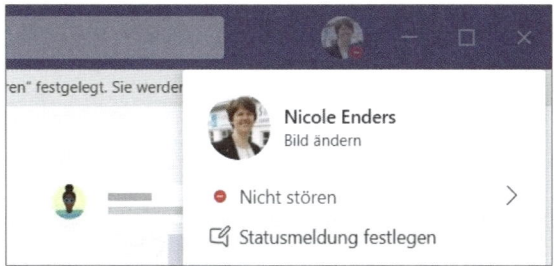

Abbildung 1.17 *Geben Sie zusätzlich zu Ihrer Präsenzinformation auch weitere Informationen in Form einer Statusmeldung an.*

Neben den Präsenzinformationen können Sie auch eine *Statusmeldung* erfassen und so Ihre Kollegen informieren, wenn Sie beispielsweise gerade in einer Besprechung sind oder längere Zeit abwesend sein werden.

In Abbildung 1.17 sehen Sie, dass Sie direkt unterhalb Ihrer Präsenzinformation den Menüpunkt **Statusmeldung festlegen** aufrufen können. Gehen Sie nun folgendermaßen vor:

1. Geben Sie in das große Eingabefeld Ihre Nachricht ein. Der Platzhaltertext hat Sie außerdem darauf aufmerksam gemacht, dass Sie mit einem @-Zeichen eine Person erwähnen können. Das bietet sich in meinem Fall an, da ich meine Kollegen darüber informieren möchte, dass sie sich an meine Kollegin Anna wenden können, während ich in einem ganztägigen Termin bin.

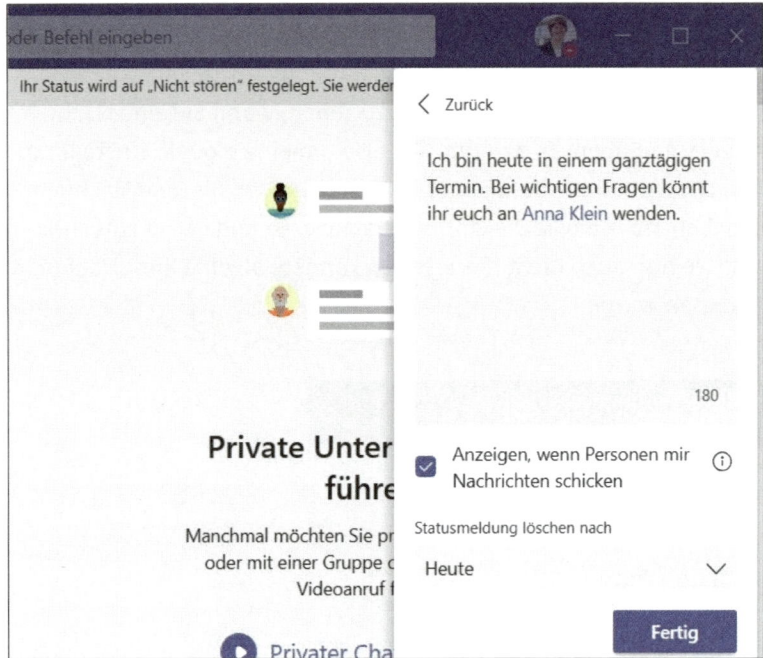

2. Wählen Sie nun die Option **Anzeigen, wenn Personen mir Nachrichten schicken** aus. Sie geben Ihren Kollegen damit direkt beim Erfassen einer Nachricht an Sie die Möglichkeit, diese Statusmeldung zu lesen und ggf. direkt eine andere Person anzuschreiben, wenn Sie länger nicht verfügbar sind.

3. Legen Sie fest, wie lange diese Statusmeldung gültig sein soll. In dem Auswahlfeld **Statusmeldung löschen nach** können Sie aus folgenden Werten wählen:

   – **Nie**

   – **1 Stunde**

   – **4 Stunden**

   – **Heute**

   Wählen Sie eine Option aus.

4. Bestätigen Sie Ihre Angaben über die Schaltfläche **Fertig**.

In Abbildung 1.18 können Sie die von Ihnen erstellte Statusmeldung sehen und über das Stiftsymbol ✏ nachträglich bearbeiten bzw. über das Symbol mit dem Papierkorb 🗑 auch vor Ablauf der Zeit wieder entfernen.

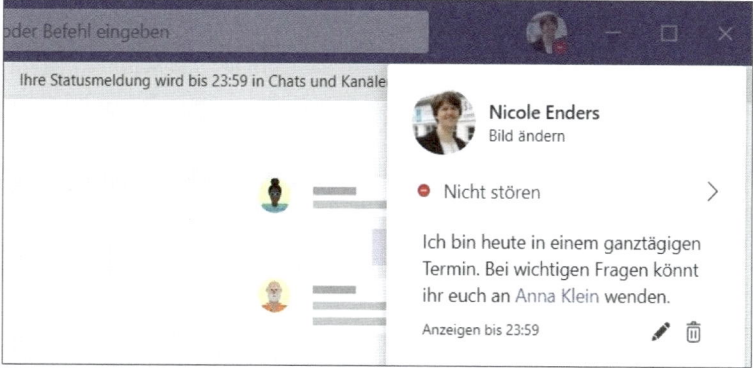

Abbildung 1.18 *Ihre Statusmeldung ist nun aktiv und kann auch vor Ablauf der ausgewählten Zeit gelöscht oder nachträglich bearbeitet werden.*

Da Anna von mir in meiner Statusmeldung erwähnt wurde, hat sie eine Chatnachricht erhalten (siehe Abbildung 1.19). Somit weiß sie, dass ich in einem Termin bin und sich eventuell Kollegen bei ihr melden, die mich gerade nicht erreichen können.

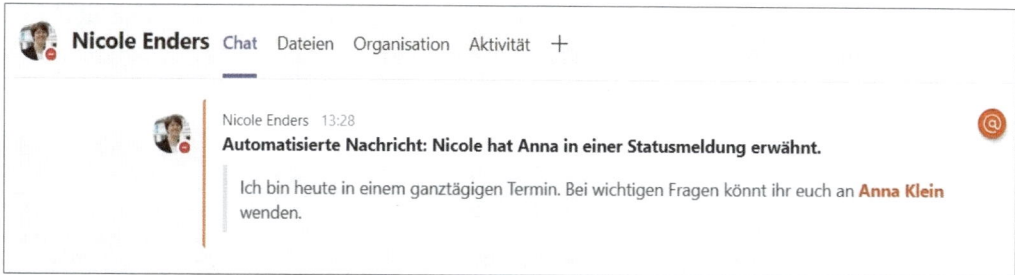

Abbildung 1.19 *Wenn Sie jemanden in Ihrer Statusmeldung erwähnen, erhält er eine Chatnachricht.*

Wie Sie in Abbildung 1.20 sehen können, erhalten Ihre Kollegen bereits bei dem Versuch, Ihnen eine Nachricht zu senden, eine Mitteilung über Ihren Status. So können die Kollegen entscheiden, ob sie Ihnen dennoch eine Nachricht schreiben oder sich direkt an Anna wenden.

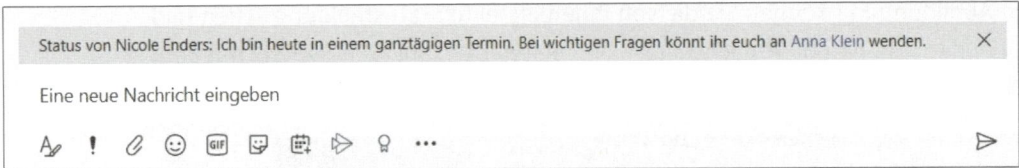

Status von Nicole Enders: Ich bin heute in einem ganztägigen Termin. Bei wichtigen Fragen könnt ihr euch an Anna Klein wenden.   ×

Eine neue Nachricht eingeben

Abbildung 1.20 *Für Ihre Kollegen wird Ihre Statusmeldung oberhalb des Eingabefeldes im Chatbereich angezeigt.*

1.3 Collaboration und Teamwork im Unternehmensalltag erleben

Die Themen *Collaboration* und *Teamwork* scheinen in unserer heutigen Arbeitswelt bereits Standard zu sein. In nahezu jeder Stellenausschreibung wird ein Teamplayer gesucht, der sich sowohl gut in die bereits im Unternehmen etablierten Teams integrieren, aber auch gleichzeitig in der Lage sein soll, seine Meinung zu vertreten und Themen voranzutreiben.

Auszug aus einer beispielhaften Stellenausschreibung
»Wir entwickeln im Team coole Lösungen und gestalten so den Arbeitsplatz der Zukunft. Dabei kann jeder seine individuellen Stärken einbringen und weiterentwickeln.« [...] »Wir wünschen uns von Ihnen: [...] selbstständige und ergebnisorientierte Arbeitsweise, Team- und Kommunikationsfähigkeit [...].«

1.3.1 Was verstehen wir unter Teamwork?

Eine erste Antwort auf diese Frage könnte sein: »Unter Teamwork verstehe ich, dass man gemeinsam an Projekten arbeitet, eng zusammenarbeitet und sich in regelmäßigen Meetings abspricht.« Diese Aussage ist zwar grundsätzlich richtig, weil es sich dabei um die auch von außerhalb des eigentlichen Teams erkennbaren Aspekte handelt. Wirkliche Zusammenarbeit im Team geht aber meiner Erfahrung nach weit über die gemeinsame Verantwortung und Bearbeitung von Aufgaben hinaus und zeichnet sich durch folgende wichtige Prinzipien aus:

- **Kommunikation**: Der Kommunikation gebührt im Team besondere Aufmerksamkeit. Damit weiß das Team, an welchen Aufgaben das einzelne Teammitglied gerade arbeitet. Ohne einen intensiven Informationsaustausch bleiben Aufgaben gegebenenfalls liegen, oder das Ergebnis leidet, weil wichtige Informationen nicht weitergegeben wurden.

- **Zugehörigkeitsgefühl**: Niemand mag das Gefühl, von einer Gruppe ausgeschlossen zu werden. Wichtige Merkmale von guten Teams sind daher der Zusammenhalt und das Wirgefühl zwischen den Teammitgliedern. Konkurrenz belebt zwar das Geschäft und gehört auch im Arbeitsalltag dazu, doch innerhalb Ihres Teams sollten Sie sich als Teil der Gruppe sehen und auch gegenseitig so behandeln.

- **Gegenseitige Unterstützung**: Gerade wenn sich die Aufgaben stapeln und der Berg immer höher wird, kommt man kaum ohne Stress durch die Arbeitswoche. Würden Sie einem Kollegen, der genau dann zu Ihnen kommt und um Hilfe bei seiner Aufgabe bittet, helfen? Hier zeigt sich ein weiterer Aspekt der Teamarbeit: Öffnen Sie die Augen nicht nur für Ihre eigenen Aufgaben, sondern erkennen Sie im besten Fall schon früh, wann ein Kollege Hilfe benötigt, und stehen Sie ihm zur Seite – selbst wenn Ihr eigener Schreibtisch voll ist. Sie werden umgekehrt genauso davon profitieren, wenn ein Kollege Ihnen bei Ihren Problemen weiterhilft. Bei wahrem Teamwork gibt es keine klare Aufgabentrennung mehr; das Team ist vielmehr als Einheit zu sehen, die gemeinschaftlich die erreichten Ergebnisse verantwortet.

- **Ziele**: Jeder bringt seine persönlichen beruflichen Ziele mit in das Team ein. Das können eine neue Position, mehr Verantwortung, ein höheres Gehalt oder auch einfach Zufriedenheit im Job sein. Ein Merkmal von gutem Teamwork sind aber vor allem gemeinsame Ziele. Dazu gehören eine sinnvolle Richtung, die zusammen eingeschlagen wird, und ein Weg, für den sich alle einsetzen können.

1.3.2   Welche Voraussetzungen müssen für gutes Teamwork erfüllt sein?

Es reicht nicht aus, Teamwork lediglich zu einem elementaren Aspekt der Unternehmenskultur zu erklären. Aussagen wie »Teamplay – einer für alle, alle für einen!« oder »Vertrauensvolle Zusammenarbeit – Ehrlichkeit und Zuverlässigkeit bilden die Grundlage!« können zwar motivieren; es müssen aber auch die entsprechenden Voraussetzungen für erfolgreiches Teamwork erfüllt sein:

1. **Teamdenken**: Teamwork kann nicht funktionieren, solange jeder nur an den eigenen Vorteil denkt und bei jeder Gelegenheit versucht, die Kollegen auszustechen. Sie sollten sich zwar im Team behaupten, aber nur wenn Sie – wie Harry S. Truman bereits gesagt hat – dabei auch an das Team und den gemeinsamen Erfolg denken, wird Zusammenarbeit möglich.

   »Es ist unglaublich, was man erreichen kann, wenn man sich nicht darum schert, wer die Anerkennung dafür bekommt.« (Harry S. Truman)

   Dieser Aspekt ist vor allem von der Führungsebene in Unternehmen zu verinnerlichen. Hier muss eine im Arbeitsalltag erlebbare Unternehmenskultur für Teamwork geschaffen werden. Wird Ihnen zum Beispiel immer wieder vorgelebt, dass die Leistungen einzelner Mitarbeiter stärker gefördert werden als Teamerfolge, verstärkt dies das Konkurrenzdenken und verhindert wirkliches Teamwork.

2. **Verantwortung und Vertrauen**: Jeder Mensch macht Fehler, und nahezu jeder Fehler ist eine Chance, daraus zu lernen und sich weiterzuentwickeln. Auch im Arbeitsalltag gehören Fehler dazu und sind erst einmal nicht weiter schlimm. Allerdings sollte jeder bereit sein, auch die Verantwortung für seine Fehler zu übernehmen. Wer versucht, sich hinter anderen zu verstecken oder den Fehler zu überspielen (in der Hoffnung, dass ihn niemand bemerkt), schadet dem gesamten Team, da nun jeder jeden verdächtigt und die Kontrolle zunimmt.

   Die Vorgesetzten sollten auch hier als Vorbild agieren, eigene Fehler einräumen und den richtigen Umgang mit Fehlern zeigen. Wenn die Mitarbeiter wissen, dass sie jederzeit im Team und mit ihren Vorgesetzten über Fehler sprechen und gemeinsam eine Lösung für die daraus entstandenen Probleme suchen können, ist ein weiterer wichtiger Schritt hin zu einer vertrauensvollen Zusammenarbeit getan.

3. **Organisation**: Es gibt das Sprichwort »Viele Köche verderben den Brei«. Um diesen unerwünschten Effekt in Ihren Teams zu vermeiden, ist eine Organisation bzw. Koordination zwingend erforderlich. Sie müssen im Team u. a. folgende Fragen beantworten können:

   – Woran wird aktuell gearbeitet?

   – Wie weit sind die Arbeiten an bestimmten Aufgaben vorangeschritten?

   – Bis wann müssen einzelne Aufgaben abgeschlossen werden?

   – Welche Aufgaben stehen als Nächstes an?

Nur mit entsprechender Organisation können die einzelnen Arbeiten zu einem Teamprojekt zusammengefügt werden. Die Koordination muss dabei nicht zwingend durch den Vorgesetzten erfolgen, sondern sollte nach Möglichkeit wie bei eingespielten Teams gemeinschaftlich und selbstorganisiert durch den Einsatz von Methoden wie etwa Kanban oder Scrum erfolgen.

Ein wichtiger Aspekt für erfolgreiches Teamwork sind auch die Rand- und Rahmenbedingungen am Arbeitsplatz. Haben Sie oder Ihre Kollegen überhaupt die Möglichkeit, gemeinsam mit anderen Mitarbeitern an einer Aufgabe zu arbeiten, und können diese Aufgaben durch den Einsatz digitaler Medien unterstützt werden? Nicht in jedem Berufsfeld ist der Einsatz einer Collaboration-Plattform sinnvoll.

Falls der Einsatz für Sie jedoch grundsätzlich als sinnvoll erachtet werden kann, stellen sich weitere Fragen. Haben Sie in Ihrem Unternehmen die nötigen Freiräume, um sich in Ihren Teams frei zu organisieren? Hierzu gehören beispielsweise die teaminterne Absprache der Arbeitszeiten und des Arbeitsortes und die Art und Weise der Aufgabenbearbeitung. Solange die geforderten Arbeitsergebnisse erzielt werden, sollten die Teams möglichst große Gestaltungsspielräume erhalten.

1.3.3   Warum ist Teamwork wichtig?

Wenn Sie an Ihren Arbeitsalltag und die zu bewältigenden Aufgaben denken, fällt Ihnen bestimmt mindestens eine Aufgabe ein, bei der Sie sich fokussieren müssen und sich lieber zurückziehen, um allein daran zu arbeiten. Widerspricht dieses Verhalten aber nicht dem Grundgedanken des Teamworks?

Nein, denn auch wenn Sie Aufgaben mal nicht gemeinsam mit Ihren Teamkollegen bearbeiten möchten, ist es doch beruhigend zu wissen, dass Sie sich jederzeit auf die anderen verlassen und sie um Hilfe bitten können, wenn Sie allein dann doch nicht weiterkommen.

Der Mensch ist ein soziales Wesen, das beruflich und privat in Gemeinschaften zusammenlebt und den Kontakt zu seinen Mitmenschen sucht. Nach der Auffassung von Naomi Eisenberger von der University of California in Los Angeles ist es interessant zu beobachten, wie unser Körper auf die Zugehörigkeit und Anerkennung in sozialen Gemeinschaften reagiert. So erleben wir soziale Zurückweisung beispielsweise ähnlich wie tatsächliche physische Schmerzen, und soziale Anerkennung löst in unserem Gehirn positive Emotionen aus. Es macht also glücklich, sich einem Team zugehörig zu fühlen und von diesem als vollwertiges Mitglied geschätzt und akzeptiert zu werden. Der Wunsch ist bei den meisten Menschen also groß, sich in ihr soziales Umfeld einzufügen.

Ihre Vorteile von Teamwork

Wenn Teamwork bei Ihnen gelebt wird, kann dies viele Vorteile für Sie und Ihr Unternehmen mit sich bringen:

- **Loyalität**: Wenn bei Ihnen wirkliches Teamwork stattfindet, identifizieren Sie sich in besonderem Maße mit Ihren Kollegen und auch mit dem Team (und somit eventuell indirekt auch mit dem Unternehmen selbst). Dies führt dazu, dass Sie besonders loyal und treu sind. So können Sie auch schwierige Entscheidungen gemeinsam tragen und fühlen sich den Unternehmenszielen verpflichtet.

- **Zufriedenheit**: Die Arbeitsatmosphäre ist ein wichtiger Aspekt für Ihre Zufriedenheit. Wenn Sie mit Ihren Kollegen nicht zurechtkommen, haben Sie auch keinen Spaß an der Arbeit und würden morgens am liebsten zu Hause bleiben. Ein großer Vorteil guten Teamworks ist es daher, dass Sie und Ihre Kollegen zufrieden mit dem eigenen Job sind – und daher motivierter agieren.

- **Verbesserte Ergebnisse**: Je besser Ihr Team zusammenarbeitet, desto positiver können die Arbeitsergebnisse ausfallen. Wenn Sie im Team die Stärken jedes einzelnen Mitglieds optimal nutzen, um eine gemeinsame Aufgabe zu bewältigen, werden Sie nicht nur produktiver, sondern schlichtweg besser.

Die Arbeit läuft generell wesentlich problemloser. Ein gut aufeinander eingespieltes Team weiß bereits im Vorfeld, wo mögliche Komplikationen auftreten könnten, und hilft sich gegenseitig, diese zu umgehen oder schnellstmöglich zu lösen. Das Teamziel steht jederzeit im Vordergrund.

Achtung: Diese Aspekte sollten Sie beim Teamwork berücksichtigen!

Auch wenn Teamwork am Arbeitsplatz nahezu unerlässlich ist, sollten Sie einige Nachteile kennen, die bei der Einführung von Teamwork auftreten können:

- **Aufgabenverteilung**: Jedes Teammitglied bringt seine persönlichen Stärken und Schwächen mit in das Team ein. Diese Diversität kann von Vorteil sein, doch nicht immer gelingt es, die anfallenden Aufgaben entsprechend den

Fähigkeiten zu verteilen. So landet eine Aufgabe möglicherweise auf dem Schreibtisch eines Kollegen, der dafür nicht ausreichend qualifiziert ist.

- **Unklare Kompetenzen und Verantwortung**: Wenn Sie sich im Team nicht darüber einig sind, wer für welche Dinge verantwortlich ist, kann es zu einer Reihe von Problemen in Ihrem Team kommen. Es wird dann beispielsweise nicht mehr zusammengearbeitet, sondern gegeneinander, und am Ende bleiben wichtige Aufgaben liegen.

- **Anerkennungsbedürfnis**: In einem Team ist es deutlich schwerer für den Einzelnen, positiv aufzufallen. Die Leistungen werden dem Team zugeschrieben, und individuelle Erfolge rücken in den Hintergrund, obgleich sie zum Teamerfolg erheblich beigetragen haben. Das kann gerade in der Anfangsphase oder bei bestimmten Persönlichkeitstypen dazu führen, dass sich die betroffenen Personen bewusst in den Mittelpunkt spielen, um die für sie wichtigen Lorbeeren zu ernten. Das Team wird darauf in der Regel mit Unmut reagieren, weil die anderen Mitglieder ebenfalls zu dem Ergebnis beigetragen haben und sich nun vernachlässigt fühlen.

- **Team – toll, ein anderer macht's!** Ein anderes Risiko besteht darin, dass sich einzelne Personen zurücklehnen und hinter der Gemeinschaft des Teams verstecken, weil die einzelne Leistung weniger auffällt. Sie verlassen sich darauf, dass das Team die Aufgaben schon erledigen wird. Damit ziehen sie das Gesamtergebnis des Teams nach unten und sorgen außerdem für Konflikte im Arbeitsalltag.

Alle diese Risiken können mit den richtigen Maßnahmen beseitigt und in Chancen für die Entwicklung erfolgreicher Teams umgewandelt werden. Voraussetzung dafür ist natürlich, dass Sie – wie in vielen Stellenausschreibungen gefordert – Teamplayer in Ihrem Unternehmen haben. Menschen, die sich nicht in ein Team einfügen können und von der persönlichen Anerkennung ihrer Leistung über Ellenbogen-Mentalität leben, können ein Team zerstören. Vorgesetzte sollten in solchen Fällen eingreifen und beispielsweise als Coach für das Team agieren, um Unmut zu verhindern und um nicht zu riskieren, dass das Verhalten Nachahmer findet, da es dem Anschein nach von »oben« toleriert – wenn nicht sogar gefördert – wird.

Die Veränderungen von Denkweisen, Einstellungen und Unternehmenskulturen sind laut diversen Studien die größten Herausforderungen in Unternehmen und benötigen in der Regel mehrere Jahre. Während Sie Veränderungen vornehmen, sind aber kurzfristige Erfolge wichtig, die Sie im weiteren Verlauf dieses Buches anhand vieler Beispiele kennenlernen werden.

1.3.4   Was bedeutet Collaboration?

In den vorangegangenen Abschnitten habe ich erläutert, was erfolgreiches Teamwork ausmacht. Dabei handelt es sich um grundsätzlich technologieunabhängige Fragestellungen. Collaboration dagegen ist die Unterstützung von Teamwork unter Nutzung der zur Verfügung stehenden technischen Möglichkeiten.

Zusammenarbeit (deutscher Begriff für Collaboration) hört auch nicht an der Unternehmensgrenze auf, sondern betrifft sämtliche Handlungen in Ihrem Arbeitsalltag. Es geht dabei um Menschen, die zusammenarbeiten, wie zum Beispiel:

- **Kunden**: Ich habe bis jetzt nur das Team betrachtet, das einen Kundenauftrag bearbeitet. Dabei habe ich den Kunden selbst noch nicht berücksichtigt. Durch die Zusammenarbeit mit dem Kunden ergeben sich neue Herausforderungen. So haben wir zusammen zwar das Ziel, das Projekt erfolgreich durchzuführen und abzuschließen. Zusätzlich habe ich aber vielleicht das Ziel, mit dem Projekt u. a. auch Geld zu verdienen, Mitarbeiter auszulasten oder eine neue Referenz für meine Leistungen in einem bestimmten Sektor zu erhalten. Der Kunde hingegen möchte sein Ansehen innerhalb seines Unternehmens verbessern und zeigen, wie gut er ein solches Vorhaben leiten kann. Diese unterschiedlichen Interessen müssen miteinander verknüpft werden.

- **Partner oder Unterauftragnehmer**: Wenn Sie mit Partnern oder Unterauftragnehmern zusammenarbeiten, werden Sie auch hier auf unterschiedliche Interessen treffen, die in Einklang gebracht werden müssen. Die Zusammenarbeit selbst kann aber auch hier mittels Teamwork erfolgen. Es besteht allerdings mehr oder weniger sichtbar eine Grenze innerhalb des Teams, die die Mitarbeiter Ihres Unternehmens von den Mitarbeitern des Partners bzw. Unterauftragnehmers trennt.

Auch wenn das Thema Collaboration meist mit der Frage einhergeht, welche Tools zur Unterstützung der Zusammenarbeit eingesetzt werden sollen, sollten Sie zuerst klären, wie Sie generell zusammenarbeiten möchten. Erst danach sollten Sie sich um eine Tool-Auswahl kümmern, denn nicht das Tool ist ausschlaggebend, sondern vielmehr die Veränderung überholter Arbeitsweisen. Im Rahmen der Digitalisierung sind viele neue Möglichkeiten zur Unterstützung der Zusammenarbeit entstanden, die jedoch an vielen Unternehmen bisher unbemerkt vorbeigegangen sind.

Zusammenarbeit ist auch im privaten Umfeld relevant!
Der Fokus dieses Buchs liegt in der Nutzung von *Microsoft Teams* im beruflichen Kontext. Sie können die hier vorgestellten Funktionen allerdings auch im privaten Umfeld nutzen, um sich mit Ihrer Familie auszutauschen, Aufgaben zu verteilen und beispielsweise den nächsten Einkauf zu organisieren. Ich gehe in Kapitel 12 näher auf die private Nutzung von *Microsoft Teams* ein.

1.3.5 Homeoffice, Remotework und First Line Worker

Im März 2020 hat sich durch die Covid-19-Pandemie für viele Menschen der Arbeitsalltag von einem Tag auf den anderen verändert. Homeoffice wurde sozusagen zur Pflicht, obwohl es zuvor evtl. als nicht möglich eingeschätzt wurde. Wenn Sie Kinder haben, hat sich Ihr Zuhause nicht nur in einen Homeoffice-Arbeitsplatz verwandelt. Homeschooling war plötzlich auch ein Thema, mit dem Sie und Ihre Kinder sich auseinandersetzen mussten. Vielleicht wurde auch Ihr Küchentisch zur gemeinsamen Arbeits- und Lernzone erklärt, und zwischen dem kleinen Einmaleins wurden Besprechungen geführt und Dokumente bearbeitet.

Die Jobs der sogenannten *First Line Worker* wie beispielsweise die der Kassiererinnen und Kassierer im Supermarkt oder der Krankenschwestern und -pfleger wurden zu systemrelevanten Berufen erklärt. Menschen in diesen Berufen sahen sich plötzlich einem riesigen Ansturm von Kunden bzw. Patienten ausgesetzt. Sie konnten nicht ins sichere Homeoffice wechseln, sondern leisteten weiterhin ihre Arbeit aus der ersten Reihe heraus.

Wenn Sie auch in der Vergangenheit bereits einer der sogenannten *Remoteworker* waren, haben Sie die Situation vielleicht auch ganz anders wahrgenommen. Sie waren es dann bereits gewohnt, von zu Hause aus mit Ihren Kunden oder auch im Team zusammenzuarbeiten. Somit hat sich für Sie nicht so viel verändert, und Sie konnten eher den Menschen mit Rat und Tat zur Seite stehen, die nun mit den recht plötzlichen Veränderungen zurechtkommen mussten.

Unabhängig davon, zu welcher Gruppe Sie sich zählen: Die Pandemie hat unser Leben gehörig auf den Kopf gestellt. Gewohnte Arbeitsweisen wurden undenkbar, und bei einem persönlichen Kontakt waren nun die Abstandsregelungen zu berücksichtigen. Daher bedarf es Lösungen, die zum einen unserem Bedürfnis nach persönlicher Nähe und einem einfachen Weg für den Informationsaustausch nachkommen und zum anderen die neuen Regeln berücksichtigen.

1.4   Letzte Informationen, bevor wir richtig starten

In den nun folgenden Kapiteln gehe ich auf die verschiedenen Möglichkeiten von *Microsoft Teams* ein. Als Erstes werden wir den Chatbereich kennenlernen und von dort zur Telefonie und den Besprechungen wechseln. Und im weiteren Verlauf werden wir immer tiefer in den Bereich der Teamzusammenarbeit einsteigen.

Für eine einzelne Person ist es allerdings schwer, in einem Team zusammenzuarbeiten oder Besprechungen durchzuführen. Aus diesem Grund habe ich für dieses Buch ein fiktives Team zusammengestellt, das Sie in den folgenden Kapiteln begleiten wird und das ich Ihnen nun kurz vorstellen möchte.

Anna Klein haben Sie gerade in einem der vorangegangenen Abschnitte kennengelernt. Sie ist eine noch recht junge Mitarbeiterin, die frisch von der Uni kommt und von mir als ihre Mentorin gefördert und gefordert wird. Sie kennt sich mit Apps und modernen Kommunikationsmitteln aus ihrem privaten Umfeld bestens aus.

Lars Unterberg ist bereits wesentlich länger im Unternehmen, ist unser gemeinsamer Vorgesetzter und begeistert sich für neue Tools und Technologien. Er möchte gerne verstehen, was hinter einer Funktion steckt und wofür man sie über das Offensichtliche hinaus verwenden kann.

Tanja Schmitt ist seine Assistentin. Sie hat nicht so viel Erfahrung mit technischen Lösungen und benötigt Unterstützung, wenn es um neue Tools geht. Ihr werden wir an einigen Stellen Schritt für Schritt die wichtigen Funktionen erklären, die sie für ihren Arbeitsalltag benötigt.

Sebastian Feld ist Familienvater, der sich neben der normalen Arbeit auch im Bereich des Homeschoolings engagiert und die Tipps und Tricks aus seinem Arbeitsalltag an seine Kinder weitergeben möchte.

Ich, **Nicole Enders**, komplettiere das Team. Ich begeistere mich für alle Themen im Bereich *Modern Workplace* und habe mich bereits seit Langem mit *Microsoft Teams* beschäftigt. Nun möchte ich Ihnen mithilfe meines fiktiven Teams zeigen, wie einfach Sie mit diesem Tool arbeiten können und wie viel Spaß Sie gemeinsam mit Ihren Kollegen beim Chatten, Telefonieren und der Zusammenarbeit in unterschiedlichsten Teams haben können.

TEAM – »Together wE Achieve More«

Machen Sie es mir nach, und suchen Sie sich ein paar Kollegen, mit denen Sie gemeinsam die ersten Schritte in *Microsoft Teams* beschreiten. Probieren Sie alles aus! Nicht jede Möglichkeit wird zu Ihnen passen; das Angebot ist jedoch so groß, dass für jeden etwas dabei sein sollte. Ich wünsche Ihnen nun viel Spaß bei der Erkundungstour, auf die ich Sie mitnehmen möchte.

Kapitel 2
Beginnen wir mit Chat und Telefonie

In der täglichen Zusammenarbeit mit Personen innerhalb und außerhalb Ihres Unternehmens nimmt der Austausch von Informationen eine wesentliche Rolle ein. Sie können mit Kollegen chatten, telefonieren oder auch Dateien austauschen sowie Ihren Bildschirm freigeben. In diesem Kapitel gehen wir auf diese Möglichkeiten genauer ein.

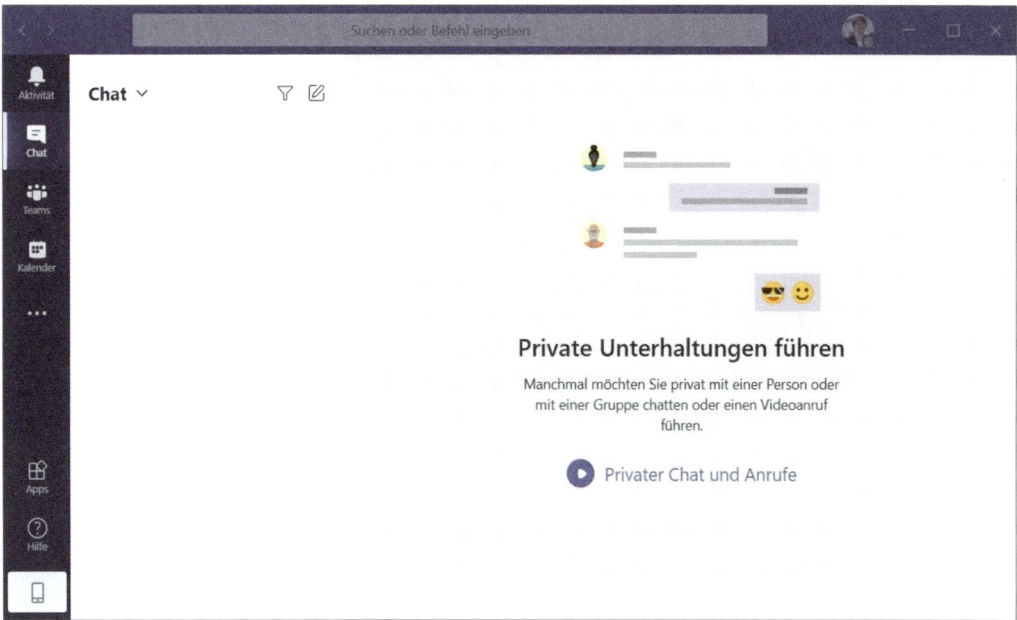

Abbildung 2.1 *Willkommen im Chat-Bereich von Microsoft Teams! Bisher haben Sie noch keine Nachrichten gesendet oder empfangen.*

2.1   Mit einem Kollegen chatten

Ein wichtiger Bestandteil von *Microsoft Teams* ist die Möglichkeit, mit anderen Personen zu chatten und somit in textueller Form Informationen untereinander auszutauschen. Klicken Sie hierzu in der linken Navigationsleiste auf den

Menüpunkt **Chat**. Wenn Sie bisher noch nicht mit anderen Personen gechattet haben, sollte die Ansicht wie in Abbildung 2.1 dargestellt aussehen. Momentan ist die Liste der Chats natürlich noch leer.

Wem kann ich Chatnachrichten schicken?

Bei der Eingabe des Empfängers können Sie verschiedene Optionen wählen:

- **Namen**: Sie können den Namen der gewünschten Person eingeben. Bereits während der Eingabe werden Sie mit Vorschlägen unterstützt, sodass Sie beispielsweise nur den Vor- oder Nachnamen einer Person eingeben müssen und anschließend bereits aus den Vorschlägen die gewünschte Person auswählen können.

- **E-Mail**: Wenn Sie mit Personen außerhalb Ihres Unternehmens in *Teams* zusammenarbeiten, können Sie auch mit diesen Personen chatten und sie über ihre E-Mail-Adresse auswählen.

- **Gruppe**: Wenn Sie gleich ihren ersten Gruppenchat begonnen haben, können Sie die Gruppe ebenfalls hier angeben. Sie können auch mehrere Gruppen auswählen und so einen neuen größeren Gruppenchat eröffnen.

- **Tag**: Personen können sogenannte Tags besitzen. Dies können beispielsweise bestimmte Kenntnisse oder auch die Zugehörigkeit zu einer Organisationseinheit bzw. einem Standort sein. Wenn Sie ein solches Tag verwenden, können Sie sich mit allen Personen unterhalten, die dieses Tag besitzen, ohne die Personen alle manuell auswählen zu müssen.

Lassen Sie uns dies ändern und einen ersten Chat mit einem Kollegen beginnen. Sie können dafür folgendermaßen vorgehen:

1. Wählen Sie oben in der Kopfzeile der Applikation den Menüpunkt ✐ **Neuer Chat** aus. In der Liste **Zuletzt** erscheint nun der Entwurf eines Chats mit der Bezeichnung **Neuer Chat**.

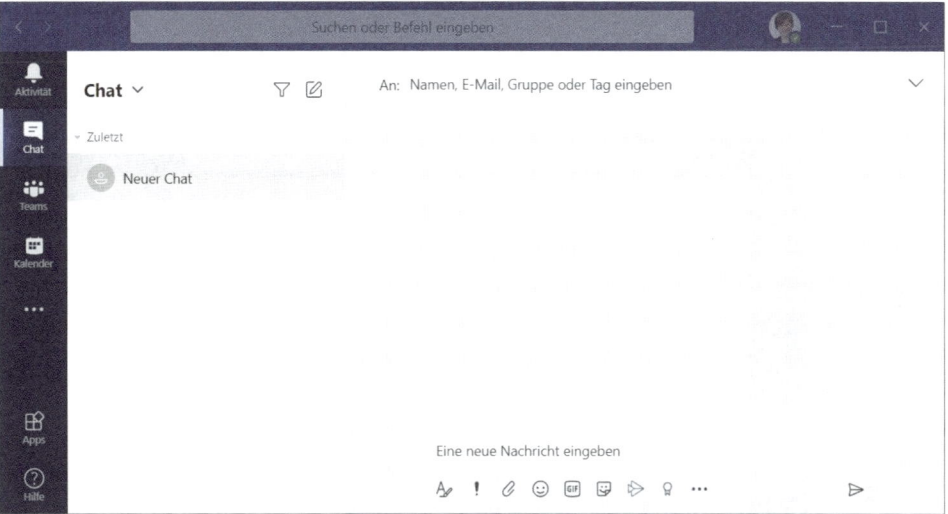

2. Als Nächstes sollten Sie angeben, mit wem Sie sich unterhalten möchten. Sie können direkt mit der Eingabe des Namens der gewünschten Person beginnen, da das Eingabefeld **An: Namen, E-Mail, Gruppe oder Tag eingeben** automatisch ausgewählt ist.

In der Abbildung sehen Sie, dass bereits bei Eingabe des Vornamens die gewünschte Person (in diesem Beispiel »Anna Klein«) vorgeschlagen wird. Mit einem Klick auf den Vorschlag wird Anna als Empfänger der Chatnachricht ausgewählt.

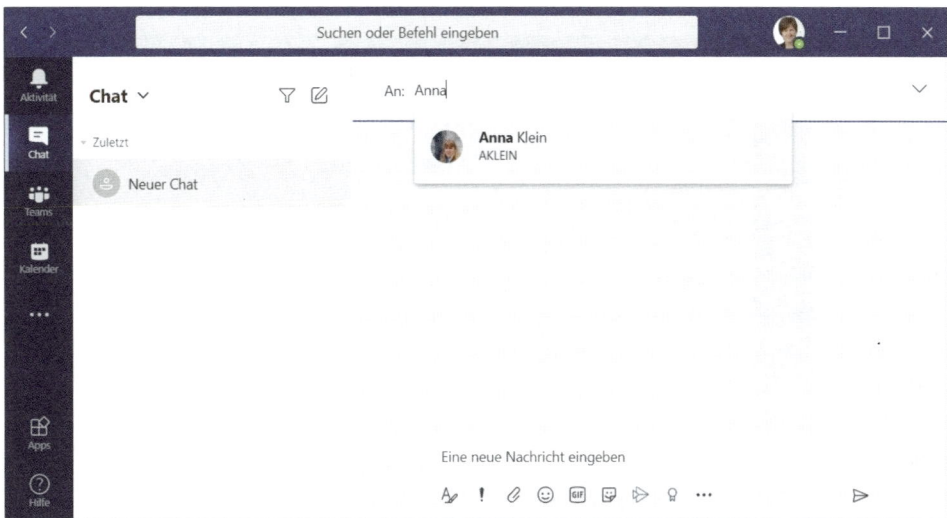

3. Sie könnten nun bereits mit der Eingabe einer Nachricht im unteren Bereich des Chatfensters beginnen. Falls Sie aber einen Gruppenchat beginnen möchten, können Sie beliebig viele weitere Personen hinzufügen.

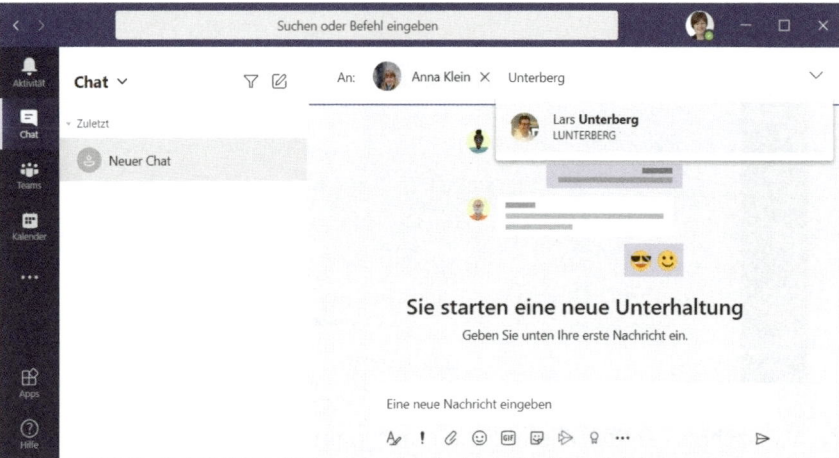

4. Dieser Schritt ist optional und nur für *Gruppenchats* relevant. Um den Einsatzzweck für den jeweiligen Gruppenchat für alle Beteiligten zu definieren, können Sie einen Gruppennamen vergeben. Betätigen Sie hierfür ganz rechts im Eingabefeld für die Empfänger die Schaltfläche ⌄. Daraufhin erscheint oberhalb des Eingabefeldes **An** ein weiteres Eingabefeld **Gruppenname**. Geben Sie dort den gewünschten Gruppennamen ein, und klicken Sie anschließend unten in das Eingabefeld **Eine neue Nachricht eingeben**.

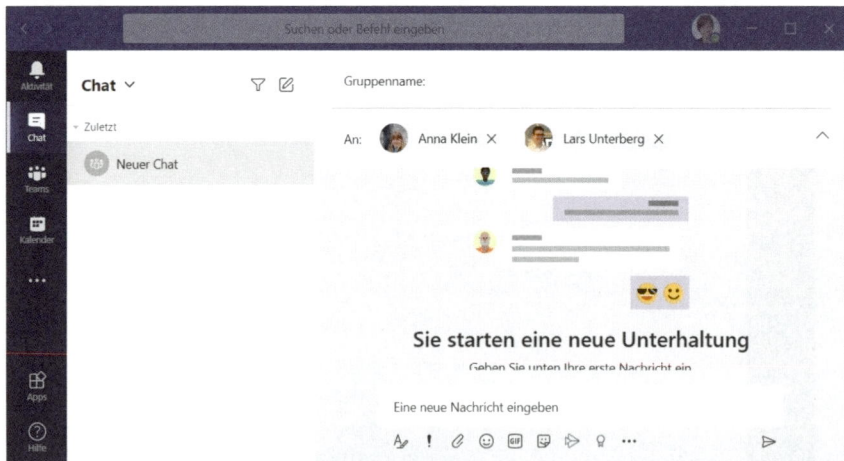

5. Der letzte Schritt betrifft die Chatnachricht selbst. Geben Sie im Eingabefeld **Eine neue Nachricht eingeben** die Nachricht ein, die Sie an die ausgewählte(n) Person(en) senden möchten, und betätigen Sie anschließend ⏎ .

Nun haben Sie Ihre erste Chatnachricht versendet und kennen den Unterschied zwischen dem Chat mit einer einzelnen Person und einem Gruppenchat.

Was geschieht, wenn ich keinen Gruppennamen angebe?

Wenn Sie keinen Gruppennamen angeben, wird die Gruppe anhand der ausgewählten Mitglieder benannt. Für Sie würde die Gruppe in unserem Beispiel »Anna, Lars« heißen. Für Anna wiederum hieße sie »Nicole, Lars«.

Ein explizit vergebener Name erleichtert es Ihnen und den anderen Gruppenmitgliedern, schnell zwischen den verschiedenen Gruppenchats zu unterscheiden.

2.1.1 Chat über die Befehlszeile beginnen

Sie können einen Chat auch über die sogenannte Befehlszeile oben in der Applikation beginnen. Klicken Sie hierfür oben in das Eingabefeld, und geben Sie wie in Abbildung 2.2 dargestellt einen Slash / ein. Daraufhin wird Ihnen eine Auswahl an möglichen Befehlen vorgeschlagen.

Abbildung 2.2 *Nutzen Sie die Befehlszeile, um einen neuen Chat zu beginnen.*

Geben Sie den Befehl /chat ein, und bestätigen Sie die Eingabe mit ⏎ . Als Nächstes können Sie die Person angeben, der Sie eine Nachricht schicken möchten. Auch hier werden Ihnen nach der Eingabe der ersten Buchstaben passende Personen vorgeschlagen (siehe Abbildung 2.3).

Abbildung 2.3 *Geben Sie die Person an, der Sie eine Chatnachricht senden möchten.*

Sie können nur eine Person auswählen!

Wenn Sie die Befehlszeile für das Chatten nutzen, können Sie nur eine Person auswählen. Gruppenchats können hierüber demnach leider nicht begonnen werden.

Nachdem Sie die gewünschte Person ausgewählt haben, können Sie wie in Abbildung 2.4 dargestellt die Nachricht eingeben, die Sie an die Person senden möchten.

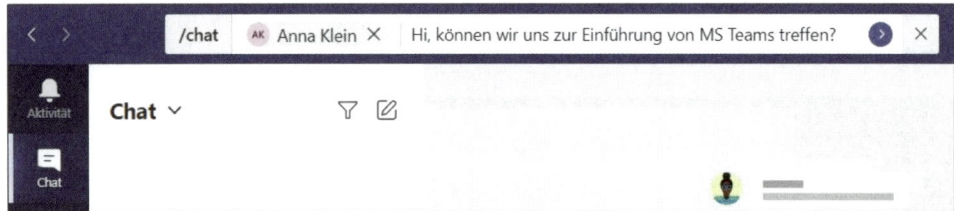

Abbildung 2.4 *Geben Sie direkt in der Befehlszeile die Nachricht ein, die Sie versenden möchten.*

Wenn Sie nun ⏎ betätigen, erscheint in der Befehlszeile die Nachricht **Ihre Nachricht wird gesendet...** (siehe Abbildung 2.5), und über ⏎ gelangen Sie zu dem von Ihnen begonnenen Chat.

Abbildung 2.5 *Nachdem Sie Ihre Nachricht versendet haben, können Sie direkt zu dem neu eröffneten Chat wechseln.*

Abbildung 2.6 *Ungelesene Chatnachrichten werden optisch hervorgehoben.*

Der Chat erscheint bei Ihnen in der Liste **Zuletzt** und kann jederzeit von Ihnen aufgerufen werden. Schauen wir uns nun aber einmal an, wie der Chat beispielsweise für Anna aussieht. Wie Sie Abbildung 2.6 entnehmen können, erscheint der Chat auch für den Empfänger der Nachricht in der Liste **Zuletzt**. Zusätzlich wird der Empfänger Ihrer Nachricht aber auch links in der Menüleiste durch einen roten Kreis am Menüpunkt **Chat** bzw. **Aktivität** darüber benachrichtigt, dass neue und bisher ungelesene Chatnachrichten für ihn vorliegen. Die Zahl in dem roten Kreis besagt, wie viele Chats mit ungelesenen Nachrichten für Sie vorliegen. Nachdem Sie die Nachrichten aus einem Chat gelesen haben, reduziert sich die Zahl; und sobald alle Nachrichten gelesen wurden, verschwindet auch der rote Kreis wieder.

Wann sollte ich die Befehlszeile zum Chatten verwenden?
Die Befehlszeile ist vor allem in den Fällen hilfreich, in denen Sie gerade in *Microsoft Teams* an einem Dokument arbeiten oder innerhalb eines Teams agieren und gerne eine Chatnachricht versenden möchten, ohne den aktuellen Kontext zu verlassen.

2.1.2   Nachrichten formatieren und mit Emojis, Giphys und Aufklebern gestalten

Bei unserer ersten Chatnachricht haben wir uns erst einmal auf die Nachricht selbst in einer einfachen textuellen Form fokussiert. Sie können Ihre Nachrichten allerdings auch formatieren oder mithilfe von grafischen Elementen anreichern.

In Abbildung 2.7 sehen Sie beispielsweise, dass Anna nun auf meine Nachricht antworten möchte und eine Reihe an Formatierungsmöglichkeiten nutzen kann, die wir bisher noch nicht gesehen haben. Klicken Sie hierzu unterhalb des Eingabefeldes für eine neue Nachricht auf den Menüpunkt A⁄ **Formatieren**.

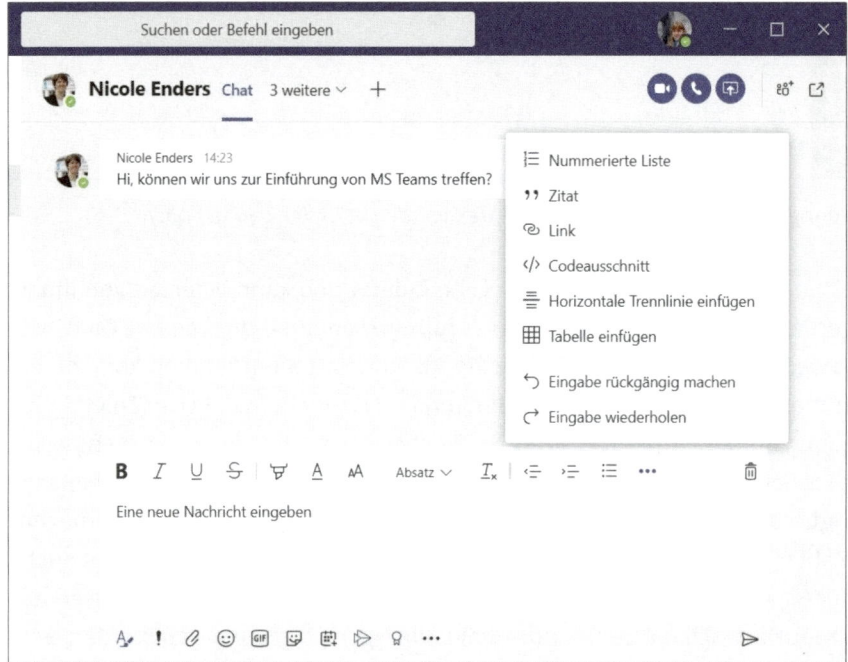

Abbildung 2.7 *Nutzen Sie die angebotenen Formatierungsmöglichkeiten, um die wichtigen Informationen Ihrer Nachricht optisch hervorzuheben.*

Ihnen stehen zur Formatierung Ihrer Nachricht u. a. folgende Möglichkeiten zur Verfügung:

- Sie können eine zuvor markierte Textpassage oder auch einzelne Wörter oder Wortteile *fett* markieren, *kursiv* darstellen oder *unterstreichen* bzw. *durchstreichen*.

- Sie können außerdem aus verschiedenen *Formatvorlagen* (Überschriften, Absatz und Monospace) wählen, die *Schriftfarbe* festlegen oder auch Textpassagen wie mit einem Textmarker durch eine Hintergrundfarbe optisch hervorheben (*Texthervorhebungsfarbe*). Sollten Sie die vorgenommenen Formatierungen wieder entfernen wollen, so finden Sie auch hierfür einen Menüpunkt.

- Neben den reinen Absätzen können Sie auch *Auflistungen* in Ihrer Nachricht verwenden. Sie haben dabei die Auswahl zwischen einer unnummerierten und einer nummerierten Liste und können auch mit verschiedenen Ebenen arbeiten, indem Sie die Menüpunkte zum Verkleinern bzw. Vergrößern des Einzugs verwenden oder mit ⇥ arbeiten.

- *Hyperlinks*, *Tabellen* oder auch *horizontale Trennlinien* (für die inhaltliche Abtrennung bei sehr langen Nachrichten) können von Ihnen ebenfalls in eine Nachricht integriert werden. Bei Hyperlinks haben Sie somit beispielsweise die Möglichkeit, einen Link für ein einzelnes Wort aus Ihrer Nachricht zu hinterlegen und nicht den gesamten Link in der Nachricht zu verwenden. Lange Links können nämlich den Lesefluss negativ beeinflussen.

- Besondere Formatierungen stehen Ihnen für *Zitate* oder *Codeausschnitte* zur Verfügung. Bei Codeausschnitten können Sie sogar aus einer Liste von Programmiersprachen wählen, wodurch die aus der Entwicklung gewohnte Formatierung vorgenommen wird.

Es kann sein, dass einige dieser Optionen nicht direkt für Sie sichtbar sind und sich stattdessen hinter der Dreipunkte-Schaltfläche ganz rechts in der Menüleiste der Formatierungsoptionen verbergen. Dort finden Sie auch zwei weitere Optionen **Eingabe rückgängig machen** und **Eingabe wiederholen**.

Mit diesen Möglichkeiten können Sie Ihre Nachrichten so gestalten, dass genau die aus Ihrer Sicht wichtigen Informationen optisch hervorgehoben werden und bei längeren Nachrichten eine Übersichtlichkeit gewährleistet ist.

Vergessen Sie nicht, Ihre Nachricht zu versenden!

Bei unserem ersten Beispiel konnten Sie Ihre Nachricht durch Betätigen von ↵ versenden. Dies ist nicht möglich, wenn Sie sich für die Formatierung Ihrer Nachricht entscheiden. Wenn Sie nun nämlich ↵ betätigen, fügen Sie einen Zeilenumbruch hinzu. Zum Versenden der Nachricht müssen Sie in diesem Fall die Schaltfläche ▷ **Senden** betätigen.

Diese Schaltfläche können Sie selbstverständlich auch bei kurzen Nachrichten nutzen, allerdings ist in der Praxis die ↵-Taste einfacher zu bedienen, weil Sie sich bei der Eingabe der Nachricht zu diesem Zeitpunkt sowieso an der Tastatur aufhalten.

Falls Sie die Formatierungsoptionen genutzt haben und aus irgendeinem Grund erneut die Schaltfläche A̷ betätigen, können Sie Ihre Nachricht übrigens trotz vorgenommener Formatierungen auch mittels ↵ versenden.

Neben den Informationen in reiner Schriftform können Sie auch weitere Informationen in grafischer Form versenden. Gerade bei einer Kommunikation in textueller Form fehlen wichtige Bestandteile der persönlichen Unterhaltung. Wenn Sie sich beispielsweise ein persönliches Gespräch vorstellen, kann ein Lächeln oder ein Zwinkern Ihres Gesprächspartners eine Nachricht vollkommen anders bei Ihnen wirken lassen, als wenn Sie die Person nicht gesehen hätten.

Bei einem Chat fehlt diese Komponente des persönlichen Gesprächs, und *Emojis, Giphys und Aufkleber* stellen eine digitale Alternative hierzu da. Ich gehe nun kurz auf die verschiedenen Optionen ein.

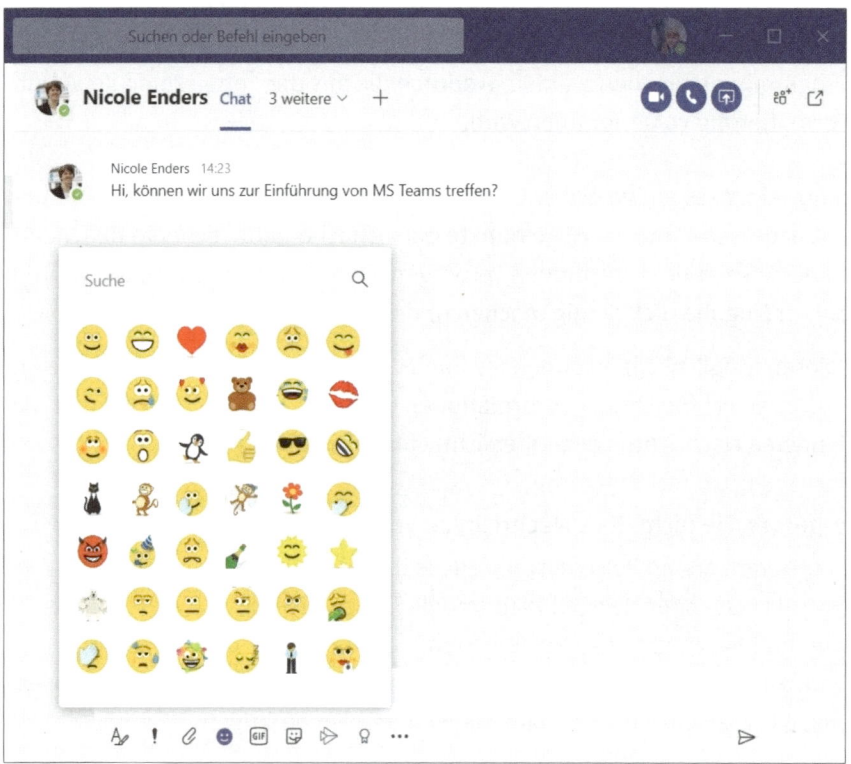

Abbildung 2.8 *Nutzen Sie Emojis, um Ihre Nachricht mit Emotionen anzureichern.*

Über die Menüpunkte ☺ **Emoji**, 🅖🅘🅕 **Giphy** und 🄳 **Aufkleber** können grafische Elemente zu Ihrer Nachricht hinzugefügt werden. Abbildung 2.8 zeigt die Auswahl an Emojis, die Ihnen angeboten wird. Das ausgewählte Emoji wird dann in Ihre Nachricht eingefügt oder kann auch als separate Nachricht an die gewünschte Person gesendet werden.

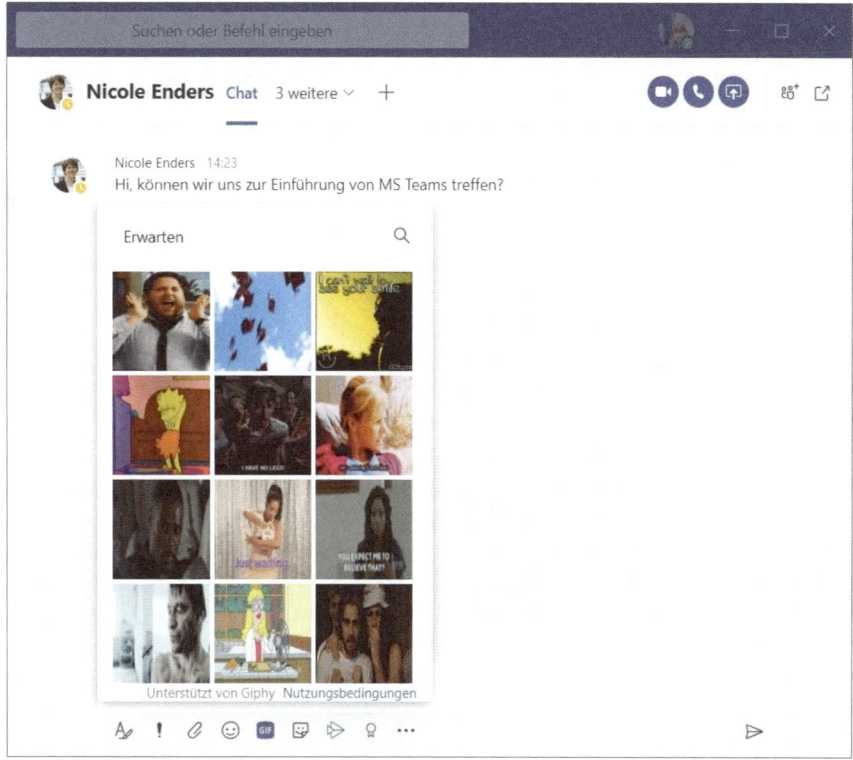

Abbildung 2.9 *Wenn ein Bild mehr sagt als tausend Worte, was sagt dann erst ein GIF als animiertes Bild?*

In Abbildung 2.9 sehen Sie den Dialog für die Auswahl eines GIFs. Standardmäßig werden Ihnen die gerade auf der Plattform *Giphy* populärsten GIFs angeboten. Über das Suchfeld oberhalb der angebotenen GIFs können Sie nach Bildern zu einem bestimmten Thema suchen. Ich empfehle Ihnen, den gewünschten Begriff auf Englisch einzugeben, da Sie so bessere Suchergebnisse erhalten. Mit einem Klick auf das gewünschte GIF wird dieses Ihrer Nachricht hinzugefügt und kann um weitere textuelle Informationen angereichert werden, bevor Sie es über die Schaltfläche ▷ **Senden** versenden.

Eine dritte Option zur optischen Gestaltung haben Sie mit den sogenannten Aufklebern und Memes, die Sie in Abbildung 2.10 sehen können. Auch hier erhalten Sie eine Auswahl an verschiedenen Motiven, können nach bestimmten Themen suchen oder die Kategorien im linken Bereich des Dialogs zur Einschränkung der Suchergebnisse nutzen.

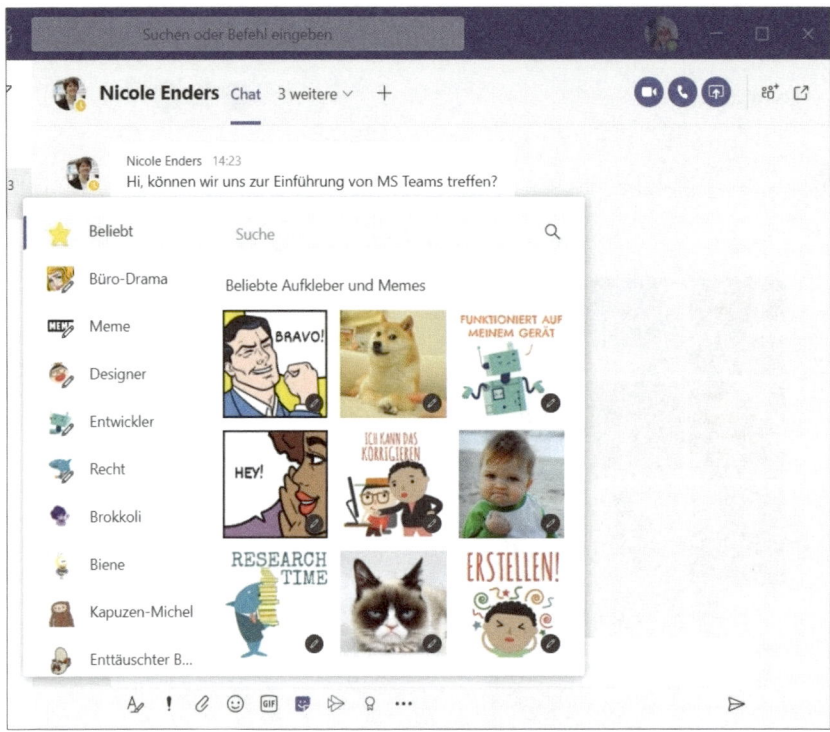

Abbildung 2.10 *Wählen Sie einen geeigneten Aufkleber aus, um ihn anschließend mit einer persönlichen Nachricht zu versehen.*

Wenn Sie einen geeigneten Aufkleber gefunden haben, können Sie diesen mit einem Klick auf das Bild auswählen. Allerdings wird der Aufkleber nicht wie die Emojis oder Giphys direkt Ihrer Nachricht hinzugefügt, sondern es erscheint ein Konfigurationsdialog (siehe Abbildung 2.11).

Wie genau dieser Konfigurationsdialog aussieht, hängt von dem ausgewählten Aufkleber ab. Der von mir exemplarisch ausgewählte Aufkleber zeigt eine Sprechblase mit dem Text »BRAVO!«. Diesen Text können Sie nun übernehmen oder durch eine persönliche Nachricht ersetzen. Andere Aufkleber verfügen sogar über mehrere Textbereiche, die von Ihnen frei gestaltet werden können.

In unserem Fall können Sie nun Ihre Nachricht eingeben (z. B. um jemanden zu loben oder zu etwas aufzufordern), und anschließend betätigen Sie die Schaltfläche **Fertig**. Daraufhin wird der Aufkleber zu Ihrer Nachricht hinzugefügt und kann von Ihnen bei Bedarf mit weiterem Text kombiniert und anschließend versendet werden.

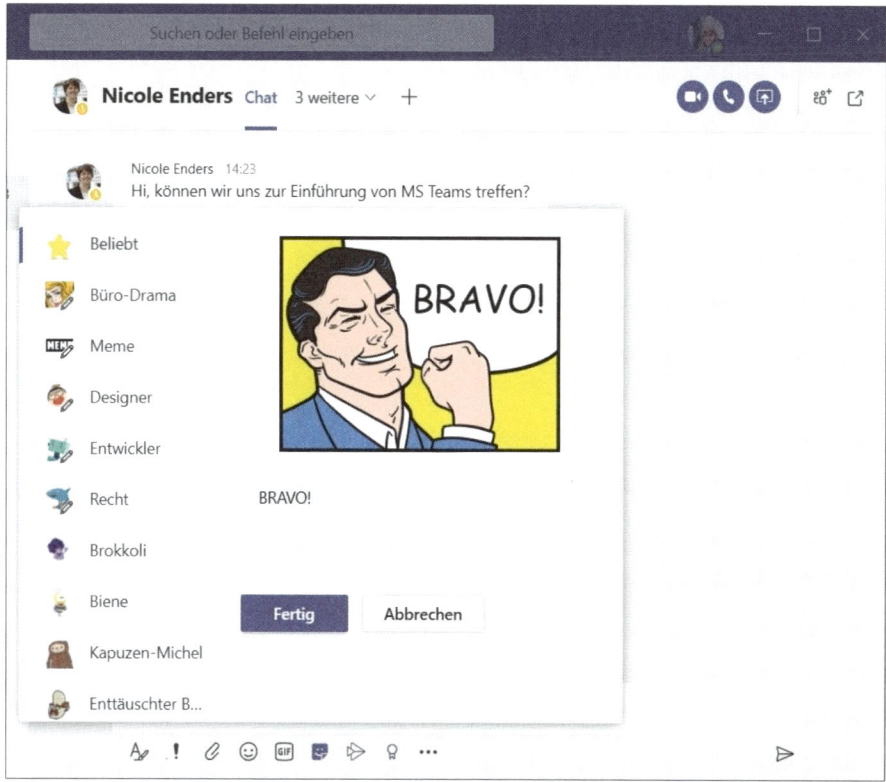

Abbildung 2.11 *Übernehmen Sie den Standardtext, oder geben Sie Ihre persönliche Nachricht ein, um den Aufkleber zu individualisieren.*

Was passiert mit Nachrichten, die ich noch nicht versendet habe?

Bei Nachrichten mit besonderer Formatierung oder Emojis, Giphys bzw. Aufklebern kann es schnell passieren, dass Sie vergessen, die Nachricht zu versenden. Auch mir passiert dies gelegentlich; gerade schreibe ich noch eine Nachricht, da erhalte ich einen Anruf oder eine andere Chatnachricht. In dem Moment kann es sein, dass ich in *Microsoft Teams* an eine andere Stelle wechsele und dabei vergesse, dass ich die Schaltfläche ▷ **Senden** betätigen müsste, um die Nachricht zu versenden.

Die von Ihnen eingegebenen Informationen gehen aber nicht verloren. Sie verbleiben als Entwurf in Ihrem Chatbereich und können auch später jederzeit von Ihnen gesendet werden.

2.1.3   Auf Nachrichten reagieren

Sie kennen nun die wichtigsten Funktionen, um mit anderen Personen zu chatten. Dabei können Sie sowohl textuelle Nachrichten als auch grafische Elemente verwenden. Bei Nachrichten, auf die Sie in sehr kurzer Form reagieren möchten, könnten Sie die Emojis nutzen, wobei dies aktuell mehrerer Schritte bedarf:

1. Betätigen der Schaltfläche ☺

2. Auswahl des gewünschten Emojis

3. Betätigen der Schaltfläche ➢

Stattdessen können Sie aber auch wie in Abbildung 2.12 dargestellt mit der Maus über die entsprechende Nachricht fahren und dann aus sechs angebotenen Emojis wählen:

- Gefällt mir
- Herz
- Lachen
- Überrascht
- Traurig
- Zornig

Die genaue Bedeutung und der Verwendungszweck entwickeln sich über die Zeit zwischen Ihnen und Ihren Gesprächspartnern und sind außerdem abhängig von Ihrer Unternehmenskultur. In meinem Team hat sich für *Gefällt mir* beispielsweise die Bedeutung entwickelt, dass die Nachricht vollumfänglich zur Kenntnis genommen wurde und ihr zugestimmt wird. Das *Herz* hingegen wird für Nachrichten verwendet, über die sich der Empfänger besonders freut.

Abbildung 2.12 *Wählen Sie ein Emoji aus, um schnell auf eine Nachricht zu reagieren.*

Schnelle Reaktion auf eine Nachricht über mobile Endgeräte

Sie können auch über die mobile App von *Microsoft Teams* schnell auf Nachrichten reagieren. In diesem Fall tippen Sie etwas länger auf die entsprechende Nachricht, und schon können Sie auch zwischen den verschiedenen Emojis wählen.

Falls Sie eine mit der App kompatible Smartwatch nutzen, können Sie sogar hierüber mit *Gefällt mir* reagieren. Die weiteren Emojis stehen dort aktuell noch nicht zur Verfügung.

Während die Emojis Ihrem Gesprächspartner schnell einen Hinweis darüber geben, was Sie über die Nachricht denken, kann es für die Person aber auch interessant sein zu sehen, ob Sie die Nachricht bereits gelesen haben. In Abbildung 2.13 sehen wir einen Chat aus der Sicht von Anna. Sie hat mir einen Aufkleber geschickt und sieht durch den Haken ⊘ unten rechts an ihrer Nachricht, dass die Nachricht zwar zugestellt, aber noch nicht von mir gelesen wurde.

Abbildung 2.13 *Eine ungelesene Nachricht wird durch einen Haken gekennzeichnet.*

In dem Moment, indem ich die Nachricht lese, wird das Icon in Annas Ansicht durch ein Auge 👁 ersetzt. Dieses Icon kennzeichnet in einem Chat immer die zuletzt vom Gesprächspartner gelesene Nachricht. So können Sie auch, wenn Sie mehrere Nachrichten versendet haben, schnell sehen, bis zu welcher Nachricht bereits gelesen wurde.

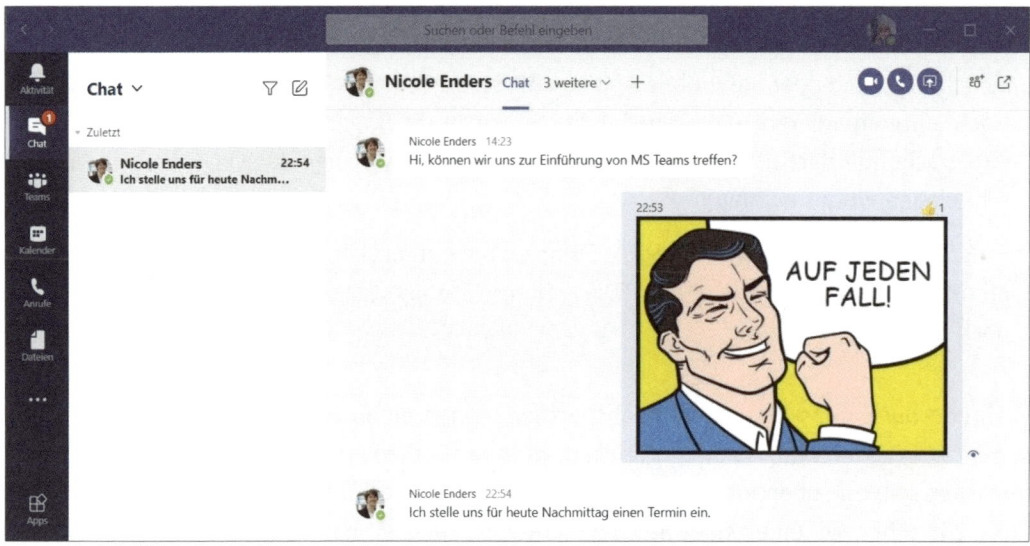

Abbildung 2.14 *Die zuletzt gelesene Nachricht wird durch ein Auge gekennzeichnet.*

Wie funktioniert die Lesebestätigung bei einem Gruppenchat?

Die Lesebestätigung funktioniert auch bei einem Gruppenchat. Allerdings wird Ihnen das Auge 👁 erst dann angezeigt, wenn alle Personen aus dem Gruppenchat Ihre Nachricht gelesen haben.

2.1.4   Nachrichten bearbeiten oder löschen

Vielleicht ist Ihnen gerade aufgefallen, dass es neben den verschiedenen Emojis auch wieder eine Dreipunkte-Schaltfläche gibt. Wenn Sie diese aufrufen, finden Sie das in Abbildung 2.15 dargestellte Kontextmenü vor. Wir gehen auf die verschiedenen Möglichkeiten nach und nach ein, fokussieren uns aber nun erst einmal auf die Möglichkeit, eine einmal versendete Nachricht nachträglich zu bearbeiten.

Es könnte sein, dass Sie einen Rechtschreibfehler entdeckt haben oder Informationen in Ihrer ursprünglichen Nachricht fehlen. In einem solchen Fall können Sie den Menüpunkt **Bearbeiten** auswählen und finden sich in dem in Abbildung 2.16 dargestellten Bearbeitungsdialog wieder.

Abbildung 2.15 *Bearbeiten Sie eine einmal versendete Nachricht nachträglich.*

Abbildung 2.16 *Bearbeiten Sie Ihre Nachricht, und versenden Sie diese erneut.*

Bei der Bearbeitung Ihrer Nachricht stehen Ihnen dieselben Funktionen zur Verfügung wie bei der Erfassung einer neuen Nachricht. Sobald Sie mit der Bearbeitung fertig sind, können Sie die Nachricht mittels ⏎ oder mit einem Klick auf den Haken unterhalb des Eingabefeldes erneut versenden.

Empfänger werden nicht über bearbeitete Nachrichten informiert!
Wenn Sie eine Nachricht bearbeiten, werden Ihre Gesprächspartner nicht darüber informiert. Solange die Nachricht noch nicht gelesen wurde, ist dies zu vernachlässigen. So liest Ihr Gesprächspartner nur die zuletzt von Ihnen gesendete Version Ihrer Nachricht. Wenn Ihr Gesprächspartner aller-

dings bereits eine frühere Version der Nachricht gelesen hat, wird er eventuell die neuere Version nicht mehr zur Kenntnis nehmen, obwohl dies bei einer objektiven Betrachtung des Chatverlaufs so scheint.

Sie haben neben der Bearbeitungsfunktion auch die Möglichkeit, Ihre Chatnachrichten zu löschen. Wählen Sie dazu im Kontextmenü der Dreipunkte-Schaltfläche den Menüpunkt **Löschen** aus. Die entsprechende Nachricht wird aus dem Chat entfernt und sieht für Sie nun wie in Abbildung 2.17 dargestellt aus.

Über den Link **Rückgängig** können Sie die Nachricht wiederherstellen. Diese Option steht Ihnen allerdings nur solange zur Verfügung, wie Sie angemeldet sind oder bis Sie die genutzte Applikation schließen. Danach können Sie nicht mehr auf die gelöschte Nachricht zugreifen.

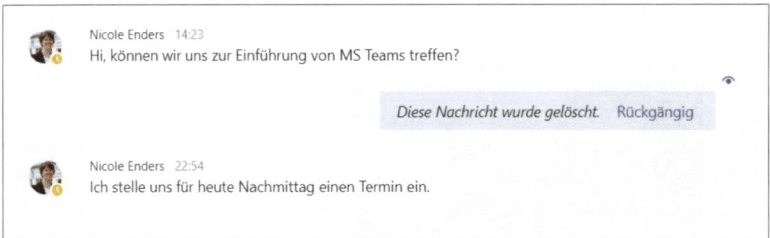

Abbildung 2.17 *Löschen Sie eine Nachricht aus dem Chatverlauf.*

Wenn Sie eine Nachricht gelöscht haben, wird diese für Ihre Gesprächspartner ohne weitere Informationen aus dem Chatverlauf entfernt (siehe Abbildung 2.18). Dies kann ähnlich wie die nachträgliche Bearbeitung einer Nachricht den Chatverlauf von einem objektiven Gesichtspunkt aus betrachtet erheblich beeinflussen. Sobald Sie die Nachricht wiederhergestellt haben, erscheint die Ihrem Gesprächspartner ursprünglich bekannte Ansicht (siehe Abbildung 2.19).

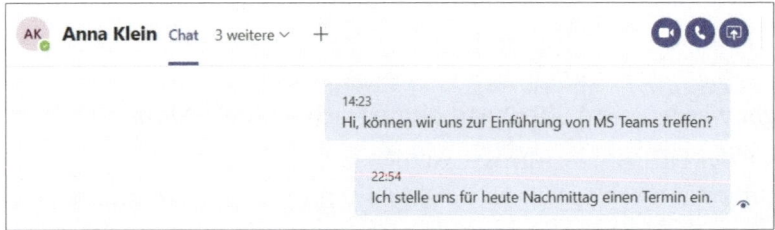

Abbildung 2.18 *Für Ihre Gesprächspartner ist nicht ersichtlich, dass Sie eine Nachricht gelöscht haben.*

Geben Sie klare Richtlinien für das Bearbeiten und Löschen von Nachrichten vor!

Es wird sicher verschiedene Gründe geben, eine Nachricht nachträglich zu verändern oder zu löschen. Für ein gemeinsames Verständnis sollten Sie untereinander klären, wie Sie damit umgehen möchten. Ist es für Sie beispielsweise wichtig zu sehen, wenn eine Nachricht gelöscht wurde, und möchten Sie das Löschen überhaupt zulassen? Sollte man seine Gesprächspartner durch eine separate Nachricht darüber informieren, dass man eine Nachricht bearbeitet oder gelöscht hat? In Kapitel 10 gehe ich näher auf die technischen Möglichkeiten ein, wobei Sie zunächst organisatorische Vorgaben entwickeln sollten, die dann bei Bedarf technisch unterstützt werden können.

Abbildung 2.19 *Wenn Sie eine Nachricht wiederherstellen, erscheint der Chatverlauf wieder so, wie er ursprünglich verlaufen ist.*

2.1.5   Was sind wichtige oder dringende Nachrichten?

Wir sind bei der Erfassung einer neuen Nachricht noch nicht auf alle Möglichkeiten eingegangen. Rechts neben dem Menüpunkt für die Formatierungsoptionen befindet sich der Menüpunkt **❗ Zustellungsoptionen festlegen**.

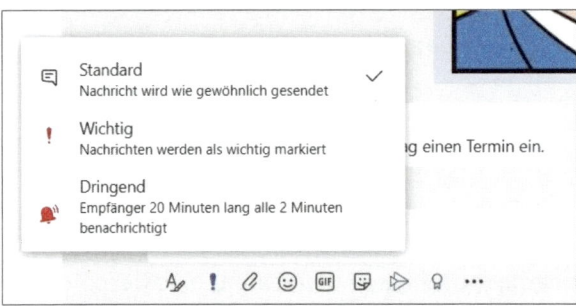

Abbildung 2.20 *Wählen Sie die Zustellungsoption für Ihre Nachricht aus. In den meisten Fällen reicht »Standard« aus.*

Wenn Sie diesen Menüpunkt auswählen, erscheint die in Abbildung 2.20 dargestellte Auswahl:

- **Standard**: Diese Option wird in der Regel für alle Nachrichten verwendet. Der Empfänger der Nachricht erhält eine Benachrichtigung links an den Menüpunkten **Chat** und **Aktivität**. Außerdem wird der entsprechende Chat in der Liste der neuesten Chats fett markiert hervorgehoben.

- **Wichtig**: Bei wichtigen Nachrichten erfolgen dieselben Benachrichtigungen. In der Liste der Chats wird der entsprechende Chat zusätzlich mit einem Ausrufezeichen gekennzeichnet.

- **Dringend**: Dringende Nachrichten sollten nur in besonderen Fällen versendet werden. Sie werden erst einmal wie dringende Nachrichten behandelt. Anstelle des Ausrufezeichens wird der Chat mit einer Glocke gekennzeichnet. Zusätzlich wird der Empfänger alle zwei Minuten und dies bis zu zehnmal über ein Banner über diese dringende Nachricht informiert. Sobald er die Nachricht gelesen hat, hören die Benachrichtigungen auf.

Die Zustellungsoption **Standard** haben wir bereits genutzt. Schauen wir uns nun die wichtigen und dringenden Nachrichten etwas genauer an. Wenn Sie die Option **Wichtig** auswählen, wird Ihre Nachricht bereits im Entwurfsmodus wie in Abbildung 2.21 dargestellt gekennzeichnet. Zum einen erhält die Nachricht eine Überschrift **WICHTIG!** sowie einen roten Balken am linken Rand.

Wie Sie Abbildung 2.22 entnehmen können, wird die wichtige Nachricht zusätzlich noch durch ein Ausrufezeichen rechts an der Nachricht hervorgehoben, um den Leser schnell auf die darin enthaltenen Informationen aufmerksam zu machen.

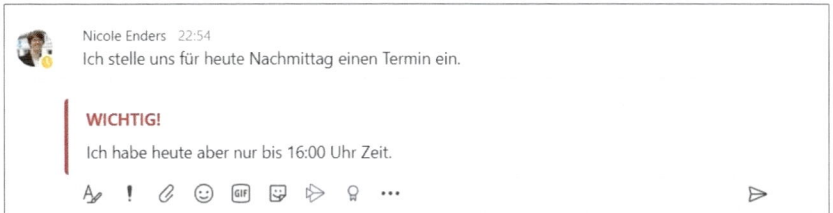

Abbildung 2.21 *Eine wichtige Nachricht wird bereits für Sie vor Absenden der Nachricht als wichtig hervorgehoben.*

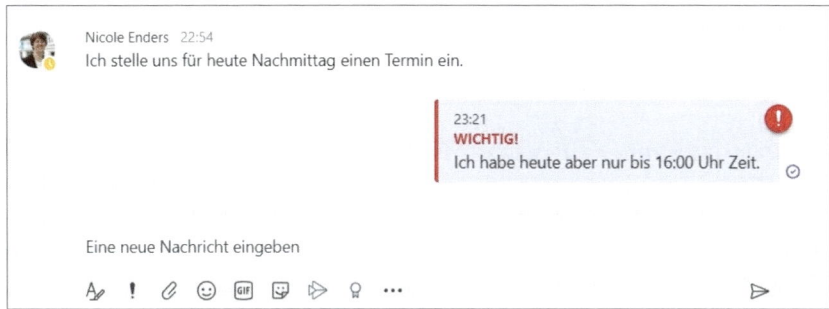

Abbildung 2.22 *Nach Absenden der Nachricht wird außerdem ein Ausrufezeichen rechts an der Nachricht hinzugefügt.*

Außer dieser optischen Kennzeichnung unterscheiden sich wichtige und standardmäßige Nachrichten jedoch nicht. Bei dringenden Nachrichten ist dies anders. Wenn Sie die Option **Dringend** wählen, wird Ihnen Ihre Nachricht im Entwurfsmodus bereits wie in Abbildung 2.23 dargestellt vorbereitet. Hier erhalten Sie auch bereits die Information, dass nach dem Absenden 20 Minuten lang versucht wird, den Empfänger zum Lesen der Nachricht zu bewegen.

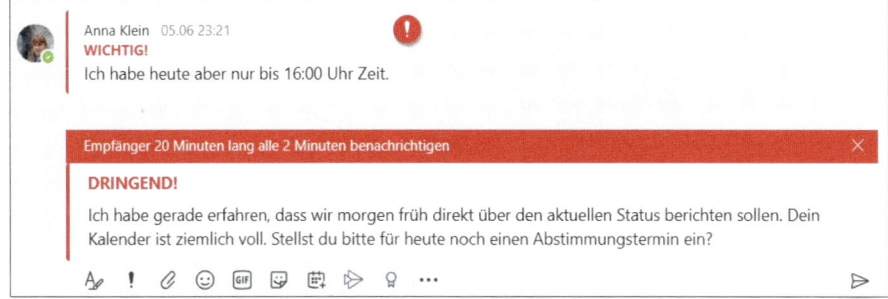

Abbildung 2.23 *Dringende Nachrichten sollten in Ausnahmefällen verwendet werden.*

Nachdem Sie die dringende Nachricht versendet haben, erscheint das erste Mal bei dem Empfänger der Nachricht das in Abbildung 2.24 dargestellte Banner unten rechts am Bildschirm.

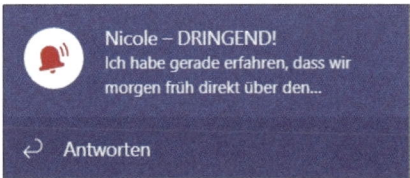

Abbildung 2.24 *Über ein Banner wird der Empfänger alle zwei Minuten auf die dringende Nachricht aufmerksam gemacht.*

Direkt über das Banner auf Nachrichten antworten

Wenn Sie unten im Banner auf **Antworten** klicken, können Sie direkt aus dem Banner heraus auf die Nachricht antworten. Durch diese Aktion wird die Nachricht auch automatisch als gelesen gekennzeichnet.

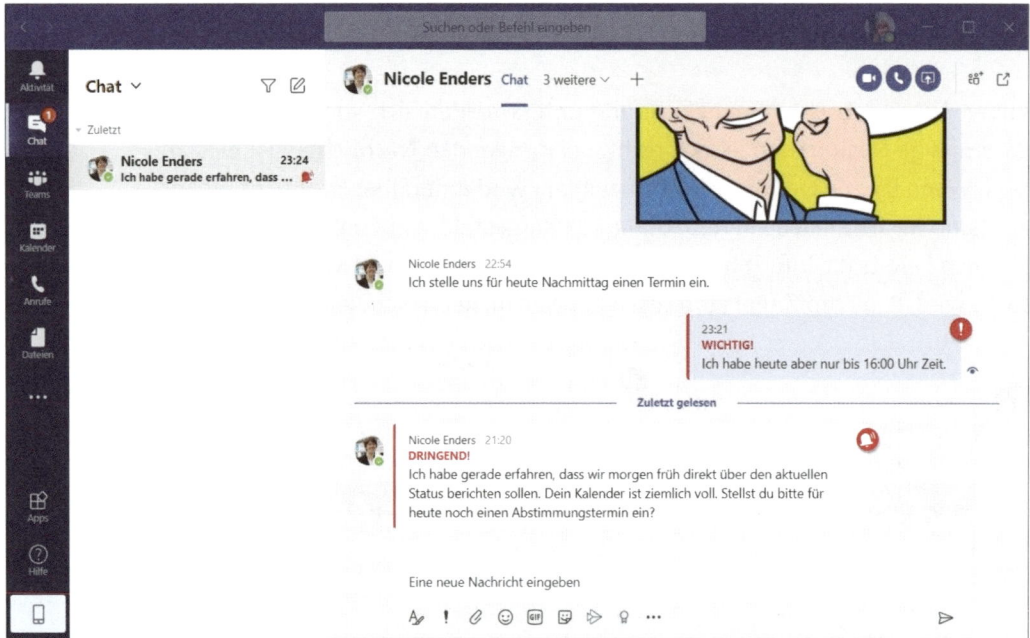

Abbildung 2.25 *Dringende Nachrichten werden durch eine Glocke gekennzeichnet.*

Sollten Sie eine dringende Nachricht aus irgendwelchen Gründen nicht direkt lesen können, erscheint das Banner bis zu zehnmal im Abstand von jeweils zwei Minuten. In der Liste Ihrer Chats können Sie darüber hinaus über das Symbol einer Glocke schnell erkennen, dass der entsprechende Chat noch eine ungelesene dringende Nachricht enthält.

In Abbildung 2.25 sehen Sie außerdem ein Beispiel dafür, wenn Sie einen Chat zwar geöffnet, aber bestimmte Nachrichten noch nicht gelesen haben. Sehen Sie im Chatbereich die horizontale Linie mit dem Titel **Zuletzt gelesen**? In diesem Beispiel hat Anna die Desktop-App von *Microsoft Teams* genutzt und zuletzt mit mir gechattet. Nach dem Empfang meiner wichtigen Nachricht hat sie entweder mit anderen Anwendungen gearbeitet, sodass *Microsoft Teams* im Hintergrund aktiv war, oder sie war vielleicht in einem Termin und somit nicht an ihrem Rechner. Als sie die Desktop-App nun wieder aufgerufen hat, kann sie sehr schnell erkennen, welche Nachrichten ich ihr in der Zwischenzeit gesendet habe.

2.1.6 Weitere Personen zu einem Chat hinzufügen

Sie haben bereits gesehen, wie Sie bei Beginnen eines neuen Chats entscheiden können, ob Sie mit einer einzelnen Person chatten oder ob Sie einen Gruppenchat öffnen möchten. Nun kann es sich aber auch im Verlauf einer Unterhaltung ergeben, dass Sie weitere Personen zu einem Chat hinzufügen möchten. Dies können Sie aus jedem beliebigen Chat heraus über den Menüpunkt ⚇⁺ **Kontakte hinzufügen** oben rechts im Chatfenster.

Abbildung 2.26 *Fügen Sie weitere Personen zu einem Chat hinzu, indem Sie den Namen, die E-Mail-Adresse oder ein Tag verwenden.*

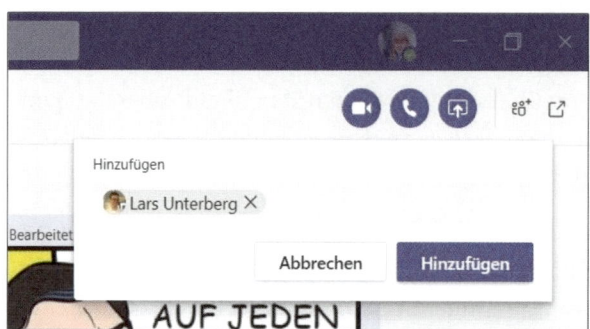

Abbildung 2.27 *Sie können beliebig viele Personen zu einem Chat hinzufügen.*

Wie Sie Abbildung 2.26 entnehmen können, können Sie nun weitere Personen über ihren Namen oder ihre E-Mail-Adresse (z. B. bei externen Personen außerhalb Ihres Unternehmens) benennen und über die Schaltfläche **Hinzufügen** einen Gruppenchat beginnen. Die Schaltfläche wird allerdings erst dann aktiviert, wenn mindestens eine Person angegeben wurde (siehe Abbildung 2.27).

Die bis zu diesem Zeitpunkt ausgetauschten Informationen verbleiben in dem bisherigen Chat. Für die neue Gruppenunterhaltung wird ein zusätzlicher Chat begonnen. Sollten Sie in der Vergangenheit bereits einmal mit exakt derselben Konstellation an Personen gechattet haben, so wird der alte Gruppenchat wieder reaktiviert. Das wird in der Anfangsphase bei Ihnen wahrscheinlich nicht der Fall sein, kann aber bei einer längeren Nutzung von *Microsoft Teams* durchaus häufiger vorkommen. Sollte Ihnen auffallen, dass Sie häufiger mit denselben Personen über einen Gruppenchat zusammenarbeiten, sollten Sie über die Erstellung eines Teams für die mittel- bis langfristige Zusammenarbeit nachdenken, die wir uns in Kapitel 3 näher anschauen werden.

Die Möglichkeiten zum Informationsaustausch innerhalb dieses neuen Gruppenchats unterscheiden sich nicht von denen des bisherigen Chats. Das bedeutet, dass Sie von der in Abbildung 2.28 dargestellten Ansicht direkt mit dem Versenden einer ersten Chatnachricht beginnen können. Solange sich der neue Gruppenchat noch im Entwurfsmodus befindet, wird dieser bei den von Ihnen hinzugefügten Gesprächspartnern noch nicht angezeigt werden. Dies erfolgt erst nach Versenden der ersten Nachricht.

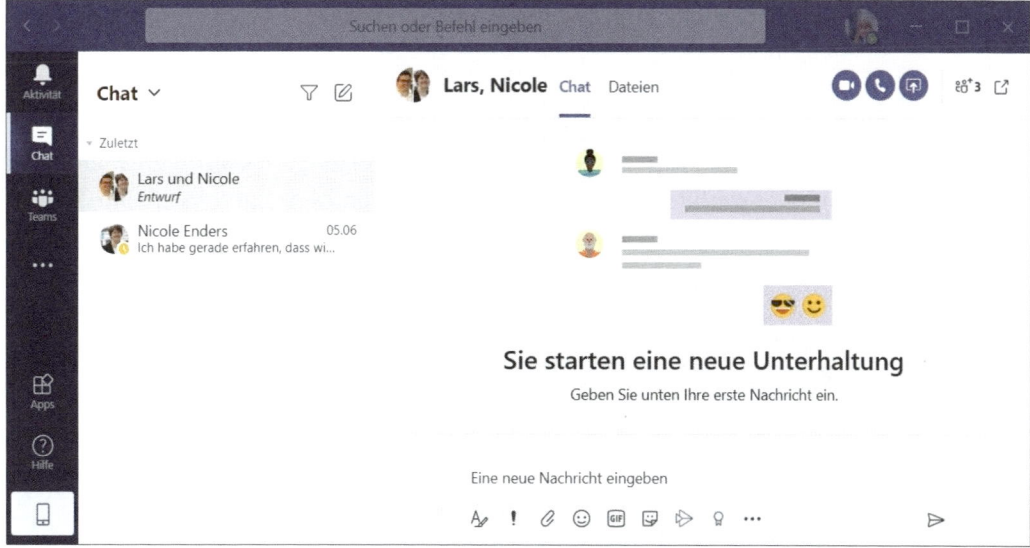

Abbildung 2.28 *Nach dem Hinzufügen weiterer Personen befindet sich der Gruppenchat noch im Entwurfsmodus.*

Sie können auch verschiedene Gruppenchats zu einem Chat hinzufügen
Wenn Sie alle Personen eines Gruppenchats zu einer anderen Unterhaltung hinzufügen möchten, können Sie dies auch tun. Voraussetzung dafür ist, dass Sie dem gewünschten Gruppenchat vorher einen Namen gegeben haben. Danach können Sie anstelle einer Person auch den Namen des Gruppenchats angeben und somit alle zu diesem Zeitpunkt am Gruppenchat beteiligten Personen zu diesem neuen Gruppenchat hinzufügen.

2.1.7   Bestimmte Personen mit @mention erwähnen

In einem Chat zwischen zwei Personen müssen Sie keine direkte Anrede verwenden, weil jede gesendete Nachricht automatisch an die andere Person gerichtet ist. Bei einem Gruppenchat sieht dies allerdings schon etwas anders aus. Gehen wir mal davon aus, dass Sie gerade eine weitere Person zu Ihrem Chat hinzugefügt haben und nun Ihren ursprünglichen Gesprächspartner darüber informieren möchten, dass Sie eine weitere Person zu dieser Unterhaltung eingeladen haben.

In unserem Beispiel hat Anna den Gruppenchat gestartet und klickt nun unten in das Eingabefeld für eine neue Chatnachricht. Wenn sie nun ein @ verwendet, werden ihr alle an diesem Chat beteiligten Personen vorgeschlagen (siehe Abbildung 2.29). Die Auswahl wird gefiltert, wenn sie beispielsweise den Vornamen der gewünschten Person eingibt. Mit einem Klick auf die gewünschte Person oder mithilfe der Pfeiltasten für ↑ und ↓ und ↵ kann sie die entsprechende Person auswählen.

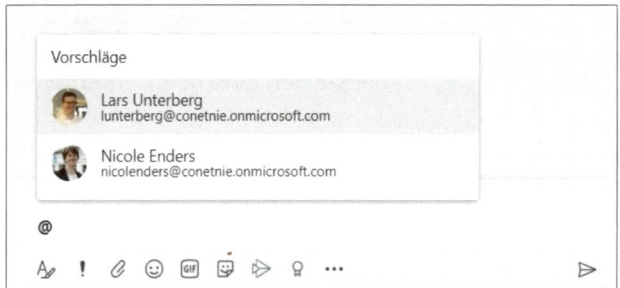

Abbildung 2.29 *Wählen Sie die Person(en) aus, die Sie explizit ansprechen möchten.*

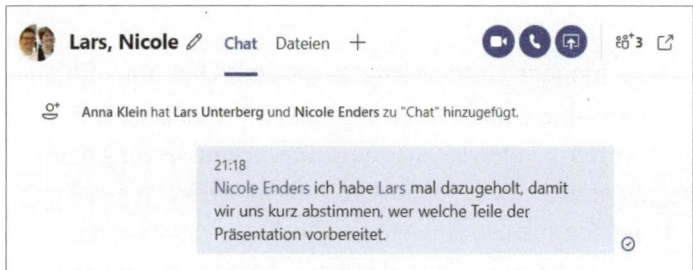

Abbildung 2.30 *Erwähnte Personen werden mit einem Link hinter dem Namen dargestellt.*

Wie Sie Abbildung 2.30 entnehmen können, können Sie die erwähnten Personen in Ihre Nachricht beliebig integrieren. Sie können sogar Teile des Namens entfernen und so beispielsweise nur die Vornamen der Personen verwenden. Wenn Sie nach dem Versenden der Nachricht mit der Maus über den Namen einer erwähnten Person fahren, erscheint ein Pop-up mit Optionen, um Kontakt zu der Person aufzunehmen.

Doch schauen wir uns nun einmal an, wie sich eine solche Erwähnung auf die eben erwähnten Personen auswirkt. Als Erstes schauen wir uns einmal meine Ansicht an. Anna hat mich erwähnt, um mir mitzuteilen, dass sie Lars zu unserem Chat hinzugefügt hat.

Als Erstes fällt mir die Benachrichtigung links bei **Chat** und **Aktivität** auf. Ich rufe den Menüpunkt **Chat** auf und sehe einen ungelesenen Gruppenchat zwischen Anna, Lars und mir. Ich erkenne über ein @ an dem neuen Chat in der Liste schnell, dass ich in diesem Chat erwähnt wurde. Wenn ich nun den Chat wie in Abbildung 2.31 dargestellt aufrufe, sehe ich außerdem anhand eines orangefarbenen Balkens links an der Nachricht sowie an dem @ rechts an der Nachricht, in welcher Nachricht aus diesem Chat ich erwähnt wurde.

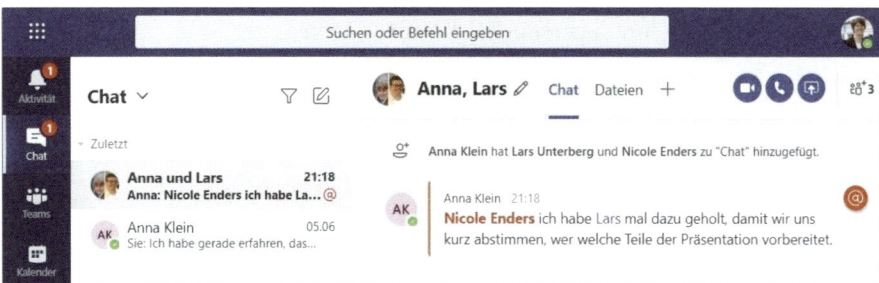

Abbildung 2.31 *Erwähnungen sind für Sie im Chat schnell zu erkennen.*

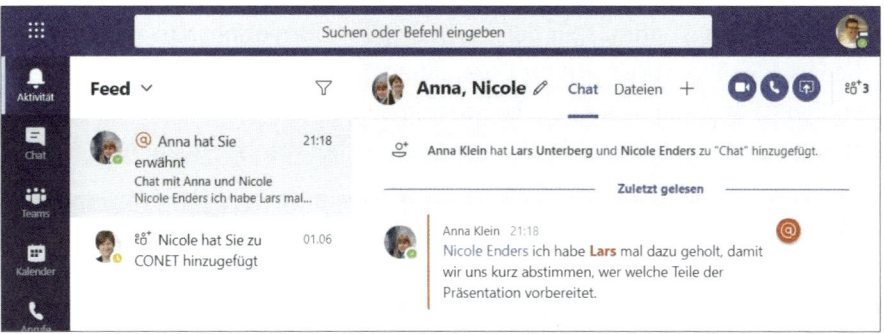

Abbildung 2.32 *Erwähnungen werden Ihnen als Aktivität angezeigt.*

In dem Moment, in dem Sie die Erwähnung über den Chatbereich gelesen haben, werden auch die dazugehörigen Benachrichtigungen links im Menü **Chat** und **Aktivität** entfernt. Aus diesem Grund schauen wir uns nun den Aktivitätsbereich aus der Perspektive von Lars an, der ebenfalls in der Nachricht von Anna erwähnt wurde. Wenn Lars den Menüpunkt **Aktivität** auswählt, sieht er in seinem *Aktivitätsfeed* eine Benachrichtigung, dass er von Anna erwähnt wurde. Wenn er diese Nachricht auswählt, erscheint im rechten Bereich der Gruppenchat, und er kann auf die Nachricht direkt aus dieser Ansicht heraus reagieren.

Behalten Sie den Überblick mithilfe des Aktivitätsfeeds!

Am Anfang werden Sie vielleicht nur eine überschaubare Anzahl an Chats führen. Aber nach und nach kommen weitere Unterhaltungen hinzu, und irgendwann stehen der erste Urlaub und somit evtl. eine längere Abwesenheit an. In dieser Zeit könnte es sein, dass Sie viele Nachrichten erhalten. Der Aktivitätsfeed kann Ihnen dabei helfen, den Überblick zu behalten. Hier werden Ihnen aggregiert alle neuen Nachrichten, Erwähnungen und Reaktionen auf die von Ihnen versendeten Nachrichten angezeigt.

2.2   Chats verwalten

Sie haben bisher einige Chats mit einzelnen Personen oder auch in Gruppen geführt, und die Liste Ihrer bisherigen Chats sollte mit der in Abbildung 2.33 vergleichbar sein. Die Liste wird mit jeder neuen Person, mit der Sie chatten, und mit jedem neuen Gruppenchat länger werden. Die Auflistung der zuletzt geführten Chats ist primär für den kurzfristigen Informationsaustausch vorgesehen und fokussiert sich auf die Darstellung der neuen und noch nicht gelesenen Chats. Für einen mittel- bis langfristigen Informationsaustausch in einem fest definierten Personenkreis ist diese Ansicht eher weniger geeignet.

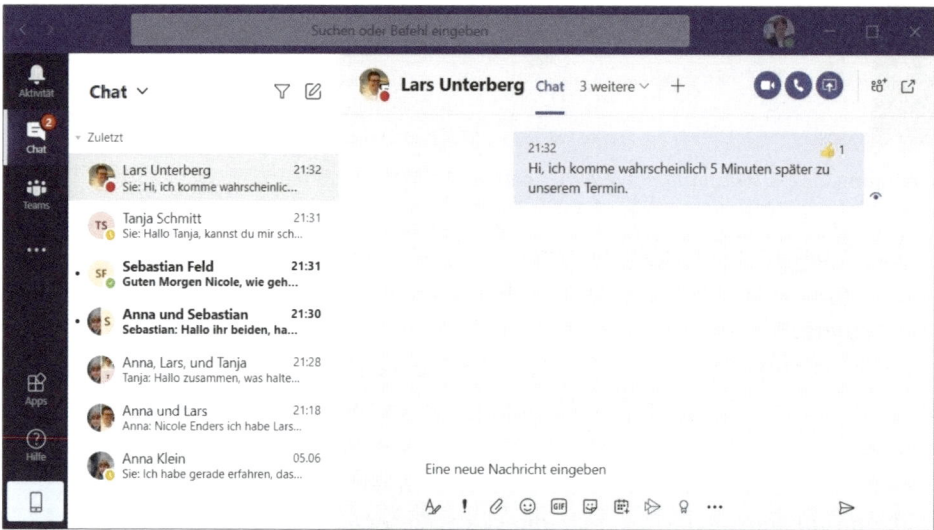

Abbildung 2.33 *Die Liste Ihrer bisherigen Chats wird mit der Zeit immer länger werden.*

Aus diesem Grund sollten wir uns nun über die Möglichkeiten zur Verwaltung der Chats unterhalten.

2.2.1 Kontaktliste pflegen

Sie besitzen in *Microsoft Teams* eine *Kontaktliste*. Diese wird anfangs noch leer sein. Wenn Sie mit einer Person bereits seit einiger Zeit chatten und sie zu Ihrer Kontaktliste hinzufügen möchten, können Sie dies über verschiedene Wege tun. So können Sie beispielsweise die Dreipunkte-Schaltfläche nutzen, die sichtbar wird, sobald Sie mit der Maus über den Chat in der Liste fahren. In dem erscheinenden Kontextmenü können Sie dann den in Abbildung 2.34 dargestellten Menüpunkt **Zu bevorzugten Kontakten** auswählen.

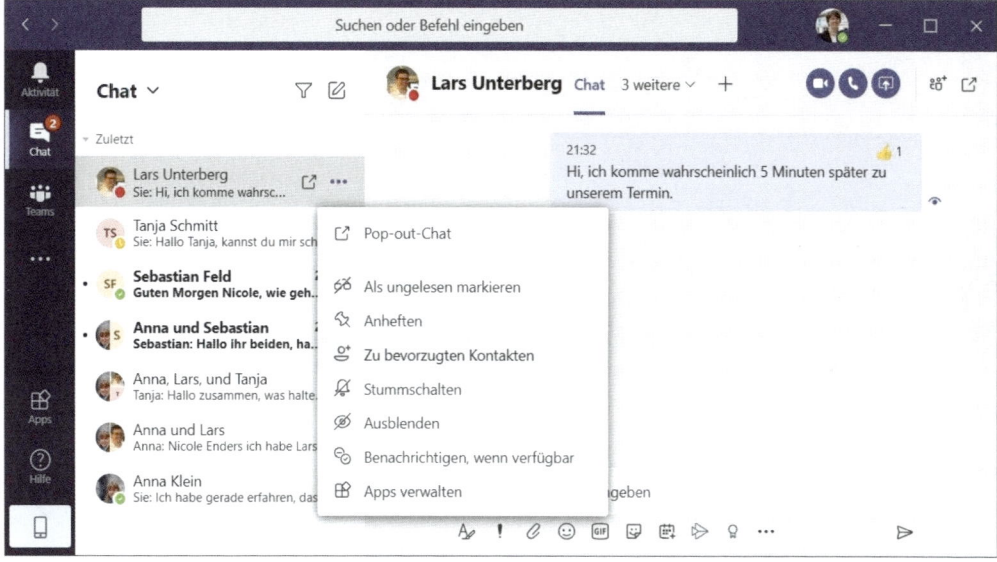

Abbildung 2.34 *Fügen Sie eine Person aus Ihrem Chat zu Ihren Favoriten in der Kontaktliste hinzu.*

Der Menüpunkt ist nicht sichtbar!

Falls der Menüpunkt nicht angezeigt wird, kann dies zwei verschiedene Ursachen haben. Es könnte sein, dass Sie die entsprechende Person bereits zu Ihren Favoriten hinzugefügt haben. Alternativ könnte es sein, dass Sie einen Gruppenchat ausgewählt haben. Für Gruppenchats steht diese Funktion leider nicht zur Verfügung.

Sie erhalten Sie zwar keine explizite Meldung, dass die Person nun Ihren Favoriten hinzugefügt wurde. Wenn Sie allerdings die Option **Kontakte** anstelle der Option **Chat** oberhalb der Liste Ihrer Chats aufrufen, sollten Sie wie in Abbildung 2.35 dargestellt die entsprechende Person in der Gruppe **Favoriten** vorfinden. Mit einem Klick auf die entsprechende Person können Sie von nun an immer auf den Chat mit der Person zugreifen oder auch neue Nachrichten untereinander austauschen; unabhängig davon, wie viel Zeit seit der zuletzt ausgetauschten Nachricht vergangen ist und an welcher Stelle der Chat in der Liste der neuesten Chats zu finden ist.

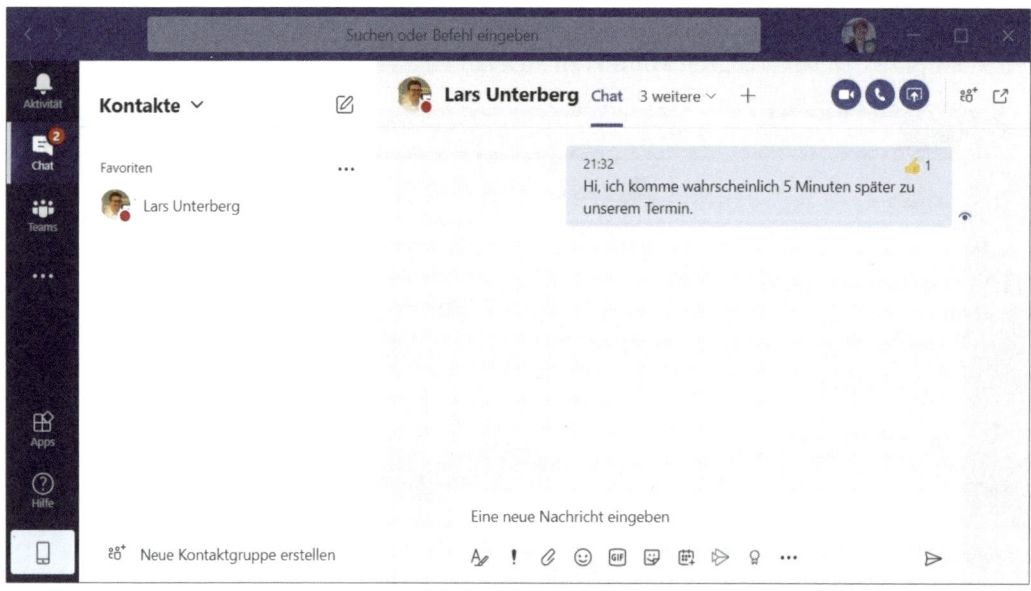

Abbildung 2.35 *Die Chats mit Ihren favorisierten Kontakten finden Sie zuoberst in Ihrer Kontaktliste.*

Sie können neben den Favoriten auch eigene Kontaktgruppen anlegen, wie Sie es vielleicht auch in Ihrem E-Mail-Programm gewohnt sind. Über den Menüpunkt **Neue Kontaktgruppe erstellen** unterhalb der Liste Ihrer Kontakte können Sie den in Abbildung 2.36 dargestellten Dialog aufrufen.

Geben Sie hier den Namen für Ihre neue Kontaktgruppe an, und betätigen Sie anschließend die Schaltfläche **Erstellen**. Ich wähle beispielsweise den Namen »Modern Workplace« und erhalte anschließend eine genauso benannte leere Kontaktgruppe (siehe Abbildung 2.37).

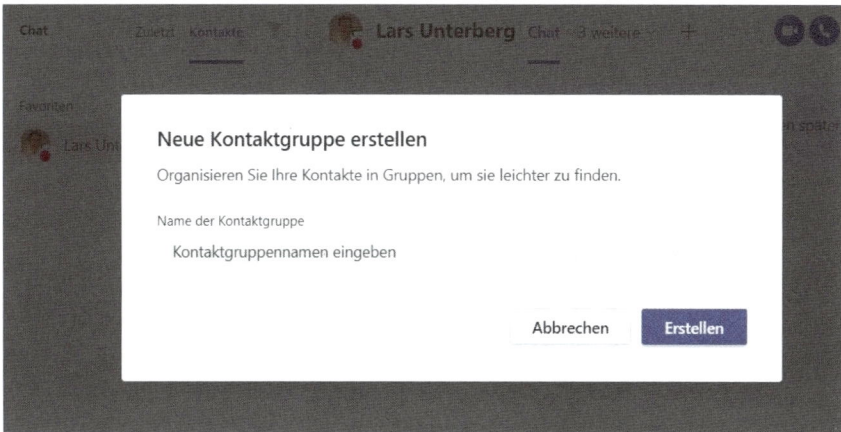

Abbildung 2.36 *Sie können eigene Kontaktgruppen anlegen.*

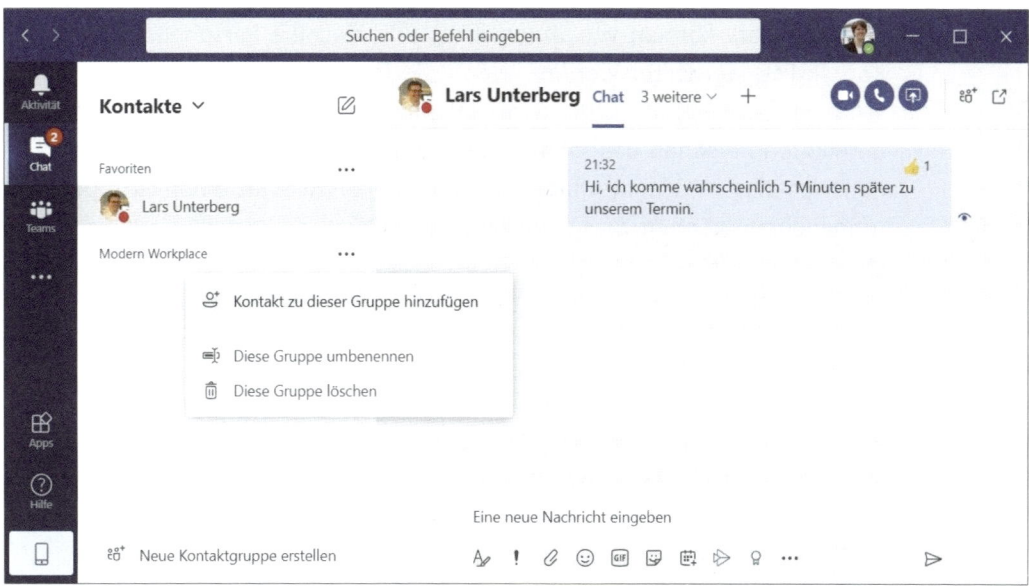

Abbildung 2.37 *Sie können Kontakte über die Dreipunkte-Schaltfläche dieser Gruppe hinzufügen.*

Sowohl bei den Favoriten als auch bei den von Ihnen erstellten Kontaktgruppen können Sie über die Dreipunkte-Schaltfläche den Menüpunkt **Kontakt zu dieser Gruppe hinzufügen** aufrufen. In dem daraufhin erscheinenden Dialog geben Sie die gewünschte Person an und bestätigen die Eingabe über die Schaltfläche

Hinzufügen, woraufhin die Person sowie der evtl. mit ihr bisher geführte Chat nun schnell für Sie erreichbar ist.

Die Kontaktliste ist nicht sortierbar

Momentan (Stand September 2020) ist die Kontaktliste automatisch alphabetisch sortiert. Sie können die Sortierung nicht manuell ändern und so beispielsweise weiter oben in einer Kontaktgruppe Personen darstellen, mit denen Sie häufiger zusammenarbeiten. Sie können lediglich verschiedene Kontaktgruppen einrichten und über deren Benennung eine Reihenfolge festlegen.

2.2.2   Gruppenchats umbenennen

Gruppenchats können von Ihnen nicht wie einzelne Personen in einer Art Kontaktliste verwaltet werden. Wenn Sie in die Liste Ihrer neuesten Chats schauen, kann es hilfreich sein, anstelle der an dem jeweiligen Gruppenchat beteiligten Personen das inhaltliche Thema des Chats direkt sehen zu können. Aus diesem Grund schauen wir uns nun an, wie Sie einen Gruppenchat umbenennen können. Das kann jede Person tun, die Mitglied des Gruppenchats ist.

Rufen Sie dazu den Gruppenchat auf, und wählen Sie den Menüpunkt ✎ **Gruppenchat benennen** aus, der unmittelbar rechts neben der Auflistung der am Gruppenchat beteiligten Personen angeboten wird (siehe Abbildung 2.38). In dem daraufhin erscheinenden Dialog geben Sie nun einen Namen für den Gruppenchat an und bestätigen Ihre Eingabe über die Schaltfläche **Speichern**.

Abbildung 2.38 *Vergeben Sie einen Gruppennamen, um den Chat schneller einordnen zu können.*

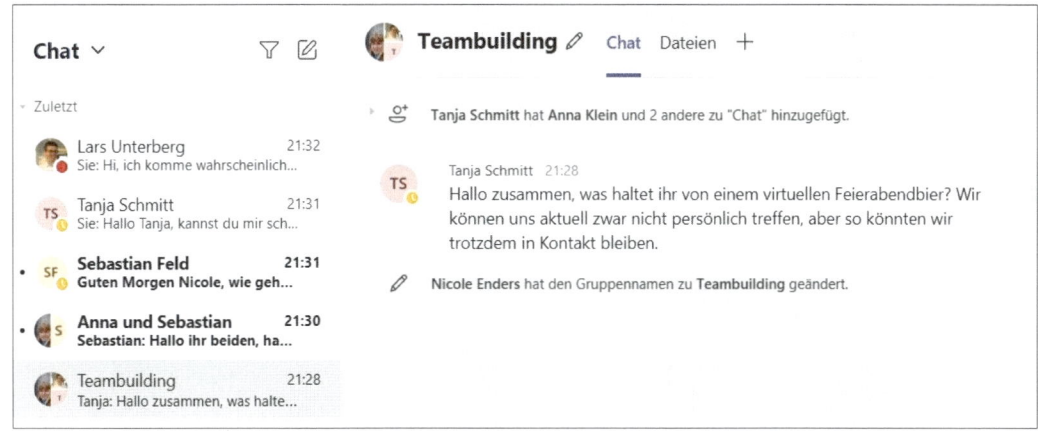

Abbildung 2.39 *Sie können einen Gruppenchat beliebig oft umbenennen.*

Ich habe beispielsweise den Gruppennamen »Teambuilding« verwendet. Wie Sie Abbildung 2.39 entnehmen können, werden alle Mitglieder des Gruppenchats darüber benachrichtigt, dass ich den Gruppennamen geändert habe, und oben im Kopfbereich des Chats ist der neue Name anstelle der vorherigen Auflistung der Mitglieder zu finden. Über das Stiftsymbol könnte ich den Gruppennamen nun beliebig viele weitere Male ändern. Das kann bei einem längeren Chatverlauf sinnvoll sein, wenn sich der inhaltliche Fokus der Unterhaltung über die Zeit verändert.

2.2.3   Chats oben anheften

Vielleicht ergeht es Ihnen ähnlich wie mir, und Sie haben einige Chats mit einzelnen Personen, aber auch einige Gruppenchats, die Sie sehr häufig bzw. täglich nutzen. Da wäre es hilfreich, wenn diese Chats immer zuoberst in der Liste Ihrer Chats erscheinen würden.

Das können Sie einrichten, indem Sie genau bei diesen Chats und Gruppenchats auf die Dreipunkte-Schaltfläche klicken und den Menüpunkt **Anheften** verwenden (siehe Abbildung 2.40).

In Abbildung 2.41 sehen Sie, dass oberhalb der Auflistung **Zuletzt** nun eine weitere Auflistung **Angeheftet** begonnen wurde. Der von Ihnen ausgewählte Chat (in meinen Fall ein Gruppenchat) wurde dieser Auflistung hinzugefügt.

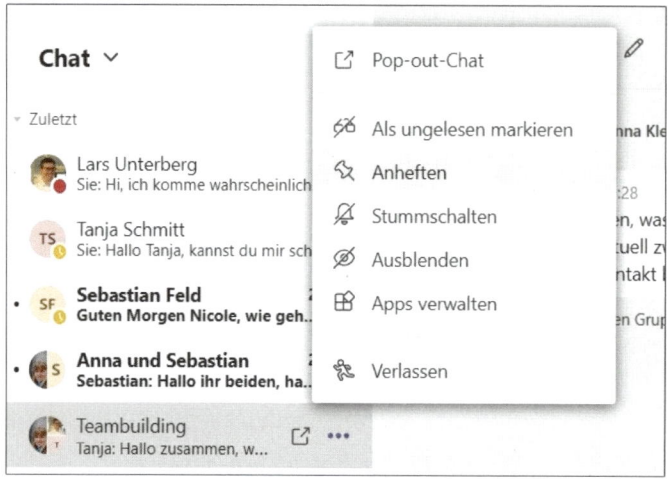

Abbildung 2.40 *Heften Sie einen Chat bzw. Gruppenchat oberhalb der Auflistung der neuesten Chats an, um schneller auf ihn zugreifen zu können.*

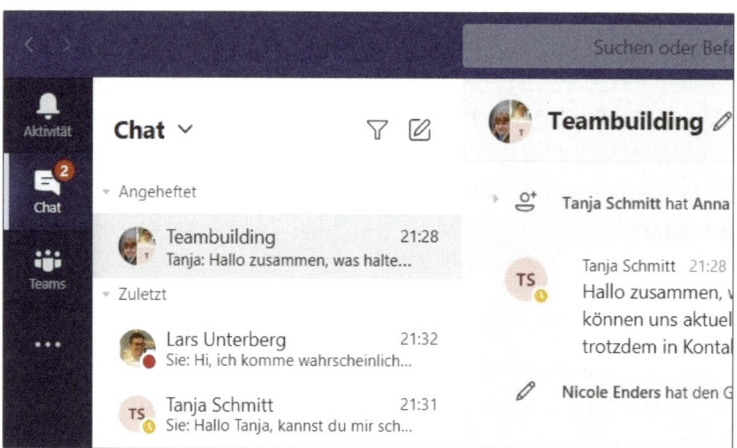

Abbildung 2.41 *Im Bereich »Angeheftet« finden Sie die für Sie besonders wichtigen Chats und Gruppenchats wieder.*

Sie können angeheftete Chats sortieren!

Im Gegensatz zur Kontaktliste können Sie die Liste der angehefteten Chats individuell mittels *Drag-and-drop* sortieren. So können Sie die für Sie wichtigen Chats und Gruppenchats nach ihrer Priorität positionieren und so den Überblick behalten.

2.2.4   Chats in einem separaten Fenster öffnen

Wenn Sie mehrere Chats gleichzeitig führen und vielleicht *Microsoft Teams* auch für die Teamarbeit bzw. für Besprechungen verwenden, kann der ständige Kontextwechsel zwischen den verschiedenen Bereichen störend bzw. zeitaufwendig sein. Aus diesem Grund möchte ich Ihnen die Möglichkeit vorstellen, einen Chat in einem separaten Fenster zu öffnen. So können Sie beispielsweise an einer Besprechung teilnehmen und trotzdem den Chat mit einem Kollegen fortführen.

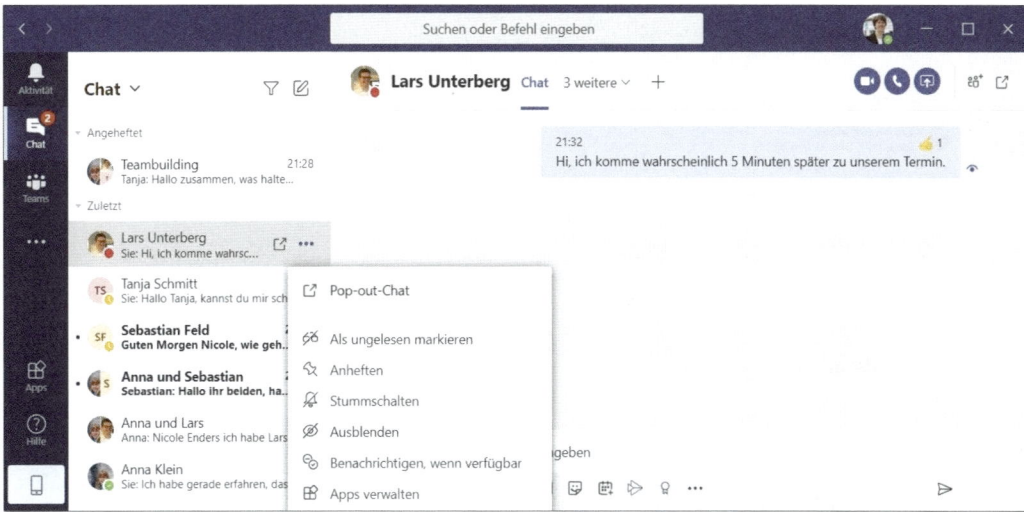

Abbildung 2.42 *Der Menüpunkt, um einen Chat in einem neuen Fenster zu öffnen, wird an verschiedenen Stellen angeboten.*

Rufen Sie dazu den Menüpunkt ⟋ **Pop-out-Chat** auf, den Sie wie in Abbildung 2.42 dargestellt an folgenden Stellen finden:

- Der Menüpunkt erscheint, wenn Sie mit der Maus über einen Chat fahren.
- Sie finden den Menüpunkt auch über die Dreipunkte-Schaltfläche für einen ausgewählten Chat zuoberst in dem daraufhin erscheinenden Kontextmenü.
- Innerhalb des Chats befindet sich der Menüpunkt oben rechts neben dem Menüpunkt zum Hinzufügen weiterer Personen.

Sobald Sie den Menüpunkt ausgewählt haben, wird ein neues Fenster mit dem ausgewählten Chat geöffnet (siehe Abbildung 2.43). Sie können dieses Fenster zum Beispiel auf einen zweiten Monitor verschieben und so sowohl die aktuelle Unterhaltung im Auge behalten als auch innerhalb eines Teams arbeiten (siehe Kapitel 3).

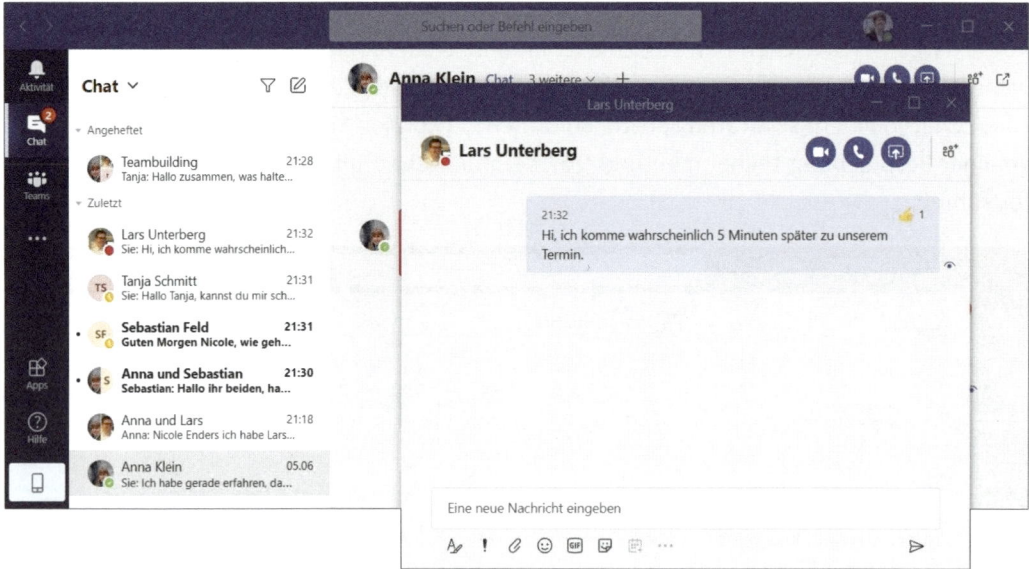

Abbildung 2.43 *Es können beliebig viele Chats in einem separaten Fenster geöffnet werden.*

Der Menüpunkt »Pop-out-Chat« steht nur in der Desktop-App zur Verfügung!

Falls Sie *Microsoft Teams* über den Browser oder die mobile App nutzen, werden Sie den Menüpunkt nicht finden. Das liegt daran, dass Sie im Browser lediglich *Microsoft Teams* in einem weiteren Browser-Tab oder -Fenster öffnen müssten, um verschiedene Chats aufzurufen. Bei der mobilen App steht Ihnen ohnehin nur ein Bildschirm zur Verfügung, wodurch Sie selbst bei einer solchen Funktion gezwungen wären, zwischen den Fenstern zu wechseln.

2.2.5   Chats aus der Liste der neuesten Chats entfernen

Ein Chat ist primär für den kurzfristigen Informationsaustausch vorgesehen. Sobald eine Unterhaltung abgeschlossen ist, kann es daher sinnvoll sein, den Chat aus der Liste der zuletzt geführten Unterhaltungen zu entfernen. Dies können Sie über die Dreipunkte-Schaltfläche und den daraufhin erscheinenden Menüpunkt **Ausblenden** erreichen (siehe Abbildung 2.44).

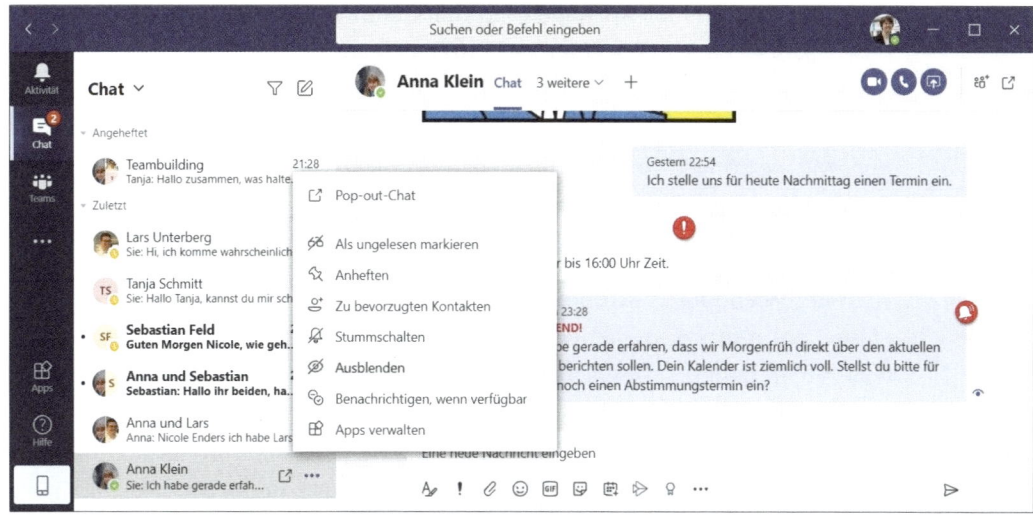

Abbildung 2.44 *Blenden Sie einen nicht mehr benötigten Chat aus.*

Ein Ausblenden des Chats bewirkt kein Löschen der bis dahin ausgetauschten Nachrichten. Der Chat erscheint lediglich nicht mehr in Ihrer Auflistung der neuesten Chats. Die anderen an dem Chat beteiligten Personen können selbst entscheiden, wie lange sie diesen Chat in ihrer Liste anzeigen möchten. Sollte es zukünftig wieder zu einer Nutzung des Chats kommen, so würde dieser wieder in Ihrer Liste erscheinen, und Sie hätten sowohl auf die früheren als auch auf die neuen Nachrichten Zugriff.

> **Wie kann ich einen gesamten Chat löschen?**
> Momentan (Stand September 2020) ist es nicht möglich, einen gesamten Chatverlauf zu löschen. Sie müssten hierfür jede einzelne Nachricht löschen. Microsoft hat den Wunsch für eine solche Funktion aufgenommen und plant diese in absehbarer Zukunft bereitzustellen.

2.2.6   Weitere Möglichkeiten im Chatbereich

Sind Ihnen im Kontextmenü der Dreipunkte-Schaltfläche für einen ausgewählten Chat vielleicht noch weitere Menüpunkte aufgefallen? Lassen Sie uns diese Punkte einmal etwas näher betrachten, damit Ihnen für Ihre Arbeit mit *Microsoft Teams* auch nichts entgeht.

Über den Menüpunkt **Als ungelesen markieren** können Sie eine einmal gelesene Nachricht oder auch einen gesamten Chat optisch wieder durch eine Fettmarkierung hervorheben. Die Benachrichtigung im Chat-Bereich wird dadurch wieder aktiviert, sodass Sie die Nachricht auch später noch in Ruhe lesen können. Mir persönlich geht es meistens so, dass ich über die mobile App eine Chatnachricht sehe, diese kurz überfliege und dann ggf. wieder auf ungelesen setze, wenn ich in dem Moment keine Zeit mehr habe, sie direkt zu bearbeiten.

Über den Menüpunkt **Stummschalten** können Sie die Benachrichtigungen für einen Chat temporär deaktivieren. Das kann vor allem für Gruppenchats sinnvoll sein, in denen Sie zwar Mitglied sind, aber gerade eher eine passive Rolle einnehmen und primär grundsätzlichen Zugriff auf die untereinander ausgetauschten Informationen haben sollen. In einem solchen Szenario benötigen Sie aber nicht die Information, dass es eine neue Nachricht gibt. Wenn Sie ab einem bestimmten Zeitpunkt gerne wieder die Benachrichtigungen erhalten möchten, können Sie über den Menüpunkt **Stummschaltung aufheben** diese Einstellung rückgängig machen.

Die letzte Funktion, auf die ich an dieser Stelle eingehen möchte, verbirgt sich hinter dem Menüpunkt **Benachrichtigen, wenn verfügbar**. Hierüber können Sie sich in Form eines Banners darüber benachrichtigen lassen, wenn eine bestimmte Person in den Status »Verfügbar« wechselt. Wenn Sie beispielsweise dringend mit einer Person etwas besprechen müssen und sie bisher nicht erreichen konnten, weil sie vielleicht in einer Besprechung ist, können Sie diese Funktion verwenden. In dem Moment, in dem für Sie das Banner erscheint, können Sie versuchen, die Person beispielsweise per Telefon zu erreichen. Sobald Sie Ihr Anliegen vorbringen konnten, können Sie über den Menüpunkt **Benachrichtigungen deaktivieren** die Einstellungen wieder zurücksetzen.

Wann kann ich Nachrichten an eine Person senden bzw. unter welchen Bedingungen kann diese Person meine Nachrichten empfangen?
Ich bin bisher noch nicht explizit darauf eingegangen, unter welchen Bedingungen eine Person die von Ihnen gesendeten Nachrichten empfangen kann. Vielleicht kennen Sie andere Chatprogramme, bei denen der Empfänger genau in dem Moment online sein muss, in dem Sie eine Nachricht an ihn senden. Das ist bei *Microsoft Teams* nicht der Fall; es handelt sich hierbei um ein vollkommen asynchrones Tool. Das heißt, Sie können Nachrichten unabhängig vom aktuellen Anmeldestatus des Empfängers versenden.

Selbst wenn die Person zum entsprechenden Zeitpunkt offline sein sollte, wird die Nachricht zugestellt, und die Person kann die Nachricht lesen, wenn sie wieder online ist.

2.3 Mit Kollegen telefonieren

Wir haben bisher den Chatbereich von *Microsoft Teams* kennengelernt, um uns mit anderen Personen auszutauschen. Sie können aber auch Telefonate oder Videokonferenzen hierüber durchführen. An dieser Stelle möchte ich mich auf Telefonate mit oder auch ohne Kamera aus einem Chat heraus fokussieren. Auf Besprechungen gehe ich in Kapitel 6 näher ein.

Wie Sie Abbildung 2.45 entnehmen können, finden Sie bei jedem Chat und Gruppenchat oben rechts die Menüpunkte ◉ **Videoanruf** und ◉ **Audioanruf**, wobei Sie auch während des Gesprächs Ihre Meinung ändern und die Kamera aktivieren bzw. deaktivieren können.

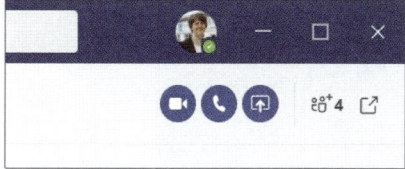

Abbildung 2.45 *Sie können jederzeit aus einem Chat heraus einen Anruf beginnen.*

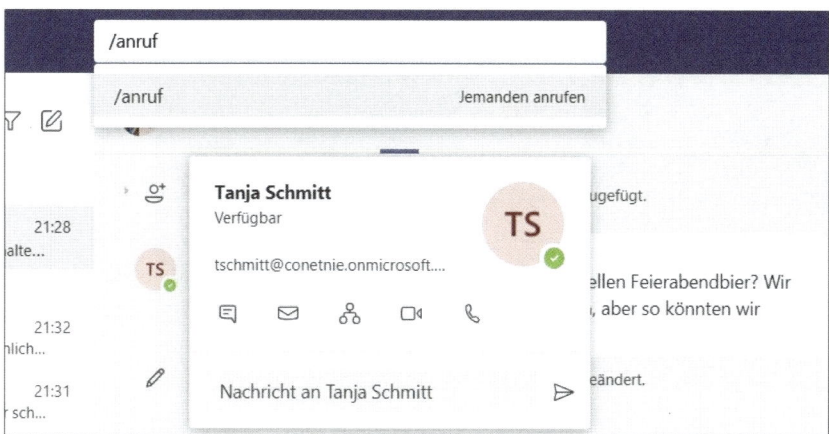

Abbildung 2.46 *Beginnen Sie alternativ einen Anruf über die Befehlszeile.*

Erinnern Sie sich noch daran, wie wir einen Chat über die Befehlszeile begonnen haben? In Abbildung 2.46 sehen Sie, wie Sie mit dem Befehl /anruf einen Audioanruf beginnen können. Nachdem Sie den Befehl eingegeben und mit ⏎ bestätigt haben, werden Sie ähnlich wie beim Chat aufgefordert, die Person anzugeben, die Sie anrufen möchten. Bei der Eingabe des Namens der Person werden Sie wie in Abbildung 2.47 dargestellt durch eine Auswahl unterstützt und können mit einem Klick auf die gewünschte Person den Anruf starten.

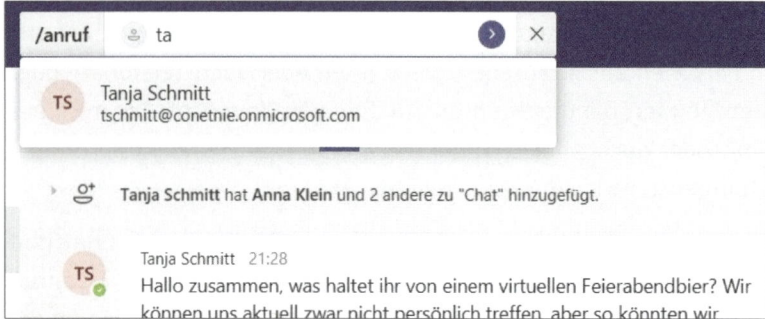

Abbildung 2.47 *Wählen Sie die Person aus, die Sie anrufen möchten.*

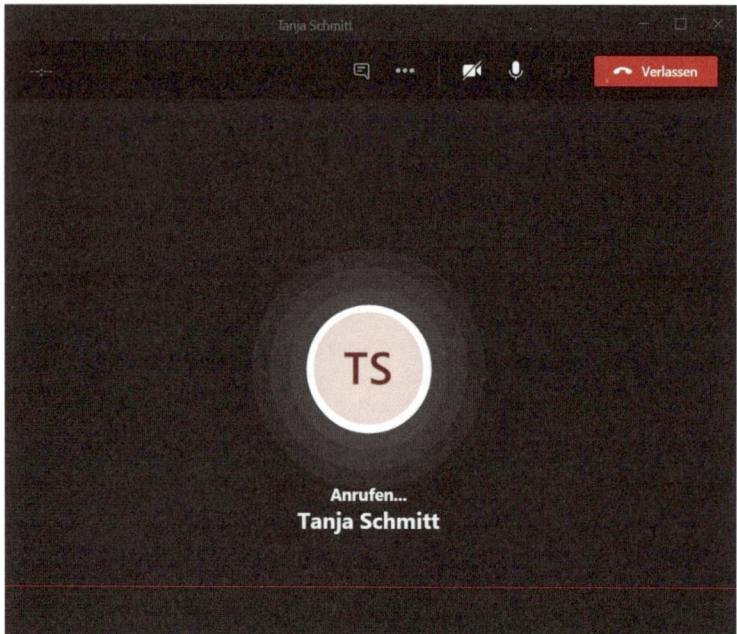

Abbildung 2.48 *Der Anruf wird sofort gestartet. Solange Ihr Gesprächspartner noch nicht angenommen hat, ertönt ein Klingelton.*

Abbildung 2.49 *Sie werden über ein Pop-up über eingehende Anrufe informiert und können diese annehmen oder ablehnen.*

Unabhängig davon, ob Sie den Anruf über die Befehlszeile oder einen Chat gestartet haben, erscheint nun eine mit Abbildung 2.48 vergleichbare Ansicht. In meinem Beispiel versuche ich gerade, Tanja Schmitt zu erreichen. Solange sie den Anruf noch nicht entgegengenommen oder abgelehnt hat, ertönt für mich ein Klingelton, und der Kreis mit ihren Initialen **TS** pulsiert.

Tanja sieht unten rechts im Bildschirm, dass ich versuche, sie zu erreichen. Sie kann nun entsprechend der Darstellung in Abbildung 2.49 entscheiden, ob sie den Anruf als Video- oder Audioanruf annimmt oder ob sie den Anruf ablehnt.

Abbildung 2.50 *Bei einem Anruf, der aus einem Gruppenchat gestartet wird, sehen Sie lediglich, wer den Anruf begonnen hat. Sie sehen nicht, um welchen Gruppenchat es sich handelt.*

Bei einem aus einem Gruppenchat heraus gestarteten Anruf können Sie wie in Abbildung 2.50 dargestellt zwar sehen, dass es sich um einen Anruf mit mehreren Personen handelt. Sie erhalten allerdings keine Information darüber, um welchen Gruppenchat es sich handelt.

Wie wäre es mit einem Profilbild?

Wenn Sie einen Audioanruf führen, sehen Sie das gesamte Gespräch über ggf. lediglich die Initialen Ihres Gesprächspartners. Wenn Sie stattdessen lieber ein Profilbild der Person sehen möchten, sollten Sie und Ihre Kollegen jeweils ein Profilbild hinterlegen, wie ich es beispielsweise getan habe.

Das kann zwar seitens Ihrer Administratoren automatisch aus anderen Systemen synchronisiert werden. Sie können jedoch auch in Ihren persönlichen Einstellungen ein Bild hinterlegen. In Abschnitt 1.2.5 erkläre ich Ihnen, wie das geht.

2.3.1   Die Kamera aktivieren

Auch wenn Sie einen Anruf als Audioanruf begonnen haben, können Sie jederzeit über den Menüpunkt ◢ Ihre Kamera aktivieren. Dieser Menüpunkt ist in der Mitte der bei einem Anruf oben erscheinenden Menüleiste zu finden (siehe Abbildung 2.51).

Abbildung 2.51 *Aktivieren Sie Ihre Kamera, schalten Sie sich auf stumm, oder führen Sie weitere Aktionen im Bereich der Telefonie wie Durchstellen oder Halten aus.*

Wenn Sie die Kamera aktiviert haben und während eines Gesprächs merken, dass die Tonqualität nicht wie gewünscht ist, können Sie die Kamera wieder deaktivieren und prüfen, ob dadurch die Tonqualität wieder erhöht wird. Das kann vor allem dann der Fall sein, wenn Sie nur eine eingeschränkte Bandbreite zur Verfügung haben.

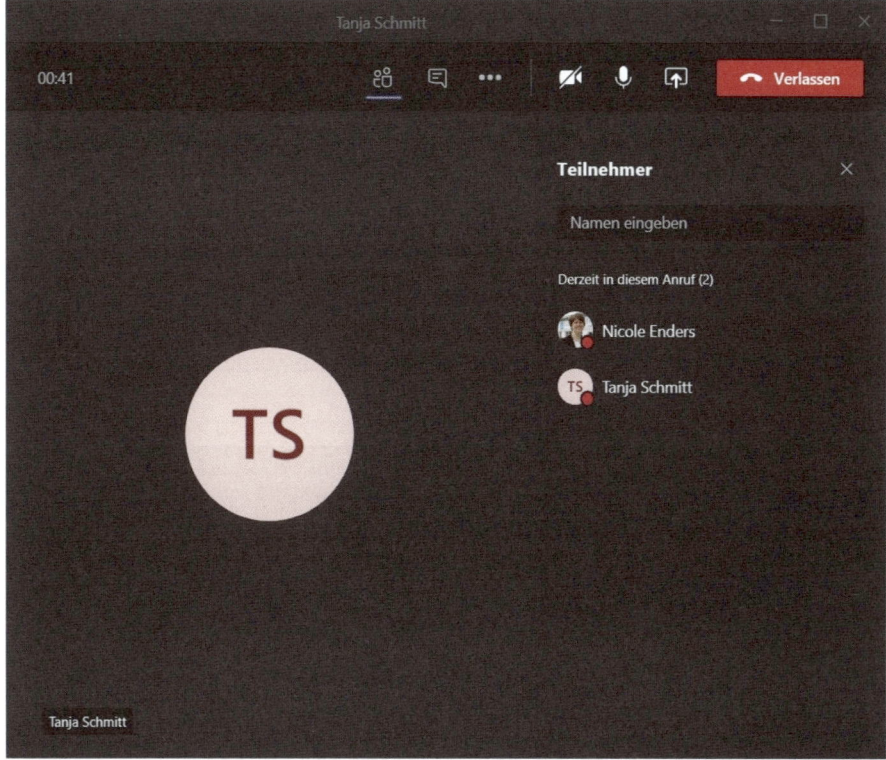

Abbildung 2.52 *Sie können jederzeit sehen, wer an Ihrem Telefonat teilnimmt. Außerdem können Sie weitere Personen zu Ihrem Gespräch einladen.*

Wenn Sie während des Gesprächs den Menüpunkt 😤 aufrufen, können Sie die Liste der Teilnehmer öffnen (siehe Abbildung 2.52). Falls Sie beispielsweise während des Gesprächs feststellen, dass Sie zur Klärung einer Frage weitere Personen benötigen, können Sie folgendermaßen vorgehen:

1. Klicken Sie in das Eingabefeld **Namen eingeben**.

2. Geben Sie den Namen der entsprechenden Person ein, und wählen Sie diese aus, sobald sie Ihnen vorgeschlagen wird.

Die Person wird sofort angerufen und kann durch Annehmen des Anrufs an Ihrem Gespräch teilnehmen. Sie erscheint dann als dritte Person in der Liste der Teilnehmer.

2.3.2   Den Bildschirm freigeben

Sie können während eines Gesprächs auch Ihren Bildschirm mit den anderen Gesprächsteilnehmern teilen. So können alle Beteiligten auf dieselben Informationen zugreifen, die für das Gespräch relevant sind. Rufen Sie dazu bitte den Menüpunkt ⬆ auf. Sie werden nun wie in Abbildung 2.53 dargestellt dazu aufgefordert, den Bildschirm oder die Anwendung auszuwählen, die Sie mit Ihren Gesprächspartnern teilen möchten. Falls Sie mehrere Bildschirme nutzen, werden Ihnen diese in verschiedenen Zeilen mit den auf ihnen jeweils geöffneten Anwendungen zur Auswahl angeboten. Sie können außerdem entscheiden, ob Sie das Audiosignal Ihres Systems während der Freigabe ebenfalls übertragen möchten. Wenn Sie die Option nicht auswählen, können Ihre Gesprächspartner nur Sie hören.

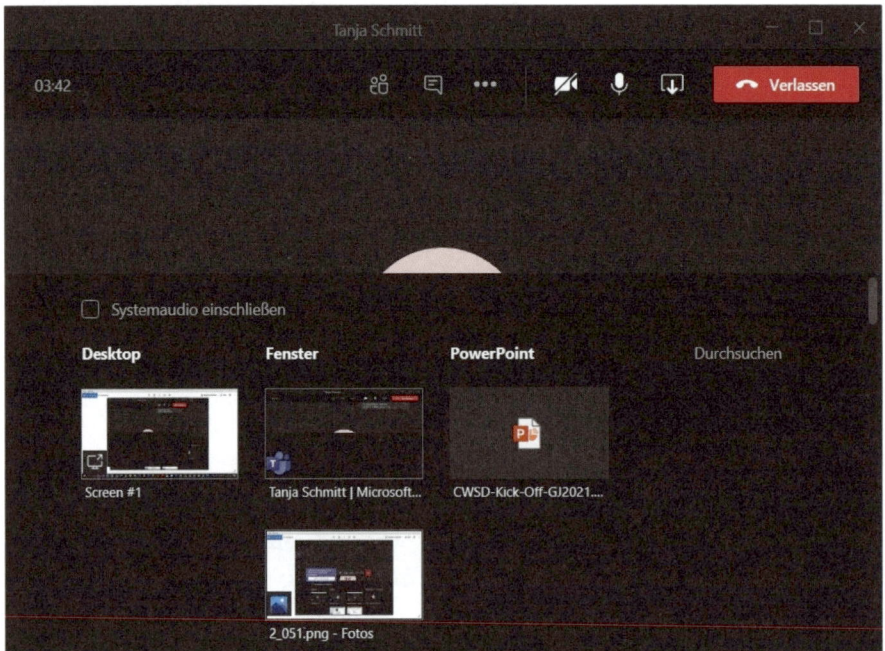

Abbildung 2.53 *Wählen Sie einen Bildschirm oder eine Anwendung aus, die Sie mit Ihren Gesprächspartnern teilen möchten.*

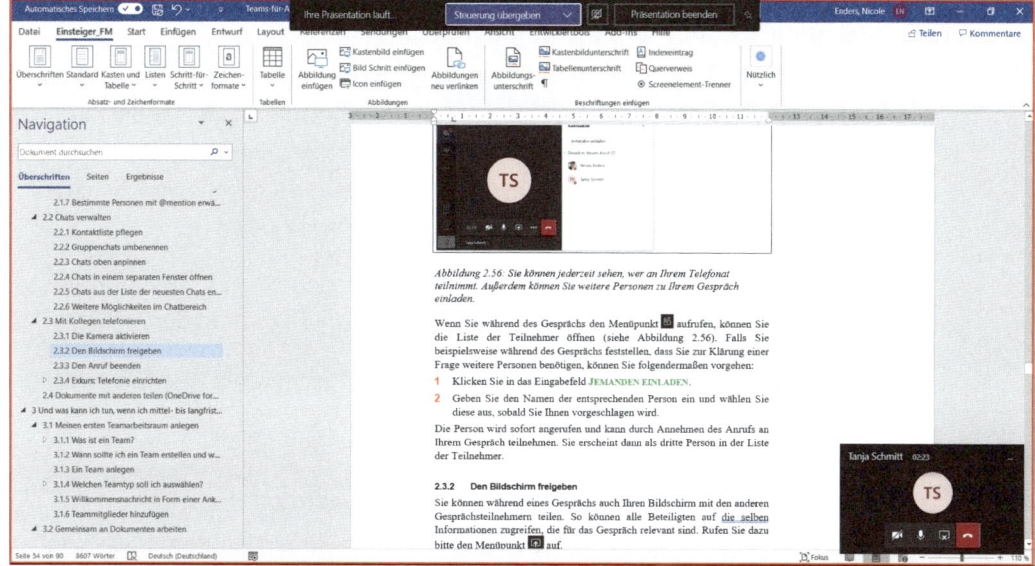

Abbildung 2.54 *Sie erkennen durch einen roten Rahmen, welche Inhalte Sie mit Ihren Gesprächspartnern teilen.*

Sobald Sie mit dem Teilen begonnen haben, erscheint ein roter Rahmen um die geteilte Anwendung bzw. den geteilten Bildschirm (siehe Abbildung 2.54). Das ist der Bereich, den nun alle Gesprächsteilnehmer sehen können. Sie können somit Arbeitsergebnisse besprechen oder auch ein Problem zeigen, das Sie allein nicht lösen können.

Außerdem können Sie einem Ihrer Gesprächsteilnehmer die Steuerung übergeben. Wählen Sie hierzu oben in der Menüleiste die Option **Steuerung übergeben** und anschließend den Namen der entsprechenden Person aus. Sie sehen daraufhin einmal einen Mauszeiger mit Ihrem Profilbild und einen zweiten Mauszeiger mit dem Profilbild der Person, der Sie gerade die Steuerung übergeben haben. Diese Person kann nun innerhalb der Freigabe so agieren, als säße sie an Ihrem Rechner.

Über den Menüpunkt **Präsentation beenden** in der Menüleiste oben innerhalb der Freigabe oder über den Menüpunkt 🔲 können Sie die Freigabe jederzeit wieder beenden und zum Anruf zurückkehren.

Behalten Sie Ihre Gesprächsteilnehmer im Blick

Ist Ihnen während der Bildschirmfreigabe das kleine Fenster unten rechts aufgefallen (siehe Abbildung 2.54)? Wenn Ihre Gesprächspartner die Kamera aktiviert haben, sehen Sie dort stets die Person, die gerade spricht, und behalten so selbst bei einem geteilten Bildschirm Ihre Gesprächspartner im Blick, wenn *Microsoft Teams* gerade im Hintergrund ist.

Falls Sie mehrere Bildschirme nutzen, können Sie einen Bildschirm für die Freigabe nutzen und einen weiteren für *Microsoft Teams* mit der Ansicht der Gesprächsteilnehmer.

Externe Telefonie muss separat eingerichtet werden!

Sie können nun über *Microsoft Teams* andere Personen in Ihrem Unternehmen anrufen und sogar mit externen Personen telefonieren, wenn diese in Ihrem *Tenant* zugelassen wurden. Sie sind allerdings damit noch nicht automatisch über eine externe Telefonnummer erreichbar. Hierzu bedarf es einiger administrativer Schritte sowie einer entsprechenden Lizenzierung, die nicht in jedem Unternehmen vorgenommen wird. Sprechen Sie zu diesem Thema am besten mit Ihrem Administrator bzw. Ihrer IT-Abteilung.

2.4   Dokumente miteinander teilen

Sie haben nun schon mit Kollegen gechattet und telefoniert und somit auf verschiedenen Wegen Informationen ausgetauscht. Zum klassischen Arbeitsalltag gehört aber auch eine Vielzahl an Dokumenten, die erstellt, bearbeitet und freigegeben werden. Die Möglichkeiten zum Austausch von Dateien sowie zur gemeinsamen Bearbeitung, die uns bereits im Chat zur Verfügung stehen, schauen wir uns nun gemeinsam an.

Wählen Sie einen beliebigen Chat aus; ich habe den zwischen mir und Lars gewählt. Wenn Sie nun unten unterhalb des Eingabefeldes für eine neue Nachricht den Menüpunkt 🖉 **Anfügen** auswählen, erhalten Sie die in Abbildung 2.55 dargestellten Optionen zur Auswahl:

- **OneDrive**: *OneDrive* ist innerhalb der Microsoft-365-Welt Ihre persönliche Dateiablage. Falls Sie OneDrive bereits nutzen, können Sie nun eine dort abgelegte Datei auswählen und nach Betätigen der Schaltfläche **Teilen** mit Ihrem Gesprächspartner teilen.

- **Vom Computer hochladen**: Diese Option verwenden Sie, wenn Sie OneDrive bisher noch nicht genutzt haben oder die zu teilende Datei aktuell noch auf Ihrem Rechner zu finden ist.

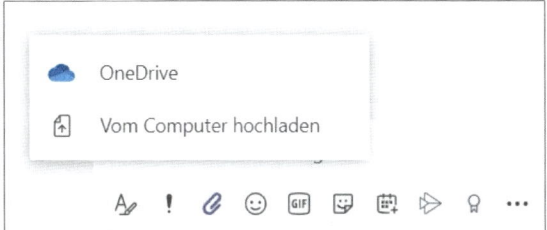

Abbildung 2.55 *Wählen Sie aus, wo sich die Datei aktuell befindet, die Sie teilen möchten.*

Laden Sie die Datei vorher in OneDrive hoch!

Ich empfehle Ihnen, die Dateien vorher manuell in OneDrive hochzuladen. Falls Sie die Option **Vom Computer hochladen** verwenden, wird nämlich in Ihrem OneDrive ein Ordner »Microsoft Teams-Chatdateien« angelegt und die entsprechende Datei dort abgelegt. Dies geschieht mit allen Dateien, die Sie über diesen Weg hochladen. Wenn Sie stattdessen die Datei selbst in OneDrive hochladen, können Sie selbst die Ablagestruktur bestimmen und etwa mit Unterordnern für einzelne Projekte arbeiten.

Abbildung 2.56 *Fügen Sie weitere Informationen wie beispielsweise eine Handlungsaufforderung zu dem Link auf die zu teilende Datei hinzu.*

Nach dem Hochladen bzw. Auswählen der zu teilenden Datei wird eine Chat-nachricht mit einem Link auf eben diese Datei für Sie vorbereitet. Sie können nun wie in Abbildung 2.56 dargestellt weitere Informationen hinzufügen und anschließend die Nachricht über die Schaltfläche ▷ **Senden** absetzen. Mit dem Versenden der Nachricht wird die Datei aus Ihrem OneDrive mit dem Ge-sprächspartner bzw. den Gesprächspartnern geteilt. Das heißt, diese Personen erhalten Bearbeitungsrechte auf die von Ihnen ausgewählte Datei, die aller-dings weiterhin in Ihrer persönlichen Dateiablage verbleibt.

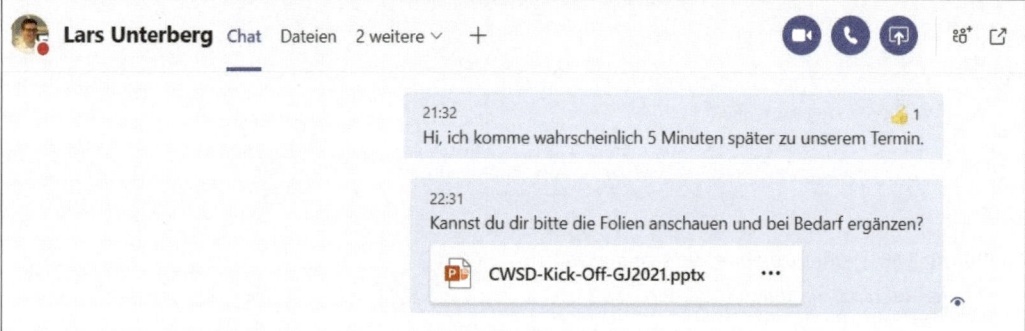

Abbildung 2.57 *Ihre Gesprächspartner können über die Chatnachricht auf die mit ihnen geteilte Datei zugreifen.*

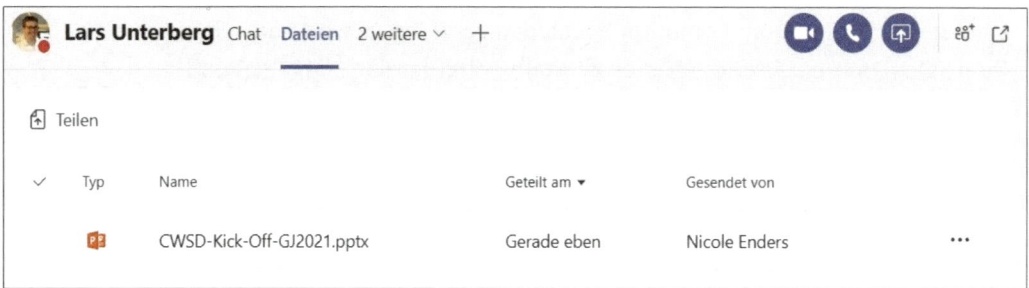

Abbildung 2.58 *Alternativ können Sie auch über die Registerkarte »Dateien« auf alle im Rahmen der Unterhaltung bisher geteilten Dateien zugreifen.*

Wie Sie Abbildung 2.57 und Abbildung 2.58 entnehmen können, können Sie über die jeweilige Chatnachricht oder auch über die Registerkarte **Dateien** auf die innerhalb eines Chats freigegebenen Dateien zugreifen. Sie können der Dar-stellung entnehmen, wann und von welcher Person eine Datei geteilt wurde, der genaue Ablageort wird jedoch nicht angezeigt.

Gemeinsame Bearbeitung von Dokumenten

Wenn Sie einen Gruppenchat nutzen und darin gemeinsam an Dokumenten arbeiten, kann es schnell geschehen, dass die verschiedenen Mitglieder jeweils Dateien teilen und es innerhalb des Chats so aussieht, als gäbe es eine zentrale Ablage aller Dokumente. Sie sollten aber wissen, dass die Datei jeweils im OneDrive der Person gespeichert wird, die die entsprechende Datei geteilt hat. Es gibt somit keine zentrale Dateiablage.

Sollten Sie innerhalb einer Gruppe also an Dokumenten arbeiten, so empfehle ich Ihnen die Anlage eines Teams, wie Sie es in Abschnitt 3.2 kennenlernen werden. Bei einem Chat sollte der Fokus mehr auf dem Austausch von Dokumenten als auf der gemeinsamen Bearbeitung liegen.

2.5   Weitere Möglichkeiten im Chatbereich

Bevor wir im nächsten Kapitel zur Teamarbeit wechseln, möchte ich kurz auf ein paar weitere Funktionen im Chatbereich eingehen:

- **Organisation**: Bei einem Chat mit einer einzelnen Person sollten Sie eine Registerkarte **Organisation** aufrufen können. Hier finden Sie – soweit die Informationen in Ihrem *Tenant* gepflegt sind – in Form eines *Organigramms* die Information, welcher Organisationseinheit die Person innerhalb Ihres Unternehmens zugeordnet ist und wie Sie mit ihr verbunden sind.

- **Aktivität**: Neben der Registerkarte **Organisation** sollten Sie außerdem die Registerkarte **Aktivität** finden. Hierüber erhalten Sie eine Auflistung sämtlicher Aktivitäten der Person in Teams, in denen Sie beide Mitglied sind.

- **Weitere Registerkarten**: Sie können über den Menüpunkt + weitere Registerkarten hinzufügen und somit Ihren Chat individualisieren. Sie können beispielsweise eine der miteinander geteilten Dateien hierüber schnell aufrufbar anbieten oder auch eine externe Webseite integrieren (siehe Abbildung 2.59).

Die Möglichkeit, weitere Registerkarten hinzufügen, werden wir im Rahmen der Teamarbeit Schritt für Schritt kennenlernen. Die Auswahl der Apps und Dienste ist im Chatbereich zwar etwas eingeschränkter als innerhalb eines Teams, die Vorgehensweise ist jedoch dieselbe.

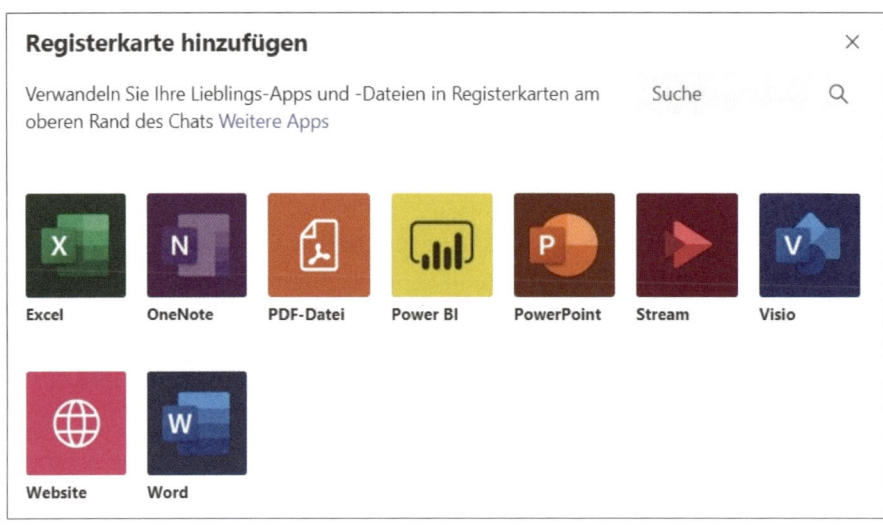

Abbildung 2.59 *Fügen Sie eine neue Registerkarte zu Ihrem Chat hinzu.*

Kapitel 3
Vom Gruppenchat zum virtuellen Teamraum

An dieser Stelle möchte ich Ihnen meine persönliche Empfehlung weitergeben, unter welchen Bedingungen ein Chat ausreicht und wann ein Team die bessere Option ist. Meiner Erfahrung nach entwickelt sich die Zusammenarbeit über die Zeit. Es beginnt meist mit einem Chat mit einer einzelnen Person, und nach und nach kommen weitere Personen hinzu, sodass man sich in Form eines Gruppenchats austauscht, bis man dann zu der Erkenntnis gelangt, dass man eigentlich bereits ein Team darstellt, das neben dem Chat weiterer Unterstützung wie beispielsweise einer gemeinsamen Dateiablage oder Aufgabenverwaltung bedarf. Sobald man zu dieser Erkenntnis gelangt ist, sollte man von einem Gruppenchat zu einem Team wechseln.

Es gibt leider kein Patentrezept, wie man zu dieser Erkenntnis gelangt. Da muss ich Sie enttäuschen. Dafür findet jeder seine individuellen Entscheidungskriterien. Das kann auch davon beeinflusst werden, wie einfach und wie schnell neue Teams angelegt werden können. Wenn aus irgendwelchen Gründen Teams nur durch einen eingeschränkten Personenkreis (z. B. durch die IT-Abteilung) angelegt werden können und der Prozess zur Beantragung eines neuen Teams zu viel Zeit für den Antragssteller in Anspruch nimmt, kann das ein Grund dafür sein, eher auf Gruppenchats zu setzen.

Ich persönlich unterscheide zwischen einem kurzfristigen Informationsaustausch in Form eines Chats bzw. Gruppenchats und einem mittel- bis langfristig angelegten Informationsaustausch in Form von Teams. Chatnachrichten dienen meiner Meinung nach nur zur schnellen Klärung von Fragen und müssten später auch nicht mehr aufrufbar sein, während die Informationen im Rahmen der Zusammenarbeit mit anderen Personen auch in Zukunft wie in einer Art Archiv benötigt werden könnten.

3.1 Meinen ersten Teamraum anlegen

Wir wechseln jetzt vom Chatbereich in den Bereich der virtuellen Teamräume. Wählen Sie dazu in der linken Menüleiste den Menüpunkt **Teams** aus. Die Liste Ihrer Teams ist vermutlich erst einmal leer; wir werden diesen Zustand aber nun schnell ändern.

3.1.1 Ein Team anlegen

Rufen Sie unterhalb der noch leeren Liste den Menüpunkt **Team beitreten oder erstellen** auf. Sie sollten sich nun auf einer mit Abbildung 3.1 vergleichbaren Ansicht befinden.

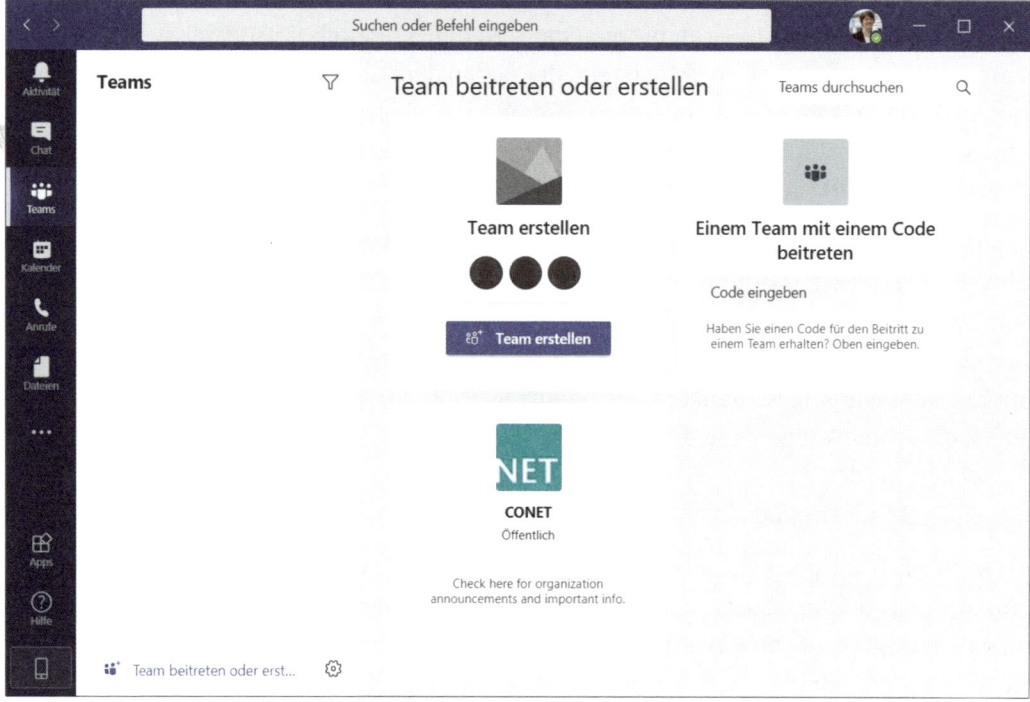

Abbildung 3.1 *Erstellen Sie ein neues Team, oder treten Sie einem bestehenden Team bei.*

Hier stehen Ihnen zwei verschiedene Optionen zur Wahl:

- **Team erstellen**: Hierüber erstellen Sie einen virtuellen Teamraum mit den für die Teamzusammenarbeit benötigten Funktionen wie z. B. einer gemeinsamen Dateiablage, einem Wiki sowie einem Chatbereich.

- **Einem Team mit einem Code beitreten**: In diesem Fall existiert bereits ein Team, und Sie haben vom Besitzer dieser Gruppe einen Teamcode erhalten, um ohne weitere Prüfung ein neues Mitglied dieses Teams zu werden.

Zusätzlich sehen Sie in Abbildung 3.1 noch eine Kachel **CONET**. Hierbei handelt es sich um ein sogenanntes *öffentliches Team*, dem Sie beitreten können, wenn Sie es wünschen. Auf den nächsten Seiten gehe ich näher auf die verschiedenen Typen von Teams ein.

Anfangs wird es bei Ihnen noch keine Teams geben, denen Sie beitreten können. Daher erstellen Sie nun ein neues Team.

1. Betätigen Sie hierfür zunächst die Schaltfläche **Team erstellen**.

2. Die nachfolgende Abbildung zeigt Ihnen, dass Sie nun entscheiden können, ob Sie ein bestehendes Team als Vorlage verwenden oder ein vollkommen neues Team erstellen möchten. Momentan haben Sie noch kein Team, das Sie als Vorlage verwenden könnten. Wählen Sie daher die obere Option **Team völlig neu erstellen** aus.

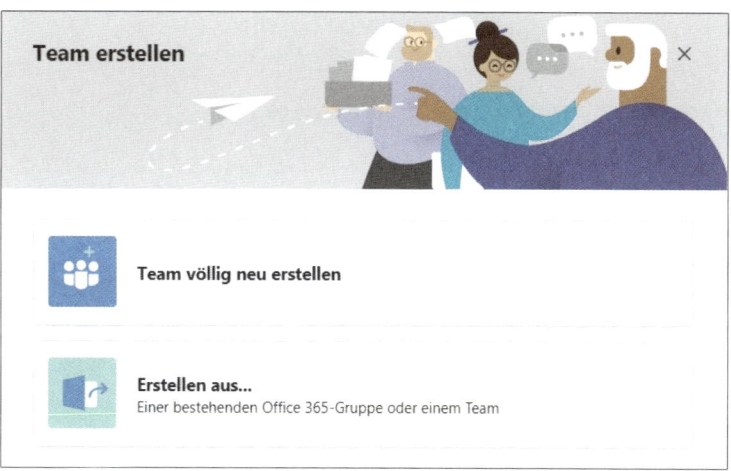

3. Im nächsten Schritt müssen Sie sich entscheiden, ob Ihr Team **Privat** oder **Öffentlich** sein soll. Sie sehen nun, welche Auswirkungen die jeweilige Option hat. Wichtig ist dabei zu wissen, dass Sie diese Einstellung später noch ändern können. Da Sie erst einmal mit einem kleinen, überschaubaren Team starten werden, wählen Sie die Option **Privat** aus. Später können Sie die Einstellung ändern und somit die Inhalte allen Kollegen zugänglich machen.

4. Nach der Auswahl des Teamtyps geben Sie nun den **Teamnamen** sowie eine **Beschreibung** an. Ich möchte beispielsweise ein Team erstellen, in dem ich mich mit meinem fiktiven Team über das Thema »digitale Zusammenarbeit« austauschen kann, und wähle daher Name und Beschreibung wie folgt:

- **Teamname**: Lernplattform digitale Zusammenarbeit
- **Beschreibung**: Hier können wir uns zu allen Themen im Bereich digitale Zusammenarbeit austauschen und gemeinsam Lernkonzepte entwickeln.

Betätigen Sie anschließend die Schaltfläche **Erstellen**.

5. Bei einem öffentlichen Team wären Sie nun bereits mit der Erstellung Ihres Teams fertig. Bei einem privaten Team hingegen erscheint der folgende Bildschirm, in dem Sie Ihre Teammitglieder hinzufügen können. Sie können auch später weitere Personen nachträglich hinzufügen; wenn Sie aber bereits bei der Erstellung wissen, wer zu Ihrem Team gehören soll, können Sie nun in das Eingabefeld oben den Namen der entsprechenden Person eingeben. In meinem Fall wird mir Anna vorgeschlagen, die ich mit einem Klick auf den Vorschlag auswähle. Anschließend füge ich sie durch Betätigen der Schaltfläche **Hinzufügen** zur Liste meiner Teammitglieder hinzu. Fügen Sie nun über diesen Weg Ihre ersten Teammitglieder hinzu, und betätigen Sie zum Abschluss die Schaltfläche **Schließen**.

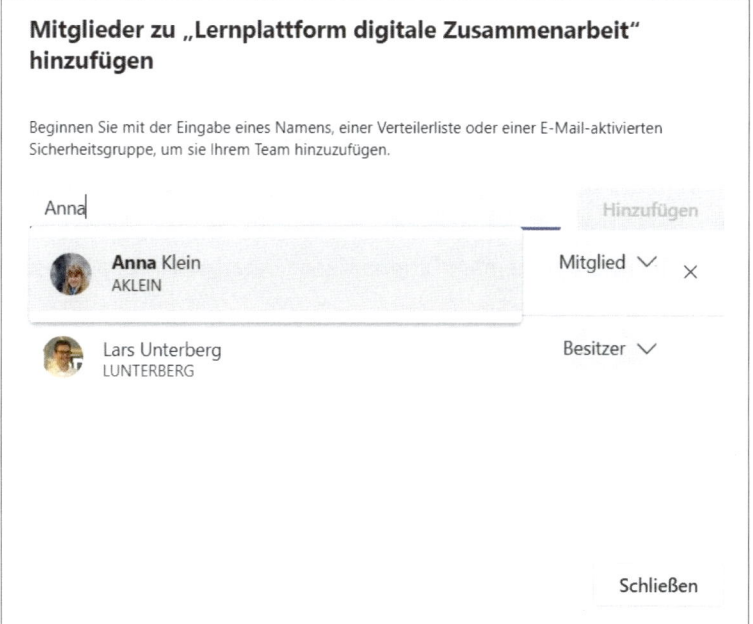

Ich sehe noch eine dritte Option

Falls Sie mit einem administrativen Konto angemeldet und somit ein sogenannter *globaler Administrator* sind, werden Sie wie in Abbildung 3.2 dargestellt noch eine dritte Option zur Auswahl haben.

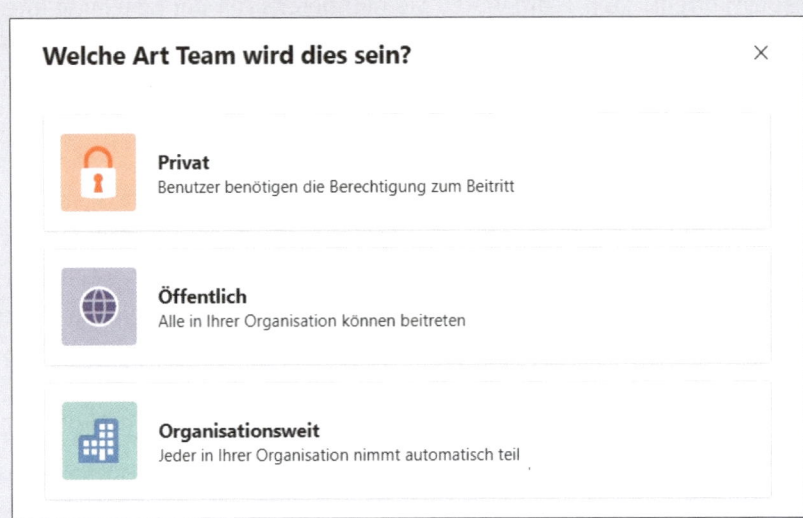

Abbildung 3.2 *Administratoren haben eine weitere Auswahlmöglichkeit.*

In diesem Fall können Sie ein sogenanntes *organisationsweites Team* anlegen. Diese Teams sind mit öffentlichen Teams vergleichbar; nur dass von Anfang an jeder Nutzer mit einer gültigen Lizenz innerhalb Ihrer Microsoft-365-Umgebung dort Mitglied ist.

Somit können organisationsweite Teams beispielsweise zur Ergänzung eines Intranets eingesetzt werden, da Sie hierüber alle Mitarbeiter des Unternehmens erreichen können. Allerdings sollten Sie vor der Einrichtung eines solchen Teams bei Microsoft prüfen, ob Sie mit der Anzahl Ihrer Mitarbeiter die Limitierung für die maximale Anzahl an Teammitgliedern in *Microsoft Teams* überschreiten. Sollte dies der Fall sein, können organisationsweite Teams in Ihrem Kontext nicht eingesetzt werden.

Geben Sie für Ihr Team immer eine aussagekräftige Beschreibung an!

Die Beschreibung eines Teams ist vor allem für neue Teammitglieder wichtig, damit sie sich schnell über den Einsatzzweck bzw. die Zielsetzung eines Teams informieren können.

Bei einem privaten Team fügen Sie die späteren Teammitglieder noch persönlich hinzu und können die Personen im Teamchat begrüßen. Sie können ihnen dort erklären, warum sie in das Team aufgenommen wurden und worum es in diesem Team geht.

Bei öffentlichen Teams ist das nicht mehr möglich. Wenn Sie ein öffentliches Team finden, können Sie dieses ohne Weiteres aufrufen und werden vermutlich nach Informationen hinsichtlich des Einsatzzwecks bzw. der Zielsetzung des Teams suchen, um zu entscheiden, ob Sie diesem Team beitreten möchten. Wenn die Beschreibung gepflegt ist, wäre das der erste Ort, an dem ich suchen würde.

Wie Sie Abbildung 3.3 entnehmen können, befinden Sie sich nun in Ihrem neu angelegten Teamraum. Sie sehen dort, dass ich zum Beispiel zunächst Sebastian Feld und Lars Unterberg zu meinem Team hinzugefügt habe. Anschließend habe ich anscheinend in dem Auswahlfeld bei Lars festgelegt, dass er die Rolle »Besitzer« erhalten soll, und danach habe ich noch Anna Klein hinzugefügt.

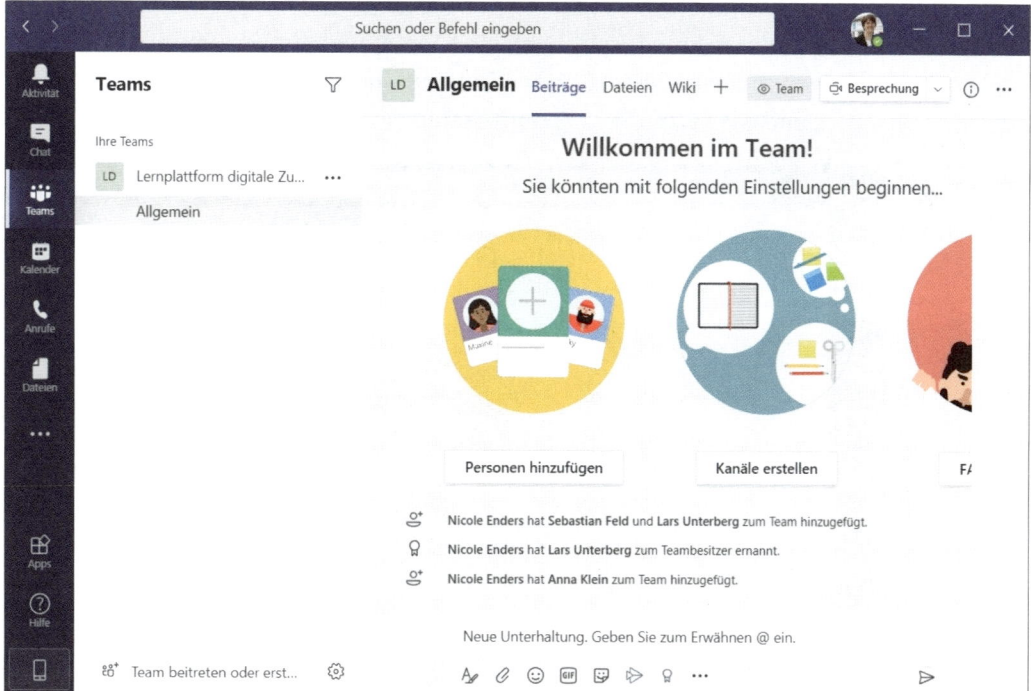

Abbildung 3.3 *Herzlich willkommen in Ihrem neuen Teamraum!*

Es gibt unterschiedliche Rollen in einem Team

Sehen Sie in der Abbildung von Schritt 5 das Auswahlfeld neben Lars Unterberg, in dem **Besitzer** steht? Und eine Zeile darüber (wir können die Person gerade nicht erkennen, weil der Vorschlag für Anna den Eintrag überlagert) den Wert **Mitglied**?

Hierbei handelt es sich um die Rolle, die ein Teammitglied einnehmen soll. In *Microsoft Teams* verfügen Personen mit der Rolle *Mitglied* über alle für die tägliche Zusammenarbeit benötigten Berechtigungen. *Besitzer* haben vereinzelt höhere Berechtigungen, auf die ich Sie an der entsprechenden Stelle jeweils aufmerksam machen werde. Besitzer können aber im Vergleich zu Mitgliedern bei einem privaten Team weitere Mitglieder oder Besitzer hinzufügen.

3.1.2 Was ist ein Team?

Sie können nun Ihren frisch angelegten Teamraum nutzen, um mit ihren Kollegen zusammenzuarbeiten. Aber was bietet Ihnen ein Teamraum an Möglichkeiten, und wie setzen Sie diese am besten ein?

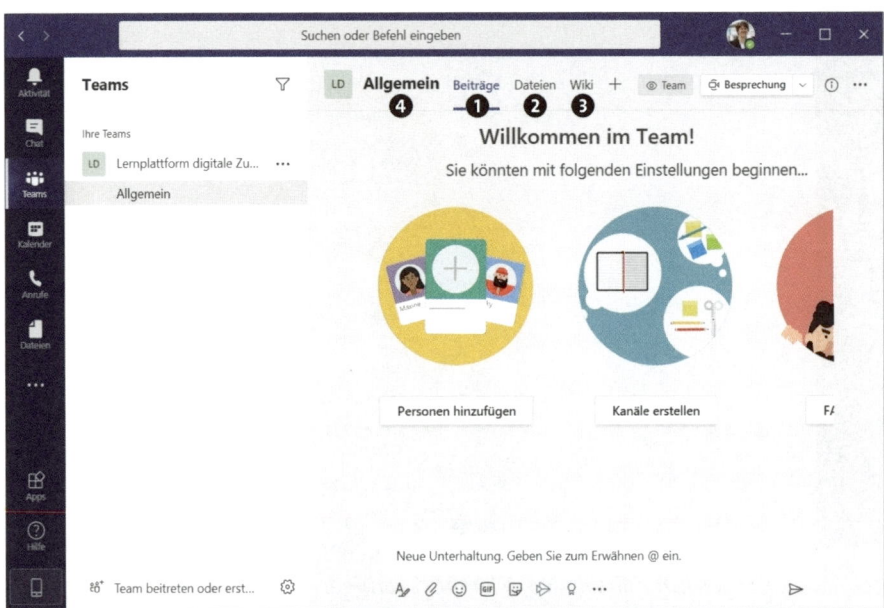

Abbildung 3.4 *Überblick über Ihr neues Team*

Ein Teamraum dient in erster Linie dem Informationsaustausch innerhalb eines Teams. In Abbildung 3.4 sehen Sie die wichtigsten Bereiche eines Teamraums:

❶ **Beiträge**: Sie können wie bei einem Gruppenchat eine Unterhaltung über einen Chat führen, sich gegenseitig erwähnen oder auch einen Videoanruf beginnen.

❷ **Dateien**: Ein weiterer wichtiger Bestandteil ist die gemeinsame Dateiablage, die es Ihnen sogar ermöglicht, gleichzeitig dasselbe Dokument zu bearbeiten. So können Sie zum Beispiel ein Konzept oder eine Anleitung gemeinsam erstellen, sich während der Bearbeitung des Dokumentes über einen Chat zum aktuellen Bearbeitungsstand oder zu aufkommenden Fragen austauschen und letzten Endes schneller mit der Erstellung bzw. Bearbeitung des Dokumentes fertig werden, weil Sie sich die Arbeit aufteilen konnten. In Abschnitt 3.2 werden wir diese Möglichkeiten näher beleuchten.

❸ **Wiki**: Neben dem Informationsaustausch in Form eines Chats können Sie Informationen auch in strukturierter Form in einem Wiki verwalten und dort Seiten und Abschnitte zur besseren Auffindbarkeit nutzen. In Abschnitt 3.3 schauen wir uns diesen Bereich genauer an.

❹ **Allgemein**: Die Funktionen für Chat, Dateiverwaltung und Wiki befinden sich alle im Bereich **Allgemein**. Es handelt sich dabei um einen sogenannten *Kanal*. Was ein Kanal genau ist und wofür Sie ihn verwenden können, zeige ich Ihnen in Kapitel 5. An dieser Stelle möchte ich nur erwähnen, dass Sie später durchaus mehrere Kanäle in Ihrem Team nutzen können.

In diesem und den beiden folgenden Kapiteln möchte ich Ihnen anhand eines kleinen Teamraums einige Möglichkeiten für die tägliche Zusammenarbeit mit Ihrem Team vorstellen.

3.1.3   Unterschiede zwischen einem Gruppenchat und einem Teamchat

Sie kennen bereits die Chatfunktion aus dem Chat mit einer einzelnen Person oder auch einer Gruppe; und innerhalb eines Teams gibt es unter der Registerkarte **Beiträge** ebenfalls eine Chatfunktion. Die damit verbundenen Möglichkeiten sollten somit für Sie bereits vertraut sein, oder etwa nicht? Auf den ersten Blick gibt es tatsächlich viele Gemeinsamkeiten (siehe Abbildung 3.5 und Abbildung 3.6). So können einzelne Nachrichten formatiert, Dateien ausgetauscht und Emojis, Giphys oder Aufkleber verwendet werden. Auch der Menü-

punkt zum Loben erscheint bei beiden Varianten (auch wenn er erst im Teamchat seinen Zweck so richtig entfalten kann).

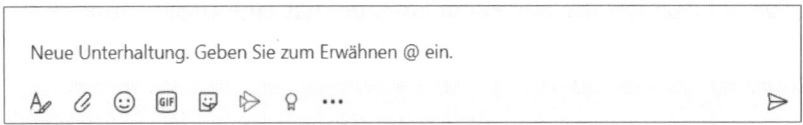

Neue Unterhaltung. Geben Sie zum Erwähnen @ ein.

Abbildung 3.5 *Menüpunkte in einem Teamchat*

Eine neue Nachricht eingeben

Abbildung 3.6 *Menüpunkte in einem persönlichen Chat mit einer oder mehreren Personen*

In einem Teamchat fehlt nun aber der Menüpunkt ▦ **Besprechung planen**, um
einen gemeinsamen Termin zu vereinbaren. Dafür haben Sie über den Menüpunkt ◻ **Besprechung** oben rechts im Bildschirm die Möglichkeit, einen
Videoanruf zu starten oder alternativ doch einen Termin zwischen den Teammitgliedern zu vereinbaren. Auf diese Möglichkeiten gehe ich in Kapitel 6 näher ein.

Der Menüpunkt **!** **Zustellungsoptionen festlegen** scheint ebenfalls im Teamchat zu fehlen; dieser verbirgt sich hinter der Dreipunkte-Schaltfläche, sobald
Sie über den Menüpunkt A **Formatieren** die Formatierungsoptionen geöffnet
haben. Allerdings können Sie eine Nachricht im Teamchat nur als wichtig und
nicht als dringend markieren.

Da wir aber bereits über die Formatierungsoptionen sprechen, sollten wir uns
auch hier ein paar Unterschiede zu den Ihnen bisher bekannten Möglichkeiten
anschauen. Nachdem Sie den Menüpunkt A **Formatieren** ausgewählt haben,
sollte sich die Ansicht wie in Abbildung 3.7 gestalten.

Sehen Sie die zusätzliche Zeile **Betreff hinzufügen**? Ich empfehle Ihnen, bei
Ihren Nachrichten grundsätzlich einen Betreff zu nutzen. Über die Zeit hinweg
wird Ihr Teamchat nämlich immer mehr Nachrichten umfassen und könnte
somit unübersichtlich werden. Durch einen Betreff, der fett markiert und mit
einer größeren Schriftgröße dargestellt direkt ins Auge fällt, können Sie schneller die benötigten Informationen finden.

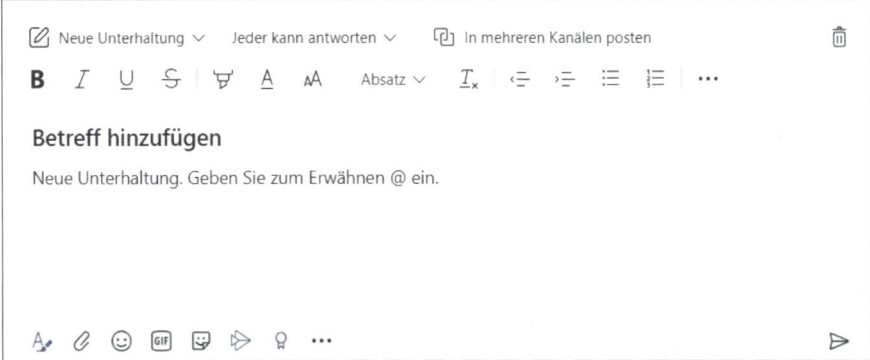

Abbildung 3.7 *Bei einer Nachricht in einem Teamchat sollten Sie die Möglichkeit nutzen, Ihrer Nachricht einen Betreff hinzuzufügen.*

Antworten Sie immer auf die entsprechende Nachricht und nicht in einem neuen Thread!

Wenn Sie eine neue Nachricht im Teamchat lesen, könnte diese wie in Abbildung 3.8 dargestellt aussehen. Wenn Sie nun auf diese Nachricht antworten möchten, liegt es nahe, einfach unten in das Eingabefeld zu klicken, Ihre Antwort einzugeben und über ⏎ die Nachricht zu versenden. Wenn Sie allerdings so vorgehen, antworten Sie nicht wirklich auf die ursprüngliche Nachricht, sondern starten eine neue Unterhaltung, d. h., Ihre Nachricht wird genauso dargestellt wie die vorherige Nachricht.

Abbildung 3.8 *Wenn Sie das Eingabefeld ganz unten für Ihre Nachricht nutzen, antworten Sie nicht auf die ursprüngliche Nachricht (in diesem Beispiel von Sebastian Feld).*

Um auf die ursprüngliche Nachricht zu antworten, müssen Sie unterhalb der Nachrichten auf den Menüpunkt **Antworten** klicken, woraufhin direkt unterhalb der Nachricht ein separates Eingabefeld erscheint. Ihnen stehen hier dieselben Formatierungs- und Eingabemöglichkeiten zur Verfügung wie bei einer neuen Unterhaltung. Sollte es bereits Antworten auf die ursprüngliche Nachricht geben, so wird der Menüpunkt **Antworten** und anschließend auch das separate Eingabefeld unterhalb der neuesten Antwort angezeigt.

Abbildung 3.9 *Antworten Sie immer im passenden Thread. So können Sie auch später alle zur Unterhaltung »Zweck dieses Teams« gehörenden Informationen wiederfinden.*

Fällt Ihnen oberhalb des Eingabebereichs für den Betreff Ihrer Nachricht noch etwas anderes auf? In einem Teamchat wird Ihnen im Formatierungsbereich eine zusätzliche Menüleiste für eine neue Nachricht mit folgenden Optionen angeboten:

- **Beitragstyp**: Sie können auswählen, ob Sie eine normale Nachricht versenden und damit eine Unterhaltung zu einem neuen Thema beginnen möchten. Alternativ können Sie aber auch eine *Ankündigung* erstellen. Diese Option empfiehlt sich für besondere Nachrichten, die durch ihre ganz eigene Optik besonders hervorgehoben werden sollen.

- **Antwortoptionen**: Sie können sowohl bei einer Unterhaltung als auch bei einer Ankündigung bestimmen, ob das gesamte Team oder nur Sie und die weiteren Teambesitzer auf die Nachricht antworten dürfen. Mit einer solchen Option können Sie beispielsweise offizielle Nachrichten im Team veröffentlichen, bei denen Sie die Teammitglieder informieren, aber keine Diskussion hierzu beginnen möchten.

- **In mehreren Kanälen posten**: Diese Option bietet sich für Nachrichten an, die Sie zeitgleich in mehreren Teams veröffentlichen möchten. Dies könnte eine Nachricht von einem Projektleiter sein, der alle Teammitglieder seiner verschiedenen Projektteams darüber informieren möchte, dass er in der nächsten Woche im Urlaub ist. Diese Option werde ich Ihnen in Kapitel 5 Schritt für Schritt vorstellen.

Beginnen wir erst einmal, indem Sie Ihre erste *Ankündigung* erstellen: Öffnen Sie dazu wie in Abbildung 3.10 dargestellt die Auswahlliste für den Beitragstyp, und wählen Sie die Option **Ankündigung** aus.

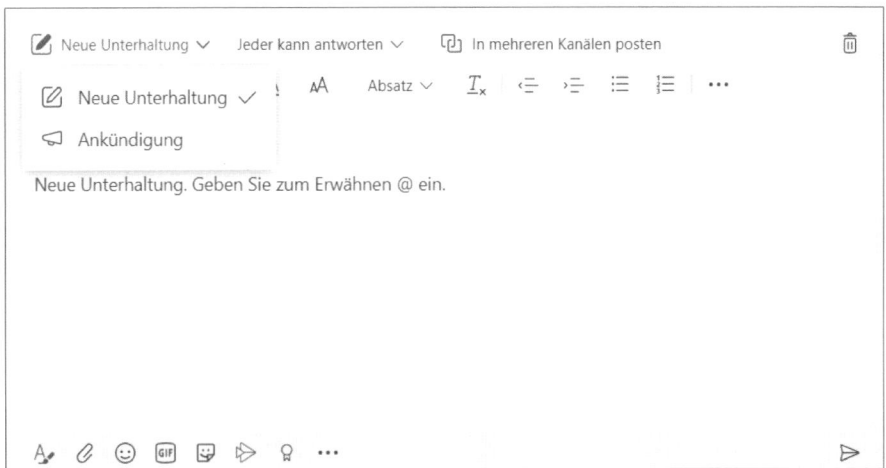

Abbildung 3.10 *Sie können zwischen einer normalen Nachricht und einer Ankündigung wählen.*

Sobald Sie die Option ausgewählt haben, sollte sich der Eingabebereich entsprechend der Darstellung in Abbildung 3.11 verändert haben. Sie können nun anstelle eines Betreffs eine Überschrift und einen Untertitel angeben.

Außerdem wird der Bereich mit der Überschrift optisch hervorgehoben. Standardmäßig wird eine Hintergrundfarbe (z. B. hellblau) verwendet. Über das quadratische Symbol unten rechts im Überschriftenbereich können Sie wie in Abbildung 3.12 dargestellt auch eine andere Hintergrundfarbe auswählen.

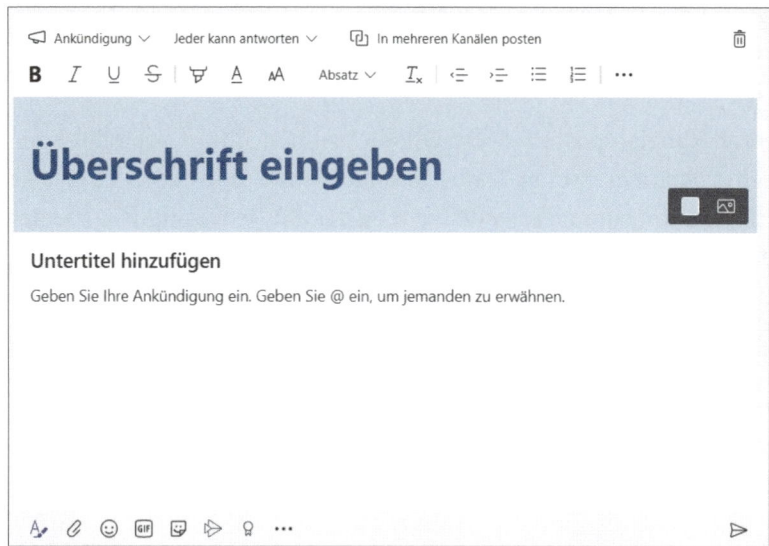

Abbildung 3.11 *Eine Ankündigung besitzt zusätzlich zu der eigentlichen Nachricht eine Überschrift mit einem Hintergrund und einen Untertitel.*

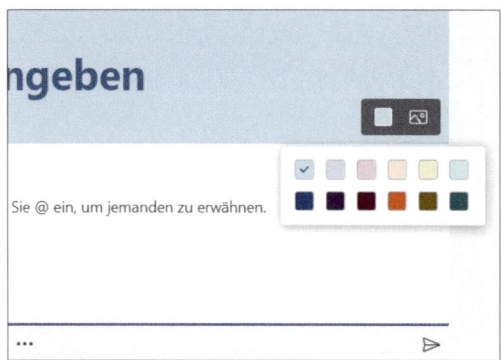

Abbildung 3.12 *Sie können eine andere Hintergrundfarbe auswählen oder ein eigenes Hintergrundbild hinterlegen.*

Über das Symbol 🖾 **Hintergrundbild** können Sie auch ein eigenes Hintergrundbild für Ihre Ankündigung auswählen. Klicken Sie auf dieses Symbol, öffnet sich der in Abbildung 3.13 dargestellte Dialog. Sie können nun entweder per Drag-and-drop eine Bilddatei hinzufügen, oder Sie klicken auf den Link **Bild hochladen** und wählen das gewünschte Bild über den Dateiauswahldialog aus. Beachten Sie bei der Auswahl des Bildes den Hinweis, dass dieses mindestens 918 × 120 Pixel groß sein sollte.

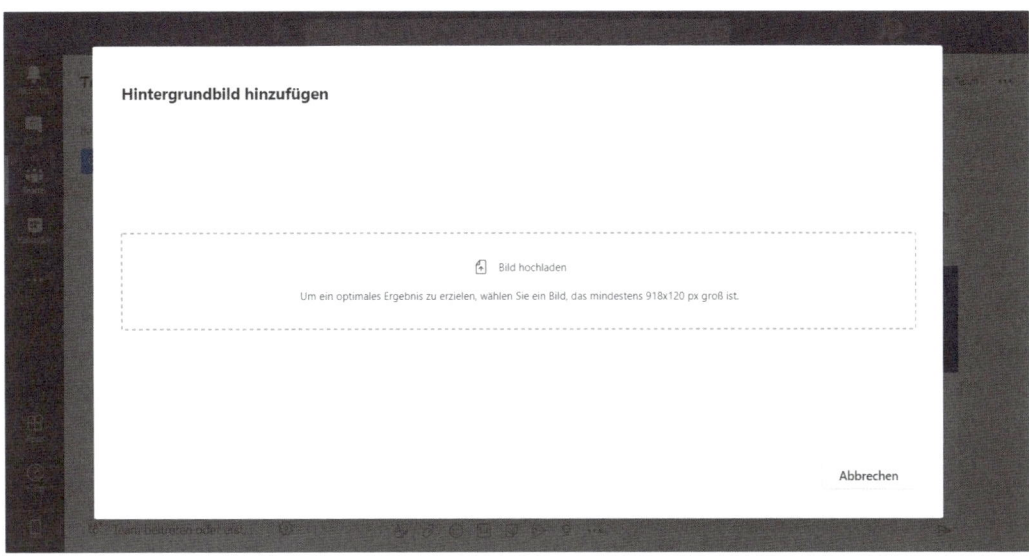

Abbildung 3.13 *Wählen Sie ein Hintergrundbild aus, das Sie für Ihre Ankündigung verwenden möchten.*

Abbildung 3.14 *Wenn Sie das gesamte Bild verwenden möchten, sollte es dem Maß 918 × 120 Pixel oder dem damit verbundenen Seitenverhältnis entsprechen.*

Wie Sie Abbildung 3.14 entnehmen können, wird Ihnen eine feste Höhe und Breite für den nun auszuwählenden Bildausschnitt vorgegeben. Wenn Sie sich an die empfohlene Größe oder das entsprechende Seitenverhältnis halten, kann das gesamte Bild für den Hintergrund Ihrer Ankündigung verwendet werden. Ansonsten müssen Sie wie ich entscheiden, welchen Ausschnitt Sie verwenden möchten. Bestätigen Sie die Auswahl über die Schaltfläche **Fertig**, und erfassen Sie nun Überschrift, Untertitel und Inhalt Ihrer Nachricht (siehe Abbildung 3.15). Über die Schaltfläche ▷ **Senden** veröffentlichen Sie Ihre erste Ankündigung.

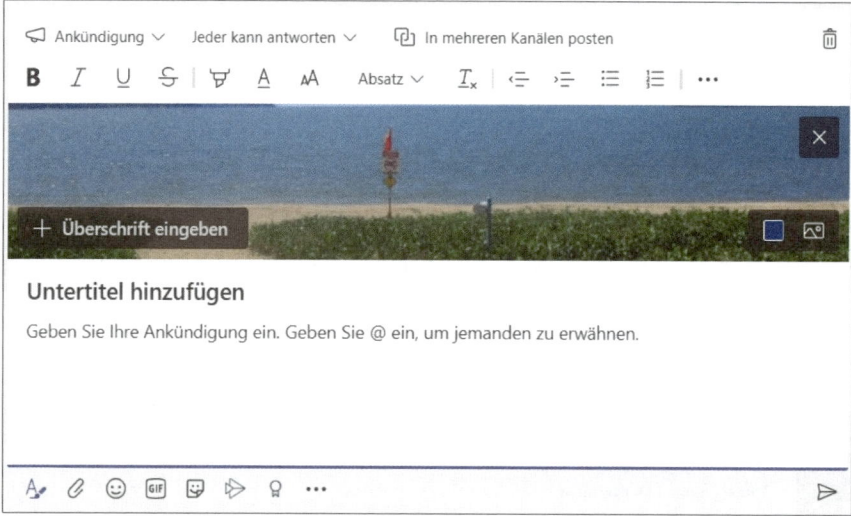

Abbildung 3.15 *Geben Sie eine Überschrift, einen Untertitel und die eigentliche Nachricht ein, bevor Sie die Ankündigung veröffentlichen.*

Abbildung 3.16 *Eine Ankündigung wird an der rechten oberen Ecke der Nachricht auch durch ein bestimmtes Icon gekennzeichnet.*

Die veröffentlichte Nachricht wird nun wie in Abbildung 3.16 dargestellt. Wenn Sie wie ich im Bereich **Antwortoptionen** die Option **Sie und Moderatoren können antworten** ausgewählt haben, erscheint für Sie und die anderen Teambesitzer unterhalb der Nachricht der Menüpunkt **Antworten**, während die anderen Teammitglieder diese Option nicht erhalten.

Sehen Sie außerdem den Menüpunkt **Mehr anzeigen**? Wenn eine Nachricht etwas länger ist, wird sie nicht vollständig dargestellt, kann aber mit einem Klick auf den Menüpunkt erweitert werden, sodass Sie die Nachricht vollständig anzeigen und somit lesen können.

Sie können auch das gesamte Team erwähnen

Eine Ankündigung wird in Bezug auf die Benachrichtigungen nicht anders behandelt als eine Unterhaltung. Der Kanal (für uns ist das momentan noch stets der Bereich **Allgemein**) wird bei von Ihnen ungelesenen Nachrichten fett markiert. Falls Sie das Team gerade zugeklappt haben, wird dann statt des Kanals der Teamname fett markiert dargestellt.

Ansonsten erhalten Sie aber erst einmal keine weitere optische Kennzeichnung. Wenn Sie nun eine Nachricht explizit an die anderen Teammitglieder verteilen möchten, könnten Sie wie bei einem Gruppenchat auch die einzelnen Teammitglieder über das @-Zeichen erwähnen. Das kann aber abhängig von der Größe Ihres Teams recht aufwendig sein. Gut, dass es auch eine andere Option gibt. Sie können nämlich auch das gesamte Team oder einen Kanal erwähnen (siehe Abbildung 3.17 und Abbildung 3.18).

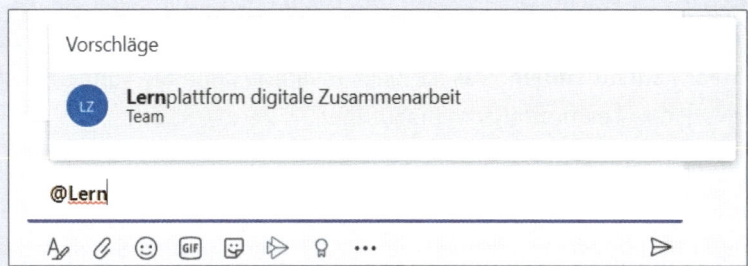

Abbildung 3.17 *Erwähnen Sie das gesamte Team, sodass jedes Teammitglied eine Benachrichtigung im Aktivitätsfeed erhält.*

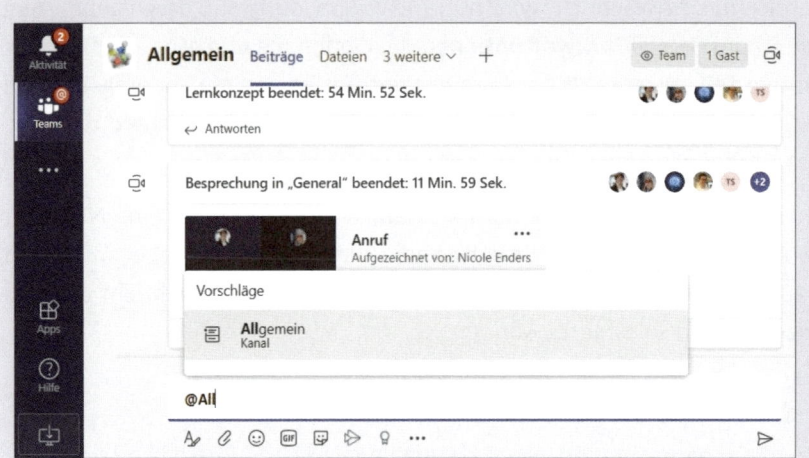

Abbildung 3.18 *Erwähnen Sie einen Kanal, um den Teammitgliedern zusätzlich einen Kontext für Ihre Nachricht mitzugeben.*

Wenn Sie eine der beiden Optionen verwenden, erhalten alle Teammitglieder eine Benachrichtigung in ihrem Aktivitätsfeed, und außerdem wird der Menüpunkt **Teams** in der linken Menüleiste temporär um ein rotes @-Zeichen ergänzt. Sobald Sie die entsprechende Nachricht gelesen haben, wird das @-Zeichen wieder entfernt.

3.1.4 Teammitglieder nachträglich hinzufügen

In Abschnitt 3.4.2 gehe ich detailliert auf das Thema *Berechtigungen* ein. Nun kann es aber sein, dass Sie bei der Anlage Ihres Teams vergessen haben, jemanden in das Team aufzunehmen. Das ist nicht schlimm, denn Sie können auch nachträglich weitere Teammitglieder hinzufügen.

Gehen Sie in der Auflistung Ihrer Teams zu dem entsprechenden Team, und nutzen Sie die Dreipunkte-Schaltfläche rechts neben dem Teamnamen, um das in Abbildung 3.19 dargestellte Kontextmenü zu öffnen. Wählen Sie dort den Menüpunkt **Mitglied hinzufügen** aus.

Der nun erscheinende Dialog entspricht der Darstellung in Abbildung 3.20 und somit dem Dialog bei der Anlage des Teams. Hier können Sie die gewünschten Personen auswählen und den Vorgang anschließend über die Schaltfläche **Schließen** abschließen.

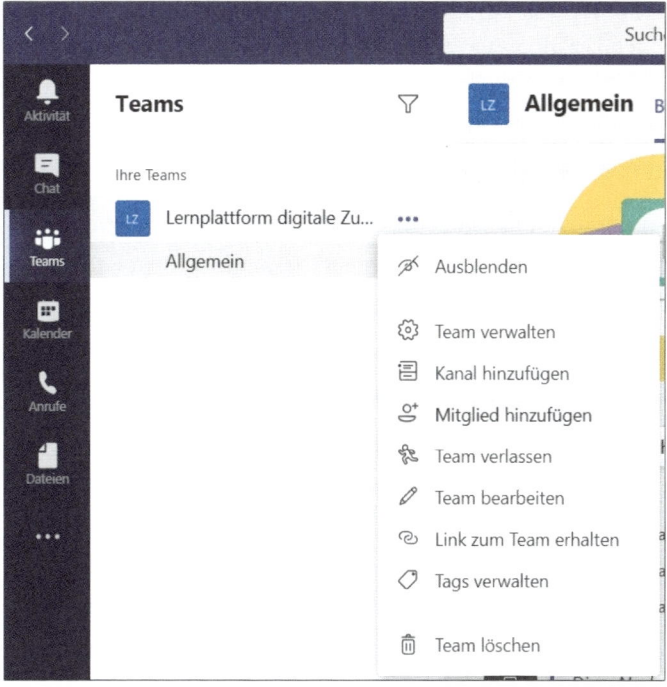

Abbildung 3.19 *Sie können jederzeit weitere Teammitglieder hinzufügen.*

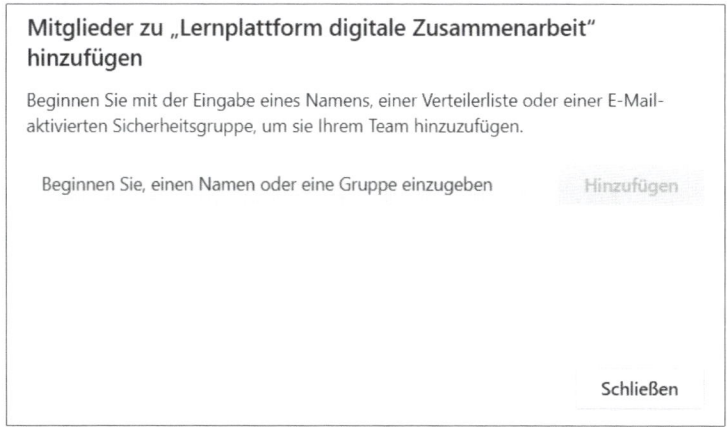

Abbildung 3.20 *Wählen Sie die gewünschten Personen aus, und fügen Sie sie zu Ihrem Team hinzu.*

Sie haben in diesem Abschnitt einen Einblick erhalten, was einen Teamraum ausmacht. Ich werde in den nachfolgenden Abschnitten und Kapiteln auf einzelne Bereiche wie die Dateiablage oder das Wiki detaillierter eingehen bzw. Ihnen weitere Möglichkeiten zeigen, die Ihnen im Alltag helfen können.

3.2 Gemeinsam an Dokumenten arbeiten

Bisher haben Sie sich im Bereich **Beiträge** aufgehalten, der die Chat-Funktionen Ihres Teams darstellt. Wechseln Sie nun mit einem Klick in den Bereich **Dateien**.

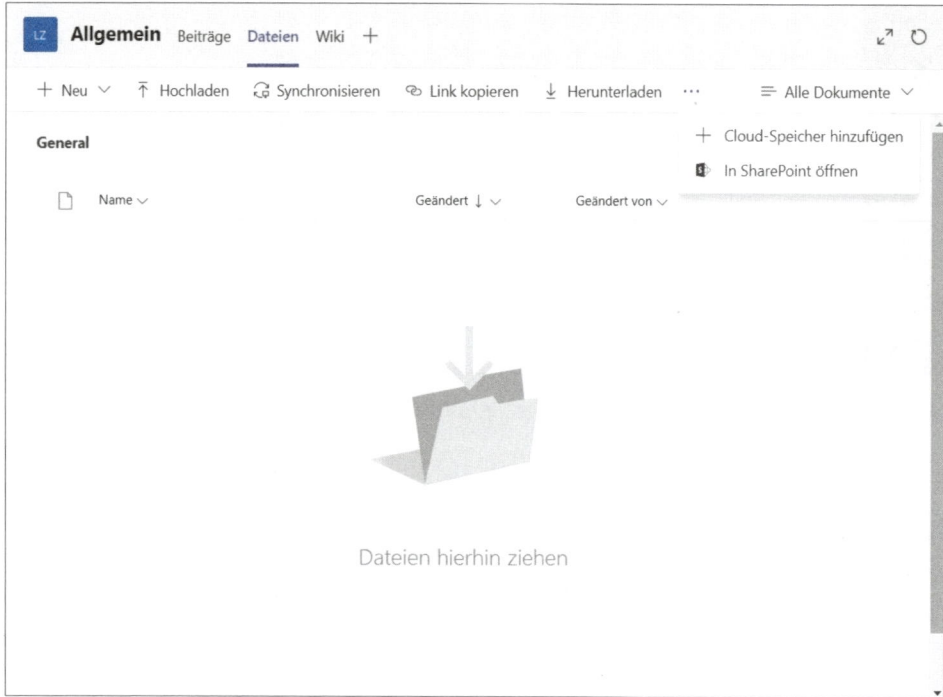

Abbildung 3.21 *Sie können Dateien erstellen bzw. hochladen oder weitere Dateiablagen in Ihre Ablage integrieren.*

Um schnell einen ersten Überblick über die verschiedenen Möglichkeiten der Dateiablage zu erhalten, möchte ich Sie auf die Menüleiste aufmerksam machen, die Sie in Abbildung 3.21 im oberen Bereich sehen können:

- **Neu**: Über den Menüpunkt **Neu** können Sie direkt in der Ablage neue Dokumente erstellen. Zur Auswahl stehen u. a. eine auf der Standardvorlage basierende Word-, Excel- oder PowerPoint-Datei. Außerdem lassen sich hier neue Ordner als strukturierendes Element der Ablage hinzufügen.

- **Hochladen**: In vielen Fällen werden Sie und die anderen Teammitglieder bereits Dokumente an anderen Speicherorten abgelegt haben. Sie haben daher auch die Möglichkeit, diese Dateien über den Menüpunkt **Hochladen** oder mittels Drag-and-drop künftig in *Teams* zu verwalten. Wichtig dabei ist, dass Sie hiermit lediglich eine Kopie anlegen. Um Verwirrung zu vermeiden und die Bearbeitung des Dokuments am früheren Speicherort und somit inkonsistente Informationsstände zu verhindern, sollten Sie die Datei von ihrem ursprünglichen Speicherort entfernen und zukünftig hier weiterbearbeiten.

- **Synchronisieren**: Sie können die Dateiablage auch mit Ihrer lokalen Festplatte synchronisieren und so über Ihren Windows-Explorer mit den Dateien arbeiten, wie Sie es vielleicht von einem *Fileshare* bisher gewohnt sind. Außerdem können Sie die Dateien über diesen Weg auch offline verwenden. Das ist gerade bei einem mobilen Einsatz oder bei einer schlechten Internetanbindung hilfreich. Um die Synchronisation einzurichten, müssen Sie den Menüpunkt **Synchronisieren** auswählen.

- **Link kopieren**: Um Ihre Kollegen explizit auf die Dateiablage aufmerksam zu machen, verwenden Sie den Menüpunkt **Link kopieren**. Gerade wenn Sie mehrere Dateien hinzugefügt oder einen neuen Ordner erstellt haben, ist dieser Link hilfreich, um das Team im Chat-Bereich über die neuen Informationen in der Dateiablage zu informieren.

- **Herunterladen**: Über den Menüpunkt **Herunterladen** können Sie die gesamte Dateiablage oder ein oder mehrere ausgewählte Dateien auf Ihre lokale Festplatte herunterladen. Wenn Sie keine Dateien ausgewählt haben, wird die gesamte Dateiablage des Kanals als ZIP-Datei heruntergeladen, wobei der Dateiname dem Kanalnamen entspricht.

- **Cloud-Speicher hinzufügen**: Neben der bereits automatisch bereitgestellten Bibliothek zur Ablage von Dateien können über den Menüpunkt **Cloud-Speicher hinzufügen** auch weitere Cloud-Speicher hinzugefügt werden. Dabei kann es sich um weitere Bibliotheken innerhalb derselben SharePoint-Website für Ihr Team, um Bibliotheken in anderen SharePoint-Websites oder auch um externe Dienste handeln.

- **In SharePoint öffnen**: Wenn Sie den Menüpunkt **In SharePoint öffnen** auswählen, wird die entsprechende Bibliothek in der SharePoint-Website geöffnet.

Falls Sie einzelne Menüpunkte nicht direkt angezeigt bekommen, finden Sie diese unter der Dreipunkte-Schaltfläche nach dem letzten angezeigten Menüpunkt.

Dateien werden in SharePoint gespeichert!

Wenn Sie in einem Team in *Teams* mit Dateien arbeiten, liegen diese in SharePoint. *Teams* selbst hat keine eigene Dateiablage, sondern stellt lediglich eine einheitliche Benutzeroberfläche für Chat, Dateien & Co. zur Verfügung. Auch in einem persönlichen Chat werden untereinander ausgetauschte Dateien nicht in *Teams* selbst, sondern in OneDrive abgelegt.

Da Sie also SharePoint zur Ablage der Dateien nutzen, stehen Ihnen viele Funktionen zur Verwaltung der Dokumente zur Verfügung. Dazu gehören beispielsweise die automatische Versionierung, die Nutzung von Workflows sowie die Erstellung von Ansichten, um gerade bei vielen Dateien weiterhin eine Übersichtlichkeit gewährleisten zu können.

3.2.1   Dateien erstellen oder hochladen

Sie können direkt aus *Teams* heraus neue Dateien erstellen oder Ihre Dateiablage mithilfe von Ordnern organisieren (siehe Abbildung 3.22).

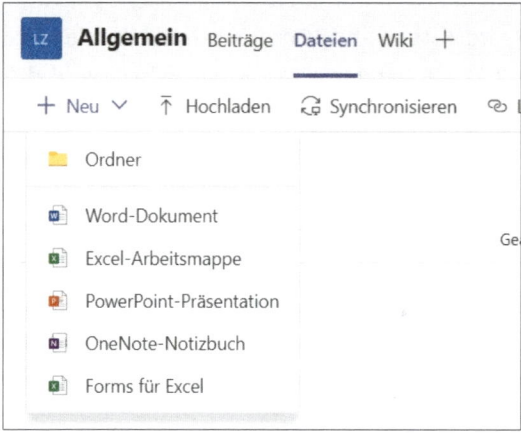

Abbildung 3.22 *Ihnen werden verschiedene Microsoft-Office-Formate für die Erstellung einer neuen Datei angeboten.*

Für die Anlage eines neuen Ordners wählen Sie den Menüpunkt **Ordner** aus und geben im daraufhin erscheinenden Dialog (siehe Abbildung 3.23) den Ordnernamen an.

Abbildung 3.23 *Geben Sie einen Namen für den neuen Ordner an.*

Bestätigen Sie die Eingabe anschließend über die Schaltfläche **Erstellen**. Der Ordner wird für Sie angelegt, und Sie sollten ihn nun entsprechend der Darstellung in Abbildung 3.24 in Ihrer Dateiablage sehen können.

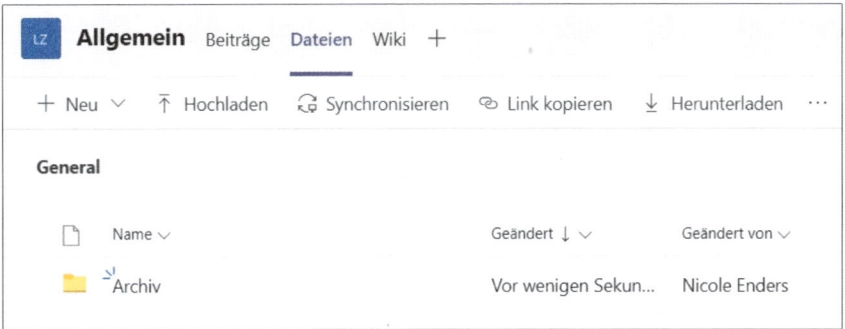

Abbildung 3.24 *Sie können Ordner zur Strukturierung Ihrer Dateiablage verwenden.*

Wenn Sie nun eine neue Datei über den Menüpunkt **Neu** erstellen möchten, können Sie aus folgenden Optionen wählen:

- Word-Dokument
- Excel-Arbeitsmappe
- PowerPoint-Präsentation
- OneNote-Notizbuch
- Forms für Excel

Wählen Sie eine der Optionen mit einem Klick aus, und es erscheint ein mit Abbildung 3.25 vergleichbarer Dialog, in dem Sie den Dateinamen angeben müssen und auch sehen, welchen Dateityp Sie eben ausgewählt haben. Mit Betätigen der Schaltfläche **Erstellen** bestätigen Sie Ihre Eingabe und lassen die Datei erstellen.

Abbildung 3.25 *Geben Sie einen Dateinamen für Ihre neue Datei an. Den Dateityp können Sie nicht verändern.*

Forms für Excel: Umfragen mit Excel auswerten

Während die übrigen Optionen für neue Dateien in der Regel bekannt sein dürften, wird dies auf die zuletzt aufgeführte Option **Forms für Excel** wahrscheinlich nicht zutreffen. Hierbei handelt es sich um eine Excel-Arbeitsmappe, die zur Auswertung einer Umfrage aus *Microsoft Forms* vorbereitet wurde. Wenn Sie diese Option wählen, öffnet sich für Sie nach Eingabe eines Dateinamens ein neues Browserfenster mit einem Entwurf einer neuen Umfrage. Der Name der Umfrage entspricht Ihrer Eingabe im vorangegangenen Schritt; Sie können diesen jedoch beliebig anpassen und die Umfrage mit den Möglichkeiten von *Forms* gestalten. Wenn Sie später zu *Teams* zurückkehren und die angelegte Excel-Arbeitsmappe öffnen, sehen Sie dort eine tabellarische Auswertung Ihrer Umfrage und sollten dort für die von Ihnen definierten Fragen der Umfrage jeweils eine Spalte finden. Mit Umfragen können Sie Informationen jeglicher Art abfragen und über Excel auswerten.

Die erstellte Datei wird anschließend automatisch geöffnet und kann von Ihnen bearbeitet werden. Wie Sie in Abbildung 3.26 sehen können, wird die Datei erst einmal in *Teams* selbst geöffnet. Hier stehen Ihnen bereits viele Möglichkeiten zur Bearbeitung zur Verfügung. Wenn Sie die Datei aber lieber in der gewohnten Applikation öffnen möchten, müssen Sie dafür nur den Menüpunkt **In Desktop-App öffnen** betätigen.

Sie können auch gemeinsam an dem Dokument arbeiten. Als Erstes sollten Sie die anderen Teammitglieder auf die neue Datei aufmerksam machen. Erstellen Sie eine neue Nachricht im Teamchat, indem Sie die Schaltfläche **Unterhaltung** betätigen. Daraufhin öffnet sich der in Abbildung 3.27 dargestellte Chatbereich.

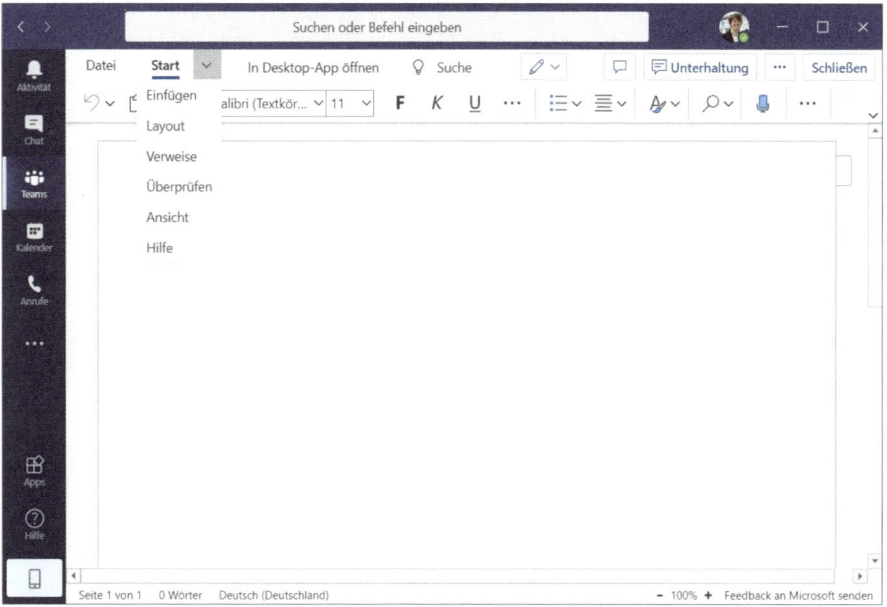

Abbildung 3.26 *Sie können direkt aus Teams heraus Ihre Datei bearbeiten.*

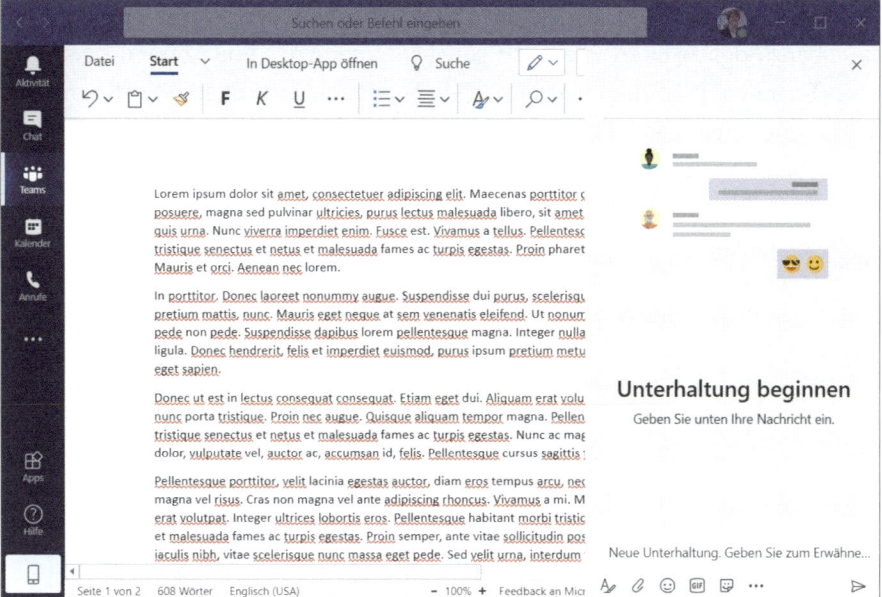

Abbildung 3.27 *Sie können andere Teammitglieder auf das neue Dokument über eine Nachricht im Teamchat aufmerksam machen.*

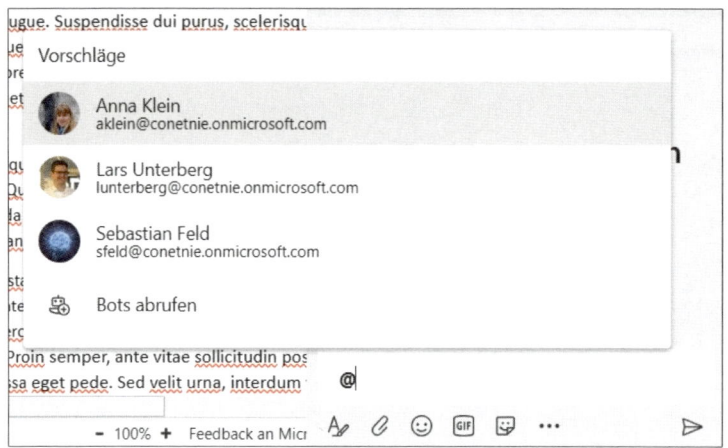

Abbildung 3.28 *In der Nachricht können Sie bestimmte Personen erwähnen und somit zu einer Aktion auffordern.*

Bei dem Chat handelt es sich um eine neue Unterhaltung, die auch später im Bereich **Beiträge** und somit im Teamchat sichtbar sein wird. Wenn Sie nun eine erste Nachricht versenden, erstellen Sie die neue Unterhaltung mit einem Link auf das Dokument. Wie Sie in Abbildung 3.28 sehen können, haben Sie im Chat dieselben Möglichkeiten wie auch sonst im Teamchat und können beispielsweise über das @-Zeichen einen Kollegen erwähnen und von ihm bestimmte Informationen über das Dokument anfragen. Auf die Möglichkeiten der gemeinsamen Bearbeitung von Dokumenten gehe ich in einem späteren Abschnitt ein.

Abbildung 3.29 *In der Dateiablage sehen Sie alle Dateien und Ordner.*

Wenn Sie mit der Bearbeitung des Dokuments fertig sind oder die Bearbeitung unterbrechen möchten, können Sie über die Schaltfläche **Schließen** wieder zur Dateiablage zurückkehren, in der Sie wie in Abbildung 3.29 dargestellt Ihr Dokument sehen sollten.

Sie können Dateien auch in die Dateiablage hochladen. Vielleicht haben Sie Dateien erst einmal lokal erstellt, oder Sie haben eine Datei per E-Mail erhalten und möchten diese mit Ihren Kollegen teilen. Sie haben nun zwei Möglichkeiten, die Datei zu Ihrer Dateiablage im Team hinzuzufügen:

- **Drag-and-drop**: Mittels Drag-and-drop können Sie eine Datei von Ihrem Desktop oder aus dem Windows-Explorer markieren und dann als Kopie in die Dateiablage in Ihrem Team ziehen. In Abbildung 3.30 sehen Sie die Darstellung einen Moment, bevor Sie die Maus loslassen und den Kopiervorgang auslösen. Durch den grauen Rahmen um die gesamte Dateiablage herum wird Ihnen gezeigt, dass Sie die Datei einfügen dürfen.

- **Hochladen**: Über den Menüpunkt **Hochladen** oberhalb der Auflistung der Dateien und Ordner öffnen Sie einen klassischen Dateiauswahldialog und können die Datei von Ihrem lokalen Verzeichnis auswählen. Anschließend wird eine Kopie der ausgewählten Datei in der Dateiablage Ihres Teams angelegt.

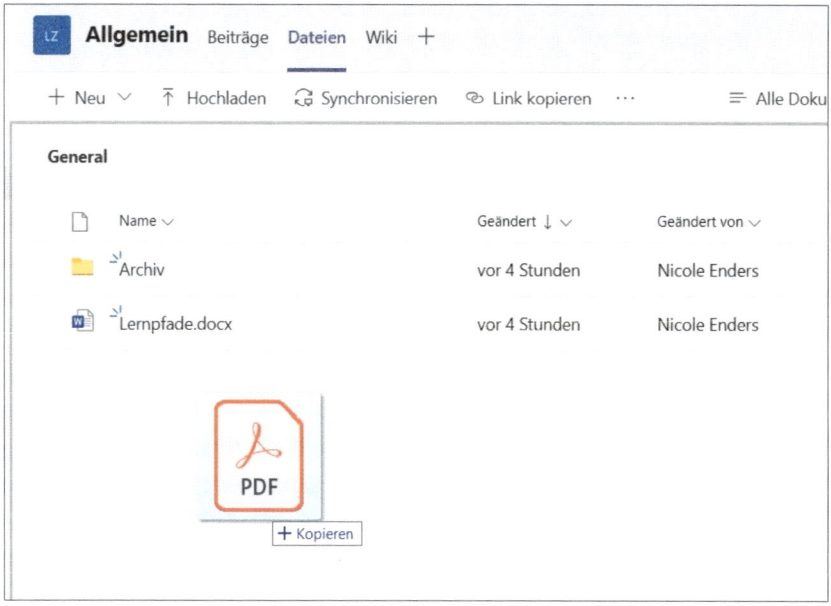

Abbildung 3.30 *Fügen Sie Dateien mittels Drag-and-drop zu Ihrer Dateiablage hinzu.*

3.2.2   Gleichzeitig an einem Dokument arbeiten

Wenn Sie bereits mit SharePoint arbeiten, kennen Sie die Möglichkeit ggf. schon, gemeinsam an einem Dokument zu arbeiten. Ich meine damit nicht, dass Sie eine zentrale Dateiablage haben und nacheinander an einem Dokument arbeiten, sondern die gleichzeitige Bearbeitung eines Dokumentes. Fragen Sie einige Ihrer Teammitglieder, und öffnen Sie nun alle dasselbe Dokument, indem Sie zuerst die Zeile mit dem entsprechenden Dokument anklicken, sodass der Haken links in der Zeile erscheint, und anschließend den Menüpunkt **Öffnen** und darunter eine der drei Optionen auswählen.

Abbildung 3.31 *Wählen Sie aus, wie Sie das Dokument öffnen möchten. Wenn Sie die unterste Option auswählen, müssen Sie Teams noch nicht einmal für die Bearbeitung der Datei verlassen.*

Wie Sie Abbildung 3.31 entnehmen können, haben Sie bei den Microsoft-Office-Dateiformaten folgende Optionen (hier am Beispiel von Microsoft Word):

- **Teams**: Für eine einfache Bearbeitung oder die lesende Ansicht reichen die Funktionen in *Teams* aus. Je nachdem, welche Formate oder Vorlagen für das Dokument verwendet wurden, sollten Sie lieber eine der beiden anderen Optionen wählen.

- **Word**: Dies stellt die sicherste Option dar, erfordert allerdings auch eine bessere Datenverbindung. In diesem Fall wird das Dokument temporär heruntergeladen. Dafür können Sie sämtliche Funktionen aus Word nutzen. Individuelle Vorlagen, Makros oder spezielle Formatierungen im Dokument sind somit verfügbar.

- **Word Online**: Diese Option ist vergleichbar mit der ersten Option. Dadurch, dass das Dokument in einem neuen Browser-Fenster geöffnet wird, steht auf dem Bildschirm lediglich etwas mehr Platz für die Darstellung des Dokuments zur Verfügung.

Jeder von Ihnen kann sich für die von ihm präferierte Option entscheiden. Sie sollten nach dem Öffnen des Dokumentes oberhalb der Menüleiste nun die anderen Personen sehen, die das Dokument ebenfalls geöffnet haben.

Abbildung 3.32 *Sie können oberhalb der Menüleiste des Dokumentes schnell erkennen, wer außer Ihnen das Dokument gerade bearbeitet.*

In meinem Beispiel haben Anna und Lars das Dokument geöffnet und erscheinen mit ihren Profilbildern. Um ihr Profilbild ist jeweils eine farbige Umrandung zu finden. Diese Farbe wird innerhalb des Dokumentes verwendet, um die Stelle zu kennzeichnen, an der sie gerade arbeiten. In Abbildung 3.32 sehen Sie beispielsweise, dass Anna gerade im ersten Abschnitt arbeitet, während Lars am Ende des dritten Abschnittes angelangt ist.

Die Änderungen sind direkt für alle Beteiligten wirksam!
Wenn Sie Änderungen an dem Dokument vornehmen, werden diese abhängig von Ihrer Internetverbindung direkt bei Ihren Kollegen sichtbar, als ob Sie bei den Kollegen am Rechner sitzen würden. Das bedeutet, Sie müs-

sen Ihren Bildschirm nicht freigeben, damit Ihre Kollegen sehen können, welche Informationen Sie gerade in dem Dokument hinzufügen oder bearbeiten.

Allerdings werden die Änderungen nicht in der Form gekennzeichnet, dass man später noch nachsehen könnte, wer welche Änderungen vorgenommen hat. Dafür müssen andere Funktionen wie beispielsweise die Änderungsnachverfolgung von Word genutzt werden.

Nun könnte es aber auch sein, dass Sie gemeinsam mit Ihren Kollegen an einem längeren Dokument arbeiten und somit nicht so schnell erkennen können, woran eine bestimmte Person gerade arbeitet. Gehen Sie dafür mit der Maus einmal über das Profilbild einer Person, und nun sollten Sie wie in Abbildung 3.33 dargestellt weitere Informationen erhalten. So erfahren Sie, auf welcher Seite die entsprechende Person gerade arbeitet und können über die Schaltfläche **Zu Speicherort wechseln** zu genau der Stelle navigieren, die gerade von dieser Person bearbeitet wird.

Abbildung 3.33 *Schauen Sie, an welchem Abschnitt einer Ihrer Kollegen gerade arbeitet.*

Abbildung 3.34 *Sie können genau die Stelle sehen, an der die Person gerade arbeitet.*

In Abbildung 3.34 sehen sie sogar genau die Stelle, an der sich die Person gerade befindet.

Ich sehe keine Profilbilder der anderen Bearbeiter

Wenn mehr als zwei weitere Personen neben Ihnen dasselbe Dokument geöffnet haben, erscheinen nicht mehr die Profilbilder, sondern Sie sehen stattdessen wie in Abbildung 3.35 eine Anzeige der Anzahl der Bearbeiter. Wenn Sie mit der Maus darüberfahren, können Sie sehen, auf welcher Seite die jeweilige Person gerade arbeitet. Ein Wechsel zur genauen Position ist bei so vielen Bearbeitern dann leider nicht mehr mit einem Klick möglich.

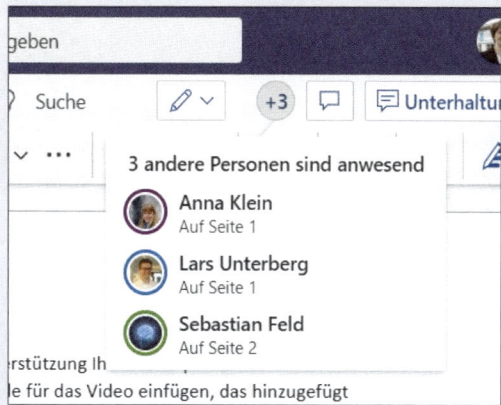

Abbildung 3.35 *Bei vielen gleichzeitigen Bearbeitern ändert sich die Darstellung der entsprechenden Personen oben in der Menüleiste.*

3.2.3   Dateien herunterladen

Neben dem Erstellen und Bearbeiten von Dokumenten wird es manchmal auch erforderlich sein, bestimmte Dateien auf Ihrer lokalen Festplatte zu speichern oder zum Beispiel per E-Mail an weitere Personen zu schicken, die keinen Zugriff auf Ihren Teamraum erhalten (sollen).

Wählen Sie eine Datei aus, indem Sie in die entsprechende Zeile klicken, und wählen Sie oben im Menü den Menüpunkt **Herunterladen** aus. Unten rechts erscheinen nacheinander zwei Banner (siehe Abbildung 3.36), die Sie darüber informieren, dass der Vorgang zum Herunterladen gestartet bzw. erfolgreich abgeschlossen wurde.

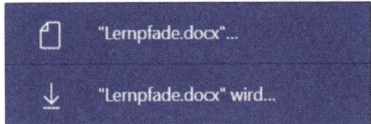

Abbildung 3.36 *Sie erhalten eine Information über den Fortschritt des Downloads.*

Die Datei wird in Ihrem lokalen Download-Verzeichnis abgelegt. Sollten Sie mehrere Dateien für den Download ausgewählt haben, so werden diese in Form eines ZIP-Verzeichnisses heruntergeladen, das entsprechend der Darstellung in Abbildung 3.37 das Datum des Downloads enthält.

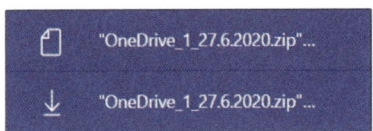

Abbildung 3.37 *Bei einem Download von mehreren Dateien wird ein ZIP-Verzeichnis generiert, das mit »OneDrive« im Dateinamen beginnt und das aktuelle Datum verwendet.*

Sie können auch die gesamte Dateiablage eines Kanals herunterladen. Wählen Sie dafür keine einzige Datei aus, und klicken Sie auf den Menüpunkt **Herunterladen**. Wie Sie Abbildung 3.38 entnehmen können, wird auch hier ein ZIP-Verzeichnis generiert. Dieses wird aber nach dem Namen des Kanals benannt. Diese Download-Möglichkeit bietet sich beispielsweise dann an, wenn ein Teamraum archiviert werden soll und die im Verlauf der Zusammenarbeit erstellten Dokumente in ein Datenarchiv überführt werden sollen.

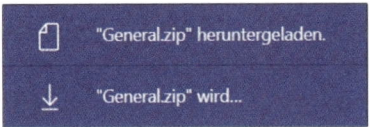

Abbildung 3.38 *Sie können die gesamte Dateiablage eines Kanals als ein ZIP-Verzeichnis herunterladen.*

Warum heißt das ZIP-Verzeichnis »General«, wenn der Kanal »Allgemein« heißt?

Der Kanal »Allgemein« wird automatisch angelegt, wenn Sie einen Teamraum anlegen. In der Dateiablage in SharePoint entspricht jeder Kanal einem Ordner. In der deutschen Variante wird der Kanal »Allgemein« genannt, während er in der englischen Variante »General« heißt. Die Anlage eines Teamraums erfolgt im Hintergrund auf Englisch, sodass auch der Ordner tatsächlich »General« heißt und *Teams* uns lediglich in der Auflistung unserer Teams eine deutsche Entsprechung anzeigt.

3.2.4   Dateien bzw. Dateiablage synchronisieren

Zwischen der in Teams liegenden Datei und der heruntergeladenen Kopie besteht keine Verbindung. Änderungen, die in einer der beiden Versionen vorgenommen werden, übertragen sich somit nicht auf die andere Version. Daher sollte die Option des Herunterladens nur für bestimmte Situationen verwendet werden, in denen diese Einschränkung nicht wichtig ist.

Wenn Sie die Dateien aus Ihrem Teamraum auch über den Windows-Explorer bearbeiten möchten oder sie offline benötigen, können Sie mithilfe von *OneDrive for Business* eine Synchronisation zwischen Ihrem Rechner und der entsprechenden Dateiablage einrichten. Rufen Sie dafür in der Dateiablage den Menüpunkt **Synchronisieren** auf. Dieser wird nur angezeigt, wenn Sie gerade keine Datei ausgewählt haben.

Abbildung 3.39 *Sie erhalten eine Meldung, dass die Synchronisation gerade vorbereitet wird.*

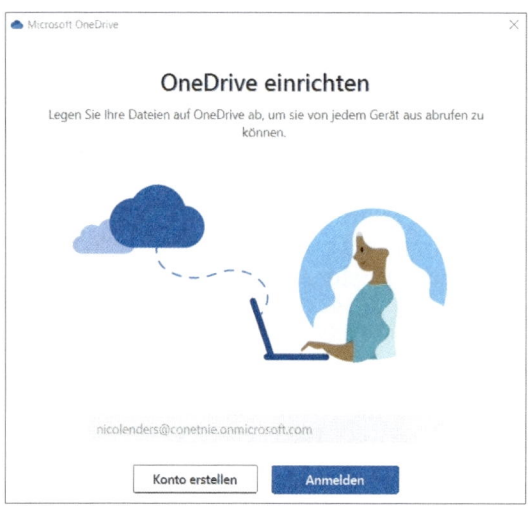

Abbildung 3.40 *Die Einrichtung der Konfiguration erfordert eine Anmeldung für OneDrive for Business.*

In Abbildung 3.39 sehen Sie eine Meldung, die Ihnen angezeigt wird, während OneDrive for Business auf Ihrem Rechner gestartet wird. Anschließend erscheint der in Abbildung 3.40 dargestellte Dialog, der Sie auffordert, sich anzumelden. Wenn der angezeigte Anmeldename dem Ihrigen entspricht, betätigen Sie die Schaltfläche **Anmelden**.

Im nächsten Schritt werden Sie zur Eingabe Ihres Kennwortes aufgefordert (siehe Abbildung 3.41). Die Eingabe bestätigen Sie mit erneutem Betätigen der Schaltfläche **Anmelden**.

Abbildung 3.41 *Geben Sie Ihr Kennwort an, um die Anmeldung erfolgreich durchzuführen.*

Bei mir erscheint kein Anmeldedialog

Wenn Sie nach Starten der Synchronisation direkt zu einer mit Abbildung 3.42 vergleichbaren Ansicht gelangen, setzen Sie wahrscheinlich OneDrive for Business bereits für andere Synchronisationsvorgänge in Ihrer Umgebung ein. Somit kann der Anmeldeprozess entfallen.

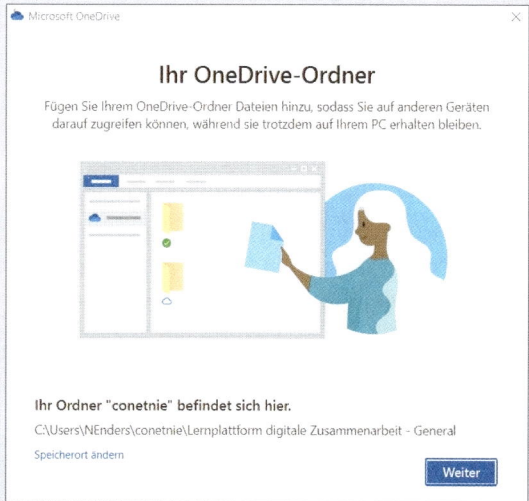

Abbildung 3.42 *Legen Sie fest, wo die zu synchronisierenden Dateien gespeichert werden sollen.*

Nun folgen die Konfiguration sowie einige Hinweise zu Nutzung der synchronisierten Dateiablage. In Abbildung 3.42 sehen Sie, dass Sie den Speicherort festlegen können. Wenn Sie von dem vorgeschlagenen Speicherort abweichen möchten, können Sie auf den Link **Speicherort ändern** klicken und im daraufhin erscheinenden Windows-Explorer ein anderes Verzeichnis auf Ihrem Rechner auswählen. Betätigen Sie anschließend die Schaltfläche **Weiter**, um mit der Einrichtung fortzufahren.

Nun folgen einige Hinweise zur Nutzung von OneDrive for Business, die Sie mit der Schaltfläche **Weiter** jeweils bestätigen. So erhalten Sie zunächst die Information, dass Sie wie in Teams oder im Windows-Explorer gewohnt mittels Drag-and-drop Dateien oder Ordner verschieben oder kopieren können, die anschließend auch so in Ihrem Teamraum zur Verfügung stehen.

In Abbildung 3.43 sehen Sie, dass OneDrive for Business Ihnen einige Menüpunkte im Kontextmenü der jeweiligen Datei anbietet. Diese Optionen stelle ich Ihnen gleich vor, wenn die Synchronisation erfolgt ist und Sie sich im Windows-Explorer befinden.

Im nun folgenden Schritt (siehe Abbildung 3.44) erfahren Sie, woran Sie erkennen, ob sich eine Datei oder ein Ordner tatsächlich auf Ihrem Rechner befindet. Dies ist besonders wichtig, wenn Sie wissen, dass Sie beispielsweise die nächsten Stunden offline sein werden und in dieser Zeit bestimmte Dateien lokal benötigen.

Der letzte Hinweis soll Sie darauf aufmerksam machen, dass Sie auch über Ihr Smartphone oder Tablet auf Ihre Dateien zugreifen können. Nach Betätigen der Schaltfläche **Weiter** sollten Sie nun die in Abbildung 3.45 dargestellte Meldung erhalten und können über die Schaltfläche **Meinen OneDrive-Ordner öffnen** Ihre synchronisierte Dateiablage im Windows-Explorer öffnen.

Abbildung 3.43 *Teilen Sie Dateien mit weiteren Personen.*

Abbildung 3.44 *Über verschiedene Icons sehen Sie schnell, welche Dateien synchronisiert sind und welche lediglich online aufgerufen werden können.*

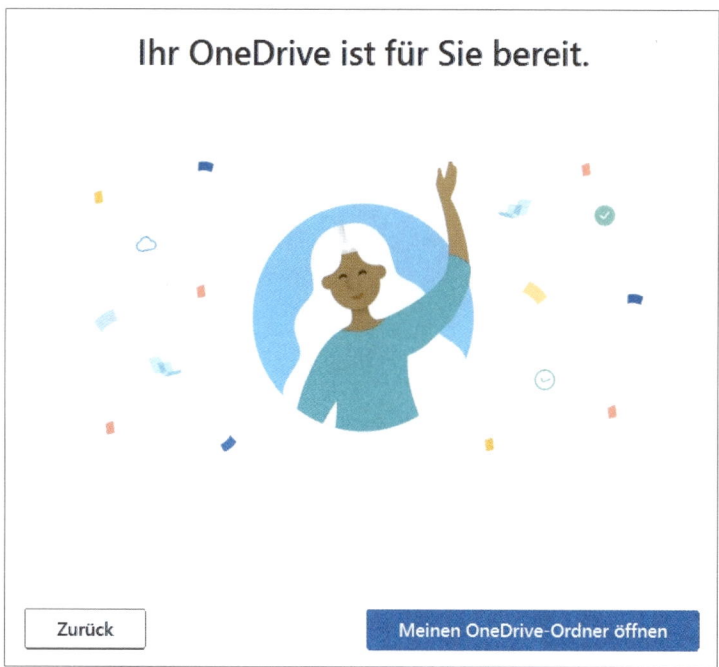

Abbildung 3.45 *Sie erhalten eine Bestätigung, wenn die Einrichtung abgeschlossen wurde.*

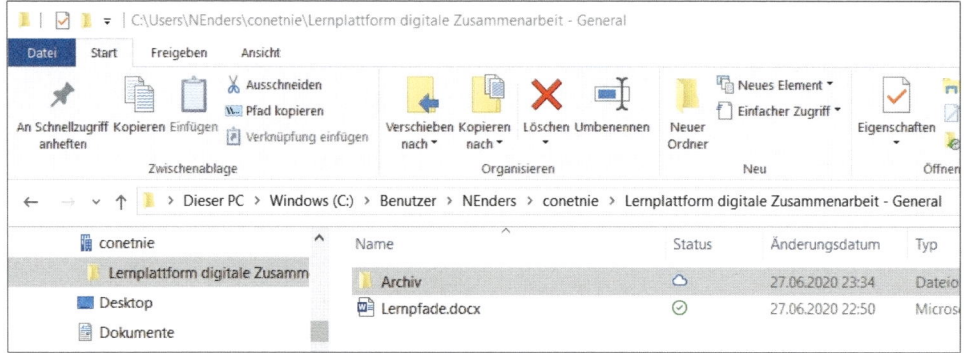

Abbildung 3.46 *Ihre synchronisierte Dateiablage kann über den Windows-Explorer aufgerufen werden.*

In Abbildung 3.46 sehen Sie die synchronisierte Dateiablage. Das Symbol ☁ zeigt an, dass der Ordner bzw. die darin enthaltenen Dateien und Unterordner nur aufgerufen werden können, während Sie online sind. Das Word-Dokument hingegen ist mit einem ⊘ gekennzeichnet, befindet sich somit auf Ihrem Rechner und kann bei Bedarf offline bearbeitet werden.

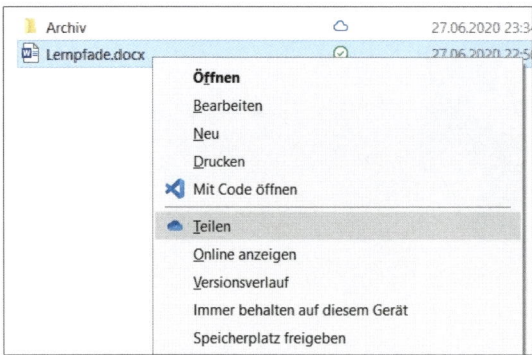

Abbildung 3.47 *OneDrive for Business bietet Ihnen verschiedene Optionen zur Verwaltung der Dateien an.*

Zum Abschluss dieses Abschnitts möchte ich Ihnen die Optionen im Kontextmenü vorstellen. Mit einem Rechtsklick auf eine Datei oder einen Ordner rufen Sie das in Abbildung 3.47 dargestellte Kontextmenü auf und finden dort folgende Menüpunkte vor:

- **Teilen**: Mit dieser Funktion können Sie die Zugriffsberechtigungen für die Datei oder den Ordner verwalten. Standardmäßig haben alle Teammitglieder Bearbeitungsrechte. Sie können diese Berechtigungen nun verändern oder unabhängig von den im Team geltenden Rechten weitere Personen mit Lese- oder Bearbeitungsrechten ausstatten.

- **Online anzeigen**: Möchten Sie ein Dokument direkt online im Browser öffnen und es nicht erst herunterladen, wie es beispielsweise bei einem Doppelklick auf die Datei geschieht? Dann ist diese Option für Sie relevant.

- **Versionsverlauf**: Sie können auf frühere Versionen Ihres Dokumentes zugreifen. Im Versionsverlauf finden Sie die Information, wann welche Person das Dokument verändert hat. Die vorgenommenen Änderungen selbst müssen Sie durch einen manuellen Vergleich der verschiedenen Versionen ermitteln. Sie können aber auch eine frühere Version wiederherstellen, falls die aktuelle Version beispielsweise beschädigt ist.

- **Immer behalten auf diesem Gerät**: Diese Option bietet sich für Dateien an, die Sie auf jeden Fall offline benötigen und somit jederzeit auf Ihrem Rechner verfügbar haben möchten.

- **Speicherplatz freigeben**: Diese Option stellt das Gegenstück zur vorherigen Option dar und sollte von Ihnen für die Dateien und Ordner verwendet werden, die zwar zu einer von Ihnen synchronisierten Dateiablage gehören, aber in der Regel nicht von Ihnen offline benötigt werden.

Achten Sie auf den verfügbaren Speicherplatz!

Die Synchronisation von Dateiablagen Ihrer Teamräume kann sehr hilfreich sein. Achten Sie aber bitte darauf, dass Sie nicht zu viele Dateien auf Ihren Rechner synchronisieren. Ansonsten kann es nämlich schnell passieren, dass Sie den auf Ihrer Festplatte verfügbaren Speicherplatz überschreiten. Zunächst führt die anwachsende Datenmenge zu verzögerten Ladezeiten und kann im schlimmsten Fall dazu führen, dass nicht mehr genug freier Speicherplatz für die Ausführung elementarer Anwendungen vorhanden ist.

3.2.5   Berechtigungen für einzelne Dateien oder Ordner einrichten

Standardmäßig haben alle Teammitglieder und -besitzer die Berechtigung, neue Dateien und Ordner der Dateiablage hinzufügen oder bestehende Dateien und Ordner zu bearbeiten oder zu löschen.

Sie können als Teambesitzer sowohl für eine einzelne Datei als auch für einen Ordner eigene Berechtigungen vergeben. Das Ändern der Berechtigungen können Sie allerdings nur über die Benutzeroberfläche von SharePoint selbst vornehmen. Ordner bieten sich für solche Fälle besonders an, da Sie dabei nur einmal die folgenden Schritte vornehmen müssen und diese dann für alle darin enthaltenen Dateien sowie Unterordner gelten:

1. Wählen Sie einen Ordner oder eine Datei aus, und rufen Sie über die Dreipunkte-Schaltfläche den Menüpunkt **In SharePoint öffnen** auf.

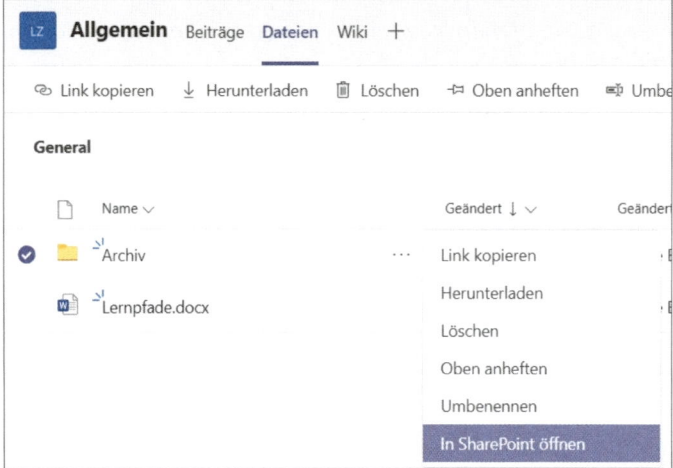

2. In dem nun geöffneten Browserfenster wählen Sie den Menüpunkt **Teilen** aus.

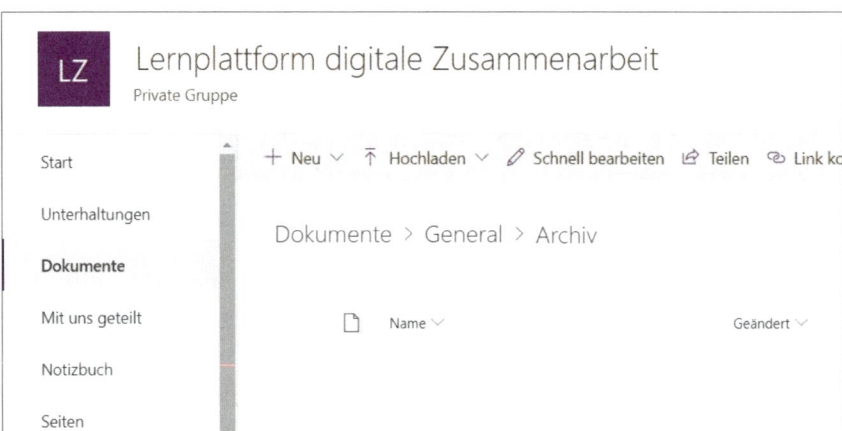

3. Sie befinden sich nun in einem Dialog, in dem Sie eine Person in dem Eingabefeld **Namen oder E-Mail-Adresse eingeben** angeben können. Sie können anschließend im unteren Bereich entscheiden, ob Sie ggf. noch eine persönliche Nachricht eingeben und über die Schaltfläche **Senden** eine automatisierte E-Mail versenden möchten. Alternativ können Sie auch über den Menüpunkt **Outlook** die E-Mail vor Versenden noch bearbeiten, oder Sie nutzen den Menüpunkt **Link kopieren**, um anstelle einer E-Mail vielleicht eine Chatnachricht zu versenden.

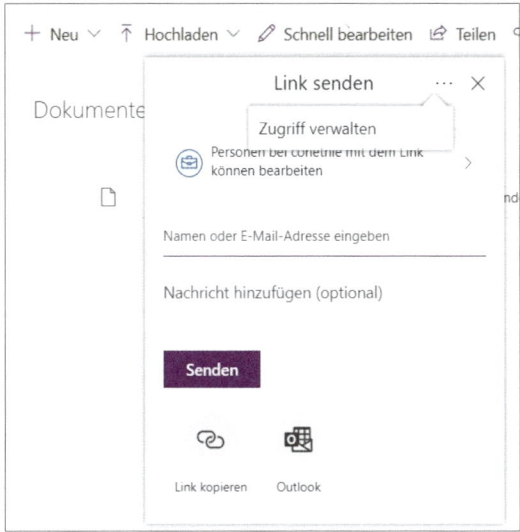

Unabhängig davon, für welche Form der Benachrichtigung Sie sich entscheiden, sollten Sie auf jeden Fall festlegen, welche Berechtigungen Sie gerade erteilen möchten. Standardmäßig können alle Personen mit dem über diesen Weg generierten Link die Datei bearbeiten (siehe Kasten ganz oben im Dialog). Sie können diese Berechtigungen einschränken, indem Sie einmal auf den Kasten klicken und somit zu einem Bereich für die **Linkeinstellungen** geleitet werden.

Hier können Sie zum einen die Einstellung auf **Personen mit Zugriff** oder auf **Bestimmte Personen** ändern. So stellen Sie sicher, dass nicht durch Weitergabe des Links unbefugte Personen Zugriff auf das Dokument oder den Ordner erhalten. Außerdem können Sie durch Aktivieren oder Deaktivieren der Option **Bearbeiten zulassen** bestimmen, ob die entsprechenden Personen Lese- oder Schreibrechte erhalten sollen. Bestätigen Sie Ihre Einstellungen über die Schaltfläche **Übernehmen**, und Sie kehren wieder zum vorherigen Bildschirm zurück.

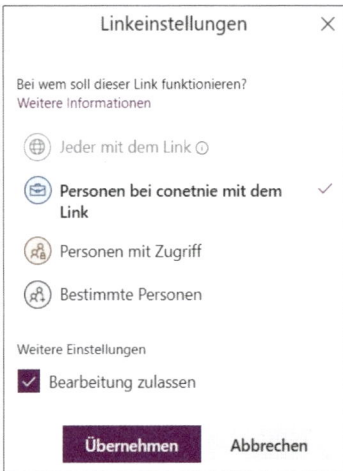

4. Sie könnten nun durch Auswahl eines der Menüpunkte im unteren Bereich des Bildschirms den Vorgang abschließen. Ich möchte Ihnen aber noch eine weitere Möglichkeit zeigen. Hierzu klicken Sie bitte auf die Dreipunkte-Schaltfläche oben und wählen den Menüpunkt **Zugriff verwalten** aus.

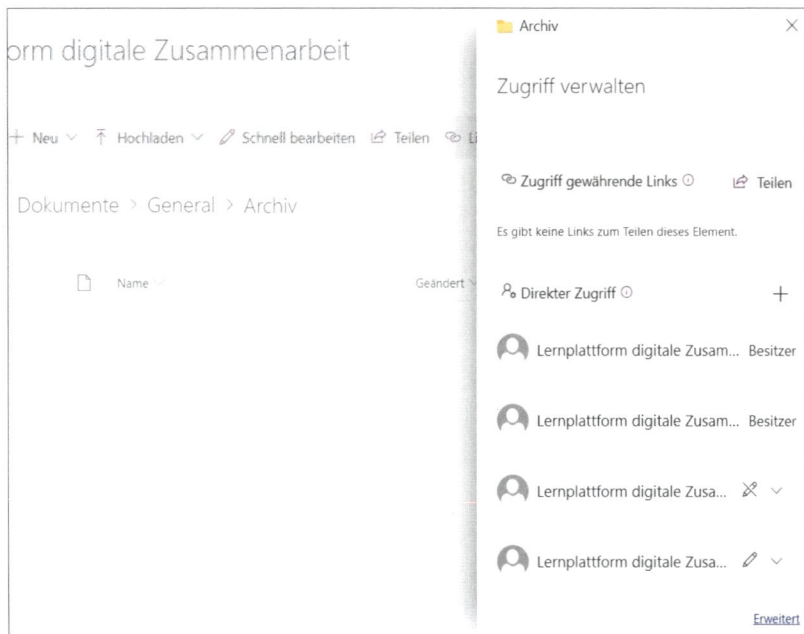

Es erscheint nun eine Übersicht über die für die Datei oder den Ordner aktuell eingerichteten Berechtigungen. Dabei sehen Sie zum einen, ob Sie eine Freigabe über einen Link für beliebig viele Personen eingerichtet haben. Zum anderen sehen auch die Berechtigungen für bestimmte Gruppen oder Personen. Um eine weitere Person zu berechtigen, klicken Sie nun auf das Pluszeichen + rechts neben der Überschrift **Direkter Zugriff**.

5. Über ein Auswahlfeld können Sie entscheiden, ob Sie einer Person Lese- oder Bearbeitungsrechte zuweisen möchten.

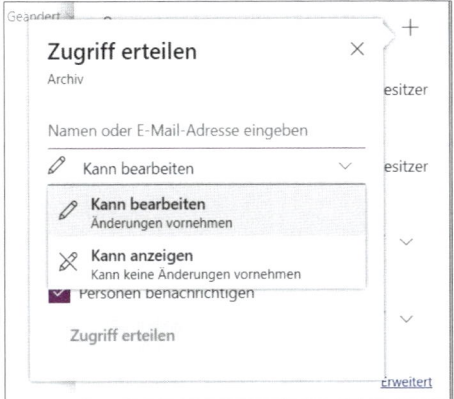

Geben Sie die Person über Ihren Namen oder eine E-Mail-Adresse an (diese Option ist für unternehmensexterne Personen relevant), und entscheiden Sie, ob Sie die Person in Form einer E-Mail über die neuen Zugriffsrechte informieren möchten.

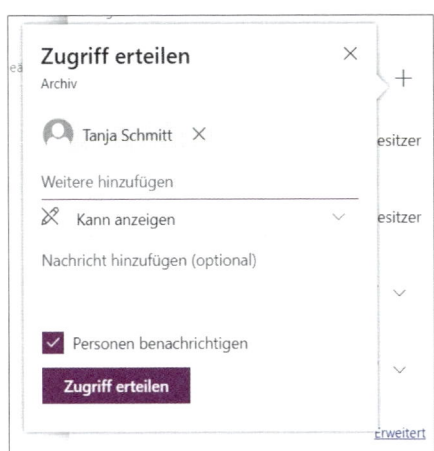

6. Betätigen Sie zum Abschluss die Schaltfläche **Zugriff erteilen**. Im Hintergrund werden nun die Berechtigungen erteilt, und abhängig von Ihren vorgenommenen Einstellungen wird eine E-Mail an die entsprechende Person versendet. Sie erhalten diese ebenfalls als Kopie.

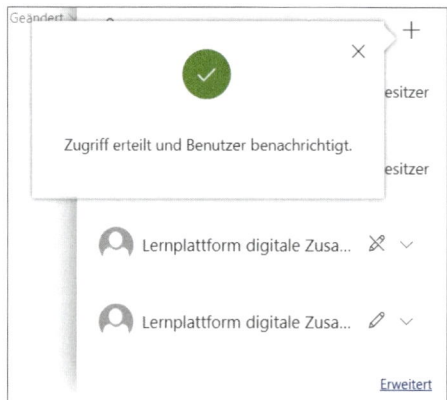

Sie werden auch noch eine zweite E-Mail erhalten, sobald die entsprechende Person die Datei oder den Ordner das erste Mal aufgerufen hat.

Mit dieser Möglichkeit können Sie innerhalb Ihrer Dateiablage bei Bedarf auch individuelle Berechtigungen umsetzen. Bedenken Sie dabei aber stets, dass Sie den Überblick über die insgesamt erteilten Zugriffsrechte behalten sollten. Daher sollte diese Möglichkeit für Einzelfälle verwendet werden. Falls Sie häufiger den Bedarf haben, bestimmte Berechtigungen zu verändern, könnte ein separater Teamraum dafür auch eine Option sein.

3.2.6   Löschen, umbenennen, oben anheften und Link kopieren

Die wichtigsten Funktionen zur gemeinsamen Bearbeitung von Dateien haben Sie nun kennengelernt. Ich möchte ihn in diesem und den folgenden Abschnitten ein paar weitere nützliche Funktionen vorstellen, die Ihre Arbeit zusätzlich erleichtern können.

Beginnen möchte ich mit den Möglichkeiten für Ordner, da diese Funktionen auch für Dateien zur Verfügung stehen. Dateien haben darüber hinaus noch weitere Funktionen, auf die ich im folgenden Abschnitt eingehen werde.

Wählen Sie einen Ordner mit einem Klick in die entsprechende Zeile in Ihrer Dateiablage aus. Sie können dann entsprechend Ihrer persönlichen Präferenz entweder die Menüleiste oberhalb der Dateiablage nutzen oder über die Dreipunkte-Schaltfläche rechts neben dem Ordnernamen ein Kontextmenü aufrufen. Wie Sie Abbildung 3.48 und Abbildung 3.49 entnehmen können, stehen Ihnen bei beiden Optionen dieselben Menüpunkte zur Verfügung.

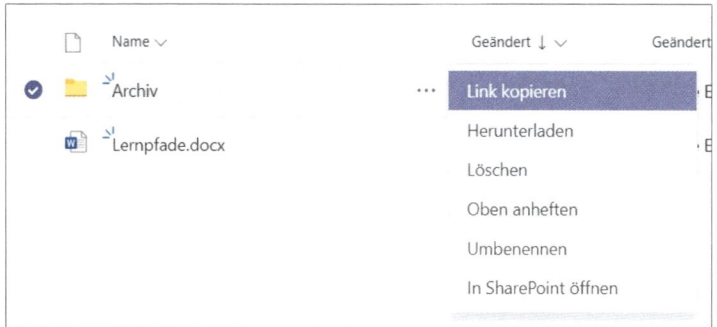

Abbildung 3.48 *Sie können über die Dreipunkte-Schaltfläche die für einen Ordner möglichen Aktionen aufrufen.*

Abbildung 3.49 *Alternativ können Sie nach Auswahl eines Ordners auch die Menüleiste oberhalb der Auflistung der Dateien und Ordner verwenden.*

Ich gehe nun auf ausgewählte Aktionen näher ein. Die Möglichkeiten zum Herunterladen habe ich in Abschnitt 3.2.3 bereits erläutert, und das Öffnen in SharePoint haben Sie im vorangegangenen Abschnitt 3.2.5 am Beispiel der Zugriffsverwaltung kennengelernt. Aus diesem Grund werde ich an dieser Stelle auf eine erneute Betrachtung verzichten. Somit verbleiben folgende Aktionen:

- **Löschen**: Sie erhalten nach Auswahl des Menüpunktes **Löschen** eine Sicherheitsabfrage, ob Sie den Ordner wirklich löschen und somit in den Papierkorb verschieben möchten. Sobald Sie die Frage mit **Ja** bestätigen, wird der

Ordner entfernt, und Sie erhalten oben rechts auf dem Bildschirm eine Be-
stätigungsmeldung. Sollten Sie den Ordner oder eine Datei darin gerade
verwenden, so wird der Löschvorgang abgebrochen, und Sie erhalten auch
hierzu eine entsprechende Meldung. Sie können übrigens auch über $\boxed{\texttt{Entf}}$
einen Löschvorgang auslösen.

- **Umbenennen**: Sie können einen Ordner auch umbenennen. Nach Auswahl
  des Menüpunktes **Umbenennen** erscheint der in Abbildung 3.50 dargestellte
  Dialog, in dem Sie den Namen ändern und Ihre Eingabe über die Schaltfläche
  Speichern bestätigen können. Auch bei dieser Aktion erhalten Sie eine Bestä-
  tigungsmeldung nach erfolgreicher Umbenennung.

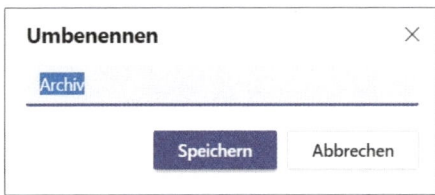

Abbildung 3.50 *Ändern Sie den Namen eines
Ordners oder einer Datei bei Bedarf.*

- **Link kopieren**: Wie Sie Abbildung 3.51 entnehmen können, haben Sie nach
  Auswahl des Menüpunktes **Link kopieren** die Wahl zwischen dem Link, wie
  er in **Microsoft Teams** verwendet wird, und dem tatsächlichen Link aus **Share-
  Point** heraus. Wählen Sie eine der beiden Optionen aus, und betätigen Sie
  die Schaltfläche **Kopieren**.

Abbildung 3.51 *Wählen Sie die Art des Links aus, den Sie in einer Nachricht verwenden
möchten, um auf den Ordner oder die Datei aufmerksam zu machen.*

Der Link befindet sich nun in Ihrer Zwischenablage und kann von Ihnen beispielsweise in einer Chatnachricht verwendet werden, um Kollegen auf den Ordner bzw. eine Datei aufmerksam zu machen.

- **Oben anheften**: Diese Option ist für Ordner und Dateien interessant, die Sie sehr häufig verwenden und auf die Sie schnell zugreifen möchten. Abbildung 3.52 zeigt das Ergebnis, nachdem Sie den Menüpunkt **Oben anheften** ausgewählt haben. Über diesen Weg haben Sie die wichtigsten Inhalte Ihrer Dateiablage direkt im Blick.

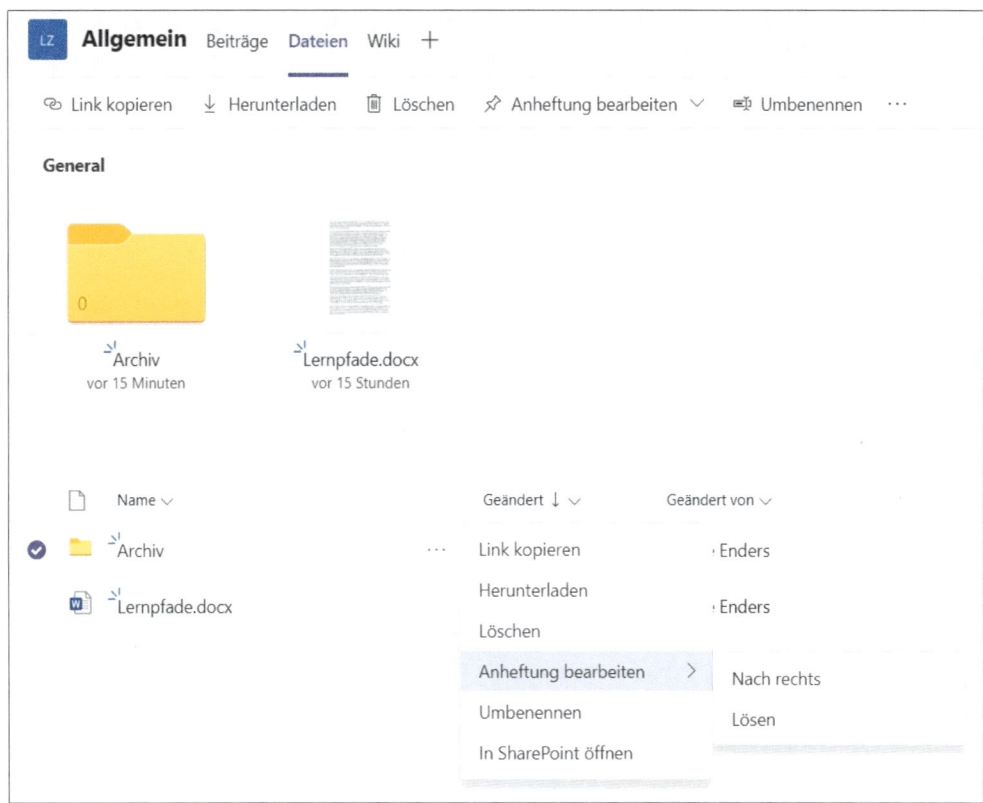

Abbildung 3.52 *Nachdem Sie einen Ordner oder eine Datei oben angeheftet haben, können Sie die Anheftung wieder lösen oder die Position ändern.*

Für oben angeheftete Ordner oder Dateien ändert sich das Menü ein wenig. Nun können Sie über den Menüpunkt **Anheftung bearbeiten** die Anheftung mit dem Menüpunkt **Lösen** wieder rückgängig machen oder (falls Sie mehrere Ordner oder Dateien angeheftet haben) die Position verändern. In Abbildung 3.52 heißt der Menüpunkt **Nach rechts**, weil sich der Ordner ganz links in der Liste der angehefteten Objekte befindet. Die ebenfalls in meinem Beispiel angeheftete Datei *Lernpfade.docx* bietet stattdessen einen Menüpunkt **Nach links** an, und hätte ich weitere Ordner oder Dateien angeheftet, so würden die mittleren Objekte beide Menüpunkte anbieten. Sie können also auch hier eine Reihenfolge festlegen.

Diese Funktionen stehen sowohl für Ordner als auch für Dateien zur Verfügung. Dateien haben aber noch einige weitere Möglichkeiten, auf die ich im folgenden Abschnitt nun eingehen werde.

3.2.7   Weitere Funktionen nur für Dateien

Auch hier können Sie wieder entweder über die Dreipunkte-Schaltfläche hinter dem Dateinamen das Kontextmenü aufrufen oder nach Auswahl der Zeile für die entsprechende Datei die obere Menüleiste verwenden. In Abbildung 3.53 und Abbildung 3.54 sehen Sie, dass dies (ausgenommen die Icons in der oberen Menüleiste) keinen Unterschied macht.

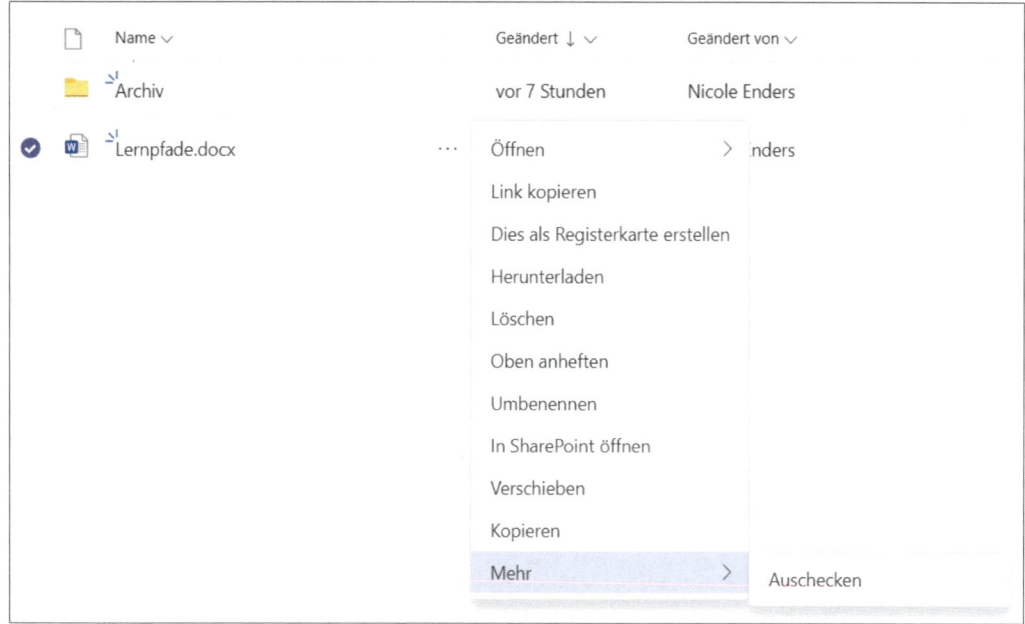

Abbildung 3.53 *Rufen Sie die gewünschten Menüpunkte über das Kontextmenü hinter der Dreipunkte-Schaltfläche auf.*

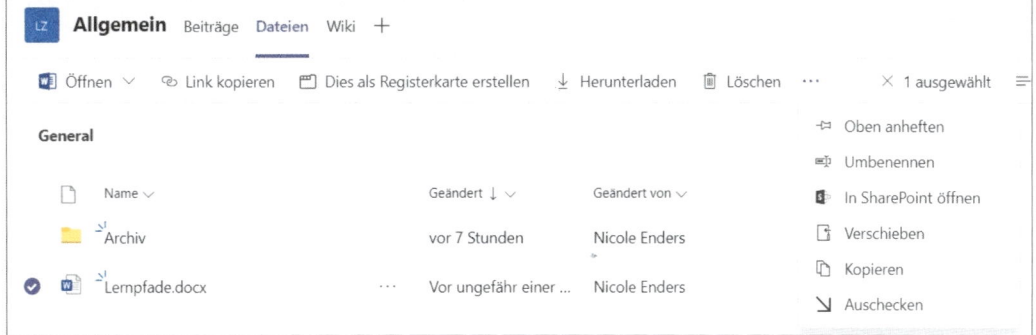

Abbildung 3.54 *Alternativ können Sie auch die obere Menüleiste verwenden.*

Ich gehe in diesem Abschnitt auf die Aktionen ein, die ausschließlich für Dateien gelten, da die übrigen Aktionen bereits im vorangegangenen Abschnitt erläutert wurden:

- **Öffnen**: Auf die verschiedenen Optionen zum Öffnen einer Datei bin ich in Abschnitt 3.2.2 bereits eingegangen. An dieser Stelle möchte ich aber noch darauf hinweisen, dass die Menüpunkte abhängig vom Dateityp der ausgewählten Datei angeboten werden. Während Sie also bei einem Word-Dokument entscheiden können, ob Sie dieses in *Teams*, Word Online oder der Word-Desktop-App öffnen, werden Sie bei einem PDF beispielsweise nur den Menüpunkt **Im Browser Öffnen** vorfinden. Wenn Sie übrigens direkt auf den Dateinamen klicken, öffnet sich jede Datei erst einmal in *Teams*.

- **Registerkarte erstellen**: Neben der Option, eine Datei oben anzuheften, können Sie über den Menüpunkt **Dies als Registerkarte erstellen** eine Datei sehr prominent anbieten. Wenn Sie diesen Menüpunkt auswählen, wird neben den standardmäßig angebotenen Registerkarten **Beiträge**, **Dateien** und **Wiki** eine weitere Registerkarte mit dem Namen der von Ihnen ausgewählten Datei eingerichtet. Dadurch müssen Sie nicht mehr erst in die Dateiablage wechseln, um eine wichtige Datei aufzurufen (siehe Abbildung 3.55).

- **Verschieben**: Über den Menüpunkt **Verschieben** öffnet sich der in Abbildung 3.56 dargestellte Dialog. Sie befinden sich zunächst im aktuellen Verzeichnis und müssen nun bestimmen, wohin Sie die Datei verschieben möchten. Über das Symbol ↰ oben links neben dem Kanalnamen **General** können Sie auch eine Ebene nach oben wechseln. Das wird auch dann hilfreich sein, wenn Sie sich beispielsweise in einem Unterordner befinden. Sie können bis zu einer Auflistung aller Teams navigieren, auf die Sie Zugriff haben. So können Sie also auch Dateien aus einem Team in ein anderes verschieben.

Abbildung 3.55 *Wichtige Dateien können auch als Registerkarte eingerichtet werden und sind so schnell im Zugriff.*

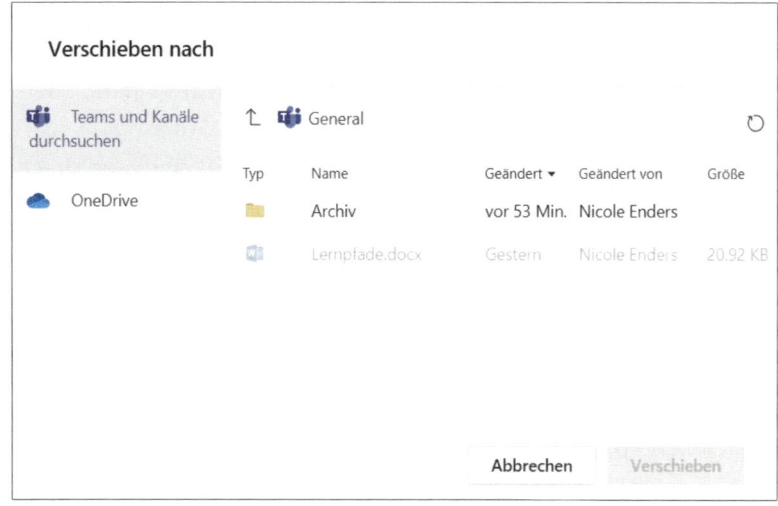

Abbildung 3.56 *Wählen Sie den Ort aus, zu dem Sie die Datei verschieben möchten.*

Sie können auch eine Datei aus Teams in Ihr persönliches OneDrive-Verzeichnis verschieben und dort weiterbearbeiten. Klicken Sie dazu links auf den Bereich **OneDrive**, und wählen Sie anschließend den entsprechenden Ordner aus, in dem die Datei zukünftig zu finden sein soll.

Wenn Sie das gewünschte Verzeichnis ausgewählt haben, lösen Sie mit einem Klick auf die Schaltfläche **Verschieben** den Vorgang aus, und die Datei wird verschoben.

- **Kopieren**: Wenn Sie den Menüpunkt **Kopieren** auswählen, erscheint der gleiche Dialog wie beim Verschieben. Wählen Sie auch hier das Zielverzeichnis aus, und betätigen Sie dann die Schaltfläche **Kopieren**, um den Kopiervorgang zu starten.

- **Auschecken**: Die Funktion des Auscheckens ist für die Fälle sinnvoll, in denen Sie keine gemeinsame Bearbeitung eines Dokumentes wünschen, sondern gerade exklusiv allein daran arbeiten möchten (siehe Abbildung 3.57). Die anderen Teammitglieder können sehen, dass Sie an der Datei arbeiten bzw. dass Sie die Datei ausgecheckt haben (siehe Abbildung 3.58). Solange Sie die Datei aber nicht wieder einchecken, können die anderen Teammitglieder nicht auf die von Ihnen vorgenommenen Änderungen zugreifen. Wählen Sie diese Option bitte mit Bedacht, weil in der Praxis häufig vergessen wird, wieder einzuchecken, und dann ggf. ein Administrator Ihre Änderungen rückgängig machen muss, damit die Kollegen beispielsweise während Ihrer Abwesenheit auf das Dokument zugreifen und es bearbeiten können.

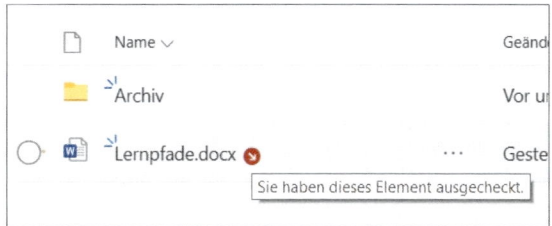

Abbildung 3.57 *Sie sehen, welche Dateien von Ihnen aktuell ausgecheckt sind, an einem rot hinterlegten Icon.*

Abbildung 3.58 *Ihre Kollegen sehen ebenfalls, dass eine Datei von Ihnen ausgecheckt ist.*

Wenn Sie eine Datei ausgecheckt haben, finden Sie im Menü nun anstelle des Menüpunktes **Auschecken** zwei neue Menüpunkte **Einchecken** und **Auschecken verwerfen**. Beim Einchecken erscheint ein Dialog, in dem Sie einen Kommentar (z. B. mit einer kurzen Beschreibung der von Ihnen vorgenommenen Änderungen) erfassen können. Durch Betätigen der Schaltfläche **Einchecken** werden die Änderungen für alle anderen Teammitglieder sichtbar, und sie könnten nun auch wieder gemeinsam die Datei bearbeiten. Wenn Sie stattdessen den Menüpunkt **Auschecken verwerfen** auswählen, erhalten Sie eine Sicherheitsabfrage und nehmen durch eine Bestätigung mit **Ja** alle von Ihnen seit dem Auschecken vorgenommenen Änderungen wieder zurück.

Warum sehe ich bestimmte Menüpunkte nicht?

Achten Sie immer darauf, ob Sie gerade einen Ordner oder eine Datei oder vielleicht sogar mehrere Dateien und Ordner markiert haben. Sie werden immer nur die Menüpunkte angezeigt bekommen, die auf die insgesamt ausgewählten Objekte passen. So macht beispielsweise der Menüpunkt **Umbenennen** nur bei einem einzelnen Ordner oder einer einzelnen Datei Sinn, während der Menüpunkt **Herunterladen** in jeder Konstellation verwendet werden kann.

3.2.8   Weitere Cloud-Speicher hinzufügen

Falls Sie bereits Dateien an anderen Speicherorten verwalten, können Sie diese vielleicht als Cloud-Speicher in Ihren Teamraum integrieren und so wie die im Teamraum erstellten über eine Benutzeroberfläche aufrufen und verwalten. Wenn Sie gerade keine Datei oder keinen Ordner ausgewählt haben, können Sie den Menüpunkt **Cloud-Speicher hinzufügen** auswählen.

In Abbildung 3.59 sehen Sie, dass Ihnen verschiedene Cloud-Speicher angeboten werden. Ich möchte Ihnen am Beispiel von **SharePoint** zeigen, wie die weitere Konfiguration aussehen kann. Da es sich dabei um einen Dienst handelt, der auch von *Teams* genutzt wird, müssen Sie sich nicht anmelden. Bei allen anderen Diensten werden Sie im ersten Schritt zur Eingabe Ihres Benutzernamens und Kennwortes für den Dienst aufgefordert.

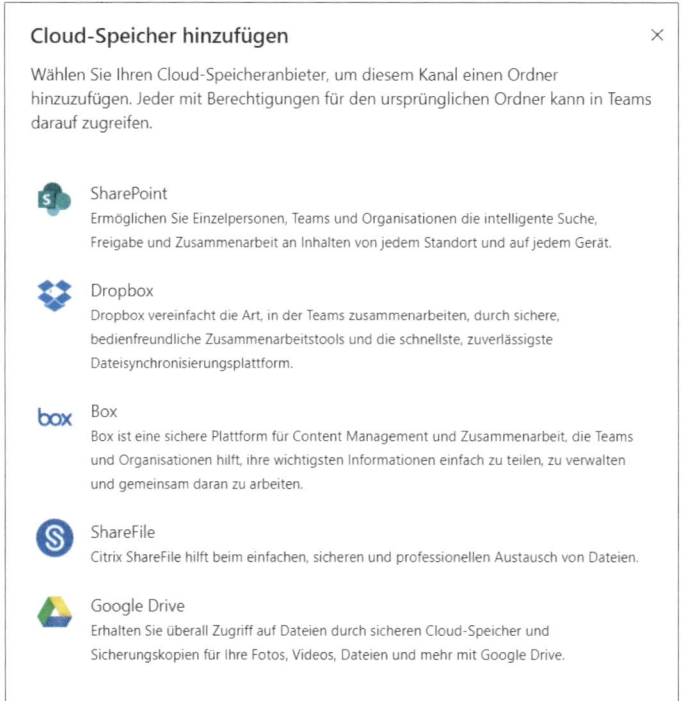

Abbildung 3.59 *Wählen Sie den Speicherort aus, in dem sich Dateien befinden, die Sie in Ihren Teamraum integrieren möchten.*

Wählen Sie nun wie ich die Option **SharePoint**, so erscheint der in Abbildung 3.60 dargestellte Konfigurationsdialog. Ihnen werden unter **Relevante Websites** die Teamräume und SharePoint-Websites angezeigt, mit denen Sie zuletzt gearbeitet haben.

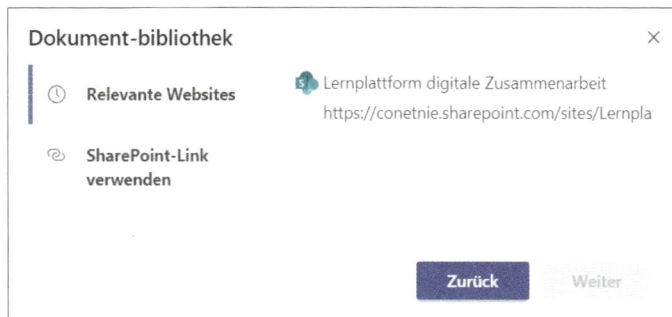

Abbildung 3.60 *Unter den relevanten Websites erscheinen sowohl Teamräume aus Microsoft Teams als auch SharePoint-Websites.*

Wählen Sie Ihr Team aus, und betätigen Sie die Schaltfläche **Weiter**, die nach der Auswahl aktiv sein sollte. Ihnen werden anschließend entsprechend der Darstellung in Abbildung 3.61 alle Dateiablagen, sogenannte *Dokumentbibliotheken*, aus der zu Ihrem Teamraum gehörenden SharePoint-Website zur Auswahl angeboten. Die Dokumentbibliothek **Dokumente** stellt die in Teams verwendete Dateiablage dar und muss daher nicht ein zweites Mal in den Teamraum eingebunden werden. In meinem Beispiel habe ich zuvor eine Dokumentbibliothek in der SharePoint-Website erstellt und erhalte sie nun hier zur Auswahl. Wählen Sie eine solche zusätzliche Bibliothek aus, und bestätigen Sie die Auswahl über die Schaltfläche **Weiter**.

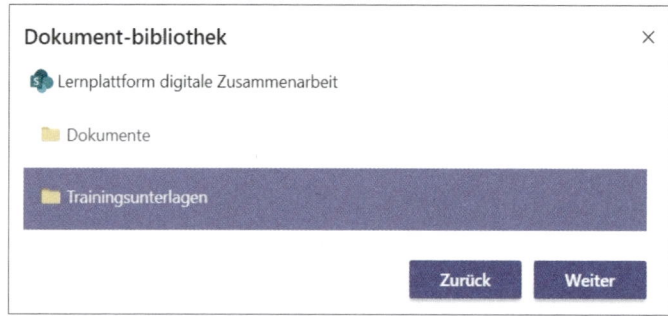

Abbildung 3.61 *Integrieren Sie zusätzliche Dokumentbibliotheken in Ihren Teamraum.*

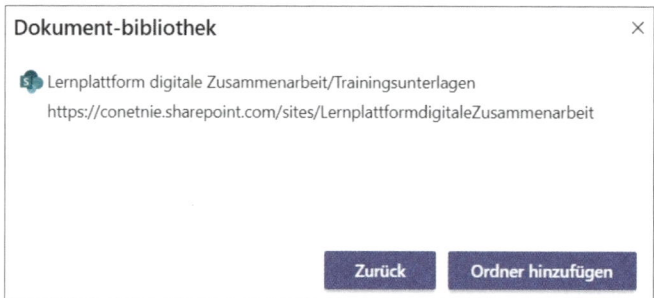

Abbildung 3.62 *Bestätigen Sie die vorgenommene Konfiguration, und schließen Sie den Vorgang ab.*

Wie Sie Abbildung 3.62 entnehmen können, folgt nun nur noch eine Zusammenfassung der Konfiguration, die Sie über die Schaltfläche **Ordner hinzufügen** abschließen.

Abbildung 3.63 stellt das Ergebnis der Konfiguration dar. Die Dateien liegen zwar weiterhin nicht in der Dokumentbibliothek **Dokumente**, die die Dateiablage in Ihrem Teamraum ausmacht. Es wirkt allerdings so, als ob es sich bei **Lernplattform digitale Zusammenarbeit_Trainingsunterlagen** um einen Ordner in der Dateiablage handeln würde. Sie können mit einem Klick auf den Ordner die Inhalte abrufen und müssen Ihren Teamraum nun für die darin enthaltenen Informationen nicht mehr verlassen.

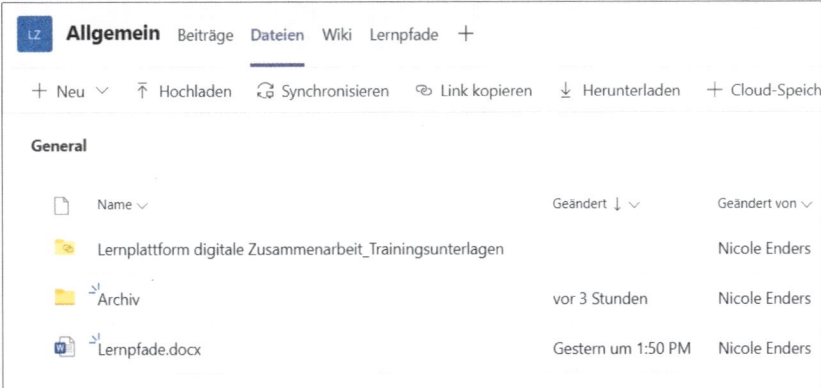

Abbildung 3.63 *Rufen Sie Informationen aus dem externen Cloud-Speicher wie einen gewöhnlichen Ordner auf.*

Eine andere Option in dem Konfigurationsdialog für die Option **SharePoint** wäre auch der direkte Link auf eine Dokumentbibliothek. Wenn Sie beispielsweise bereits SharePoint auch unabhängig von *Microsoft Teams* einsetzen, kann es eine Reihe an Dokumentbibliotheken geben, die Sie in dem ein oder anderen Team für den schnellen und unkomplizierten Zugriff einbinden möchten. Wählen Sie dafür bei Bedarf die Option **SharePoint-Link verwenden** aus, geben Sie den Link in das Eingabefeld ein, und betätigen Sie die Schaltfläche **Los** (siehe Abbildung 3.64).

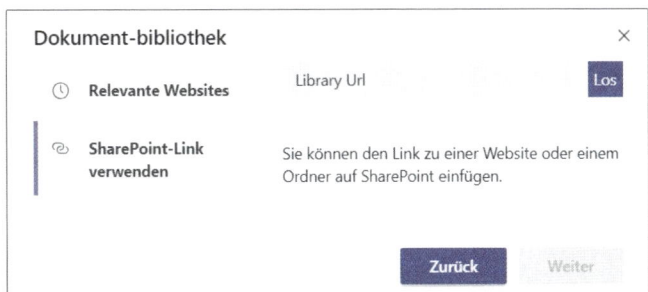

Abbildung 3.64 *Geben Sie direkt einen Link auf eine bestimmte Dokumentbibliothek ein.*

Die zu der Dokumentbibliothek gehörende SharePoint-Website wird ermittelt und unterhalb des Eingabefeldes angezeigt. Sie können nun über die Schaltfläche **Weiter** zum Schritt mit der Auswahl der gewünschten Dokumentbibliothek wechseln und den Anweisungen wie bei der ersten Option folgen.

Was passiert, wenn jemand keine Berechtigungen auf den Cloud-Speicher hat?

Die Einbindung weiterer Dokumentbibliotheken aus SharePoint ist vor allem dann sinnvoll, wenn Sie bereits mit SharePoint arbeiten oder die Teamräume nicht so belassen, wie sie über Teams direkt erstellt werden, sondern sie beispielsweise um weitere Dokumentbibliotheken erweitern.

Sie können in SharePoint auch Berechtigungen konfigurieren, wie ich es in Abschnitt 3.2.5 am Beispiel eines Ordners bzw. einer Datei gezeigt habe. Sie können auch Berechtigungen für eine Dokumentbibliothek oder SharePoint-Website vergeben.

Was geschieht nun, wenn Sie eine Dokumentbibliothek in Ihre Dateiablage im Teamraum integrieren und einige Teammitglieder darauf keinen Zugriff haben? Alle Teammitglieder werden den Ordner sehen, über den die Dokumentbibliothek in der Dateiablage aufgerufen werden kann. Haben Sie allerdings auf die Dokumentbibliothek selbst bereits keinen Zugriff, so erscheint entsprechend der Darstellung in Abbildung 3.65 eine entsprechende Meldung.

Da hat etwas nicht geklappt.

Zugriff verweigert. Sie haben keine Berechtigung, diesen Vorgang auszuführen oder auf diese Ressource zuzugreifen.

Wiederholen

Abbildung 3.65 *Wenn Sie keinen Zugriff auf die eingebundene Dokumentbibliothek haben, erhalten Sie eine Fehlermeldung.*

Haben Sie nur auf einzelne Ordner oder Dateien keinen Zugriff, so werden diese nicht für Sie angezeigt. Die erteilten Berechtigungen in SharePoint ziehen sich somit auch bei einer solchen Integration weiter durch und bleiben wirksam.

3.2.9 Übersicht über alle meine Dokumente

Sie kennen nun alle im Alltag wichtigen Funktionen, um Dateien zu verwalten und gemeinsam mit Ihren Kollegen zu bearbeiten. Sie haben außerdem gelernt, dass Dateien innerhalb eines Teamraums technisch betrachtet in SharePoint-Dokumentbibliotheken gespeichert werden. Dateien, die Sie hingegen in einem persönlichen Chat miteinander teilen, werden im persönlichen OneDrive-Verzeichnis der Person gespeichert, die die Datei geteilt hat. Darüber hinaus könnten Sie aber auch weitere Dateien in Ihrem OneDrive-Verzeichnis speichern, die nur für Sie persönlich gedacht sind.

Müssen Sie nun immer nach SharePoint oder OneDrive wechseln, wenn Sie eine bestimmte Datei benötigen? Zum Glück nicht! Rufen Sie links in der Menüleiste nun den Menüpunkt **Dateien** auf. Falls Sie ihn nicht direkt sehen, verbirgt er sich ggf. hinter der Dreipunkte-Schaltfläche.

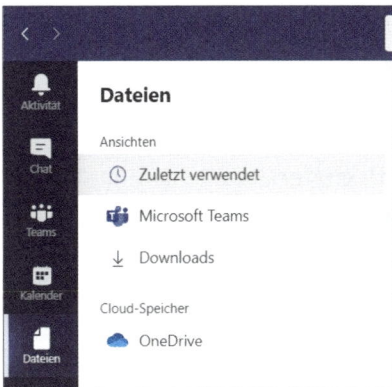

Abbildung 3.66 *Rufen Sie alle für Sie relevanten Dateien direkt aus Teams heraus auf.*

Wie Sie Abbildung 3.66 entnehmen können, werden Ihnen die für Sie relevanten Dateien hier angeboten. Über die Ansicht **Zuletzt verwendet** (siehe Abbildung 3.67) können Sie alle Dateien aufrufen, an denen Sie zuletzt gearbeitet haben. Dabei wird Ihnen neben dem letzten Änderungsdatum auch der Speicherort angezeigt.

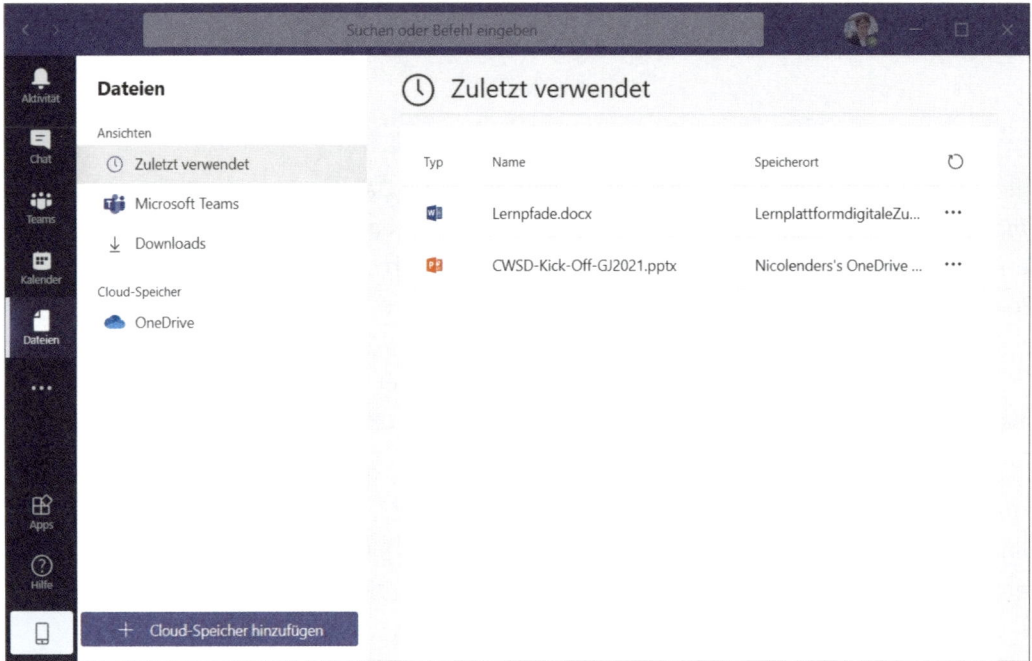

Abbildung 3.67 *Über die Ansicht »Zuletzt verwendet« können Sie schnell auf die zuletzt von Ihnen bearbeiteten Dateien zugreifen; unabhängig von ihrem Speicherort.*

Sie erhalten außerdem eine gefilterte Ansicht **Microsoft Teams**, über die Sie alle von Ihnen zuletzt aufgerufenen oder bearbeiteten Dateien aus den Teamräumen erreichen, während die Ansicht **Downloads** Ihnen eine Liste der von Ihnen aus *Microsoft Teams* heruntergeladenen Dateien bzw. ZIP-Verzeichnisse anzeigt. Es handelt sich dabei aber nicht um eine Ansicht auf Ihren lokalen Download-Ordner. Sollten Sie also in der Zwischenzeit dort aufgeräumt haben, so kann es sein, dass Sie in *Microsoft Teams* zwar den Download sehen, dieser aber nicht mehr auf Ihrem Rechner zur Verfügung steht.

Besonders wichtig finde ich in dem Dateienbereich den eingebundenen Cloud-Speicher **OneDrive**. Hierüber können Sie aus *Microsoft Teams* heraus auf Ihr persönliches OneDrive-Verzeichnis zugreifen. Über die Schaltfläche **Cloud-Speicher**

hinzufügen können Sie auch weitere Cloud-Dienste in diese zentrale Dateiübersicht einbinden und sich somit den Arbeitsalltag erleichtern.

Was kann ich im Bereich der Dateiverwaltung noch machen?

Wenn Sie viel mit Dateien arbeiten, werden Sie noch zahlreiche weitere Fragen haben wie beispielsweise:

- Gibt es eine Art Versionshistorie?

- Woran kann ich erkennen, wann wer welche Änderung vorgenommen hat?

- Kann ich weitere Metadaten bzw. Spalten zu meiner Dateiablage hinzufügen?

- Kann ich verschiedene Ansichten mit Filterungen, Sortierungen oder Gruppierungen für meine Dateiablage erstellen?

- Kann ich Workflows für eine Freigabe oder digitale Signatur erstellen?

Für jede dieser Fragen gibt es eine Antwort bzw. eine Lösung auf Basis von SharePoint (ggf. in Kombination mit anderen Microsoft-365-Diensten). Da es sich bei diesem Buch jedoch um ein Anwenderbuch für *Microsoft Teams* handelt, muss ich an dieser Stelle auf andere Werke oder meinen Blog verweisen.

3.3   Informationen dokumentieren

Wir kommen nun zur dritten Registerkarte, die standardmäßig in einem Teamraum zu finden ist. Das Wiki kann für die strukturierte Ablage von Informationen dienen, die nicht in Form einer Datei verwaltet werden sollen, aber vielleicht im Teamchat über die Zeit hinweg nur schwer wieder auffindbar wären.

3.3.1   Wiki nutzen

Rufen Sie die Registerkarte **Wiki** einmal auf, und schon befinden Sie sich in einer mit Abbildung 3.68 vergleichbaren Ansicht. Wenn Sie das Hamburgermenü ≡ oben links aufrufen, öffnet sich wie in Abbildung 3.69 links eine Übersicht über Ihr Wiki.

Abbildung 3.68 *Willkommen im Wiki zur Verwaltung von Informationen, die im Teamchat nur schwer auffindbar wären!*

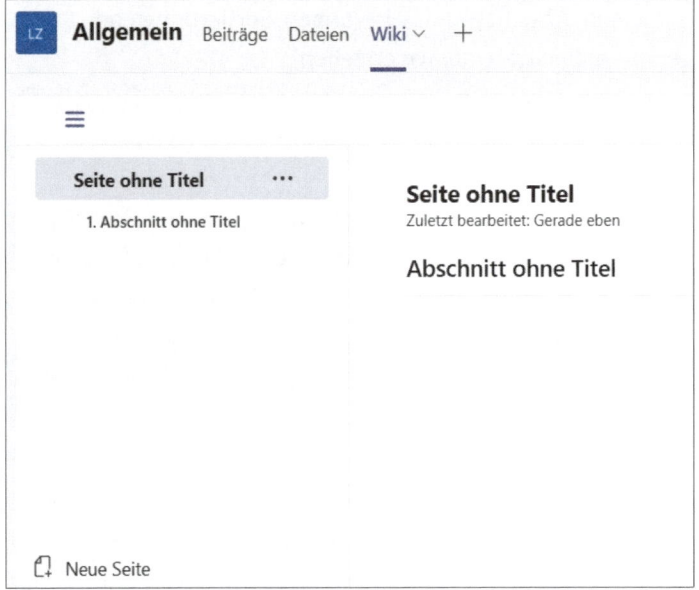

Abbildung 3.69 *Ihr Wiki besteht aus Seiten und Abschnitten.*

Ihr Wiki unterteilt sich demnach in *Seiten*, und jede Seite kann in *Abschnitte* aufgeteilt werden. Unten links finden Sie auch einen Menüpunkt **Neue Seite**, über den Sie weitere Seiten hinzufügen können.

Eine Seite wurde für Sie bereits angelegt. Klicken Sie innerhalb der Seite auf die Überschrift **Seite ohne Titel**, und geben Sie einen eigenen Namen für die Seite an. Genauso können Sie mit dem Abschnitt verfahren. Wenn Sie nun mit der

Maus über die Überschrift des Abschnitts fahren, sollten sie rechts neben der Überschrift eine Dreipunkte-Schaltfläche sowie eine Sprechblase sehen. Klicken Sie zunächst auf die Dreipunkte-Schaltfläche, um das in Abbildung 3.70 dargestellte Kontextmenü zu öffnen.

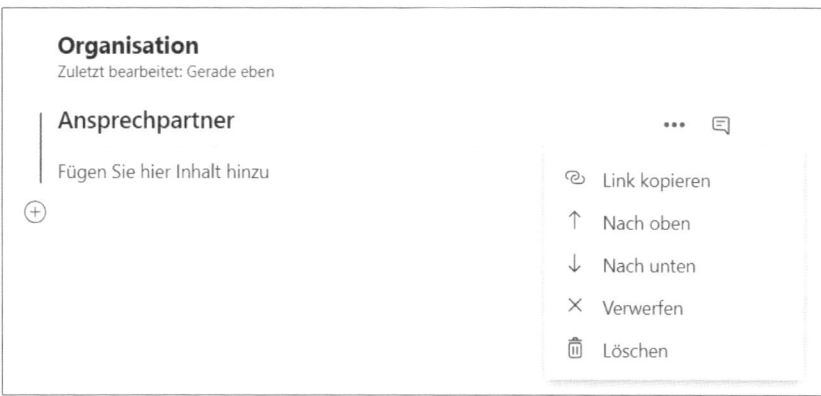

Abbildung 3.70 *Sie können den Abschnitt verschieben, entfernen oder auch einen Link direkt auf diesen Abschnitt kopieren.*

Über dieses Menü können Sie die Reihenfolge der Abschnitte innerhalb einer Seite verändern, Änderungen verwerfen oder auch den Abschnitt löschen. Besonders interessant finde ich den Menüpunkt **Link kopieren**, da Sie darüber auch bei sehr langen Seiten einen Link generieren können, der Sie direkt an die richtige Stelle in der Seite leitet. Diesen Link können Sie beispielsweise per Chatnachricht an Ihre Kollegen verteilen.

Neben der Dreipunkte-Schaltfläche befindet sich auch eine Sprechblase, wie Sie sie bereits aus dem Chatbereich kennen. Sie können darüber wie in Abbildung 3.71 dargestellt eine Unterhaltung zu einem Abschnitt beginnen und sich so beispielsweise zu einem bestimmten Thema austauschen. Wenn Sie eine solche Unterhaltung beginnen, wird im Teamchat (siehe Registerkarte **Beiträge**) eine neue Unterhaltung mit einem Link auf den Abschnitt begonnen.

Wenn Sie nun Inhalte in Ihrem Abschnitt hinzufügen, erscheint oberhalb der Seitenüberschrift eine Menüleiste mit verschiedenen Formatierungsmöglichkeiten (siehe Abbildung 3.72). So können Sie einen Abschnitt inhaltlich nach Ihren Vorstellungen gestalten. Über das Pluszeichen unterhalb des Abschnitts (siehe Abbildung 3.73) können Sie außerdem weitere Abschnitte bei Bedarf hinzufügen.

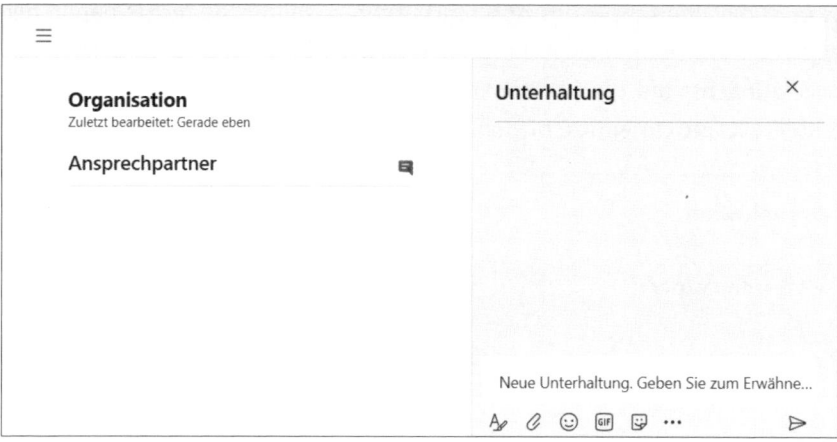

Abbildung 3.71 *Führen Sie mit Ihren Kollegen eine Unterhaltung, während Sie die Informationen im Abschnitt festhalten.*

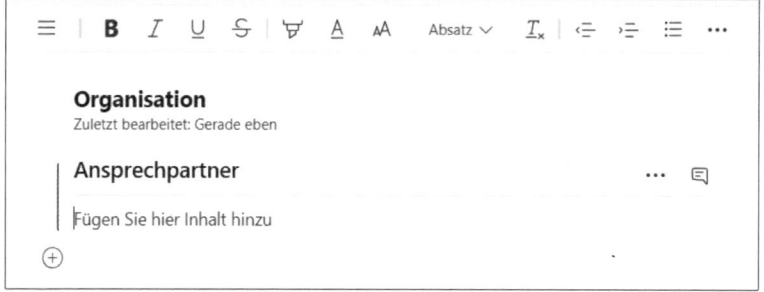

Abbildung 3.72 *Für die Inhalte eines Abschnitts stehen Ihnen einige Formatierungsmöglichkeiten zur Verfügung.*

Abbildung 3.73 *Fügen Sie beliebig viele Abschnitte zu einer Seite hinzu.*

3.3.2   Ein OneNote-Notizbuch hinzufügen

Das Wiki bietet Ihnen bereits eine Reihe an Möglichkeiten zur Verwaltung von Informationen an. Ein *OneNote-Notizbuch* verfügt darüber hinaus allerdings über viele weitere Optionen. So können Sie sich hier beispielsweise in mehr als zwei Ebenen (Seiten und Abschnitte beim Wiki) organisieren und somit flexibel auf die zu verwaltenden Informationen eingehen und eine auch tiefer geschachtelte Gliederung einrichten. Zusätzlich können Sie mit Aufgaben arbeiten oder auch Audioaufnahmen integrieren.

Ich möchte Ihnen nun zeigen, wie Sie ein OneNote-Notizbuch in Ihren Teamraum integrieren bzw. explizit für den Teamraum erstellen.

1. Klicken Sie dafür auf Höhe der Registerkarten rechts neben **Wiki** auf das Pluszeichen +.

2. Es erscheint nun ein Dialog, in dem Ihnen verschiedene Apps bzw. Dienste angeboten werden. Wählen Sie hier die Option **OneNote** mit einem Klick aus.

3. Sie erhalten nun eine Übersicht über Ihre OneNote-Notizbücher. Wie Sie in der Abbildung erkennen können, wird innerhalb eines Teamraums bereits ein Notizbuch angelegt, das Sie nun auswählen können. Alternativ können Sie auch über den Menüpunkt **Neues Notizbuch erstellen** ein Notizbuch anlegen und dieses verwenden. Wenn Sie sich entschieden und ein Notizbuch ausgewählt haben, können Sie die Schaltfläche **Speichern** betätigen.

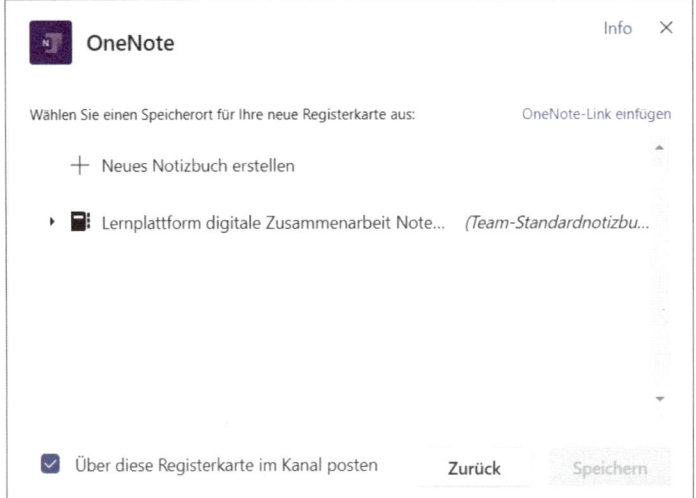

4. Das Notizbuch ist nun als neue Registerkarte in Ihren Teamraum eingebunden, und Sie können mit der Schaltfläche **Notizbuch bearbeiten** in der gelb hinterlegten Statusmeldung direkt mit der Bearbeitung beginnen.

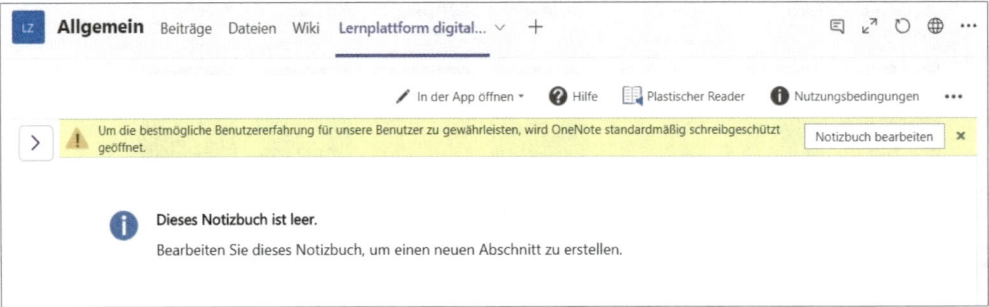

Aber schauen Sie zuerst einmal auf den Namen der Registerkarte; dieser ist recht lang. Aus diesem Grund rufen Sie über einen Klick auf das Symbol ∨ rechts neben dem Namen der Registerkarte die Optionen und dort den Menüpunkt **Umbenennen** auf.

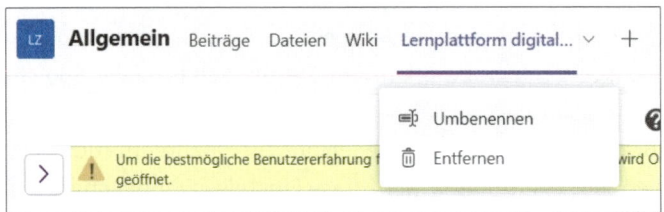

In dem nun erscheinenden Dialog können Sie einen neuen Namen für die Registerkarte eingeben. Wählen Sie eine möglichst prägnante und kurze Bezeichnung, damit diese auch vollständig in der Registerkarte angezeigt wird. Das OneNote-Notizbuch selbst behält weiterhin seinen Namen; es geht lediglich um den Namen der Registerkarte, die Ihnen den Zugriff auf das Notizbuch ermöglicht.

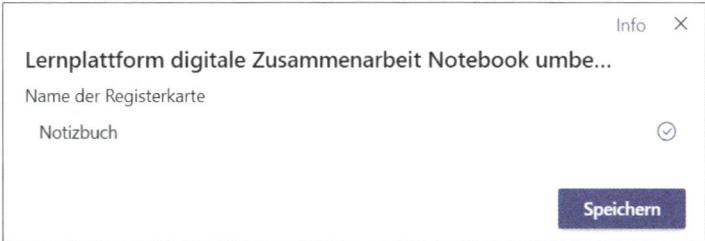

5. Wenn Sie ein OneNote-Notizbuch verwenden, werden Sie das standardmäßig bereitgestellte Wiki vermutlich nicht mehr benötigen. Sie können die Registerkarte entfernen, indem Sie zunächst das Wiki aufrufen und anschließend über das Symbol ∨ rechts neben dem Namen der Registerkarte das Menü öffnen und dort den Menüpunkt **Entfernen** auswählen.

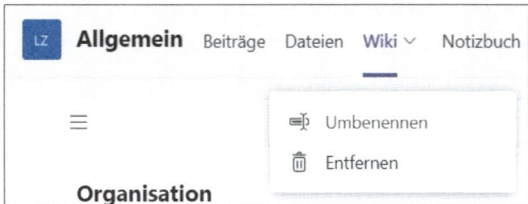

Bei der nun erscheinenden Sicherheitsabfrage müssen Sie durch Betätigen der Schaltfläche **Entfernen** die Aktion bestätigen, und anschließend wird die Registerkarte entfernt.

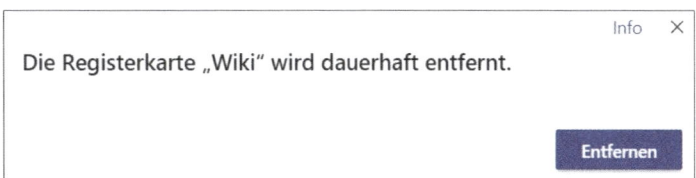

Mit dieser Konfiguration können Sie nun OneNote zur Dokumentation von Informationen verwenden. Es empfiehlt sich, diese Einstellung möglichst zeitnah nach der Erstellung des Teamraums vorzunehmen, da ansonsten bereits Informationen im Wiki erfasst wurden.

Wie Sie Abbildung 3.74 entnehmen können, haben Sie beim Hinzufügen der Registerkarte Ihre Kollegen bereits im Teamchat über die neue Registerkarte informiert. Das liegt daran, dass Sie in Schritt 3 die Option **Über diese Registerkarte im Kanal posten** aktiviert gelassen haben. Wenn Sie gerade einen Teamraum einrichten und keine solche Benachrichtigung im Chat wünschen, müssen Sie an der Stelle den Haken entfernen.

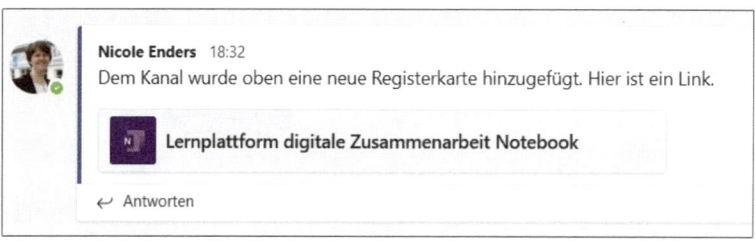

Abbildung 3.74 *Standardmäßig benachrichtigen Sie Ihre Kollegen im Teamchat über neue Registerkarten.*

Weitere Informationen in Ihrem Teamraum verwalten

Sie haben nun ein OneNote-Notizbuch zu Ihrem Teamraum hinzugefügt. Während der Konfiguration haben Sie gesehen, dass Sie auch andere Tools oder Dienste auswählen können. Hierzu gehören u. a. auch die sogenannten *Microsoft Listen*. Mit einer Liste können Sie Informationen in einer tabellarischen Form verwalten. Es kann sich dabei beispielsweise um eine Kontaktliste, offene Punkte oder auch um eine Themensammlung handeln.

3.4 Welche wichtigen Konfigurationsmöglichkeiten sollten Sie kennen?

Sie können einen Teamraum ganz an die individuellen Bedürfnisse Ihres Teams anpassen. Auf viele der angebotenen Möglichkeiten gehe ich in den folgenden Kapiteln und insbesondere in Kapitel 5 näher ein. Aber auch bereits bei einem neuen Team sollten Sie ein paar wichtige Konfigurationsmöglichkeiten kennen. Rufen Sie dazu wie in Abbildung 3.75 dargestellt über die Dreipunkte-Schaltfläche hinter dem Namen Ihres Teams den Menüpunkt **Team verwalten** auf.

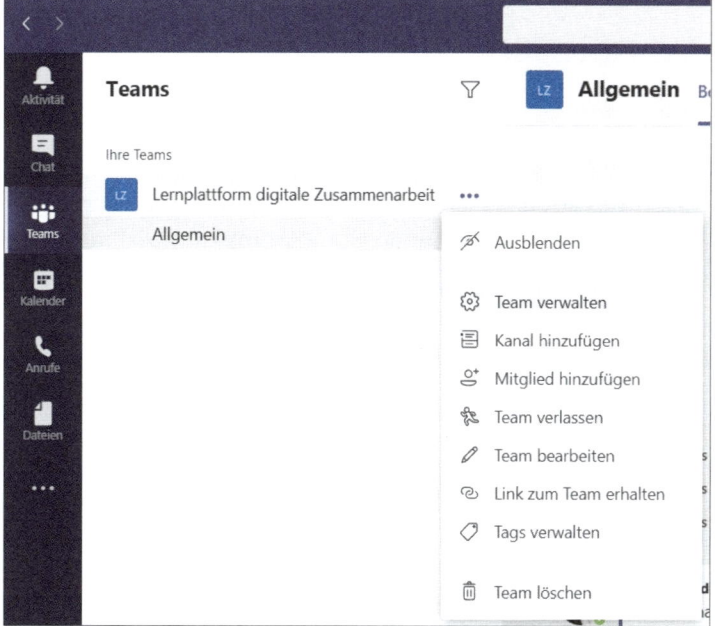

Abbildung 3.75 *Rufen Sie die Konfigurationsseite Ihres Teams auf.*

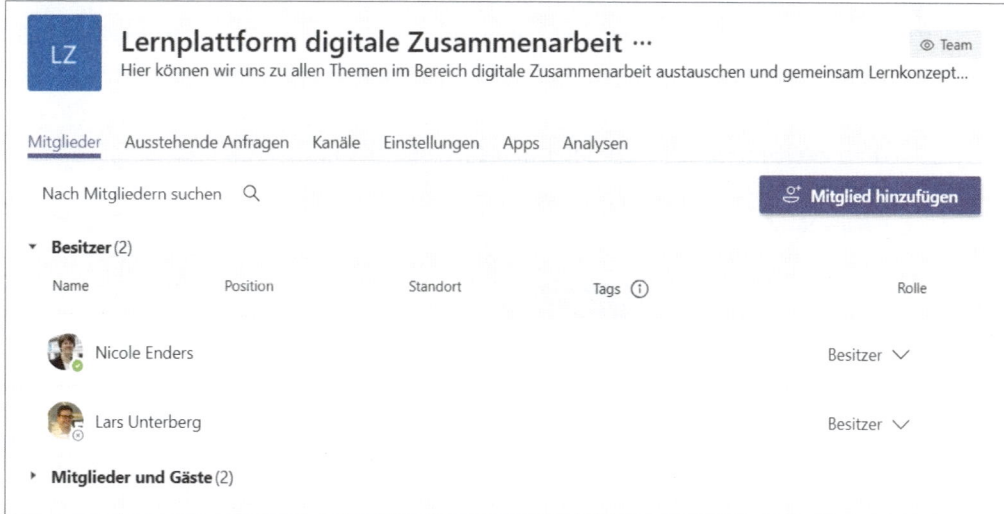

Abbildung 3.76 *Verwalten Sie über die Konfigurationsseite Ihre Teammitglieder, Unterstrukturen oder allgemeine Einstellungen (z. B. den Teamcode Ihres Teams).*

In der daraufhin angezeigten Konfigurationsseite können Sie verschiedene Einstellungen vornehmen (siehe Abbildung 3.76). Ich werde nicht auf alle Möglichkeiten eingehen, da diese zum Teil in späteren Abschnitten noch behandelt werden.

3.4.1   Teambild festlegen

Als Erstes möchte ich Ihnen zeigen, wie Sie ein eigenes Bild für Ihr Team hinterlegen können. Dies wird es visuell veranlagten Menschen erleichtern, Ihr Team in der Liste aller Teams schneller zu erkennen. Standardmäßig wird eine zufällige Farbe ausgewählt und aus den Anfangsbuchstaben der Worte im Teamnamen ein Kürzel gebildet (siehe Abbildung 3.77). Wenn Sie nun innerhalb der Konfigurationsseite mit der Maus über das Kürzel fahren, erscheint ein Stiftsymbol, auf das Sie nun bitte klicken.

Abbildung 3.77 *Ändern Sie das Teambild über die Konfigurationsseite.*

Es öffnet sich ein Dialog (siehe Abbildung 3.78), in dem Sie auf den Link **Bild hochladen** klicken. Über den Windows-Explorer wählen Sie dann die Bilddatei aus, die Sie für das Teambild verwenden möchten. Achten Sie dabei darauf, dass es sich möglichst um ein quadratisches Bild handeln sollte.

Abbildung 3.78 *Wählen Sie über den Windows-Explorer das Bild aus, das Sie hochladen möchten.*

Abbildung 3.79 *Sie erhalten eine Vorschau des zukünftigen Teambildes.*
Sollte die ausgewählte Bilddatei nicht quadratisch sein, sehen Sie hier,
welcher Bildausschnitt verwendet werden soll.

Nachdem Sie das Bild ausgewählt haben, erhalten Sie eine Vorschau auf das zukünftig verwendete Teambild. Sollten Sie ein nicht quadratisches Bild ausgewählt haben, so können Sie durch die Vorschau prüfen, ob der automatisch ausgewählte Bildausschnitt passt oder ob Sie die Bilddatei anpassen müssen (siehe Abbildung 3.79). Wenn Sie mit dem Teambild zufrieden sind, betätigen Sie die Schaltfläche **Speichern** und sehen vielleicht schon im Hintergrund, dass das Teambild geändert wurde.

Abbildung 3.80 *Speichern Sie das neue Teambild, damit*
Ihre Teamkollegen es von nun an sehen können.

Von diesem Moment an ist das Teambild für alle Teammitglieder sichtbar. Schließen Sie den Dialog durch Betätigen der Schaltfläche **Schließen** (siehe Abbildung 3.80).

Abbildung 3.81 *Anstelle des Kürzels erscheint nun das von Ihnen ausgewählte Bild sowohl innerhalb des Teams als auch in der Liste aller Teams.*

Das Teambild kann Ihnen nun helfen, Ihr Team schnell zu erkennen. Oder haben Sie vielleicht bestimmte Arten von Teams, die durch ein bestimmtes Teambild gekennzeichnet werden sollen? Das könnten beispielsweise verschiedene Projektarten oder der direkt sichtbare Unterschied zwischen Arbeitsgruppen bzw. Communitys und Organisationseinheiten sein.

3.4.2   Berechtigungen verwalten

Im Alltag werden Sie des Öfteren weitere Mitglieder zu Ihrem Teamraum hinzufügen wollen. Das können Sie zum einen über den Menüpunkt **Mitglied hinzufügen**, der sich hinter der Dreipunkte-Schaltfläche rechts neben dem Teamnamen in der Liste der Teams verbirgt, erledigen. Zum anderen können Sie aber auch die Konfigurationsseite nutzen, auf der Sie sich nach dem vorherigen Abschnitt noch befinden sollten (hier hatten Sie den Menüpunkt **Team verwalten** aufgerufen).

Wie Sie Abbildung 3.82 entnehmen können, erhalten Sie über die Registerkarte **Mitglieder** eine Übersicht über die in Ihrem Teamraum vergebenen Berechtigungen. Dabei wird zwischen folgenden Rollen unterschieden:

- **Besitzer**: Der Ersteller eines Teams ist automatisch der erste Besitzer eines Teams. Er fügt neue Mitglieder hinzu, ändert die Rolle einer Person und kann die Konfiguration des Teams anpassen. Im Arbeitsalltag agiert er aber in der Regel wie jedes andere Mitglied.

- **Mitglied**: Jedes Mitglied des Teams kann sich zum Beispiel an Unterhaltungen und Videokonferenzen beteiligen, Dateien teilen und gemeinsam mit anderen bearbeiten.

- **Gäste**: Sie können auch externe Teilnehmer zu einem Teamraum hinzufügen. Gäste verfügen nahezu über dieselben Berechtigungen wie Mitglieder und können sich somit aktiv an der Teamarbeit beteiligen. In Abschnitt 3.6

gehe ich im Detail auf die Zusammenarbeit mit unternehmensexternen Personen ein.

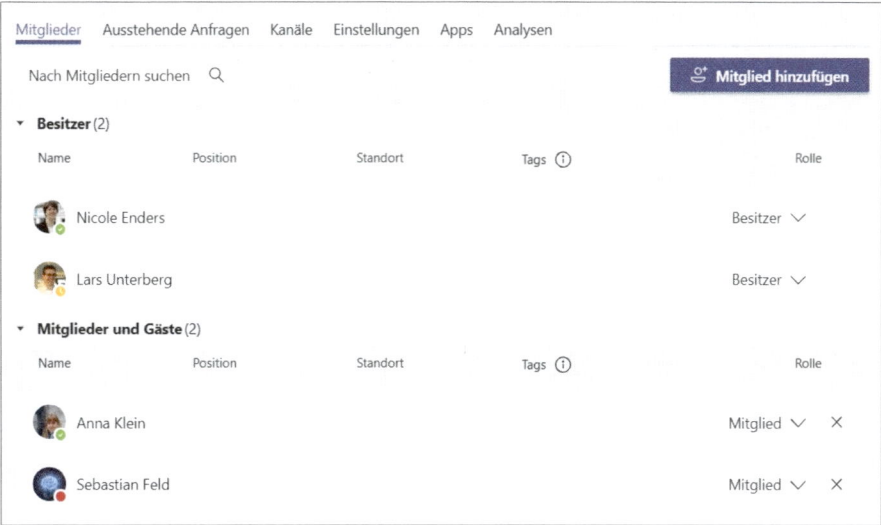

Abbildung 3.82 *Über die Konfigurationsseite erhalten Sie einen Überblick über alle Mitglieder eines Teams.*

Als Besitzer können Sie neue Teammitglieder über die Schaltfläche **Mitglied hinzufügen** hinzufügen. Ähnlich wie bei der Anlage des Teamraums erscheint der in Abbildung 3.83 dargestellte Dialog, in dem Sie über das Eingabefeld den Namen der entsprechenden Person eingeben können und zu der Eingabe passende Personen vorgeschlagen bekommen (siehe Abbildung 3.84).

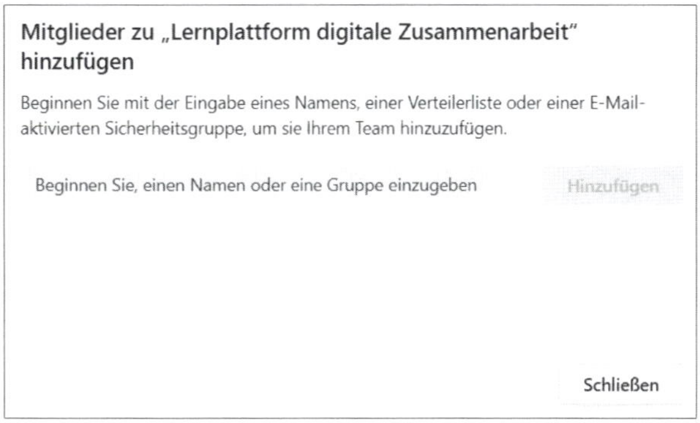

Mitglieder zu „Lernplattform digitale Zusammenarbeit"
hinzufügen

Beginnen Sie mit der Eingabe eines Namens, einer Verteilerliste oder einer E-Mail-
aktivierten Sicherheitsgruppe, um sie Ihrem Team hinzuzufügen.

Beginnen Sie, einen Namen oder eine Gruppe einzugeben	Hinzufügen

Schließen

Abbildung 3.83 *Fügen Sie neue Teammitglieder später über denselben*
Weg wie bei der Anlage eines neuen Teamraums hinzu.

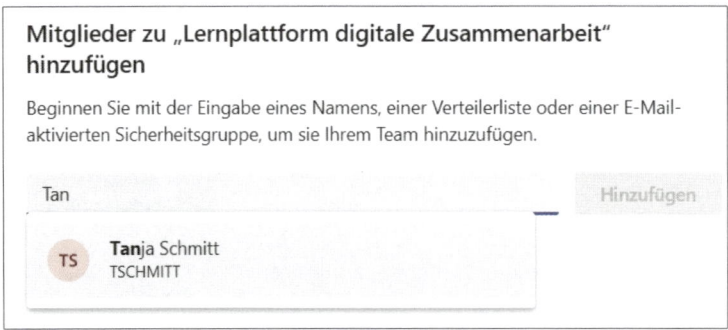

Abbildung 3.84 *Bei der Eingabe eines Namens werden Sie mit Vorschlägen unterstützt und können die Person mit einem Klick auswählen.*

Wählen Sie die entsprechende Person aus den Vorschlägen mit einem Klick aus, betätigen Sie die Schaltfläche **Hinzufügen**, und legen Sie fest, welche Rolle die Person erhalten soll. Standardmäßig ist die Rolle »Mitglied« ausgewählt, aber über die Auswahlbox rechts neben dem Namen der Person können Sie die Rolle auch in »Besitzer« ändern (siehe Abbildung 3.85). Die Rolle »Gast« kann nicht explizit gesetzt werden; sie wird automatisch für unternehmensexterne Personen gesetzt.

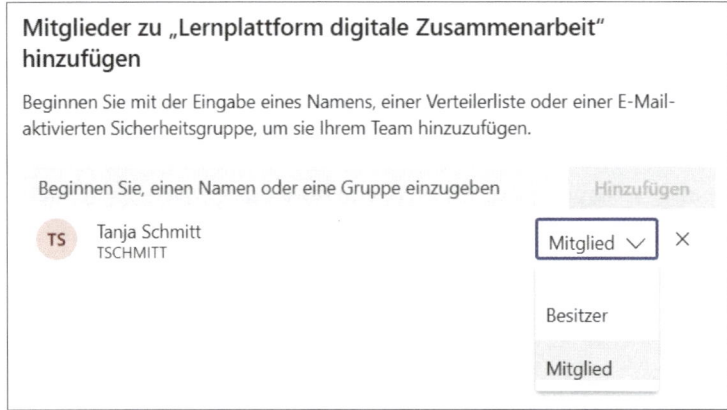

Abbildung 3.85 *Wählen Sie die Rolle für das neue Teammitglied aus.*

Wie Sie in Abbildung 3.86 sehen können, erscheint das neue Teammitglied auch in der Auflistung der Mitglieder. Auch hier können Sie über eine Auswahlbox die Rolle der einzelnen Personen ändern und so beispielsweise ein Mitglied zu einem Besitzer erklären.

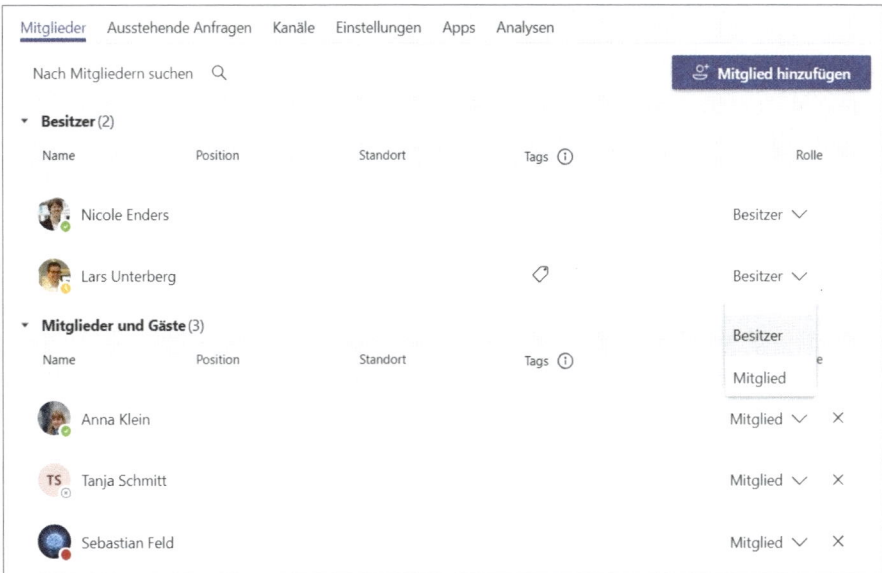

Abbildung 3.86 *Das neue Teammitglied erscheint nun in der Liste der Mitglieder.*

Dabei fällt auf, dass Besitzer nicht aus der Mitgliederliste entfernt werden können. Zuvor muss der entsprechenden Person erst die Rolle »Besitzer« wieder entzogen werden. Dafür müssen Sie lediglich auf den Pfeil nach unten klicken und die Rolle »Mitglied« auswählen. Erst danach erscheint das × in der Zeile, sodass Sie die Person aus dem Team entfernen können.

Kann ich selbst entscheiden, dass ich nicht mehr Teil eines Teams sein möchte?

Es mag Gründe geben, warum man nicht mehr an einem Team teilnehmen möchte oder darf. Ein Beispiel hierfür kann ein Wechsel der Organisationseinheit sein. Sie werden Mitglied in einem neuen Team und verlassen das alte Team. Es gibt nun zwei Möglichkeiten, wie die Mitgliedschaft in dem bisherigen Team beendet werden kann. Bei der ersten Variante muss der Besitzer aktiv werden und Sie aus dem Team entfernen. Bei der zweiten Variante können Sie selbst aktiv werden. Sie können dafür die Dreipunkte-Schaltfläche verwenden, die auch der Besitzer nutzen würde. Nur können Sie in diesem Fall über das Kontextmenü den Menüpunkt **Das Team verlassen** auswählen, und nach einer Sicherheitsabfrage sind Sie fortan kein Mitglied mehr.

3.4.3   Teamcode erstellen und verwenden

Ein Teambesitzer kann neue Mitglieder auch über einen sogenannten *Teamcode* einladen. In diesem Fall generieren Sie einen Code und lassen diesen den Personen zukommen, die Zugriff auf den Teamraum erhalten sollen. Die Empfänger des Teamcodes können dann allerdings selbst entscheiden, ob sie dem Team beitreten möchten.

Um einen Teamcode zu erstellen, gehen Sie folgendermaßen vor:

1. Rufen Sie auf der Konfigurationsseite (um hierhin zu gelangen, hatten Sie den Menüpunkt **Team verwalten** aufgerufen) die Registerkarte **Einstellungen** auf.

2. Erweitern Sie die Anzeige für die Option **Teamcode**, und betätigen Sie die Schaltfläche **Erstellen**.

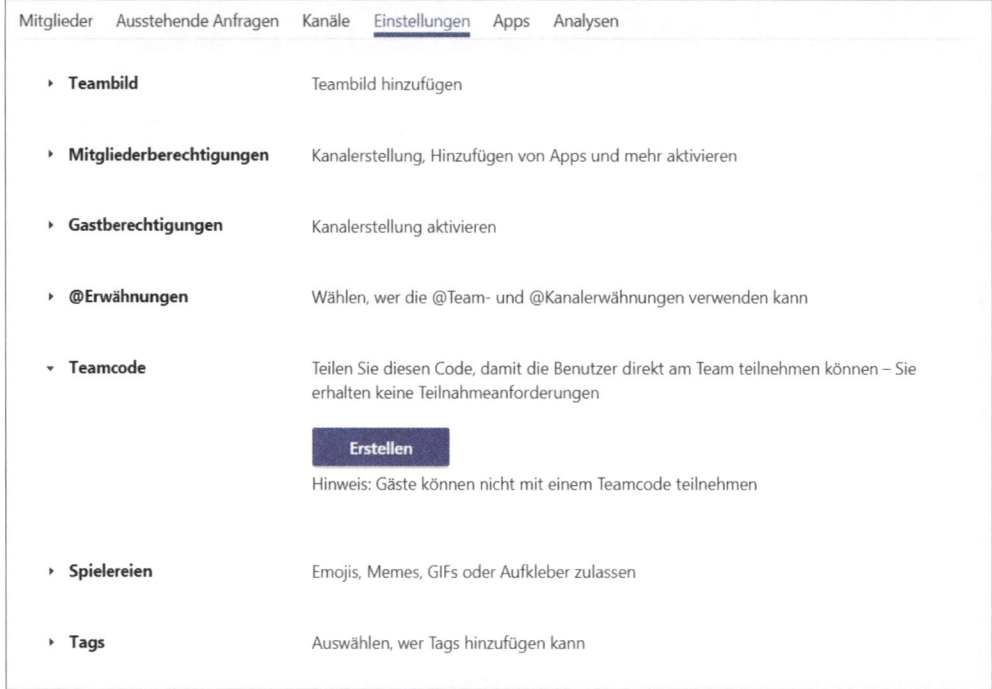

3. Ihnen wird nun der automatisch generierte Teamcode angezeigt, den Sie über den Menüpunkt **Vollbild** mit anderen Personen (z. B. über eine Bildschirmfreigabe) teilen können.

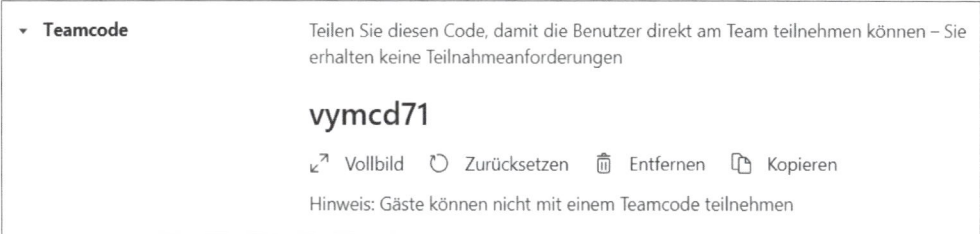

Die Vollbildansicht bietet sich zum Beispiel an, wenn Sie sich gerade in einer Besprechung befinden und den Teilnehmern den Code zur Verfügung stellen möchten, um schnell dem Team beitreten zu können.

Eine andere Option wäre auch, den Teamcode über die Schaltfläche **Kopieren** in Ihre Zwischenablage zu kopieren. So können Sie in einer Besprechung, aber auch in einem Chat, den Teamcode verteilen und so die Teilnahme am Team ermöglichen.

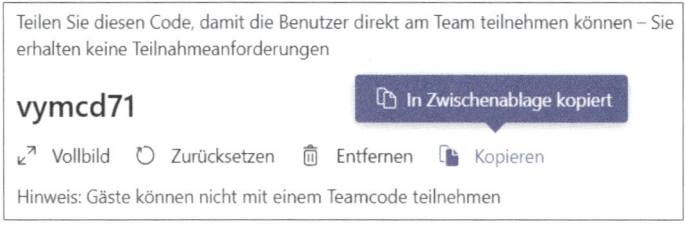

Jeder mit einem Teamcode kann an dem Team teilnehmen!

Bedenken Sie dabei, dass jede Person über diesen Weg Mitglied Ihres Teamraums werden kann. Haben Sie beispielsweise den Teamcode an eine Person gesendet und diese gibt den Teamcode weiter, so können auch diese Personen nun dem Team beitreten. Daher empfehle ich Ihnen, diese Option ggf. nur temporär zu nutzen und entweder über den Menüpunkt **Zurücksetzen** einen neuen Teamcode zu generieren oder über den Menüpunkt **Entfernen** den Teamcode wieder zu löschen. Von diesem Moment an verliert der bisherige Teamcode seine Gültigkeit und kann nicht mehr verwendet werden.

3.4.4   Apps verwalten

An dieser Stelle möchte ich kurz schon einmal einen Ausblick wagen und Ihnen zeigen, wo Sie die in Ihrem Teamraum verwendeten Apps finden.

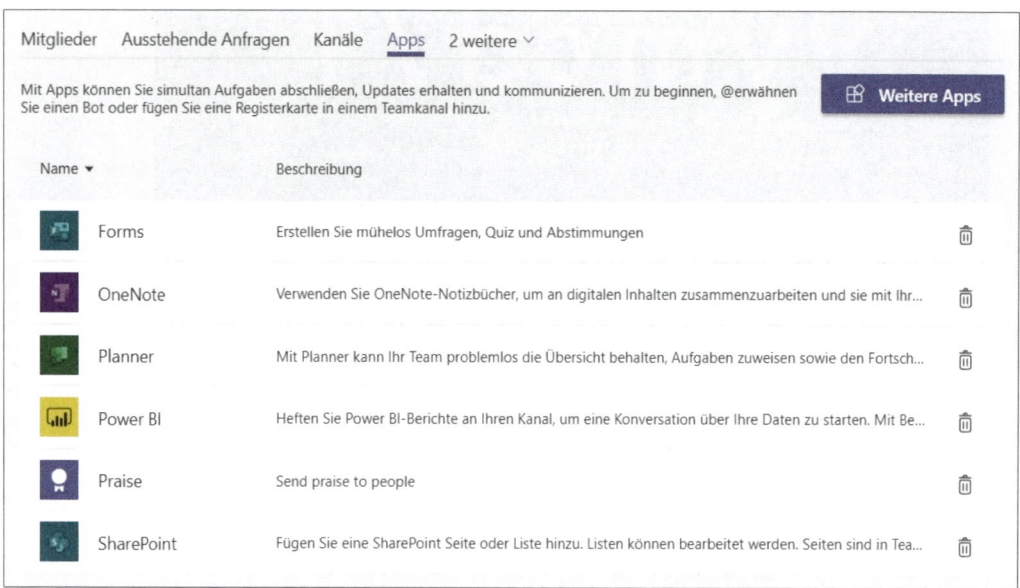

Abbildung 3.87 *Eine Übersicht über die Apps in Ihrem Teamraum*

Rufen Sie dazu auf der Konfigurationsseite (um hierhin zu gelangen, hatten Sie den Menüpunkt **Team verwalten** aufgerufen) die Registerkarte **Apps** auf. In Abbildung 3.87 sehen Sie die standardmäßig bereitgestellten Apps in einem Team-raum und können über die Schaltfläche **Weitere Apps** den in Abbildung 3.88 dargestellten *App Store* aufrufen.

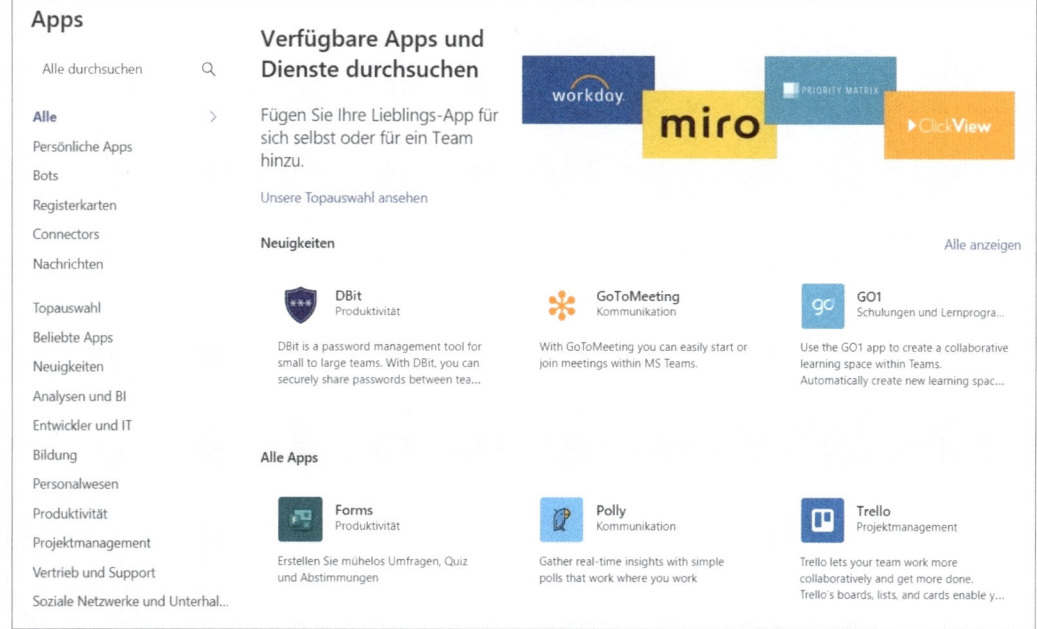

Abbildung 3.88 *Über den App Store können Sie weitere Apps zu Ihrem Teamraum hinzu-fügen.*

Abhängig von den Einstellungen in Ihrer Umgebung können Sie hier unter-schiedlich viele Apps sehen. Standardmäßig werden viele Apps (vor allem von externen Cloud-Diensten) angeboten, die aber zu einem großen Teil noch se-parat lizenziert werden müssen. Es empfiehlt sich aus administrativer Sicht, erst einmal möglichst nur die bereits im Unternehmen eingesetzten Dienste anzubieten. Wenn Sie weitere Apps anbieten möchten, können Sie so erst ein-mal prüfen, welche Lizenzkosten ggf. entstehen würden und wo die Daten des externen Cloud-Dienstes verwaltet werden.

Auf die Apps von externen Cloud-Diensten werde ich in diesem Buch nicht näher eingehen. Sie werden allerdings in den folgenden Kapiteln einige der von Microsoft angebotenen Apps kennenlernen.

3.4.5   Analysen

Wenn Sie für einen Teamraum verantwortlich sind, interessieren Sie sich vielleicht auch dafür, wie er bisher genutzt wird. Rufen dafür auf der Konfigurationsseite (um hierhin zu gelangen, hatten Sie den Menüpunkt **Team verwalten** aufgerufen) die Registerkarte **Analysen** auf.

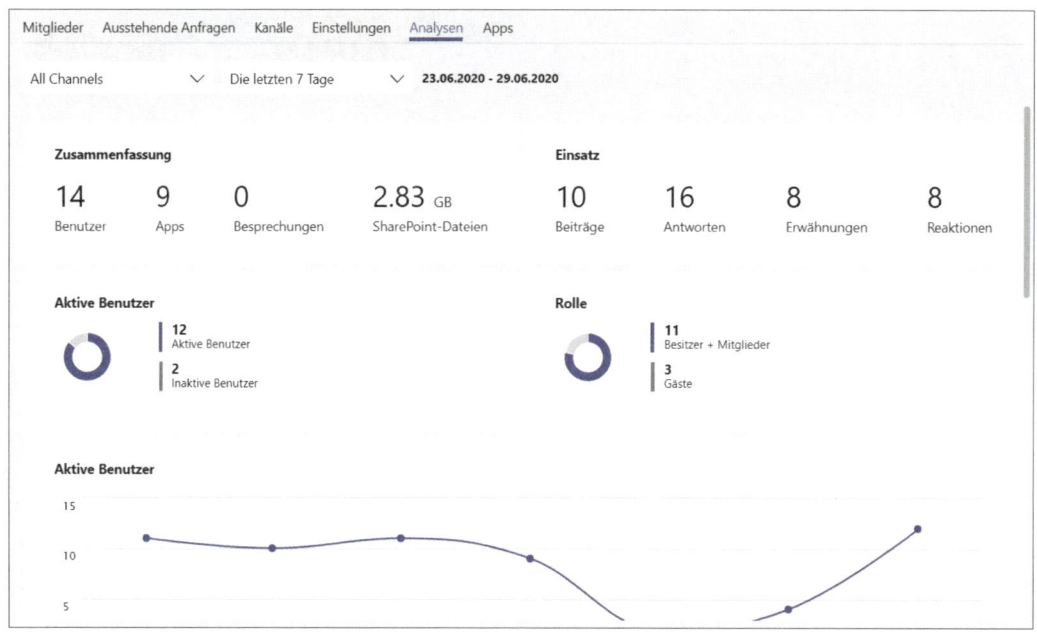

Abbildung 3.89 *Prüfen Sie, ob Ihr Teamraum aktiv genutzt wird.*

Wie Sie in Abbildung 3.89 sehen, erhalten Sie hier unterschiedliche Informationen. So können Sie beispielsweise die Aktivität in Ihrem Teamraum messen, wobei die Daten anonymisiert sind und daher keine Rückschlüsse auf die einzelnen Personen ermöglichen. Sie sehen außerdem, wie viele Besprechungen in dem Team durchgeführt wurden und welche Datenmenge in der Dateiablage verwaltet wird. Diese Auswertung kann für den gesamten Teamraum oder auch für einzelne Kanäle aufgerufen werden. Als Auswertungszeitraum stehen die letzten 7, 30 und 90 Tage zur Auswahl.

Über die Auswertungsmöglichkeiten können Sie sich einen Eindruck verschaffen, ob Ihr Teamraum angenommen wird oder bereits seit einiger Zeit brachliegt und ggf. archiviert oder sogar gelöscht werden kann.

3.5   Wie finde ich ein Team?

Wenn Sie *Microsoft Teams* vermehrt einsetzen, werden Sie sich vielleicht eine Übersicht über alle Teamräume wünschen, in denen Sie Mitglied oder sogar Besitzer sind.

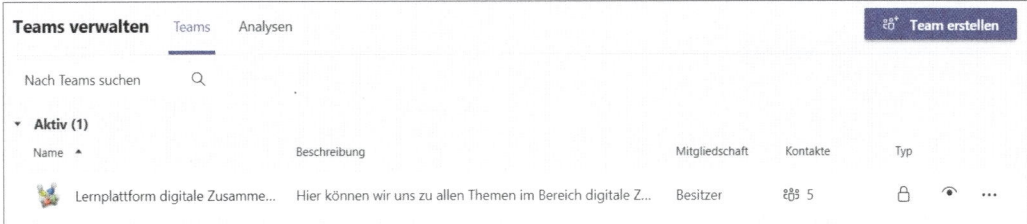

Abbildung 3.90 *Finden Sie alle Teams, in denen Sie Mitglied oder Besitzer sind.*

Klicken Sie dazu auf das Zahnradsymbol ⚙ rechts neben dem Menüpunkt **Team beitreten oder erstellen** unterhalb der Auflistung Ihrer Teams. Sie befinden sich dann auf der in Abbildung 3.90 dargestellten Übersicht. Hier sehen Sie auf einen Blick, welche Rolle Sie in dem entsprechenden Team besitzen, wie viele Teammitglieder es gibt und ob es sich um ein privates oder ein öffentliches Team handelt. Außerdem können Sie über die jeweilige Dreipunkte-Schaltfläche die wichtigsten Konfigurationsmöglichkeiten für den entsprechenden Teamraum aufrufen.

Teams verwalten Teams Analysen   Team erstellen

Die letzten 7 Tage ⌄	23.06.2020 - 29.06.2020					
Name	Aktive Benutzer	Personen	Gäste	Beiträge	Antworten	Typ
Lernplattform digital...	4	5	0	1	0	🔒

Abbildung 3.91 *Sie können die Aktivität in den verschiedenen Teamräumen über eine Übersicht miteinander vergleichen.*

Wenn Sie auf die Registerkarte **Analysen** wechseln, wird Ihnen darüber hinaus eine Übersicht über die Aktivität der jeweiligen Teamräume angezeigt, die einem Auszug der Auswertungen entspricht, die ich Ihnen im vorangegangenen Abschnitt vorgestellt habe (siehe Abbildung 3.91).

Abbildung 3.92 *Suchen Sie nach einem Team, in dem Sie noch kein Mitglied sind.*

Kehren Sie aber doch bitte einmal auf die Registerkarte **Teams** zurück. Hier können Sie über das Suchfeld im oberen Bereich des Bildschirms den Namen eines Teams eingeben. Alternativ können Sie auch den Menüpunkt **Team beitreten oder erstellen** aufrufen und das Suchfeld auf dem daraufhin erscheinenden Bildschirm oben rechts für die Suche verwenden.

Sehen Sie das in Abbildung 3.92 als Kachel dargestellte Team **CONET**? Öffentliche oder organisationsweite Teams werden Ihnen in dieser Ansicht aufgelistet, sodass Sie sich den Teamraum anschauen und selbstständig ein neues Mitglied werden können.

Bei privaten Teams haben Sie diese Möglichkeit nicht, da Sie diese Teams erst sehen können, wenn Sie Mitglied sind. Sie können aber in der Kachel **Einem Team mit einem Code beitreten** einen Teamcode eingeben, sofern Sie einen erhalten haben (siehe Abbildung 3.93). Falls der Teamcode erfolgreich validiert wurde, sind Sie von diesem Moment an ein Mitglied dieses Teams und finden es nun in Ihrer Übersicht wieder.

Abbildung 3.93 *Treten Sie einem privaten Team über einen Teamcode bei.*

Mit den hier vorgestellten Möglichkeiten finden Sie schnell neue Teams, an denen Sie sich beteiligen können, und behalten gleichzeitig den Überblick über Ihre aktiven Teams.

3.6   Wie kann ich unternehmensexterne Personen in ein Team einbinden?

Für die Einbindung unternehmensexterner Personen muss ein Administrator im *Microsoft Teams Admin Center* den grundsätzlichen Gastzugriff aktivieren (siehe Abbildung 3.94). Die Einstellung kann unter **Organisationsweite Einstellungen • Gastzugriff** vorgenommen werden.

Abbildung 3.94 *Aktivieren Sie über das Microsoft Teams Admin Center den Gastzugriff, um externe Personen in Ihre Teamräume einladen zu können.*

Falls Sie bisher noch nicht mit externen Personen zusammengearbeitet haben und daher die Option noch deaktiviert ist, sollten Sie wissen, dass es einige Stunden benötigen kann, bis sich die Aktivierung in *Teams* auswirkt.

3.6.1   Laden Sie externe Personen zu Ihrem Teamraum ein!

Wenn die Option in Ihrem Unternehmen aktiviert ist, können Sie externe Personen über ihre E-Mail-Adresse zu einem Team hinzufügen. Wählen Sie dazu den Menüpunkt **Mitglied hinzufügen** für ein Team aus, wodurch der Dialog erscheint, den Sie bereits für das Hinzufügen neuer Teammitglieder mit der Rolle »Mitglied« oder »Besitzer« kennen (siehe Abbildung 3.95).

Abbildung 3.95 *Geben Sie die E-Mail-Adresse einer unternehmensexternen Person ein.*

Geben Sie nun aber anstelle des Namens die vollständige E-Mail-Adresse der externen Person ein. Sobald die Eingabe einer möglicherweise gültigen E-Mail-Adresse entspricht, wird Ihnen wie in Abbildung 3.95 dargestellt angeboten, diese Person als Gast hinzuzufügen. Klicken Sie auf den Vorschlag, sodass die Ansicht nun der in Abbildung 3.96 entsprechen sollte.

Abbildung 3.96 *Sie können den Namen Ihres Gastes bearbeiten, bevor Sie ihn zum Team hinzufügen.*

Standardmäßig entspricht der Name Ihres Gastes dem Teil der E-Mail-Adresse vor dem @-Zeichen. Wenn Sie den richtigen Namen hinterlegen möchten, können Sie auf das Stiftsymbol unmittelbar rechts neben dem Namen klicken und können wie in Abbildung 3.97 dargestellt den Namen ändern und über den Haken oder ⏎ die Eingabe bestätigen.

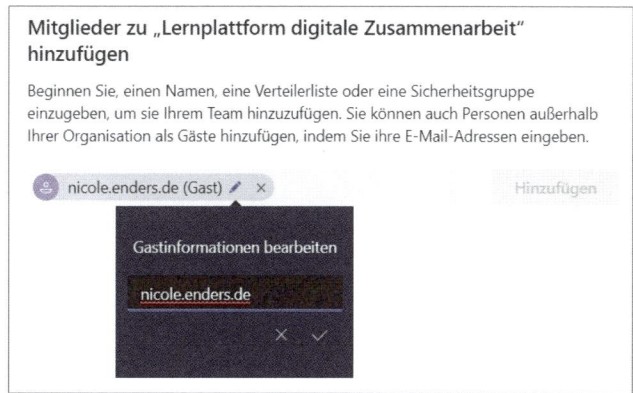

Abbildung 3.97 *Geben Sie den gewünschten Anzeigenamen der Person an. Standardmäßig entspricht er dem ersten Teil der E-Mail-Adresse.*

Über die Schaltfläche **Hinzufügen** können Sie die externe Person zu Ihrem Team hinzufügen (siehe Abbildung 3.98) und erhalten wie in Abbildung 3.99 dargestellt die Bestätigung, dass die Person nun Gast in Ihrem Team ist.

Gäste und somit externe Personen werden Ihnen gemeinsam mit Ihren Teammitgliedern angezeigt, wenn Sie für Ihr Team den Menüpunkt **Team verwalten** aufrufen (siehe Abbildung 3.100). Dabei fällt auf, dass Sie einen Gast nicht zu einem Mitglied oder einem Besitzer erklären können. Dadurch können Sie sich sicher sein, dass Sie externe Personen immer direkt erkennen. Außerdem erhalten externe Personen an ihrem Namen ein Suffix »(Gast)«, das sie darüber hinaus kennzeichnet.

Abbildung 3.98 *Fügen Sie Ihren Gast zum Team hinzu.*

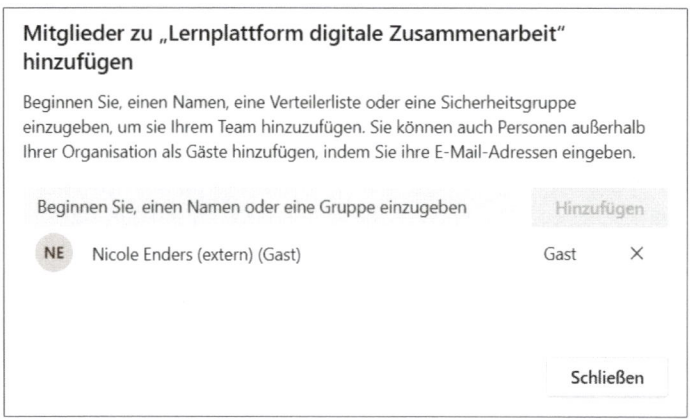

**Mitglieder zu „Lernplattform digitale Zusammenarbeit"
hinzufügen**

Beginnen Sie, einen Namen, eine Verteilerliste oder eine Sicherheitsgruppe
einzugeben, um sie Ihrem Team hinzuzufügen. Sie können auch Personen außerhalb
Ihrer Organisation als Gäste hinzufügen, indem Sie ihre E-Mail-Adressen eingeben.

Beginnen Sie, einen Namen oder eine Gruppe eingeben		Hinzufügen
NE Nicole Enders (extern) (Gast)		Gast ×

Schließen

Abbildung 3.99 *Externe Personen können stets nur als Gast zu einem
Team hinzugefügt werden.*

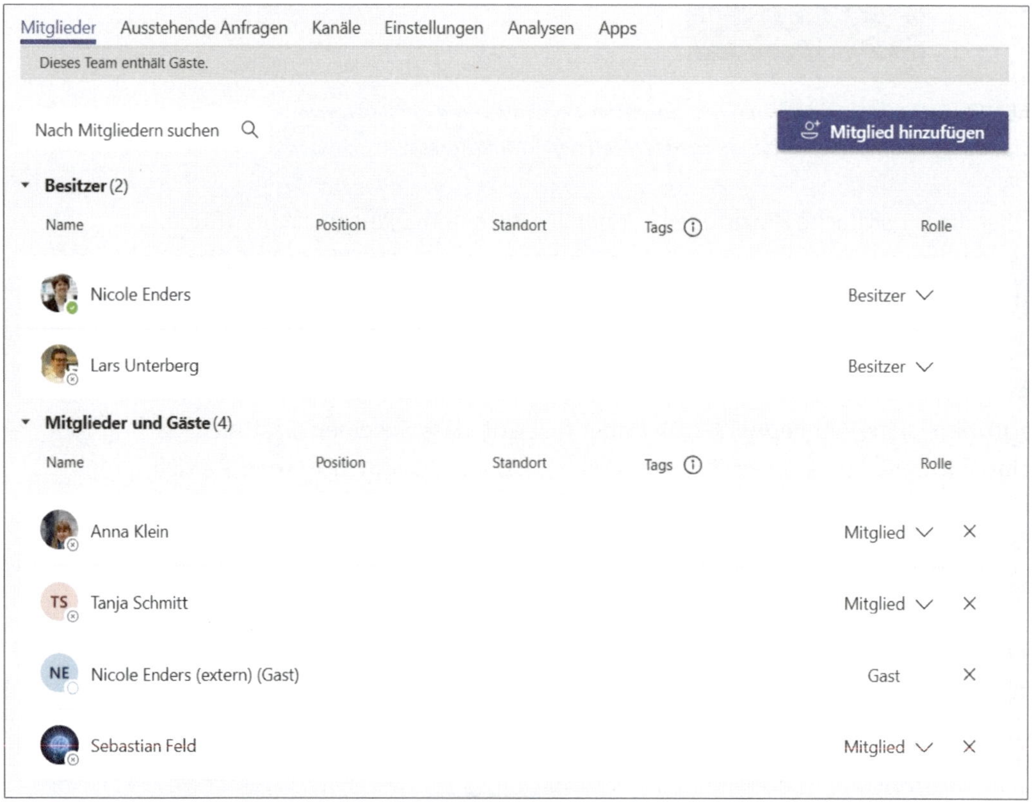

Mitglieder   Ausstehende Anfragen   Kanäle   Einstellungen   Analysen   Apps

Dieses Team enthält Gäste.

Nach Mitgliedern suchen 🔍   👤 **Mitglied hinzufügen**

▾ **Besitzer** (2)

Name	Position	Standort	Tags ⓘ	Rolle
Nicole Enders				Besitzer ∨
Lars Unterberg				Besitzer ∨

▾ **Mitglieder und Gäste** (4)

Name	Position	Standort	Tags ⓘ	Rolle	
Anna Klein				Mitglied ∨	×
TS Tanja Schmitt				Mitglied ∨	×
NE Nicole Enders (extern) (Gast)				Gast	×
Sebastian Feld				Mitglied ∨	×

Abbildung 3.100 *Sie finden externe Personen in der Liste Ihrer Teammitglieder.*

3.6.2   Wie meldet sich eine externe Person in Ihrem Teamraum an?

Sie haben nun eine externe Person zu Ihrem Teamraum eingeladen. Doch wie sieht es für die eingeladene Person aus? Welche Schritte muss sie durchlaufen, bevor sie die erste Nachricht im Teamchat schreiben kann? Und welche Einschränkungen sind für externe Personen zu berücksichtigen?

Wechseln Sie dazu bitte einmal die Perspektive, und stellen Sie sich vor, Sie sind die externe Person, die zu Ihrem Teamraum eingeladen wurde. In dieser Rolle sollten Sie eine E-Mail erhalten haben, die vom Aussehen her in etwa der in Abbildung 3.101 dargestellten E-Mail entsprechen sollte.

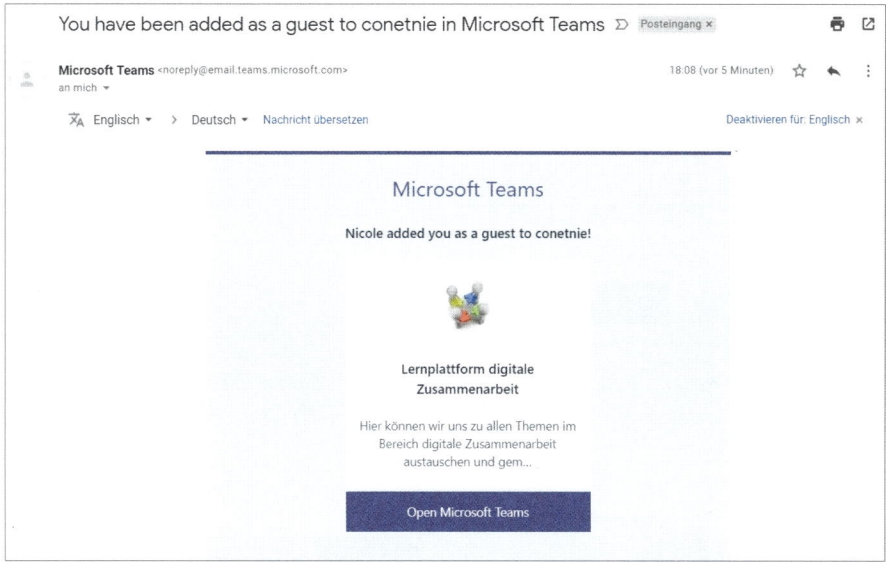

Abbildung 3.101 *Als eingeladene Person erhalten Sie eine E-Mail mit einem Link auf das neue Team.*

Klicken Sie auf den in der E-Mail enthaltenen Link **Open Microsoft Teams**, und akzeptieren Sie durch Betätigen der Schaltfläche **Accept**, dass Sie eingeloggt werden und Ihr Name, Ihre E-Mail-Adresse und Ihr Profilbild für andere sichtbar sein werden (siehe Abbildung 3.102).

Nachdem Sie dies getan haben, werden Sie automatisch an der Umgebung bzw. dem Tenant angemeldet, aus dem Sie eingeladen wurden. In diesem Moment befinden Sie sich im Browser und erhalten die in Abbildung 3.103 dargestellte Auswahl, ob Sie lieber die Desktop-App verwenden oder im Browser fortfahren möchten. Ich persönlich bevorzuge bei der ersten Anmeldung die Variante über den Browser, da ich so in der Desktop-App weiterhin in meiner primären Umgebung angemeldet bleibe. Daher rate ich Ihnen, die Schaltfläche **Stattdessen die Web-App verwenden** zu betätigen.

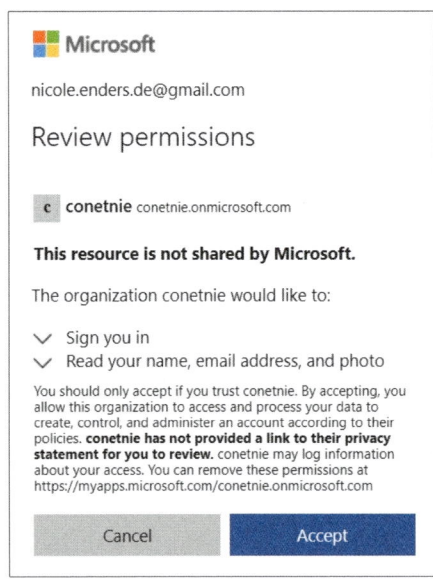

Abbildung 3.102 *Lassen Sie zu, dass Ihr Name, Ihre E-Mail-Adresse und Ihr Profilbild verwendet werden und Sie automatisch in der anderen Umgebung (Tenant) angemeldet werden.*

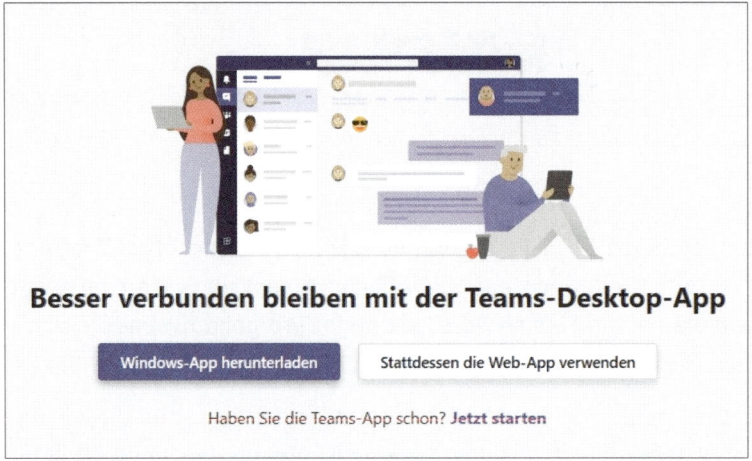

Abbildung 3.103 *Sie haben die Wahl, ob Sie Teams als Gast über die Desktop-App oder Web-App (Browser) öffnen möchten.*

Es kann sein, dass Sie als eingeladene externe Person sehr schnell auf die E-Mail reagieren und noch einige Aktionen im Hintergrund von *Microsoft Teams* ausgeführt werden, um Sie einzurichten. In einem solchen Fall erhalten Sie ggf. die in Abbildung 3.104 dargestellte Meldung.

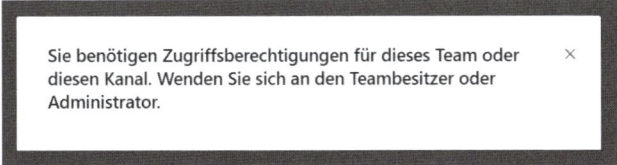

Abbildung 3.104 *Es kann sein, dass Sie diese Meldung erhalten, weil die Einrichtung Ihrer Berechtigungen noch nicht abgeschlossen ist.*

Bevor Sie sich in einem solchen Fall an den Teambesitzer oder den Administrator wenden, sollten Sie einige Minuten warten und es erneut probieren. Wenn Sie die Meldung über das × oben rechts schließen, befinden Sie sich in der Umgebung bzw. dem Tenant, zu dem Sie eingeladen wurden. Hier sollten Sie auch alle Teamräume finden, für die Sie berechtigt wurden, sowie eine Aktivität im Feed (siehe Abbildung 3.105).

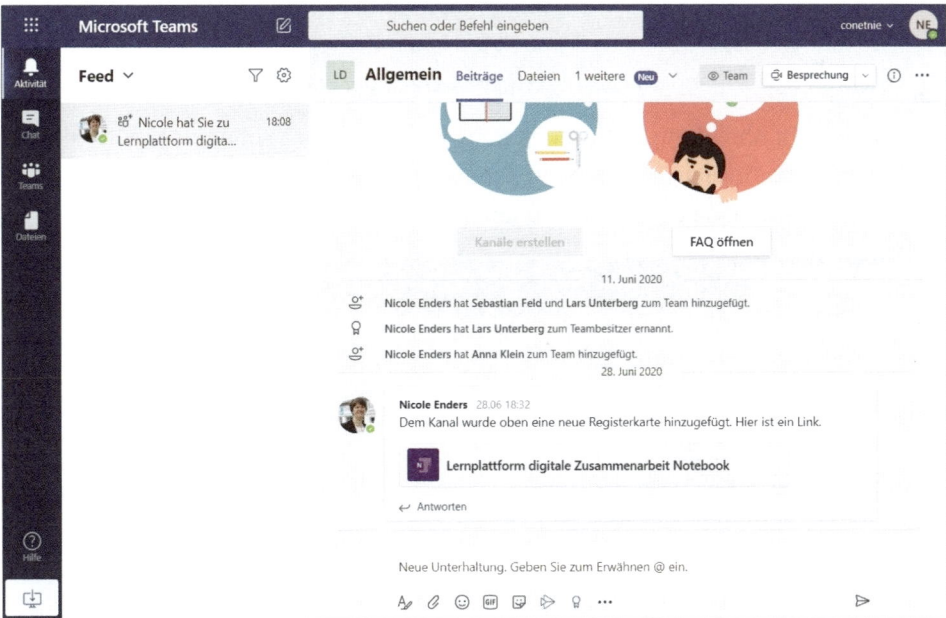

Abbildung 3.105 *Wenn die Berechtigungen eingerichtet wurden, erhalten Sie eine Benachrichtigung in Ihrem Aktivitätsfeed.*

Was ist mit Personen, die kein Benutzerkonto in Microsoft 365 besitzen?

Wenn Sie externe Personen einladen, kann es sein, dass diese Personen selbst kein *Microsoft Teams* oder andere Dienste aus Microsoft 365 einsetzen und daher auch kein Benutzerkonto bei Microsoft besitzen. In einem solchen Fall wird die eingeladene externe Person nach dem Klick auf den Link in der E-Mail aufgefordert, ein Benutzerkonto bei Microsoft anzulegen. Anschließend durchläuft sie die in diesem Abschnitt beschriebenen Schritte.

3.6.3   Zwischen verschiedenen Tenants wechseln

Wenn Sie mit Ihren Kollegen in *Microsoft Teams* zusammenarbeiten, befinden Sie sich in dem Tenant Ihres Unternehmens. Hier werden Sie sich vermutlich die meiste Zeit aufhalten. Wenn Sie außerdem zu anderen Teams als Gast eingeladen wurden, werden Sie für die Zeiten, in denen Sie dort beispielsweise mit Kunden und Partnern zusammenarbeiten, in den Tenant des entsprechend anderen Unternehmens wechseln. Seien Sie sich bitte darüber im Klaren, dass Sie in dieser Zeit in dem Tenant Ihres Unternehmens als offline gelten und daher Benachrichtigungen nicht direkt mitbekommen werden. Sobald Sie wieder zu Ihrem Tenant wechseln, erhalten Sie auch die in der Zwischenzeit empfangenen Nachrichten und können im Aktivitätsfeed nachsehen, was Sie verpasst haben.

Wie Sie in Abbildung 3.106 sehen können, befindet sich oben neben Ihrem Profilbild eine Anzeige, in welchem Tenant Sie sich gerade befinden, und hier finden Sie auch eine Liste all der Tenants, auf die Sie zugelassen wurden.

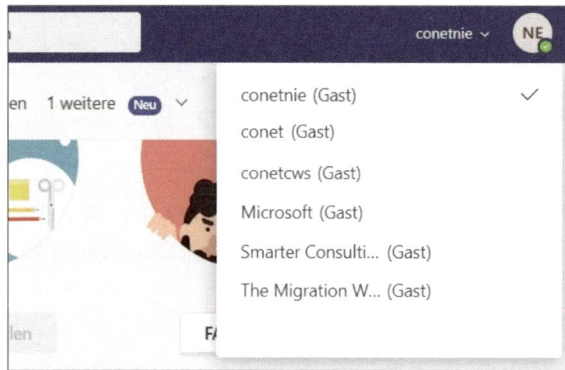

Abbildung 3.106 *Wechseln Sie über das Auswahlfeld neben Ihrem Profilbild zwischen den verschiedenen Tenants, auf die Sie zugelassen wurden.*

Wenn Sie das Auswahlfeld nicht angezeigt bekommen, liegt das vermutlich daran, dass Sie noch in keinem weiteren Tenant als Gast hinzugefügt wurden und daher nur in dem Tenant Ihres Unternehmens arbeiten können. Sobald Sie für mindestens ein Team in einem anderen Tenant als Gast hinzugefügt wurden, erscheinen die Anzeige des Tenants, in dem Sie gerade angemeldet sind, sowie die Auswahl der Tenants, in die Sie wechseln können.

Wenn Sie einen Tenant in der Liste ausgewählt haben, werden Sie in dem Tenant, in dem Sie gerade noch angemeldet waren, abgemeldet und in dem ausgewählten Tenant angemeldet. Das passiert ohne Ihr Zutun. Sie sehen kurz, wie die Ab- und Anmeldung erfolgt, und befinden sich anschließend in dem gewünschten Tenant mit der Liste der Teams, auf die Sie Zugriff haben.

3.6.4   Sind Gäste in ihren Möglichkeiten eingeschränkt?

Die Zusammenarbeit innerhalb eines Teams erfolgt für Gäste nahezu genauso wie für Mitglieder eines Teams. So können sie sich aktiv am Teamchat beteiligen, gemeinsam mit internen Teammitgliedern an Dokumenten arbeiten oder auch an Besprechungen teilnehmen. Wenn es daran geht, seinen Bildschirm zu teilen, und Gäste dies nicht können, sollten Sie mit einem Administrator sprechen, der im Admin Center die entsprechende Einstellung anpassen kann.

Ansonsten finden sich tatsächlich wenige Einschränkungen, die Sie für Gäste berücksichtigen müssen. Schauen Sie einmal in die Einstellungen Ihres Teams, und prüfen Sie im Bereich **Gastberechtigungen**, ob Sie die standardmäßig deaktivierten Optionen sogar aktivieren möchten (siehe Abbildung 3.107).

Der primäre Zweck von *Microsoft Teams* besteht in der Unterstützung der Zusammenarbeit sowohl innerhalb des Unternehmens mit Ihren Kollegen als auch unternehmensübergreifend. Daher verwundert es nicht, dass keine wesentlichen Unterschiede zwischen den Rollen gemacht werden.

Sie können diese Möglichkeiten nutzen, um die Zusammenarbeit mit externen Personen zukünftig einfacher zu gestalten, da die verwendeten Funktionen sowohl im internen als auch im externen Gebrauch dieselben sind und Sie sich nicht je nach Aufgabe auf andere Tools einstellen müssen. Dies kann eine große Erleichterung im Arbeitsalltag sein.

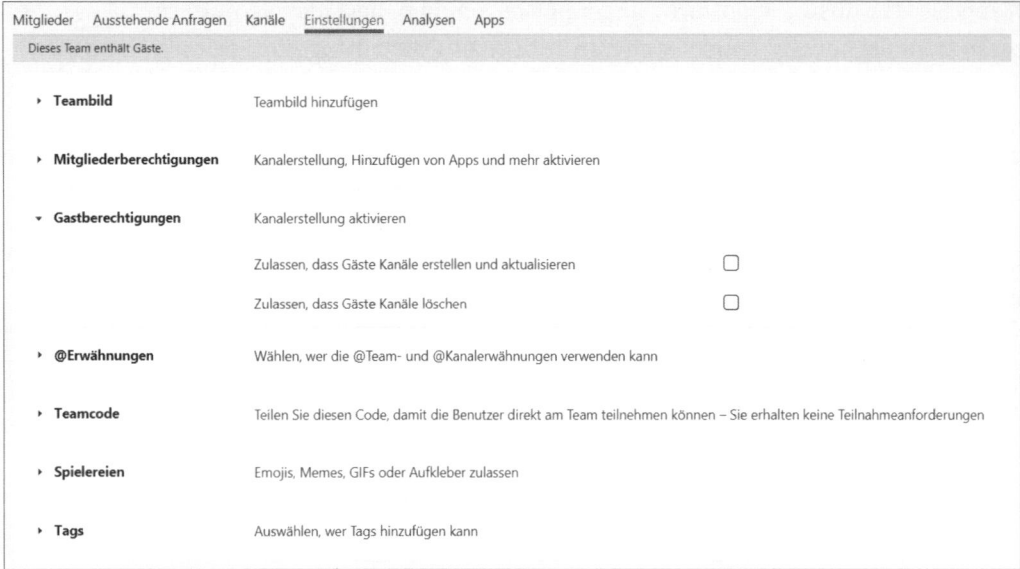

Abbildung 3.107 *Prüfen Sie, ob Gäste auch Kanäle verwalten können.*

3.7   Netiquette für eine harmonische Zusammenarbeit am modernen Arbeitsplatz

Wenn Sie es noch nicht gewohnt sind, kann die Zusammenarbeit über räumliche Distanz hinweg eine große Herausforderung darstellen. Wie schaffen Sie es dennoch, ein Teamgefühl entstehen zu lassen? Und welche Regeln braucht diese neue Art der Zusammenarbeit vielleicht?

Während Sie vorher vielleicht überlegt haben, wie Sie die Arbeitsräume gestalten, Sitzmöglichkeiten schaffen oder auch welche Personen im selben Raum arbeiten, bringt *Microsoft Teams* eine Lösung hierfür, aber auch eine Reihe neuer Fragen mit sich.

Ich kann Ihnen kein Patentrezept mitgeben, weil vieles davon abhängt, wie Sie miteinander umgehen und wie viel Vertrauen Sie sich gegenseitig schenken. Gerade für Führungskräfte stellt die räumliche Distanz erst einmal einen großen Unterschied dar. Sie bekommen nun unter Umständen nicht mehr direkt mit, wie es Ihren Mitarbeitern geht und woran sie gerade arbeiten.

Und auch die Mitarbeiter untereinander vermissen bei dieser Form der Zusammenarbeit vielleicht den Austausch mit ihren Kollegen und auch die Gespräche mit ihrem Vorgesetzten, die sich ansonsten teilweise automatisch ergaben, weil man sich auf dem Flur begegnete.

Ich möchte in diesem Abschnitt ein paar Ideen mit Ihnen teilen, die ich mit meinem Team ausprobiert habe bzw. die uns eine Zusammenarbeit über verschiedene Standorte hinweg sowie aus dem Homeoffice ermöglichen und uns trotz der räumlichen Distanz als ein Team agieren lassen.

3.7.1   Wofür benötigen Sie einen Teamraum?

Bevor Sie in *Teams* einen Teamraum anlegen, sollten Sie besprechen, wofür Sie ihn nutzen möchten. Möchten Sie beispielsweise die Zusammenarbeit eines Projektteams unterstützen? Ein Projekt ist per Definition ein zeitlich begrenztes Vorhaben. Im Vergleich dazu ist ein Team im Sinne einer Organisationseinheit eher langfristig angelegt. Außerdem sollten Sie klären, welche Unterstützung Sie sich im Team von einem Teamraum erhoffen.

Wenn Sie diese ersten Fragen geklärt haben, können Sie den Teamraum anlegen und die Teammitglieder einladen. Erfassen Sie in der Beschreibung des Teamraums den Zweck bzw. die Zielsetzung des Teams, und erstellen Sie eine erste Nachricht im Teamchat, um das Team zu begrüßen.

Neuzugänge und Abgänge im Team ankündigen

Wenn neue Menschen zu einem bestehenden Team hinzustoßen oder ein bisheriges Mitglied das Team verlässt, bedeutet das eine Veränderung für das gesamte Team. Nehmen Sie sich daher bitte die Zeit, um neben dem Verändern der Berechtigungen auch eine Ankündigung im Teamchat zu veröffentlichen und ggf. weitere Informationen (z. B. Gründe für den Abgang oder Aufgabe des neuen Teammitglieds) zu verteilen.

3.7.2   Wie unterhalten Sie sich im Teamchat?

In einer persönlichen Unterhaltung von Angesicht zu Angesicht ist es selbstverständlich, dass man einander ausreden lässt, und zu einer guten Diskussion gehört auch, dass man die Meinung des anderen respektiert und versucht, konstruktive Lösungen für aktuelle Probleme oder Herausforderungen zu finden.

Erhalten Sie sich diese Eckpfeiler einer guten Kommunikation auch in einem Teamchat (sowie in persönlichen Chats oder Gruppenchats). Schaffen Sie ein Umfeld, in dem sich jedes einzelne Teammitglied aktiv an der Unterhaltung im Teamchat beteiligen kann und weiß, dass seine Meinung wertgeschätzt wird.

Über diese wesentliche Frage hinaus sollten Sie im Team folgende Fragen klären:

- **Reaktionen**: Sie können mit verschiedenen Emojis bzw. *Gefällt mir* auf eine Nachricht reagieren. Sprechen Sie im Team darüber, was es bedeutet, wenn jemand statt des Daumens nach oben beispielsweise ein Herz verwendet. Jeder in Ihrem Team sollte die Bedeutung kennen, um so auch schnell auf Nachrichten reagieren zu können.

- **Nachträgliches Bearbeiten oder Löschen**: Sie können standardmäßig Ihre Nachrichten nachträglich bearbeiten oder auch löschen; und das selbst dann, wenn bereits Antworten auf Ihre Nachricht existieren. Es wird evtl. Fälle geben, in denen eine Nachricht vielleicht schnell wieder entfernt werden muss. Sie sollten im Team aber klären, ob Sie die Möglichkeit im Normalfall nutzen möchten oder nicht bzw. wie Sie mit dieser Möglichkeit umgehen möchten. Eine nachträglich bearbeitete oder gelöschte Nachricht kann eine Unterhaltung ganz anders aussehen lassen, als sie tatsächlich stattgefunden hat.

- **Sprache**: Falls Sie wie ich in einem multilingualen Team arbeiten, sollten Sie außerdem festlegen, in welcher Sprache der Teamchat geführt werden soll, damit sich möglichst alle Teammitglieder aktiv beteiligen können. Denken Sie bitte daran, dass ggf. auch kulturelle Unterschiede zu berücksichtigen sein könnten. Hier sollten sich die Teammitglieder untereinander möglichst gut kennen, um auch in einem Teamchat aufeinander Rücksicht nehmen zu können.

Es kann natürlich beliebig viele weitere Regeln geben, die Sie untereinander vereinbaren. Die hier von mir aufgeführten Beispiele sind als ein erster Vorschlag zu verstehen.

3.7.3   Wie arbeiten Sie gemeinsam an Dokumenten?

Sie sollten sich innerhalb Ihres Teams abstimmen, wie Sie mit der Dateiablage umgehen möchten. Möchten Sie mit Ordnerstrukturen arbeiten, und wer ist für die Verwaltung dieser Strukturen verantwortlich? In der einen Teamkonstellation können vielleicht alle Teammitglieder die Dateiablage strukturieren, und in anderen Teamkonstellationen obliegt dies dem Vorgesetzten bzw. Besitzer des Teams. Bei der eigentlichen Bearbeitung von Dokumenten empfehle ich Ihnen die Nutzung der Chat-Funktion, um sich schnell zu Themen abstimmen zu können.

> **Löschen Sie keine Dateien von anderen Personen!**
>
> Jedes Teammitglied kann neue Dateien erstellen bzw. hochladen sowie bestehende Dateien bearbeiten und auch löschen, und zwar unabhängig davon, ob die Person die Datei ursprünglich erstellt hat oder jemand anderes. Legen Sie auch hierfür fest, in welchen Fällen Dateien wieder gelöscht werden und ob Sie den ursprünglichen Ersteller zuvor kontaktieren sollen.

3.7.4   Wie bleiben Sie auch bei räumlicher Distanz in Kontakt?

Auch wenn sich viele Informationen in Form eines Teamchats austauschen lassen, sollte der persönliche Kontakt auch bei räumlicher Distanz einen Eckpfeiler Ihrer Teamarbeit ausmachen. In Kapitel 6 gehe ich im Detail auf die Möglichkeiten von Online-Besprechungen ein, aber Sie kennen nun schon die Sofortbesprechungen aus dem Teamchat heraus.

Wenn Sie diese Funktion nutzen und sich mit Ihrem Team austauschen möchten, achten Sie bitte darauf, dass Sie die gewünschten Personen zur Teilnahme auffordern. Nicht jeder wird automatisch das Kamerasymbol am Kanal sehen und von allein an der Besprechung teilnehmen. Schalten Sie außerdem nach Möglichkeit die Kamera an, sodass Sie sich gegenseitig sehen können. So bekommen Sie auch die Gestik und Mimik der anderen mit und können sich wesentlich leichter verstehen als bei einem reinen Audiogespräch.

3.7.5   Zum Abschluss ein paar Tipps aus meinem Arbeitsalltag

Ich habe ein paar Tipps für Sie, die sich in meinem Arbeitsalltag bewährt haben, den Austausch in meinem Team fördern und unser Teamgefühl weiter gestärkt haben:

- **Daily Stand-up**: Wir führen eine tägliche Besprechung durch, in der wir uns zu unseren aktuellen Aufgaben abstimmen und uns gegenseitig bei Problemen helfen. Ich freue mich jedes Mal, wenn ich meine Kollegen sehe (Voraussetzung dafür ist die aktivierte Kamera) und mich mit ihnen unterhalten kann. Meist kann man aus der Mimik auch Rückschlüsse darauf ziehen, ob es der jeweiligen Person gut oder schlecht geht; das sind für mich dann Indizien, um nach dem Termin ggf. ein separates Gespräch zu führen.

- **Virtuelles Büro**: Bei der Arbeit aus dem Homeoffice heraus vermisst der eine oder andere Kollege den Austausch über den Tag hinweg mit den Kollegen, die sonst mit ihm in einem Raum arbeiten würden. Dafür nutzen wir eine Teams-Besprechung, an der jeder aus dem Team teilnehmen kann, aber nicht muss. Wenn ich in dieser Besprechung bin, kann ich mich stummschalten, wenn ich möchte, oder die Kollegen hören, wie ich die Tastatur benutze, und wir können einfach mal eine Frage in den Raum stellen, und die Kollegen können antworten. Damit steht ein Ersatz für das tatsächliche Büro zur Verfügung.

- **Bildschirm teilen**: Innerhalb des virtuellen Büros kann jeder spontan seinen Bildschirm teilen und so mit den Kollegen eine Lösung teilen oder ihnen ein Problem auf seinem Rechner zeigen und sich helfen lassen.

Bildschirm teilen kann auch sinnvoll sein, wenn Sie sich im selben Raum aufhalten

Wenn Sie sich im selben Raum aufhalten und somit keine Online-Besprechung benötigen, um sich gegenseitig zu sehen bzw. hören zu können, müssen Sie dennoch evtl. Abstand zueinander halten und können nicht gemeinsam auf einen Monitor schauen. Für einen solchen Fall können Sie in einem persönlichen Chat oder Gruppenchat die Möglichkeit nutzen, Ihren Bildschirm zu teilen, oder alternativ nutzen Sie eine Online-Besprechung, in der Sie alle stummgeschaltet sind, und teilen hierüber Ihren Bildschirm.

Kapitel 4
Wie kann ich die Teamarbeit mit einem gemeinsamen Aufgabenboard unterstützen?

Sie tauschen im Arbeitsalltag viele Informationen mit Ihren Kollegen aus, die in der Regel aufgabenbezogen sind. Daher könnte eine IT-Unterstützung, die gemeinsame Aufgaben abbildet, sinnvoll sein.

In den vergangenen Jahren haben sich zur Aufgabenbewältigung vor allem *agile Methoden* in den Unternehmen etabliert. Beginnen Sie erst einmal mit Ihren eigenen Aufgaben. Ich beispielsweise notiere mir meine Aufgaben gerne auf Post-its und markiere mir E-Mails mit zu erledigenden Tätigkeiten, damit ich weiß, ob ich hierzu bereits eine Aufgabenkarte in Form eines Post-its erstellt habe oder nicht. Das funktioniert recht gut, solange Sie sich immer am selben Ort befinden. Wenn Sie aber öfter unterwegs sind oder an unterschiedlichen Orten arbeiten, kann die Arbeit mit Post-its recht kompliziert werden. So kann es schnell passieren, dass Sie gerade nicht alle Aufgabenkarten dabeihaben und eine wichtige Aufgabe liegen bleibt.

Aber auch sobald Sie mit einem weiteren Kollegen und erst recht wenn Sie in einem Team arbeiten, ist die Aufgabenverwaltung mit persönlichen Post-its nicht mehr angemessen. Denn woher wissen Ihre Kollegen, an welchen Aufgaben Sie gerade arbeiten und welche Aufgaben noch anstehen? Selbst wenn Sie sich untereinander gut austauschen, werden sich Ihre Kollegen nicht alle Informationen merken können. Ein gegenseitiges Helfen, wie es bei guten Teams üblich ist, wird so nur schwer möglich. In diesem Abschnitt zeige ich Ihnen, wie Sie Ihre Aufgaben verwalten können.

4.1   Persönliche Aufgaben vs. Teamaufgaben

In Ihrem Arbeitsalltag werden Sie unterschiedliche Arten von Aufgaben bearbeiten. Da gibt es zum einen die Aufgaben, die direkt Ihnen persönlich gestellt werden (z. B. während eines Gesprächs oder in Form einer E-Mail). Zum anderen werden Sie auch vielleicht innerhalb Ihrer Teams Aufgaben verwalten und einige davon übernehmen.

Wenn Sie beispielsweise eine E-Mail in Outlook empfangen und der Inhalt der Nachricht mit einer Aufgabe für Sie verbunden ist (siehe Abbildung 4.1), können Sie diese in *To Do* als neue Aufgabe hinzufügen. *To Do* ist innerhalb der Microsoft-365-Welt der Dienst für persönliche Aufgaben und in Outlook integriert.

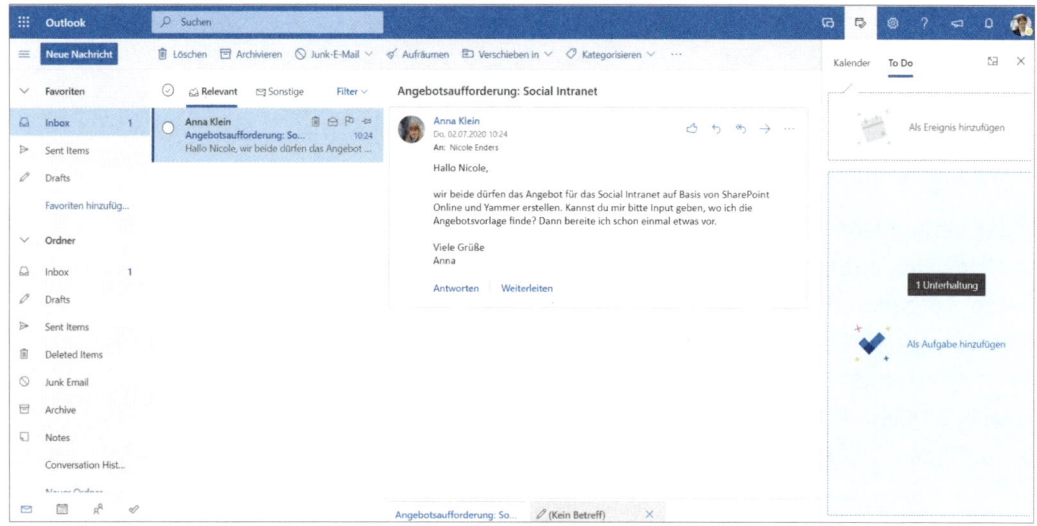

Abbildung 4.1 *Aus einer E-Mail heraus können Aufgaben oder Kalendereinträge generiert werden.*

Um den in Abbildung 4.1 rechts dargestellten Aufgabenbereich zu öffnen, müssen Sie oben in der farbig hinterlegten Kopfzeile den Menüpunkt 🗒 **Mein Tag** aufrufen. Sobald der Aufgabenbereich angezeigt wird, können Sie eine E-Mail mittels Drag-and-drop zu Ihren Aufgaben oder Terminen hinzufügen. Es wäre somit denkbar, dass Sie sich einen Termin setzen, an dem Sie auf die entsprechende E-Mail antworten möchten. Zusätzlich können Sie eine Aufgabe erstellen, um bestimmte Informationen einzuholen, die Sie für die Beantwortung der E-Mail benötigen.

Wenn Sie aus der E-Mail eine Aufgabe erstellt haben, sollten Sie wie in Abbildung 4.2 dargestellt die neue Aufgabe im Aufgabenbereich aufgelistet bekommen. Die Aufgabe ist mit der E-Mail verknüpft, sodass Sie jederzeit während der Bearbeitung der Aufgabe auf die ursprünglichen Informationen der E-Mail zugreifen können.

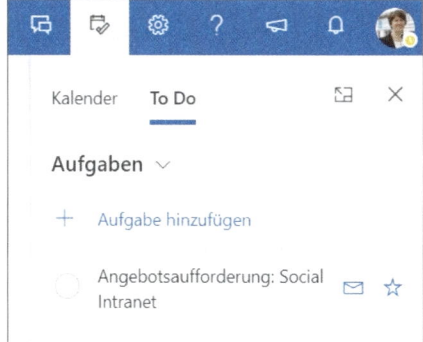

Abbildung 4.2 *Aufgaben werden Ihnen im Aufgabenbereich mit Verweis auf die ursprüngliche E-Mail angezeigt.*

Um die Aufgabe zu bearbeiten, sollten Sie nun nach *To Do* wechseln. Rufen Sie dazu den Menüpunkt 🗔 **To Do öffnen** oder alternativ den Menüpunkt **Alle Aufgaben verwalten** unten im Aufgabenbereich auf.

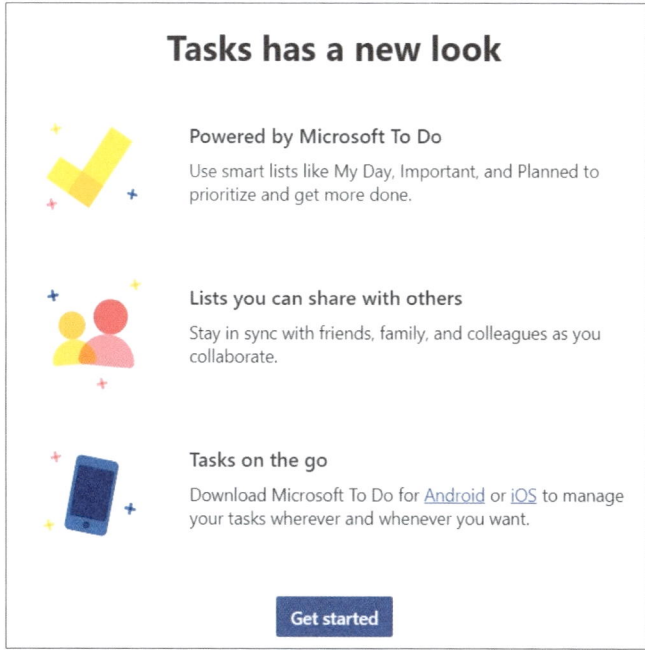

Abbildung 4.3 *Herzlich willkommen bei To Do!*

Wenn Sie *To Do* das erste Mal aufrufen, werden Sie entsprechend der Darstellung in Abbildung 4.3 begrüßt. Sie können hier bereits erkennen, dass diese Art der Aufgabenverwaltung nicht auf Ihre persönlichen Aufgaben beschränkt sein muss. Sie können auch Aufgabenlisten erstellen und diese mit Ihren Kollegen teilen. Wenn Sie beispielsweise mit einer oder mehreren Personen chatten, keinen separaten Teamraum besitzen und dennoch Aufgaben verwalten möchten, könnte dies hier der richtige Ort für Sie sein.

Sie können mit einem Klick auf die Aufgabe innerhalb der Liste die Details im rechten Bereich der Seite aufrufen (siehe Abbildung 4.4). Hier können Sie die Aufgaben in einzelne Schritte unterteilen, ein Fälligkeitsdatum hinterlegen oder auch die Aufgabe zu Ihrem Tagesplan hinzufügen.

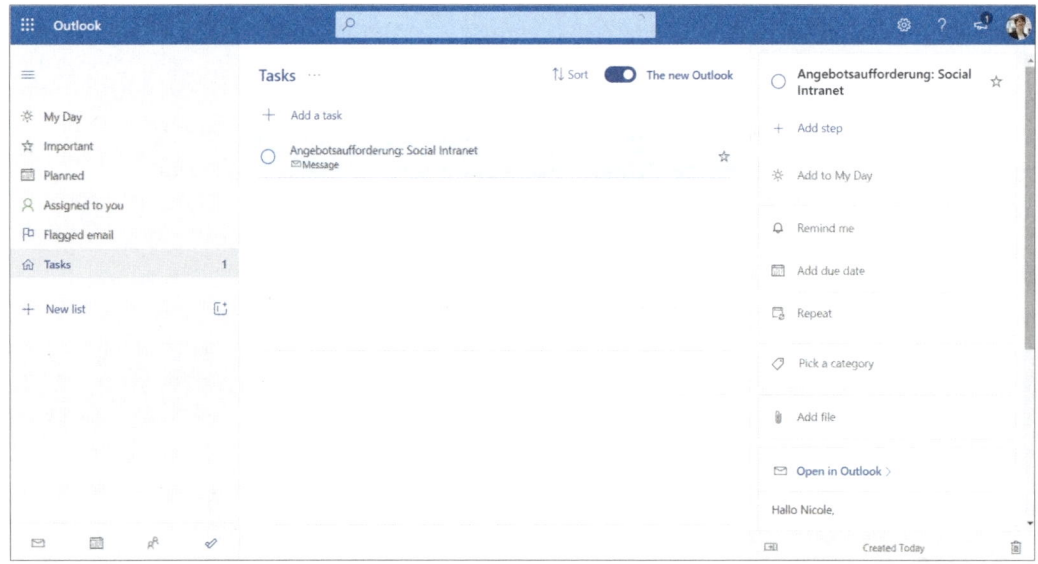

Abbildung 4.4 *Verwalten Sie Ihre Aufgaben, und planen Sie Ihren Arbeitstag!*

Ihnen stehen im linken Bereich verschiedene Ansichten zur Verfügung; u. a. auch eine Ansicht mit allen Aufgaben, die Ihnen zugewiesen sind. Nun werden Sie sich vielleicht fragen, ob nicht alle Aufgaben hier im Grunde genommen Ihnen zugewiesen sind. Das muss nicht zwingend der Fall sein. Sie können unterhalb der verschiedenen Ansichten sogenannte *Listen* erstellen und dort Kollegen einladen. Die Kollegen können dann auch Aufgaben zu dieser Liste hinzufügen, und Sie können sich untereinander absprechen, wer welche Aufgabe übernimmt.

Somit werden Ihnen in der Ansicht der Ihnen zugewiesenen Aufgaben nicht unbedingt alle Aufgaben angezeigt, die Sie insgesamt sehen können. Außerdem können Sie in dieser Ansicht auch die Aufgaben hinzufügen, die Ihnen innerhalb eines Teamraums über *Planner* zugewiesen wurden, wodurch Sie an dieser Stelle einen Gesamtüberblick über Ihre zu bearbeitenden Aufgaben erhalten. In den folgenden Abschnitten zeige ich Ihnen, wie Sie Aufgaben innerhalb Ihrer Teamräume verwalten können.

4.2   Ein gemeinsames Aufgabenboard zu einem Team hinzufügen

Wenn Sie innerhalb eines Teams mit Aufgaben arbeiten möchten, ist *Planner* die naheliegende Option für Sie. Es handelt sich dabei um einen Dienst innerhalb der Microsoft-365-Welt, der ein Aufgabenboard anbietet. Um ein Aufgabenboard zu Ihrem Team hinzuzufügen, sollten Sie innerhalb des Teamraums über den Menüpunkt + **Registerkarte hinzufügen** den Dialog zum Hinzufügen einer neuen Registerkarte öffnen und die Option **Planner** wählen (siehe Abbildung 4.5).

Abbildung 4.5 *Wählen Sie Planner für Ihre neue Registerkarte im Teamraum aus.*

Wie Sie Abbildung 4.6 entnehmen können, haben Sie nun die Wahl zwischen der Verwendung eines bestehenden oder der Erstellung eines neuen *Plans*. Ein

Plan entspricht einem Aufgabenboard zu einem bestimmten Themenkomplex. Das kann zum Beispiel ein Projekt sein oder auch für ein ganzes Team stehen.

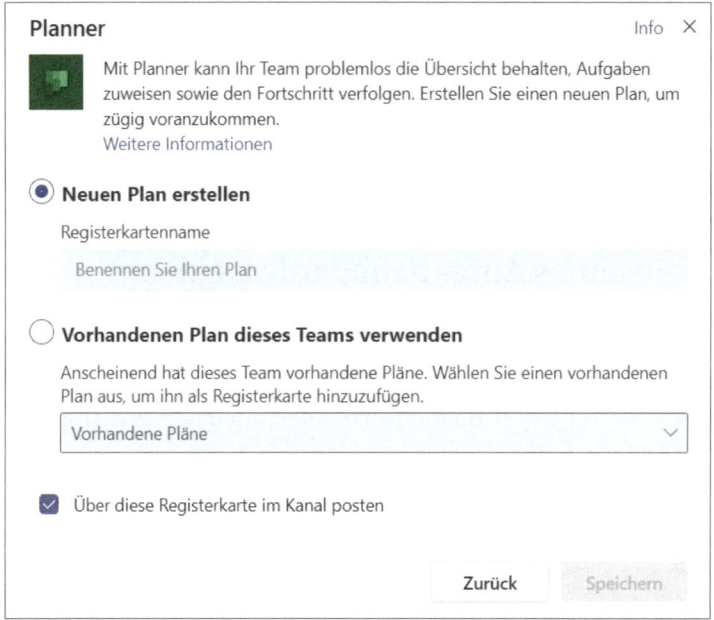

Abbildung 4.6 *Vergeben Sie einen aussagekräftigen Namen für Ihren Plan.*

Wählen Sie die Option **Neuen Plan erstellen** aus, und vergeben Sie einen aussagekräftigen Namen. Ich werde Ihnen später noch zeigen, wo Sie eine Auflistung aller Pläne finden. Dort wird es wichtig sein, dass Sie die einzelnen Pläne gut auseinanderhalten können. Daher rate ich Ihnen von Namen wie »Aufgaben« ab und empfehle Ihnen stattdessen, den Namen des Teamraums in die Benennung des Plans mit einfließen zu lassen. Bestätigen Sie Ihre Eingabe über die Schaltfläche **Speichern**, und schon wird der Plan für Sie angelegt und anschließend das Aufgabenboard als Registerkarte in Ihrem Teamraum angezeigt (siehe Abbildung 4.7).

Der Name kann für die Registerkarte nun vielleicht zu lang sein. Das können Sie über den Menüpunkt ⌄ **Optionen für Registerkarten** rechts neben dem Namen der Registerkarte und dort den Menüpunkt **Umbenennen** ändern. Sie befinden sich danach in dem in Abbildung 4.8 dargestellten Dialog, in dem Sie einen neuen Namen wie zum Beispiel »Aufgaben« angeben und die Änderung über die Schaltfläche **Speichern** bestätigen können. Der Name des Plans bleibt dabei unverändert.

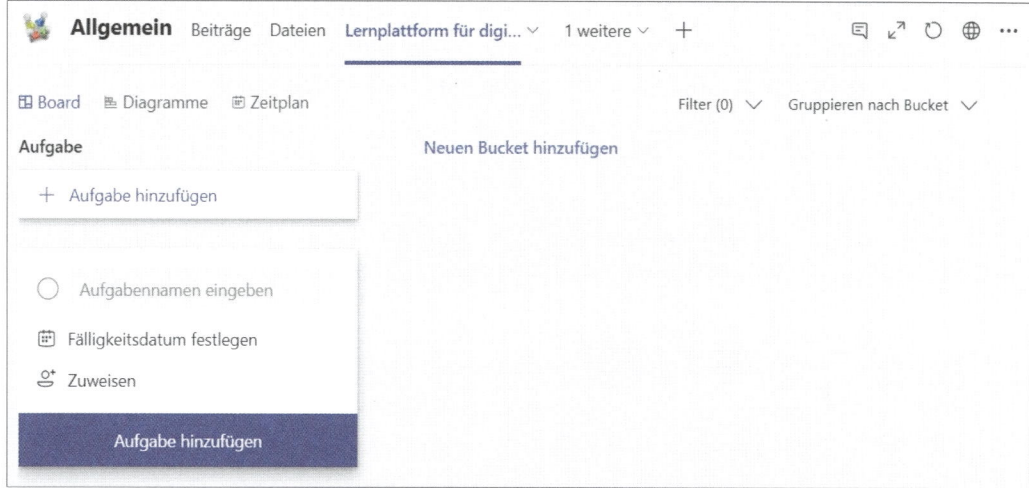

Abbildung 4.7 *Ihr Aufgabenboard (Plan) ist nun in Ihren Teamraum integriert und kann genutzt werden.*

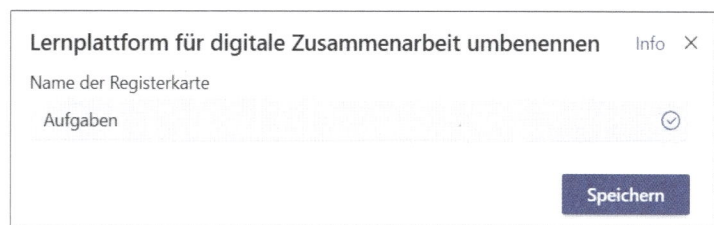

Abbildung 4.8 *Geben Sie einen kürzeren Namen für die Registerkarte mit dem Aufgabenboard an.*

4.3 Aufgaben erstellen und einem Bearbeiter zuweisen

Sie sind nun bereit, die ersten Aufgaben auf Ihrem Aufgabenboard zu erstellen und diese den verschiedenen Teammitgliedern zuzuweisen. Eine sogenannte *Karte* für eine neue Aufgabe wird Ihnen direkt angeboten. Geben Sie in das Eingabefeld mit dem Platzhaltertext **Aufgabennamen eingeben** eine kurze Beschreibung der neuen Aufgabe ein, legen Sie ein Fälligkeitsdatum fest, und klicken Sie auf die Schaltfläche **Zuweisen**, um eine oder mehrere Personen aus

Ihrem Team auszuwählen. Vergessen Sie zum Schluss nicht, die farbig hinter-legte Schaltfläche **Aufgabe hinzufügen** zu betätigen.

Die Aufgabe wird danach als Karte auf dem Aufgabenboard hinzugefügt. Mit einem Klick auf die Karte können Sie die Detailansicht der Aufgabe öffnen und dort weitere Informationen hinzufügen (siehe Abbildung 4.9).

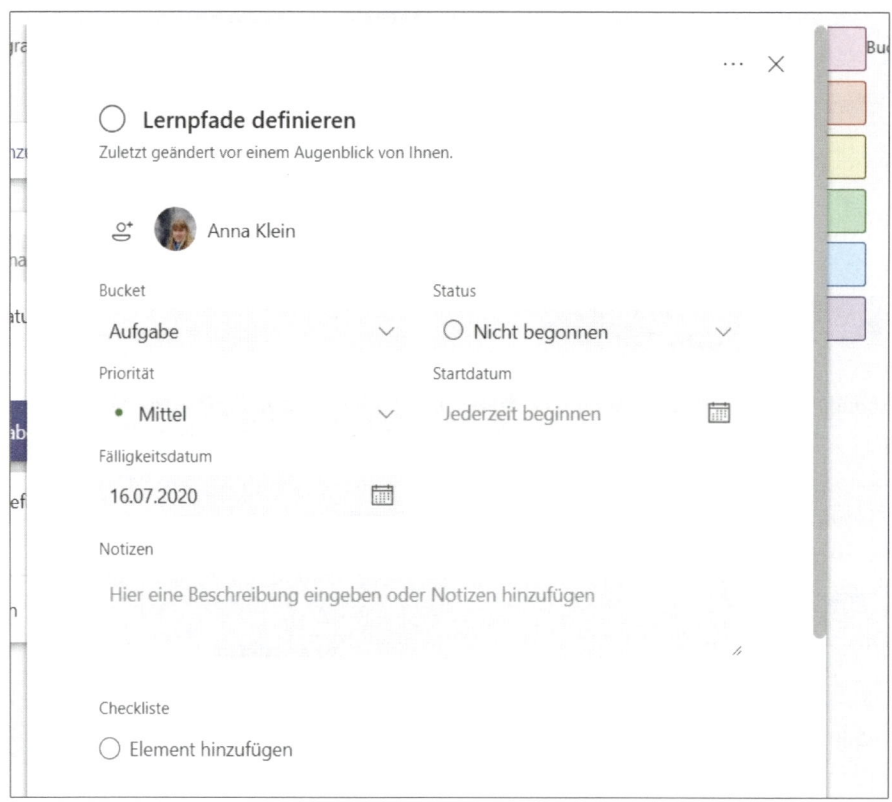

Abbildung 4.9 *Fügen Sie über die Detailansicht weitere Informationen zu einer Aufgabe hinzu.*

Im oberen Bereich der Detailansicht sehen Sie zusätzlich zum Fälligkeitsdatum auch ein Startdatum sowie ein Statusfeld, über das Sie zeigen können, dass Sie mit der Bearbeitung der Aufgabe begonnen haben. Sie können außerdem wei-tere Notizen hinzufügen oder auch Dateien anhängen (siehe Abbildung 4.10). Zusätzlich finden Sie ganz unten in der Ansicht einen Kommentarbereich, der vor allem während der Bearbeitung der Aufgabe sinnvoll sein kann, um den Be-arbeitungsfortschritt zu dokumentieren. So können Sie ggf. sogar die Aufgabe eines Kollegen übernehmen, der unvorhergesehen gerade nicht verfügbar ist und somit die Aufgabe nicht abschließen kann.

Anlagen
Anlage hinzufügen
Kommentare
Nachricht hier eingeben
Senden
Nicole Enders
2. Juli 2020 10:45
Neue/n Aufgabe Lernpfade definieren erstellt

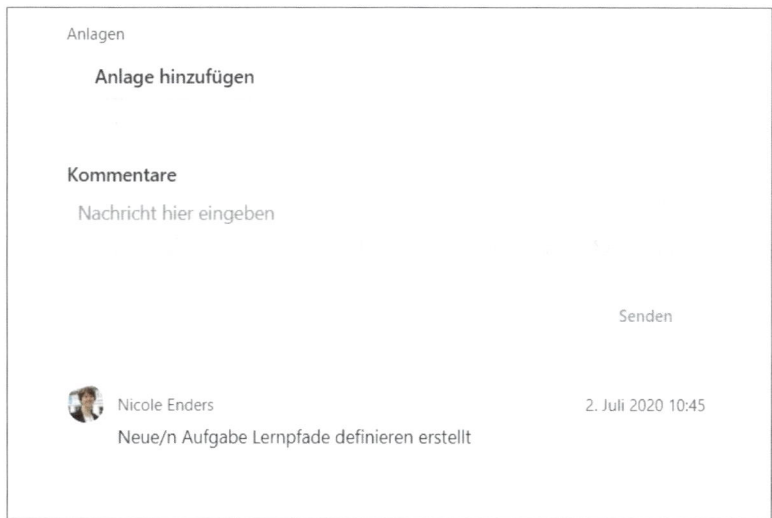

Abbildung 4.10 *Fügen Sie Dateianlagen zu einer Aufgabe hinzu, oder dokumentieren Sie den Bearbeitungsfortschritt über die Kommentarfunktion.*

Sie können außerdem ähnlich wie bei Ihren persönlichen Aufgaben eine Aufgabe in mehrere Teilaufgaben unterteilen. Diese werden in Planner als Checkliste bezeichnet (siehe Abbildung 4.11).

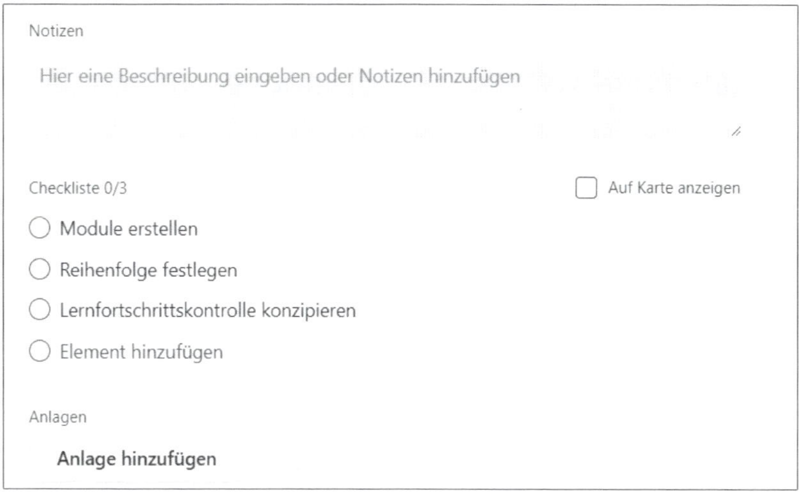

Notizen
Hier eine Beschreibung eingeben oder Notizen hinzufügen
Checkliste 0/3
Auf Karte anzeigen
Module erstellen
Reihenfolge festlegen
Lernfortschrittskontrolle konzipieren
Element hinzufügen
Anlagen
Anlage hinzufügen

Abbildung 4.11 *Unterteilen Sie Ihre Aufgabe in Teilaufgaben.*

Über die Option **Auf Karte anzeigen** können Sie entscheiden, ob Sie die Teilaufgaben wie in Abbildung 4.12 dargestellt direkt im Aufgabenboard sehen möchten. Sie können sie mit einem Klick auf die jeweilige Teilaufgabe als erledigt markieren und so ohne Öffnen der Detailansicht an der Aufgabe arbeiten bzw. den Bearbeitungsfortschritt festhalten.

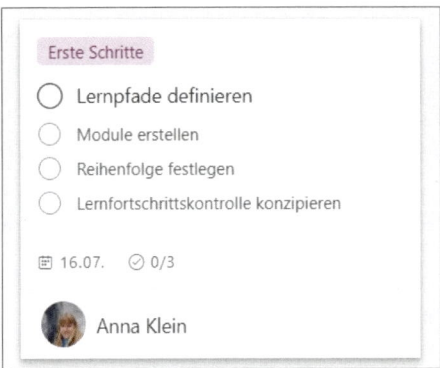

Abbildung 4.12 *Zeigen Sie die Teilaufgaben auf Ihrem Aufgabenboard direkt an, um sie ohne Öffnen der Detailansicht als erledigt markieren zu können.*

Falls Sie die Teilaufgaben nicht direkt auf der Karte anzeigen lassen, erhalten Sie lediglich neben dem Fälligkeitsdatum eine Anzeige darüber, wie viele der Teilaufgaben bereits erledigt sind und wie viele Teilaufgaben es in Summe gibt.

4.4   Aufgaben mit weiteren Informationen versehen

Haben Sie in Abbildung 4.12 oben innerhalb der Karte die farbig hinterlegte Bezeichnung **Erste Schritte** gesehen? Es handelt sich hierbei um eine sogenannte *Bezeichnung* (engl. Label). Wie Sie Abbildung 4.13 entnehmen können, stehen Ihnen insgesamt sechs verschiedene Farben für Bezeichnungen zur Verfügung. Die Namen der Bezeichnungen entsprechen erst einmal den dazu gehörenden Farben. Sie können allerdings die Bezeichnungen beliebig ändern und mit einem Klick auf die entsprechende Bezeichnung der aktuellen Aufgabe zuweisen (siehe Abbildung 4.14). Sie können auch mehrere Bezeichnungen für eine Aufgabe verwenden.

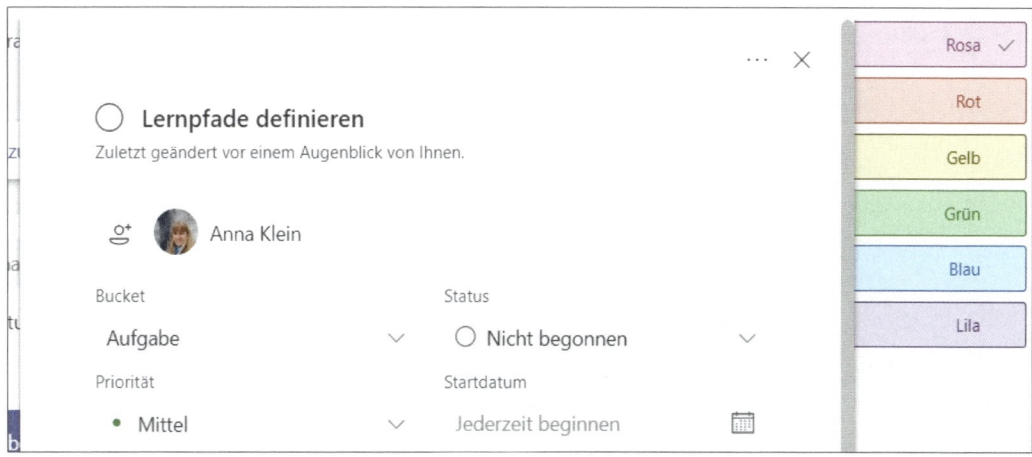

Abbildung 4.13 *Sie können bis zu sechs verschiedene Bezeichnungen in Ihrem Aufgaben-board nutzen.*

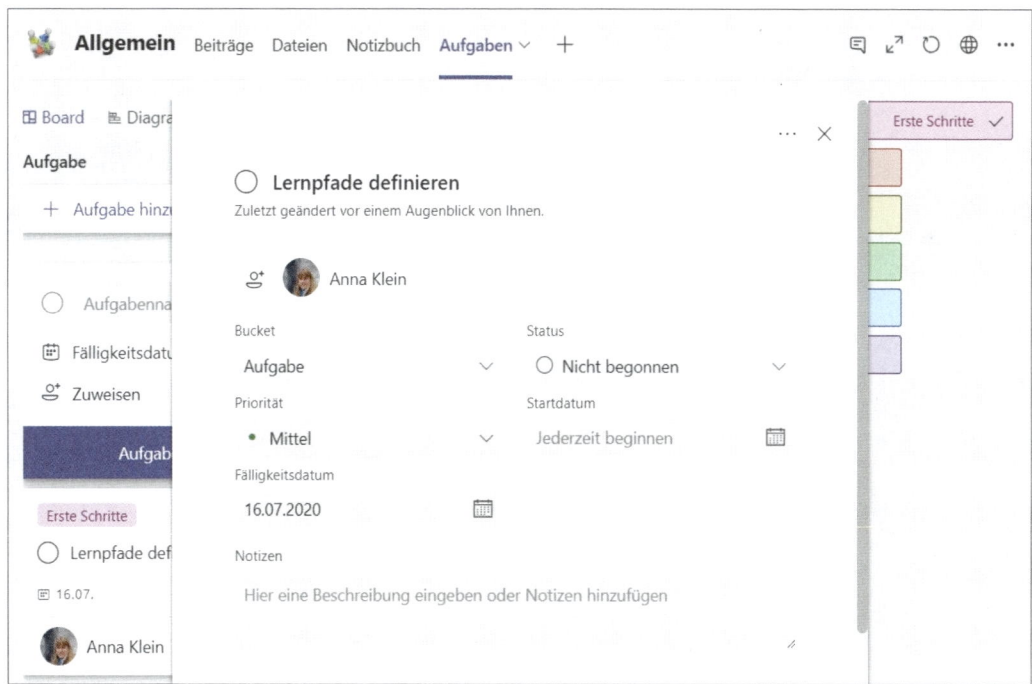

Abbildung 4.14 *Wählen Sie eine oder mehrere Bezeichnungen für Ihre Aufgabe aus.*

207

Bezeichnungen gelten für den gesamten Plan

Die Bezeichnungen, die Sie anstelle der Farbnamen angeben können, gelten nicht nur für eine einzelne Aufgabe, sondern für den gesamten Plan bzw. das Aufgabenboard. Wenn Sie also später eine Bezeichnung anpassen, sollten Sie sich darüber bewusst sein, dass sich diese Änderung auf alle Aufgaben auswirkt (insbesondere auf die Aufgaben, für die diese Bezeichnung ausgewählt wurde).

Eine weitere Möglichkeit, um die Aufgaben zu organisieren, wird mit den sogenannten *Buckets* angeboten. Standardmäßig wird das Aufgabenboard nach Buckets gruppiert, die beispielsweise in einem Projekt für verschiedene Teilprojekte genutzt werden können. Zu Beginn existiert nur ein Bucket mit dem Namen **Aufgaben**. Wenn Sie auf den Namen klicken, können Sie diesen wie ich bearbeiten und beispielsweise in **Backlog** ändern (siehe Abbildung 4.15).

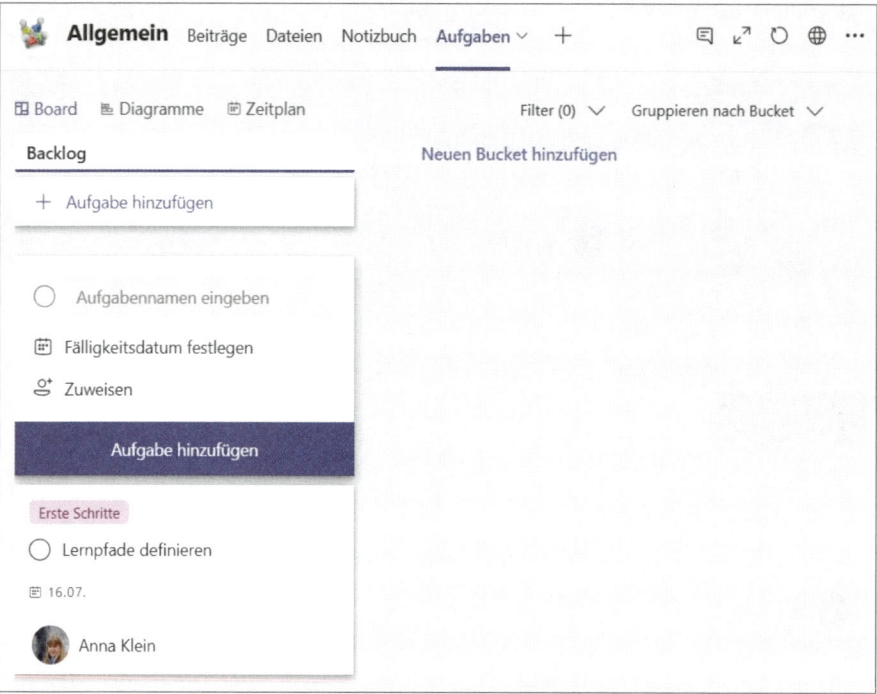

Abbildung 4.15 *Ändern Sie den Namen eines Buckets, indem Sie auf den Namen klicken und einen anderen Namen eingeben.*

Über den Menüpunkt **Neuen Bucket hinzufügen** können Sie wie exemplarisch in Abbildung 4.16 dargestellt auch weitere Buckets hinzufügen und so das Aufgabenboard an Ihre Bedürfnisse anpassen.

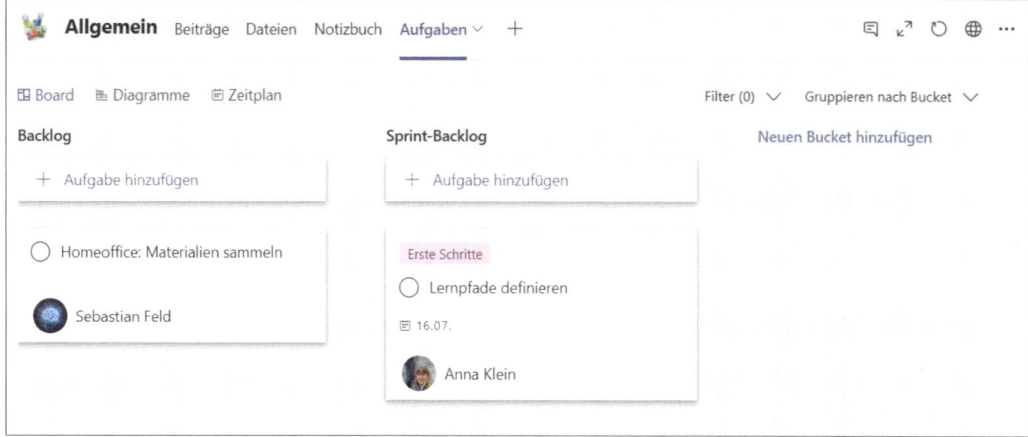

Abbildung 4.16 *Fügen Sie weitere Buckets hinzu.*

Wenn Sie statt der Buckets lieber die Bezeichnungen als Spalten auf Ihrem Aufgabenboard anzeigen lassen möchten, können Sie oben rechts die Auswahlliste mit dem aktuellen Wert **Gruppieren nach Bucket** öffnen und dort die Option **Bezeichnungen** auswählen (siehe Abbildung 4.17).

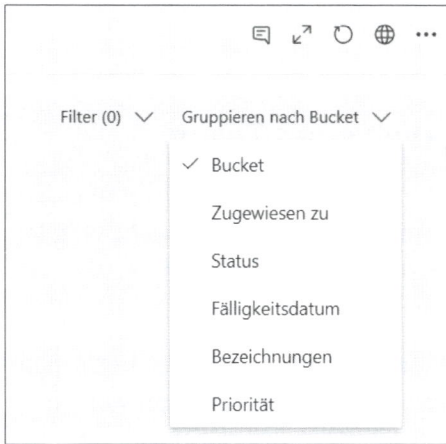

Abbildung 4.17 *Gruppieren Sie das Aufgabenboard nach den für Sie wichtigen Kriterien.*

Sie können die Aufgaben auch nach Ihrer Priorität gruppieren und so schnell sehen, welche dringenden Aufgaben noch bearbeitet werden müssen. Das Feld zur Erfassung der Priorität finden Sie in der Detailansicht wie in Abbildung 4.18 dargestellt im oberen Bereich neben dem Startdatum.

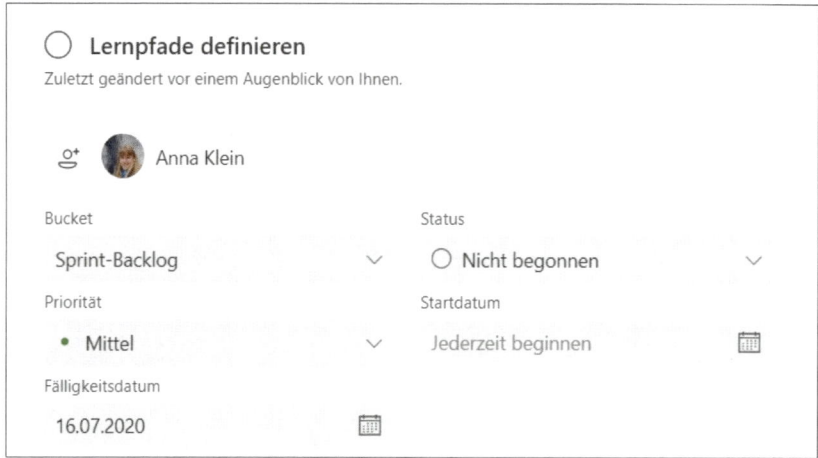

Abbildung 4.18 *Sie können Prioritäten für Aufgaben vergeben.*

Ihnen stehen damit verschiedene Möglichkeiten zur Verfügung, um mit Aufgaben innerhalb Ihres Teams zu arbeiten. Sie müssen für sich herausfinden, welche Möglichkeiten in Ihrem Arbeitsalltag für Sie relevant sind und welche Ansichten Sie am meisten benötigen.

4.5   Übersicht über die Aufgaben eines Teams

Bisher haben Sie das Aufgabenboard kennengelernt, das sich hinter dem Menüpunkt **Board** verbirgt. Wenn Sie nun einmal den Menüpunkt **Zeitplan** aufrufen, finden Sie sich in einer kalendarischen Übersicht entsprechend der Darstellung in Abbildung 4.19 wieder.

Sie können mit einem Klick auf **Woche** bzw. **Monat** zwischen einer Wochen- und einer Monatsansicht wechseln und sehen alle eingeplanten Aufgaben; d. h. alle Aufgaben, die über ein Fälligkeitsdatum und am besten ein Startdatum verfügen. Im rechten Bereich finden Sie dann die Aufgaben, die noch nicht eingeplant wurden, und können auch hier entscheiden, wonach diese Ansicht gruppiert werden soll.

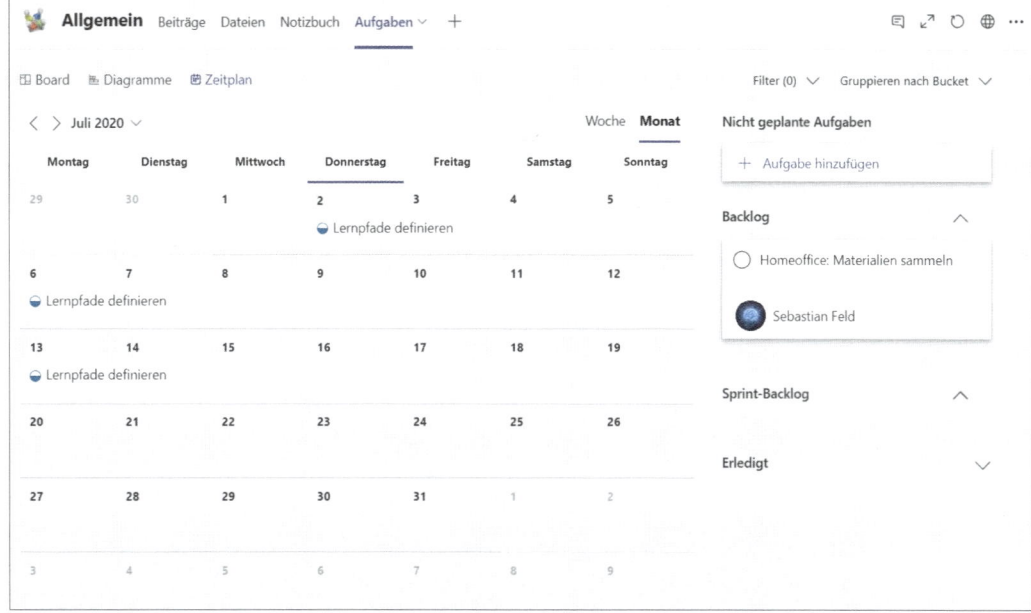

Abbildung 4.19 *Planen Sie Aufgaben über eine Wochen- oder Monatsansicht.*

Nutzen Sie diese kalendarische Ansicht, um gemeinsam im Team die in nächster Zeit anstehenden Aufgaben zu planen und ggf. bereits bestimmten Personen zuzuweisen.

Welche Auswertungsmöglichkeiten stehen mir zur Verfügung?
Neben dem Board und der Zeitplanung wird Ihnen außerdem ein Menüpunkt **Diagramme** angeboten. Wie Sie Abbildung 4.20 entnehmen können, erhalten Sie hier eine Darstellung der Verteilung der verschiedenen Status bzw. Buckets. Darüber hinaus werden Ihnen im unteren Bereich der Seite Auswertungen zur Verteilung der verwendeten Prioritäten sowie eine Verteilung der Aufgaben auf die einzelnen Teammitglieder angeboten.

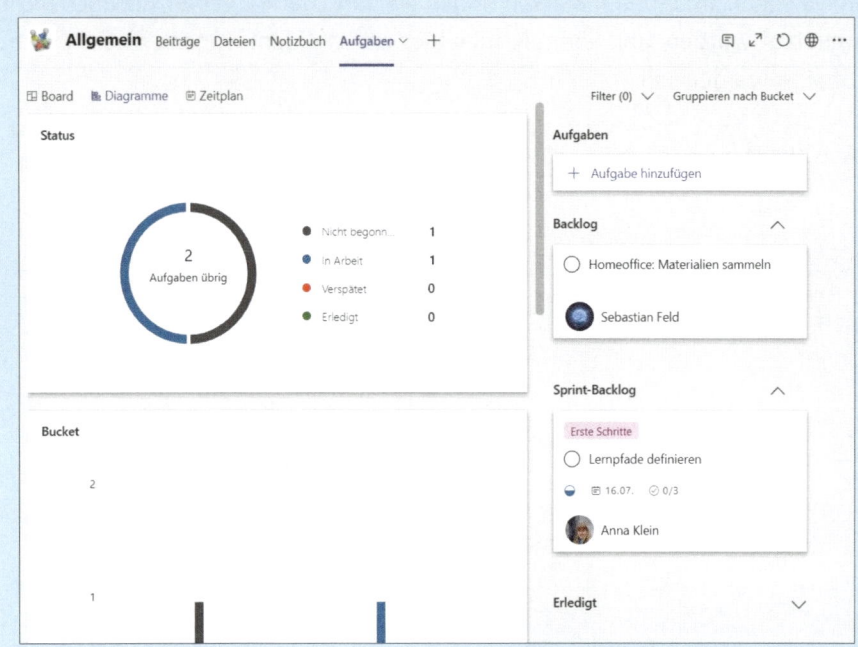

Abbildung 4.20 *Über die Diagramme erhalten Sie Informationen zur Verteilung der Aufgaben nach Status, Bucket, Priorität oder Bearbeiter.*

Diese Informationen können Ihnen helfen, einen groben Überblick über den aktuellen Status (z. B. eines Projektes) zu erhalten oder zu sehen, ob ein Teammitglied vielleicht gerade zu viele Aufgaben auf seinem virtuellen Schreibtisch liegen hat.

4.6   Kann ich meine Aufgaben auch teamübergreifend einsehen?

Zu Beginn dieses Abschnitts habe ich erwähnt, dass Sie die Aufgaben aus den Teamräumen und somit aus Planner auch in Ihrer persönlichen Aufgabenliste in *To Do* anzeigen lassen und somit für Ihre Tagesplanung verwenden können.

In der Vergangenheit konnten Sie Ihre persönlichen Aufgaben allerdings noch nicht aus *Microsoft Teams* heraus aufrufen. Seit der zweiten Jahreshälfte 2020 wird Ihnen über den Menüpunkt **Aufgaben** in der linken Menüleiste nun eine aggregierte Ansicht Ihrer Aufgaben aus To Do und Planner angeboten. Falls Ihnen der Menüpunkt noch nicht angeboten wird, können Sie aus *Teams* heraus aber zumindest eine Übersicht über alle Pläne aus Planner aufrufen.

Rufen Sie dazu in der linken Menüleiste die Dreipunkte-Schaltfläche auf und anschließend den in Abbildung 4.21 dargestellten Menüpunkt **Planner**.

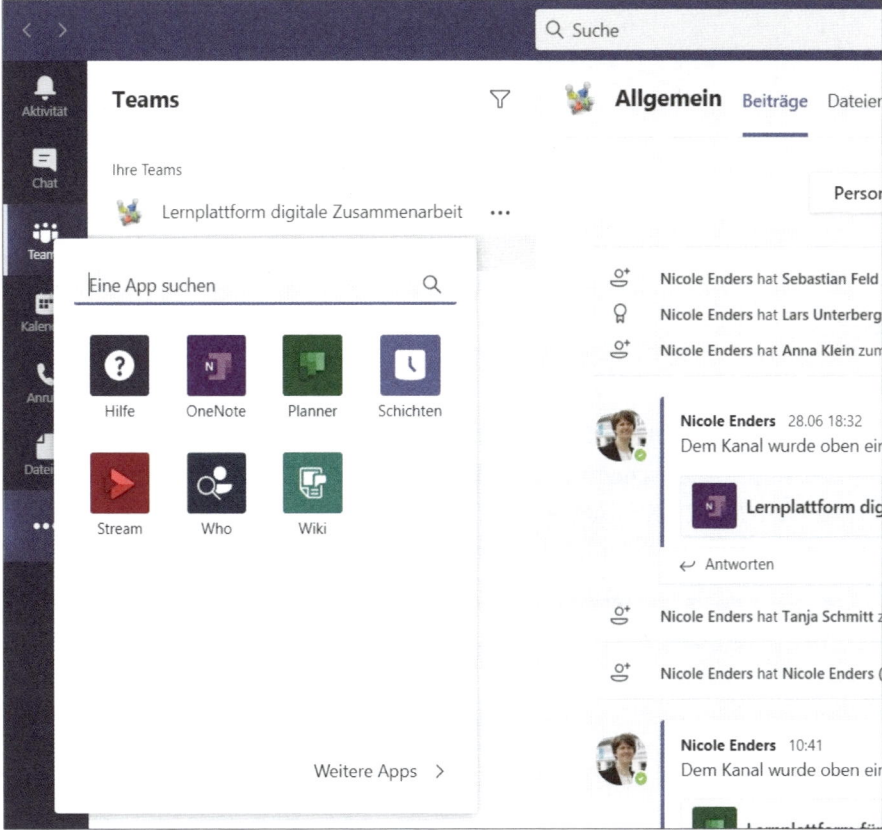

Abbildung 4.21 *Sie können die Planner-App aufrufen, die Ihnen eine über Ihre Teams hinweg aggregierte Ansicht Ihrer Aufgaben anbietet.*

Wie Sie in Abbildung 4.22 sehen können, werden standardmäßig zunächst die Ihnen zugewiesenen Aufgaben aus allen Plänen angezeigt, auf die Sie Zugriff haben. Sie können auch hier die Ansicht über die Auswahlliste oben rechts nach unterschiedlichen Kriterien gruppieren; u. a. nach den verschiedenen Plänen. Das kann vor allem dann interessant sein, wenn für Sie unterschiedliche Prioritäten mit den einzelnen Plänen verbunden sind.

Abbildung 4.22 *Behalten Sie den Überblick über alle Ihnen zugewiesenen Aufgaben, und gruppieren Sie die Ansicht nach Ihren Bedürfnissen.*

Über die Registerkarte **Zuletzt verwendet** haben Sie die Möglichkeit, schnell auf die für Sie wahrscheinlich gerade relevanten Pläne zuzugreifen, während Sie über den Menüpunkt **Alle** eine Liste aller Pläne erhalten, auf die Sie generell Zugriff haben (siehe Abbildung 4.23).

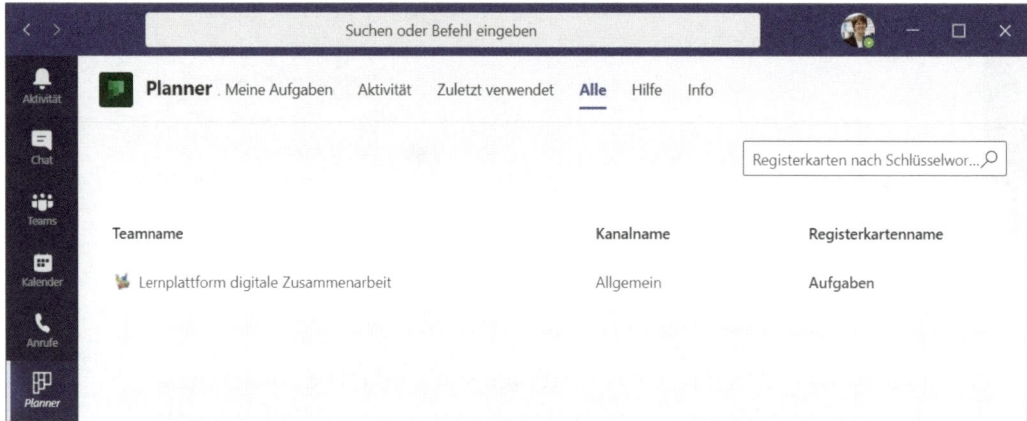

Abbildung 4.23 *Verschaffen Sie sich einen Überblick über die in den verschiedenen Teamräumen verwendeten Pläne.*

Hier sehen Sie ganz genau, in welchen Teamräumen Sie mit den Aufgabenboards arbeiten, und können mit einem Klick auf den entsprechenden Eintrag
das jeweilige Aufgabenboard aufrufen.

Auch mobil mit Aufgaben arbeiten

Möchten Sie auch auf Ihre Aufgaben zugreifen können, wenn Sie gerade
unterwegs sind? Sowohl für *To Do* als auch für *Planner* stehen Ihnen mobile
Apps von Microsoft zur Verfügung. Hierüber haben Sie die einfache Möglichkeit, neue Aufgaben zu erfassen, Aufgaben zu bearbeiten oder sich einfach einen Überblick über den aktuellen Stand zu verschaffen.

Sie kennen jetzt die Möglichkeiten, sowohl innerhalb eines Teams als auch persönlich mit Aufgabenboards zu arbeiten und diese in Ihren Arbeitsalltag zu integrieren. Als Nächstes zeige ich Ihnen, wie Sie einen Teamraum mithilfe von
Kanälen strukturieren können, um beispielsweise verschiedene Themen oder
Subteams voneinander abgrenzen zu können.

Kapitel 5
Mit Kanälen und Tags einen Teamraum organisieren

Bisher haben Sie *Teams* so genutzt, wie es Ihnen automatisch zur Verfügung gestellt wird. Dabei bin ich auf ein wichtiges Strukturierungselement bisher nicht eingegangen. Sie haben sich im Bereich **Allgemein** aufgehalten, ohne zu wissen, um was es sich dabei genau handelt.

5.1   Was ist ein Kanal?

In *Teams* werden die sogenannten *Kanäle* zur Strukturierung und Organisation der Informationen genutzt, wobei der Kanal »Allgemein« für Inhalte genutzt werden kann, die genereller Natur sind. Wir haben in meinem Team beispielsweise relativ schnell realisiert, dass wir eine Trennung zwischen unseren verschiedenen Kundenaufträgen und teaminternen Themen wie »Weiterbildung« und »Teamorganisation« benötigen. Bei der Einführung neuer Kanäle hat es sich allerdings als besonders wichtig herausgestellt, dass der Zweck eines Kanals klar definiert und im Team kommuniziert sein muss. Es sollte durch die Strukturierung in Form von Kanälen für jedes einzelne Teammitglied einfacher werden, Informationen zielgerichtet im Team auszutauschen. Die Frage nach dem richtigen Kanal für eine zu postende Nachricht sollte sich also möglichst nicht stellen. Das bedeutet auch, dass Sie in einem Team nicht zu viele Kanäle anlegen sollten.

Wenn Sie einen Kanal als mögliches Strukturierungselement in Ihrem Team genauer betrachten, finden Sie folgende Komponenten vor:

- **Beiträge**: Jeder Kanal hat seinen eigenen Chat-Bereich. So können Diskussionen zielgerichtet zu einer bestimmten Thematik geführt werden. In einem Projekt könnte sich beispielsweise ein Kanal für jedes Teilprojekt anbieten.

- **Dateien**: Da neben der Diskussion zu den verschiedenen Themen auch Dokumente gemeinsam erarbeitet bzw. für einen bestimmten Zweck erstellt und miteinander geteilt werden sollen, ist eine separate Ablage sinnvoll. So finden Sie Dokumente schneller wieder.

- **Wiki**: Hier wird Ihnen Gelegenheit gegeben, relativ unstrukturiert Notizen zu machen. Informationen, die noch nicht reif sind, um in einem Dokument festgehalten zu werden, können hier bereits in einem frühen Stadium mit dem Team geteilt werden. Bei uns im Team hat es sich in der Praxis bewährt, im Wiki Ideen zu erfassen und dann im Bereich »Beiträge« darüber zu diskutieren. Die Diskussion können Sie direkt aus dem Wiki heraus über eine Erwähnung (@-Mention) der gewünschten Kollegen beginnen. Sie können das Wiki aber auch anstelle von Dokumenten zur Dokumentation der im Team erarbeiteten Themen nutzen.

Falls Ihnen für die Teamzusammenarbeit in einem Kanal noch etwas fehlen sollte, so können Sie über das Pluszeichen + weitere Apps und Dienste hinzufügen und den Kanal an Ihre Bedürfnisse anpassen.

5.2   Welche Kanaltypen gibt es?

Sie können zwei verschiedene Arten von Kanälen anlegen. Alle Kanäle vom Typ *Standard* sind für sämtliche Mitglieder und Besitzer eines Teams zugänglich. Das bedeutet, dass jede dieser Personen dort neue Nachrichten posten kann oder auch auf die Dateien und Notizen sowie weitere hinzugefügte Dienste zugreifen kann.

In einem Kanal vom Typ *Privat* können Sie einzelne Personen aus Ihrem Team berechtigen. Sie können sogar die Besitzer des Teams ausschließen, falls dies erforderlich ist. Ein privater Kanal unterliegt bestimmten technischen Einschränkungen; der primäre Fokus liegt auf dem Informationsaustausch in Form eines Chats sowie einer gemeinsamen Dateiablage.

In der Praxis werden private Kanäle u. a. für die Unterstützung eines Teamverantwortlichen oder eines Projektleiters eingesetzt, oder sie dienen im Rahmen der Zusammenarbeit mit externen Personen zur Abgrenzung eines internen und eines gemeinsamen öffentlichen Informationsbereichs.

Kann ich den Typ nachträglich noch ändern?

Sie können den Typ nicht nachträglich ändern. Der technische Aufbau ist so verschieden, dass Sie in einem solchen Fall einen neuen Kanal mit dem nun gewünschten Typ anlegen und den bisherigen ausblenden oder löschen müssten. Die Dateien lassen sich einfach in den neuen Kanal übertragen. Der Chat lässt sich allerdings nicht verschieben oder kopieren, sodass Sie hier neu anfangen müssten.

5.3   Einsatzszenarien aus der Praxis

Bevor ich Ihnen im folgenden Abschnitt erkläre, wie Sie Kanäle anlegen, konfigurieren und verwalten können, möchte ich Ihnen einige Szenarien vorstellen, in denen die Verwendung verschiedener Kanäle sinnvoll sein kann. Denn zunächst werden Sie einen neuen Teamraum erstellen und vielleicht mit dem Kanal »Allgemein« gut zurechtkommen. Meiner Erfahrung nach kommt aber irgendwann der Punkt, an dem die Unterhaltungen im Teamchat erkennbar auseinandergehen und verschiedene Themen gemischt werden. Das kann der Moment sein, an dem Sie die ersten weiteren Kanäle erstellen werden.

5.3.1   Abteilungen und Organisationseinheiten

Stellen Sie sich vor, dass Sie einen Teamraum für eine Abteilung eingerichtet haben. Je nachdem, wie groß Ihre Abteilung ist, kann ein Kanal für jede einzelne Organisationseinheit bzw. für die jeweiligen Teams sinnvoll sein. Der Abteilungsleiter kann dann im Kanal »Allgemein« die abteilungsrelevanten Informationen bereitstellen, während innerhalb der einzelnen Kanäle die für die jeweilige Organisationseinheit wichtigen Themen besprochen werden. Bei dieser Vorgehensweise könnten die Mitarbeiter auch in die Kanäle der anderen Organisationseinheiten schauen und so bestimmte Informationen aus erster Hand erhalten.

Würde ich für dieses Szenario private Kanäle nutzen?

Mir wird häufig die Frage gestellt, ob ich für ein solches Szenario private Kanäle für die einzelnen Organisationseinheiten erstellen würde. Ich verstehe das Bedürfnis, dass man für sein Team bzw. seine Organisationseinheit einen sicheren Raum schaffen möchte. Die Tatsache, dass bei einem Standardkanal so auch Mitarbeiter aus anderen Organisationseinheiten Einblick in die Unterhaltungen Ihrer Organisationseinheit erhalten können, ist auf den ersten Blick vielleicht abschreckend. Das hängt auch stark von der in Ihrem Unternehmen gelebten Unternehmenskultur ab. In den letzten Jahren geht es immer mehr in die Richtung einer offenen Kommunikationskultur; das bedeutet, dass andere ruhig sehen können, was Sie mit Ihren Kollegen besprechen.

Wenn Sie lieber einen privaten Bereich für die Organisationseinheiten schaffen möchten, ist das von mir beschriebene Szenario vielleicht nicht das passende für Sie. Bitte erstellen Sie nun aber keinen Teamraum, der nur oder hauptsächlich aus privaten Kanälen besteht. Erstellen Sie dann lieber für jede Organisationseinheit einen separaten Teamraum.

5.3.2   Organisatorische von fachlichen Themen trennen

Selbst innerhalb eines kleinen Teams können sich verschiedene Kanäle bewähren. So kann der Kanal »Allgemein« für organisatorische Themen genutzt werden, wie zum Beispiel für die Abstimmung, wann die einzelnen Teammitglieder im Homeoffice oder im Büro anwesend sind. Außerdem kann der Teamleiter hier wichtige zentrale Informationen veröffentlichen. Das könnte beispielsweise die Vorstellung neuer Mitarbeiter sein oder die Bekanntmachung neuer organisatorischer Vorgaben.

Je nachdem, welche Aufgaben Sie mit Ihrem Team wahrnehmen, kann ein separater Kanal für die Weiterbildung sowie den Know-how-Aufbau neuer Themen sinnvoll sein. Hier können Sie mit Ihren Kollegen Informationen zu neuen Themen austauschen, Ideen diskutieren und Lernpläne hinterlegen.

In einem weiteren Kanal kann vielleicht ein Teil des Teams vertriebliche Aufgaben verwalten und gemeinsam neue Strategien erarbeiten. Diesen Kanal würde ich für alle Teammitglieder zugänglich lassen, damit sich jeder bei Interesse daran beteiligen kann, auch wenn vielleicht im Alltag eher ganz bestimmte Personen diese Aufgaben übernehmen.

Vielleicht benötigt der Teamleiter noch einen Bereich, auf den ausschließlich er Zugriff hat. Das wäre dann ein Beispiel für einen privaten Kanal. Er kann hier Informationen zu seinem Team ablegen, auf die das Team keinen Zugriff hat.

Für geplante Abwesenheiten kann er aber beispielsweise seine Urlaubsvertretung für den Teamraum und den privaten Kanal zulassen, sodass diese Person alle erforderlichen Informationen vorliegen hat.

5.3.3 Ein separater Bereich für (regelmäßige) Besprechungen

Sie können innerhalb eines Teamchats eine Sofortbesprechung beginnen oder auch Online-Besprechungen über einen Kalender planen. In beiden Fällen kann die Information, dass eine Besprechung stattgefunden hat, im Teamchat eines Kanals eingesehen werden. Wenn Sie Besprechungen von den eigentlichen Unterhaltungen in Ihrem Teamraum trennen möchten, können Sie einen Kanal »Meetings« bzw. »Besprechungen« einrichten. Wichtig wird sein, dass Ihre Teammitglieder erfahren, dass der Kanal zukünftig für Besprechungen genutzt werden soll. Hier werden von dem Moment an die Sofortbesprechungen gestartet, und bei geplanten Besprechungen muss genau dieser Kanal vom Organisator des jeweiligen Termins ausgewählt werden. Durch eine aussagekräftige Beschreibung können Sie später im Teamchat dieses Kanals schnell ermitteln, für welche Themen Online-Besprechungen stattgefunden haben.

5.3.4 Teilprojekte oder Arbeitspakete in einem Projekt

Wenn Sie einen Teamraum für ein Projekt nutzen, können die Kanäle für die einzelnen Teilprojekte, Arbeitspakete oder Meilensteine verwendet werden. Vielleicht besteht Ihr Projektteam aber auch aus kleineren Teams mit unterschiedlichen Skillsets. Dann können die Kanäle auch für die Trennung nach diesen Teams verwendet werden.

Der Projektleiter nutzt den Kanal »Allgemein«, um die Teammitglieder über übergreifende Neuigkeiten zu informieren. In den einzelnen Kanälen erfolgt dann die auf das jeweilige Ziel fokussierte Unterhaltung.

5.3.5 Schulungen, Seminare und Trainings

Wenn Sie in der Vergangenheit ein Seminar besucht haben oder auch wenn Sie an die Schule zurückdenken, bestand der Lernprozess aus unterschiedlichen Komponenten. Da gab es zum einen Phasen, in denen ein Trainer oder Lehrer vorne stand und Ihnen Wissen vermittelte. Hinzu kamen Aufgaben, die Sie allein oder in Gruppen bearbeiten und anschließend vorstellen durften. Für die zuerst von mir genannte Phase bieten sich Online-Besprechungen an. Für die Gruppenarbeiten können aber vielleicht einzelne Kanäle sinnvoll sein. Hier kann jede Gruppe sich im Chat oder in Form von Sofortbesprechungen austauschen und erarbeitete Ergebnisse in der Dateiablage der Gruppe verwalten. Im Kanal »Allgemein« werden dann die Ergebnisse der Gruppenarbeiten zusammengetragen sowie die zentralen Seminarinhalte vermittelt.

5.4   Einen neuen Kanal anlegen

Sie erstellen jetzt Ihren ersten eigenen Kanal. Dafür nutzen Sie erneut die Dreipunkte-Schaltfläche neben dem Namen Ihres Teamraums und wählen im daraufhin erscheinenden Kontextmenü den Menüpunkt **Kanal hinzufügen** aus (siehe Abbildung 5.1).

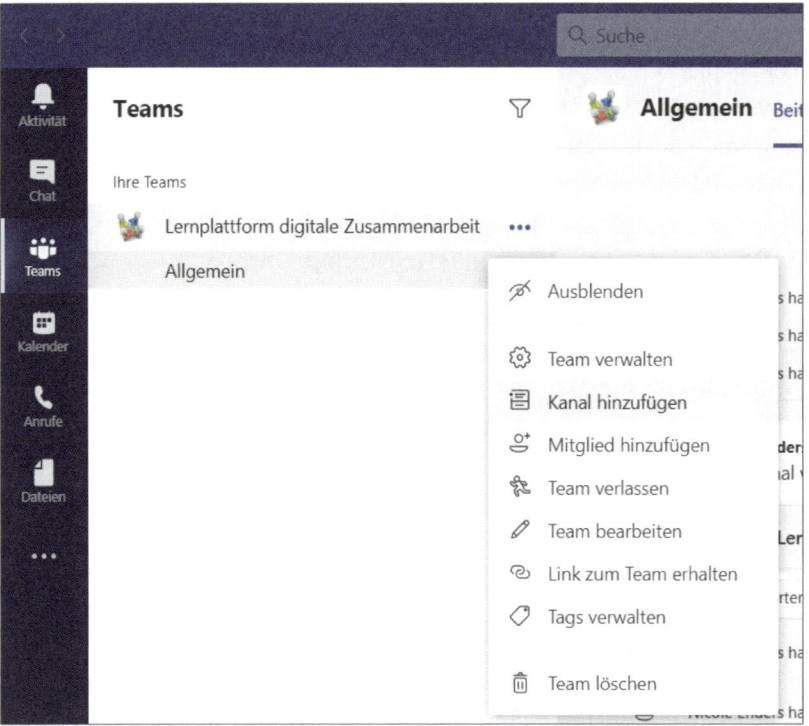

Abbildung 5.1 *Über die Dreipunkte-Schaltfläche Ihres Teamraums können Sie neue Kanäle hinzufügen.*

In meinem Fall erstelle ich nun einen Kanal, um die Einsatzmöglichkeiten von *Teams* zu diskutieren. Aus diesem Grund vergebe ich den Namen »Microsoft Teams« und eine entsprechende Beschreibung (siehe Abbildung 5.2).

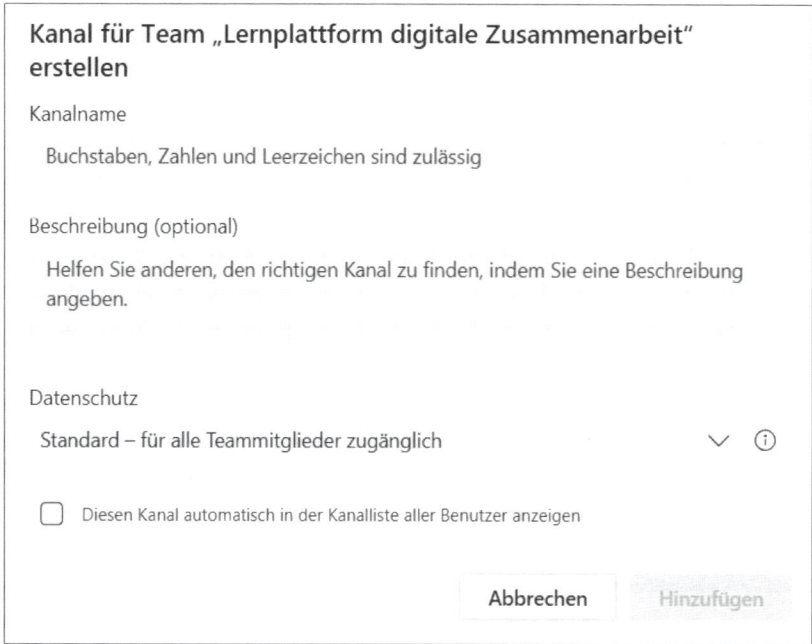

Abbildung 5.2 *Geben Sie Namen und Beschreibung für den Kanal an.*

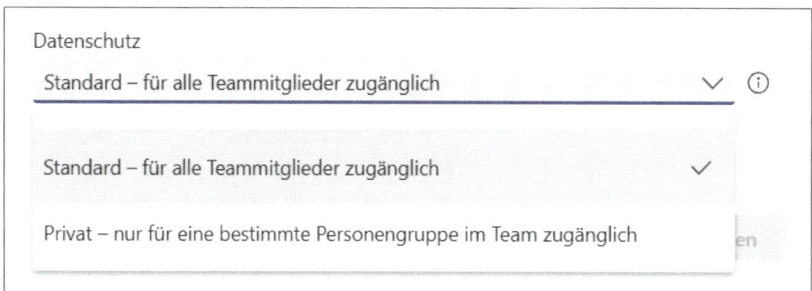

Abbildung 5.3 *Wählen Sie den Kanaltyp aus.*

Sobald Sie einen Namen angegeben haben, wird die in Abbildung 5.2 noch de-aktiviert dargestellte Schaltfläche **Hinzufügen** aktiviert. Bevor Sie die Schaltflä-che betätigen, sollten Sie festlegen, ob Sie einen für alle Teammitglieder öf-fentlichen oder einen privaten Kanal erstellen möchten (siehe Abbildung 5.3).

Außerdem möchte ich kurz über die Option **Diesen Kanal automatisch in der Kanalliste aller Benutzer anzeigen** sprechen. Gerade wenn Sie im späteren Ver-lauf viele verschiedene Kanäle in Ihrem Team verwenden, sollten Sie sich Gedanken darüber machen, wie Sie wichtige und häufig genutzte Kanäle von eher selten genutzten Kanälen optisch trennen können.

Dafür können Sie, wie bereits bei den Teams selbst, die Funktion der Favoriten nutzen. Ein Kanal, der als Favorit markiert wurde, wird immer direkt in der alphabetisch sortierten Auflistung der Kanäle erscheinen. Ein Kanal, der nicht als Favorit markiert wurde, taucht unter einem Sammelpunkt unterhalb der Favoriten auf und kann dort in einem Untermenü ausgewählt werden. Die Funktion der Favoriten kann von jedem einzelnen Teammitglied genutzt und somit zur Gestaltung einer personalisierten Ansicht genutzt werden. Sie als Besitzer des Teams können bei Bedarf aber zentrale Einstellungen vorgeben.

Nachdem Sie den neuen Kanal erstellt haben, befinden Sie sich wie in Abbildung 5.4 dargestellt automatisch im Chat-Bereich dieses Kanals und können mit einer Unterhaltung beginnen.

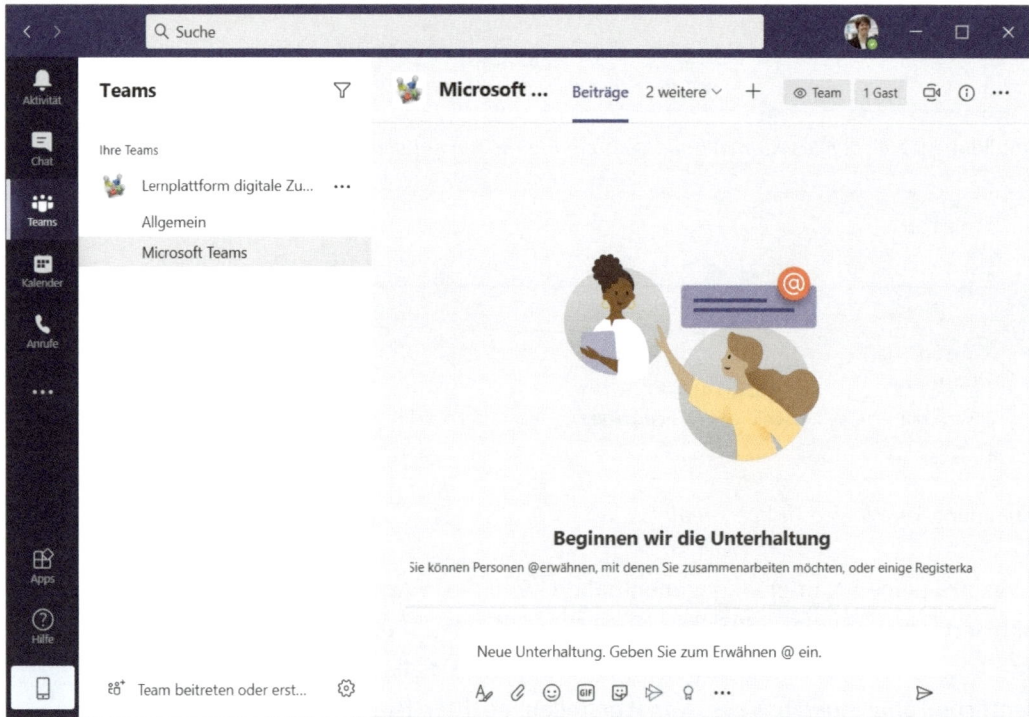

Abbildung 5.4 *Ein neuer Kanal ist in weniger als einer Minute erstellt. Überlegen Sie sich aber bitte genau, wofür Sie einen Kanal anlegen. Es sollte allen Teammitgliedern klar sein, in welchem Kanal welche Themen behandelt werden.*

In einer ersten Nachricht können Sie erklären, wofür dieser Kanal verwendet werden soll. Wie Sie gesehen haben, ist ein Kanal zwar sehr schnell erstellt, aber Ihren Kollegen ist vielleicht nicht direkt klar, warum Sie ihn erstellt haben. In einer Ankündigung können Sie beispielsweise auch noch einmal optisch hervorgehoben den Sinn und Zweck des Kanals darstellen und ihn zu den anderen bereits verwendeten Kanälen inhaltlich abgrenzen.

Wie werden Dokumente einem Kanal zugeordnet?

Jeder Kanal verfügt über seine separate Registerkarte **Dateien**, in der ausschließlich die zu dem Kanal gehörenden Dateien verwaltet werden. Aus *Teams* heraus gibt es keine übergreifende Ansicht der Dokumente des gesamten Teams. In Abschnitt 3.2 bin ich allerdings darauf eingegangen, dass die Dokumente in einer Bibliothek in SharePoint abgelegt werden.

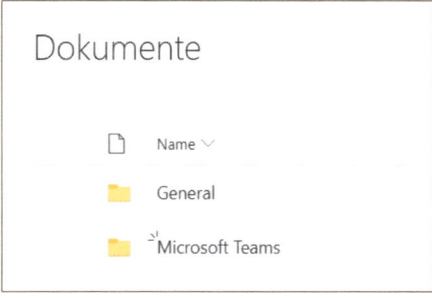

Abbildung 5.5 *Ein Blick in die Dokumentbibliothek in SharePoint offenbart das technische Konstrukt für die Dateiablage in Microsoft Teams.*

Wenn Sie nun die Dateiablage aus einem beliebigen Kanal in SharePoint öffnen und einen Blick in die Bibliothek werfen, sehen Sie, wie in Abbildung 5.5 dargestellt, zwei Ordner **General** und **Microsoft Teams**.

Technisch gesehen stellt ein Kanal für die Verwaltung der Dateien somit einen Ordner in der Bibliothek »Dokumente« dar. In *Teams* selbst werden demnach immer die Dateien aus demjenigen Ordner angezeigt, dessen Name demjenigen des Kanals entspricht.

Die Dateiablage privater Kanäle werden Sie übrigens hier nicht finden. Für jeden privaten Kanal wird nämlich eine separate SharePoint-Website angelegt, um die vom Teamraum abweichenden Berechtigungen umsetzen zu können.

Wenn Sie einen privaten Kanal erstellen, müssen Sie nach Angabe des Namens und der Beschreibung noch festlegen, wer aus Ihrem Team auf diesen privaten Kanal zugreifen soll und welche Rolle die einzelnen Personen einnehmen sollen.

Mitglieder zu Kanal Organisation hinzufügen

Dies ist ein privater Kanal, den nur die Personen sehen können, die Sie hinzufügen.

Beginnen Sie, einen Namen einzugeben   Hinzufügen

Überspringen

Abbildung 5.6 *Geben Sie die Mitglieder aus Ihrem Team an, die Zugriff auf den privaten Kanal erhalten sollen.*

Wie Sie Abbildung 5.6 entnehmen können, sieht der Dialog hierfür genauso aus wie beim Anlegen eines neuen Teamraums. Somit ist auch die Auswahl der Personen für Sie bereits bekannt. Nachdem Sie eine Person ausgewählt und über die Schaltfläche **Hinzufügen** zu dem Kanal zugelassen haben, können Sie noch entscheiden, ob es sich bei der jeweiligen Person um ein Mitglied handeln soll (das ist die Standardeinstellung) oder ob sie gemeinsam mit Ihnen die Rolle des Besitzers für den Kanal einnehmen soll (siehe Abbildung 5.7).

Wenn Sie alle Personen für den neuen Kanal ausgewählt und ihre Rolle festgelegt haben, können Sie den Dialog über die Schaltfläche **Fertig** schließen. Sie befinden sich auch hier direkt innerhalb des neuen Kanals und können eine Nachricht veröffentlichen, um den Sinn und Zweck des Kanals zu erläutern (siehe Abbildung 5.8).

Mitglieder zu Kanal Organisation hinzufügen
Dies ist ein privater Kanal, den nur die Personen sehen können, die Sie hinzufügen.
Beginnen Sie, einen Namen einzugeben
Hinzufügen
Lars Unterberg
LUNTERBERG
Mitglied
Besitzer
Mitglied
Fertig

Abbildung 5.7 *Sie können die Rolle der Personen festlegen, die Sie für den privaten Kanal berechtigen möchten.*

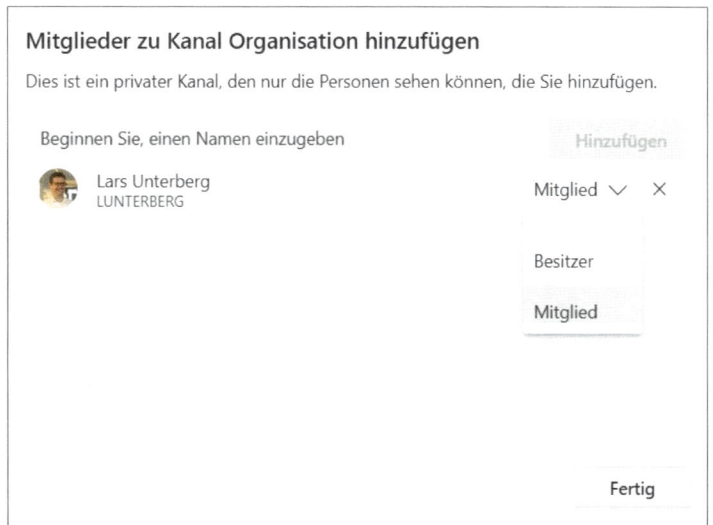

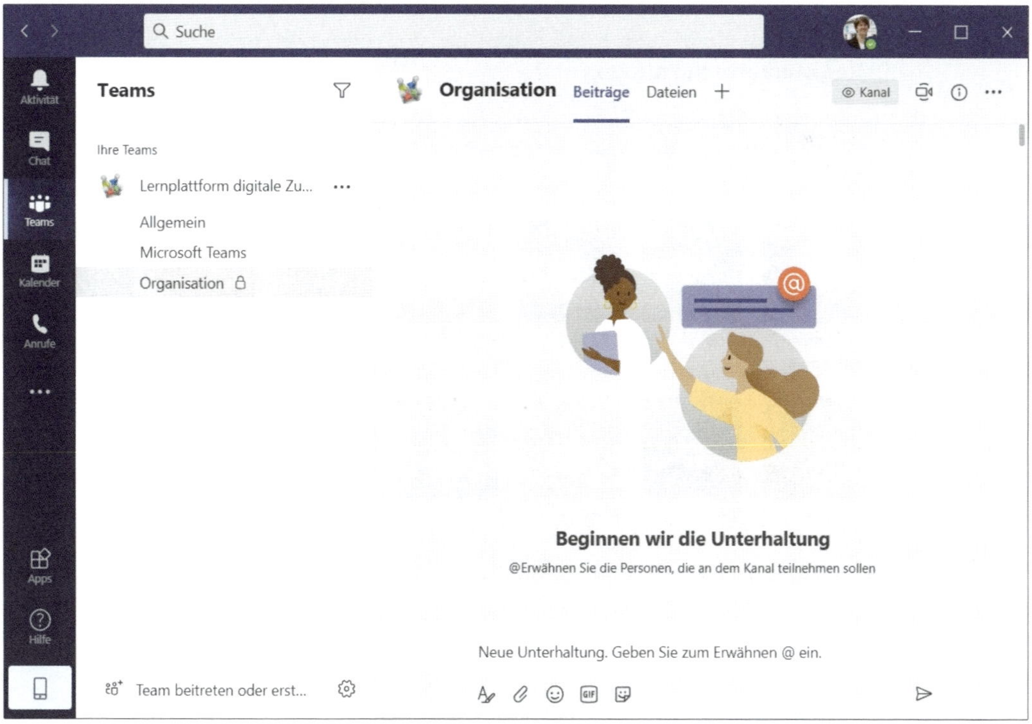
Suche
Aktivität
Chat
Teams
Kalender
Anrufe
Apps
Hilfe
Teams
Ihre Teams
Lernplattform digitale Zu...
Allgemein
Microsoft Teams
Organisation
Team beitreten oder erst...
Organisation
Beiträge
Dateien
Kanal
Beginnen wir die Unterhaltung
@Erwähnen Sie die Personen, die an dem Kanal teilnehmen sollen
Neue Unterhaltung. Geben Sie zum Erwähnen @ ein.

Abbildung 5.8 *Herzlich willkommen in einem neuen privaten Kanal!*

Schnell auf die Kanalinformationen zugreifen!

Sehen Sie oben rechts in Ihrem Kanal das Info-Icon ⓘ **Kanalinfo**? Wenn Sie diesen Menüpunkt aufrufen, erscheint rechts ein Bereich, in dem Sie neben der Beschreibung des Kanals auch die zuletzt vorgenommenen Änderungen an der Konfiguration sowie die vergebenen Berechtigungen einsehen können. Außerdem können Sie auch hierüber neue Personen zu dem Kanal hinzufügen.

Ein privater Kanal wird mit einem Schlosssymbol 🔒 rechts neben dem Kanalnamen gekennzeichnet. So erkennen Sie schnell, dass ggf. nicht alle Ihre Kollegen Zugriff auf die darin enthaltenen Informationen haben. Wenn Sie sich in einem neu angelegten privaten Kanal umsehen, werden Sie außerdem erkennen, dass in diesem Kanal lediglich ein Teamchat sowie eine Dateiablage angeboten werden. Das Wiki, das in den anderen Kanälen automatisch angelegt wird, fehlt hier. Falls Sie aber ein Wiki benötigen, können Sie dieses über das Pluszeichen ＋ manuell hinzufügen.

Abbildung 5.9 *Fügen Sie auch bei einem privaten Kanal weitere Registerkarten hinzu.*

In Abbildung 5.9 sehen Sie die Apps aus der Microsoft-365-Welt, die Ihnen für die neue Registerkarte angeboten werden. Dabei fällt Ihnen vielleicht auf, dass Planner fehlt. Bei einem privaten Kanal können Sie aus technischen Gründen kein Aufgabenboard hinzufügen. Diese Einschränkung kann ggf. gegen die Erstellung eines privaten Kanals sprechen; ein separater Teamraum kann in solchen Fällen sinnvoller sein.

5.5 In mehreren Kanälen posten

Wenn Sie in mehreren Teamräumen oder Kanälen aktiv sind, kann nun die Option, eine Nachricht gleichzeitig in mehreren Kanälen zu posten, interessant werden, die ich bereits in Kapitel 3 kurz gezeigt habe. Nun möchte ich Ihnen die Möglichkeit Schritt für Schritt vorstellen.

Wählen Sie einen beliebigen Kanal aus, und rufen Sie dort den Teamchat auf. Unterhalb des Eingabefeldes für eine neue Nachricht rufen Sie den Menüpunkt A⬙ **Formatieren** auf, wodurch der in Abbildung 5.10 dargestellte Formatierungsbereich angezeigt wird. Hier finden Sie auch den Menüpunkt **In mehreren Kanälen posten**, den Sie bitte aufrufen.

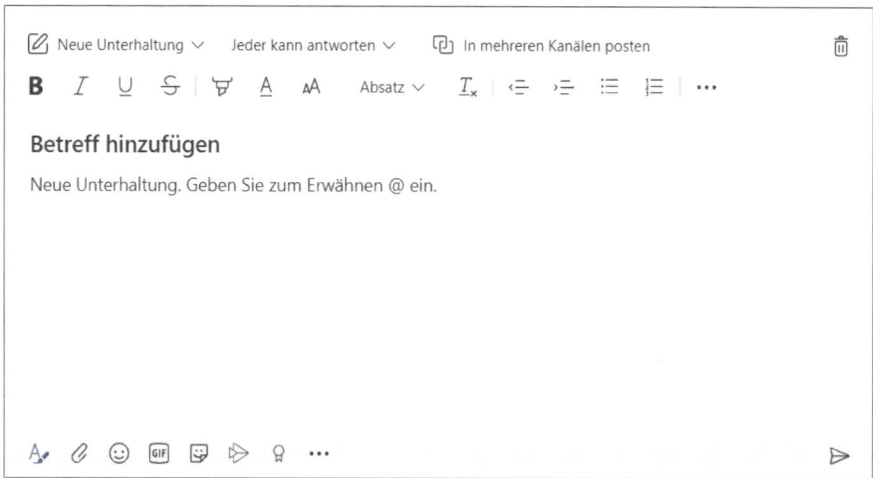

Abbildung 5.10 *Öffnen Sie die Formatierungsansicht für einen neuen Beitrag.*

Die Ansicht verändert sich daraufhin entsprechend der Darstellung in Abbildung 5.11. Sie erinnert ein wenig an das Verfassen einer E-Mail. Denn nun sehen Sie eine Zeile oberhalb Ihrer noch einzugebenden Nachricht mit der Bezeichnung **An**. Der Kanal, in dem Sie sich gerade befinden, ist als erster Empfänger angegeben.

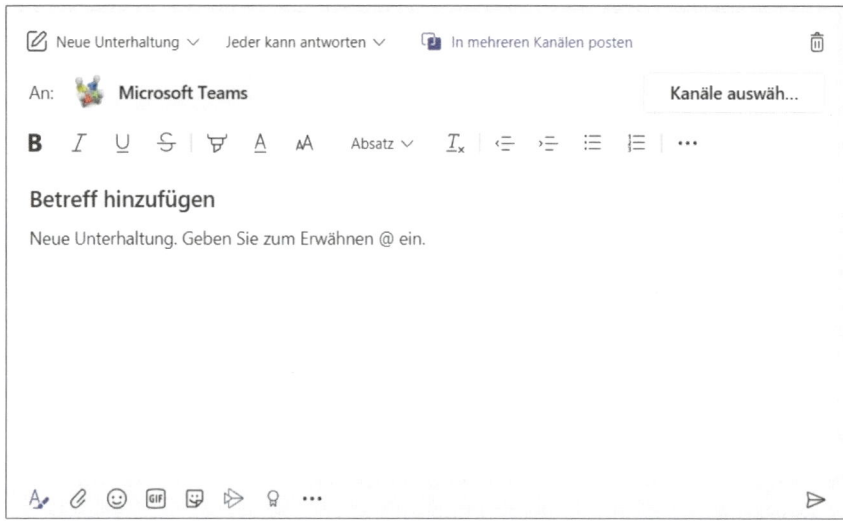

Abbildung 5.11 *Sie können mehrere Kanäle als Empfänger Ihrer Nachricht auswählen.*

Um weitere Kanäle als Empfänger hinzuzufügen, betätigen Sie die Schaltfläche **Kanäle auswählen**, und schon öffnet sich ein Dialog (siehe Abbildung 5.12), in dem Ihnen alle Teamräume mit ihren jeweiligen Kanälen aufgelistet werden, auf die Sie Zugriff haben. Durch das Setzen eines Hakens rechts neben dem Kanalnamen wählen Sie die Empfänger aus.

Abbildung 5.12 *Wählen Sie die gewünschten Empfänger (Kanäle) aus.*

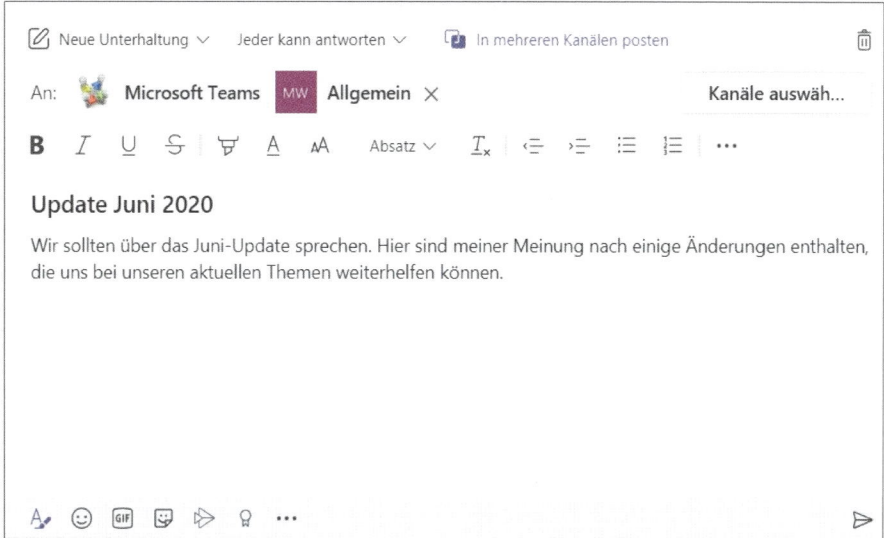

Abbildung 5.13 *Die Empfänger werden Ihnen oberhalb der Nachricht angezeigt.*

Wenn Sie alle Empfänger ausgewählt haben, können Sie durch Betätigen der Schaltfläche **Aktualisieren** den Dialog schließen und sehen nun wie in Abbildung 5.13 dargestellt die aktualisierte Empfängerliste.

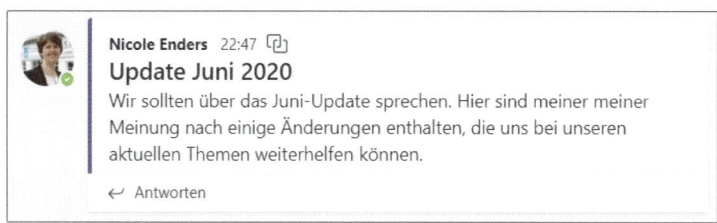

Abbildung 5.14 *Ihre Nachricht wird in den verschiedenen Kanälen gleichzeitig veröffentlicht.*

Die Erfassung der Nachricht sowie das Versenden unterscheidet sich nicht von der Vorgehensweise bei gewöhnlichen Nachrichten, die nur in einem Kanal veröffentlicht werden. Wie Sie in Abbildung 5.14 sehen, wird allerdings durch ein Symbol neben dem Ersteller der Nachricht und dem Datum gezeigt, dass diese Nachricht in mehreren Kanälen zu finden ist.

Wenn Sie mit der Maus über das Symbol fahren, erscheint sogar wie in Abbildung 5.15 dargestellt eine Information dazu, wo die Nachricht überall veröffentlicht wurde.

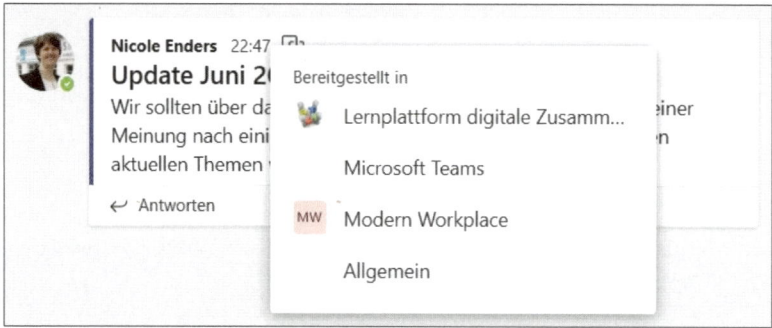

Abbildung 5.15 *Schauen Sie, wo Sie die Nachricht ebenfalls finden können.*

Sie könnten nun in einen der anderen Kanäle gehen und dort die Nachricht aufrufen. Von jedem Kanal aus können Sie über die Dreipunkte-Schaltfläche an der Nachricht den Menüpunkt **Bearbeiten** aufrufen (siehe Abbildung 5.16).

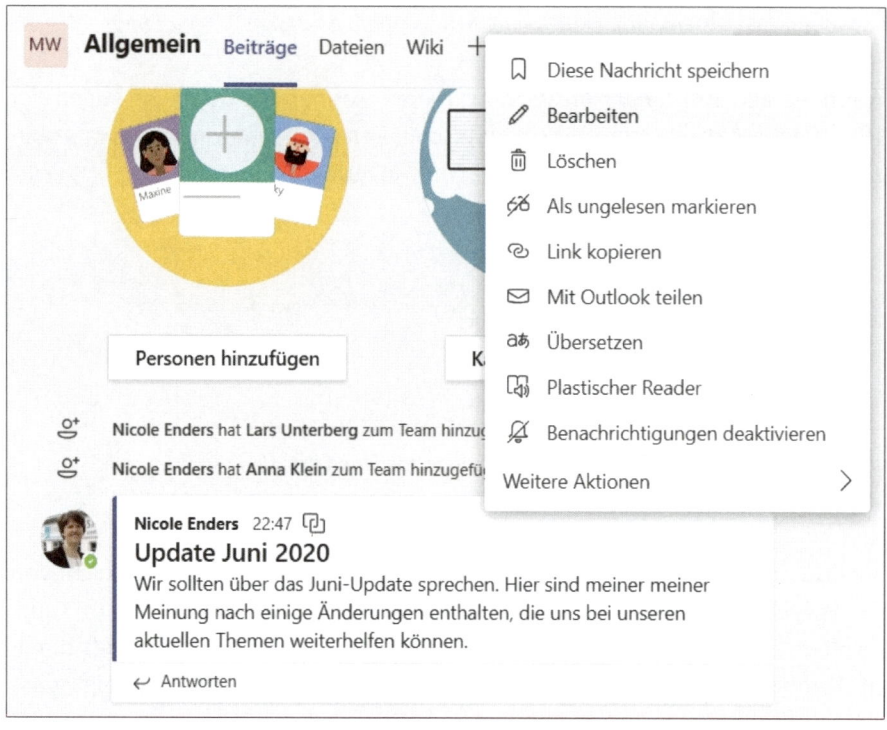

Abbildung 5.16 *Bearbeiten Sie die Nachricht aus einem beliebigen Kanal heraus.*

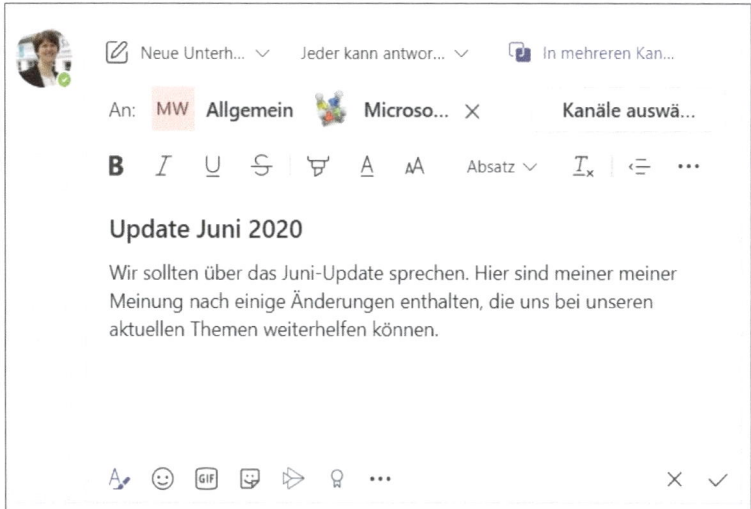

Abbildung 5.17 *Bearbeiten Sie die Nachricht, und senden Sie die Aktualisierung an alle betroffenen Kanäle.*

Bei der Bearbeitung der Nachricht können Sie auch die Auswahl der Kanäle verändern. Der Kanal, in dem Sie sich gerade aufhalten, kann nicht entfernt werden. Alle anderen Kanäle können aus der Auswahl entfernt werden, oder Sie wählen weitere Kanäle aus. Wenn Sie einen Kanal nachträglich hinzufügen, wird als Erstelldatum in diesem Kanal ein neueres Datum erscheinen als in den ursprünglich ausgewählten Kanälen. Die Bearbeitung der Nachricht selbst erfolgt dann wieder ähnlich wie bei einer gewöhnlichen Nachricht.

Wofür sollte ich diese Funktion einsetzen?

Wenn Sie Teamräume für die einzelnen Organisationseinheiten in Ihrem Unternehmen einsetzen, kann es hilfreich sein, eine Nachricht in allen Teamräumen gleichzeitig zu veröffentlichen und so alle Mitarbeiter aus einem Geschäftsbereich über eine Änderung zu informieren.

Oder vielleicht setzen Sie Teamräume auch für Projekte ein, und es gibt eine neue Regelung, über die die Projektleiter innerhalb ihres Teamraums informiert werden sollen.

Es handelt sich vielleicht nicht um eine Funktion, die Sie jeden Tag benötigen werden. Aber wenn der Moment kommt, werden Sie froh sein, dass Sie die Nachricht nur einmal erfassen müssen und dann verteilen können.

5.6   Mit Kanälen arbeiten

Sie können mit den individuell in Ihrem Teamraum angelegten Kanälen genauso wie mit dem standardmäßig verfügbaren Kanal »Allgemein« arbeiten. Ich möchte Ihnen in diesem Abschnitt einige weitere Funktionen vorstellen, die Sie in Ihrem Arbeitsalltag vielleicht als Erleichterung empfinden können. Rufen Sie dazu die Dreipunkte-Schaltfläche rechts neben dem Kanalnamen auf.

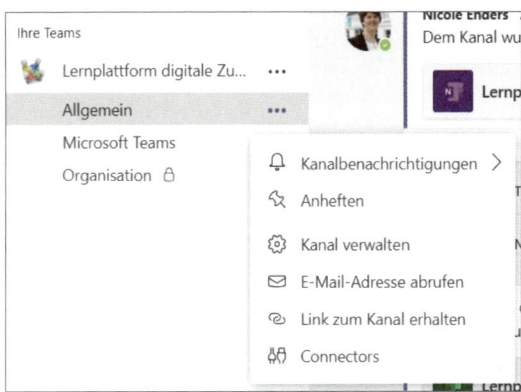

Abbildung 5.18 *Für den Kanal »Allgemein« stehen Ihnen Funktionen wie das Anheften, die E-Mail-Kommunikation sowie die Konfiguration von Benachrichtigungen zur Verfügung.*

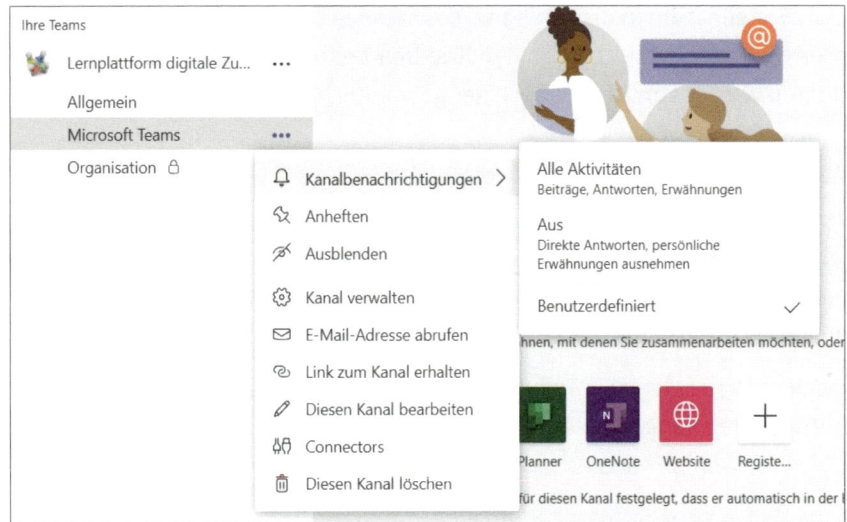

Abbildung 5.19 *In Kanälen vom Typ »Standard« können Sie darüber hinaus noch entscheiden, ob der Kanal in der Liste direkt angezeigt werden soll.*

Wie Sie Abbildung 5.18 und Abbildung 5.19 entnehmen können, hängt die Auswahl der angebotenen Menüpunkte davon ab, ob Sie das Menü für den Kanal »Allgemein« oder für einen der individuell in Ihrem Teamraum angelegten Kanäle aufrufen. Hier können Sie u. a. konfigurieren,

- wie Sie über neue Informationen im Teamchat des Kanals benachrichtigt werden möchten,

- unter welcher E-Mail-Adresse der Kanal erreicht werden kann und

- welche Konnektoren zu anderen Diensten (innerhalb und außerhalb der Microsoft-Welt) Sie verwenden möchten.

In Abbildung 5.20 sehen Sie, dass bei privaten Kanälen sogar noch weitere Menüpunkte hinzukommen, die Sie bereits von der Verwaltung des Teamraums selbst kennen.

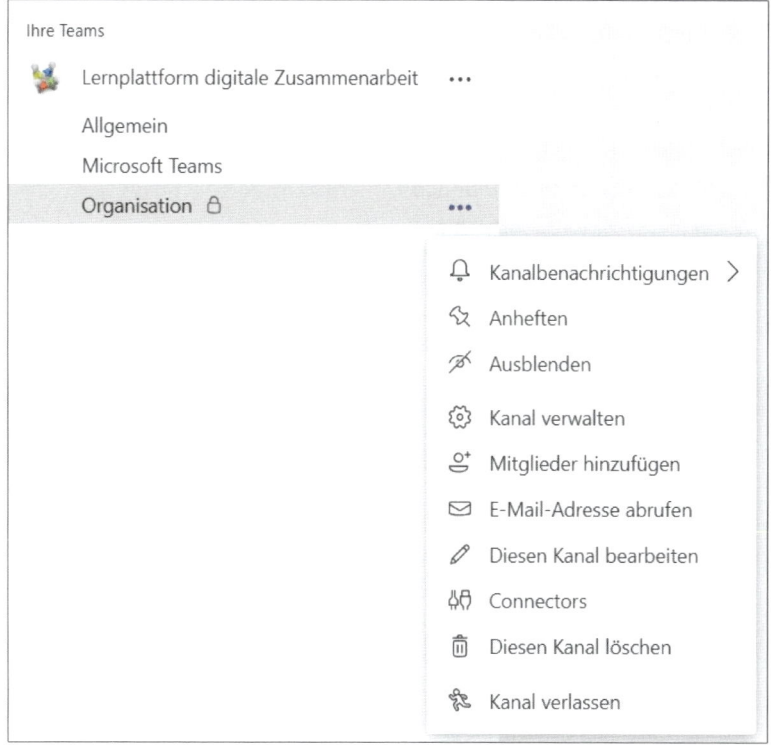

Abbildung 5.20 *Bei privaten Kanälen können Sie darüber hinaus auch die Mitglieder des Kanals verwalten oder den Kanal verlassen und somit Ihre Mitgliedschaft beenden.*

Ich stelle Ihnen nun die wichtigsten Möglichkeiten im Detail vor und beginne mit den Benachrichtigungen, da Sie vermutlich nicht über jede einzelne neue Nachricht in den verschiedenen Teamräumen mit einem Banner informiert werden möchten.

5.6.1   Persönliche Einstellungen für Benachrichtigungen in einem Kanal

Nicht jeder Teamraum und erst recht nicht jeder Kanal wird für Sie dieselbe Priorität haben. So kann es Kanäle geben, bei denen Sie ggf. keine Benachrichtigung über ein Banner oder in Ihrem Aktivitätsfeed erhalten möchten. Vielleicht reicht es aus, wenn Sie den Kanalnamen durch eine Fettmarkierung optisch hervorgehoben bekommen und dann bei Gelegenheit diese Nachrichten lesen und beantworten können.

Wenn Sie im Menü mit der Maus über den Menüpunkt **Kanalbenachrichtigungen** fahren, sehen Sie wie in Abbildung 5.19 dargestellt, dass Sie die Wahl zwischen **Alle Aktivitäten** und **Aus** haben. Sie können aber auch die Option **Benutzerdefiniert** wählen, wodurch sich der in Abbildung 5.21 dargestellte Konfigurationsdialog öffnet.

Abbildung 5.21 *Legen Sie fest, wie Sie bei neuen Beiträgen und Erwähnungen des Kanals benachrichtigt werden möchten.*

Sie können entscheiden, ob Sie abweichende Einstellungen für neue Beiträge im Allgemeinen und Erwähnungen des Kanals vornehmen möchten. Ein Kanal wird innerhalb einer Nachricht über das @-Zeichen und die Eingabe des Kanalnamens erwähnt, so wie Sie auch Ihre Kollegen erwähnen würden. Wenn Sie dann eine Benachrichtigung für die Kanalerwähnung eingerichtet haben, verhält sich dies so, als wenn Sie direkt angesprochen worden wären.

In Abbildung 5.22 sehen Sie außerdem, welche Optionen Ihnen für die Benachrichtigung angeboten werden. Sie können die Benachrichtigung über die Option **Aus** komplett deaktivieren, mit der Option **Nur in Feed anzeigen** eine Benachrichtigung in Ihrem Aktivitätsfeed erhalten oder die Option **Banner und Feed** wählen, wodurch Sie zusätzlich zum Aktivitätsfeed auch noch unten rechts am Bildschirm eine Benachrichtigung erhalten, sobald es eine neue Nachricht gibt.

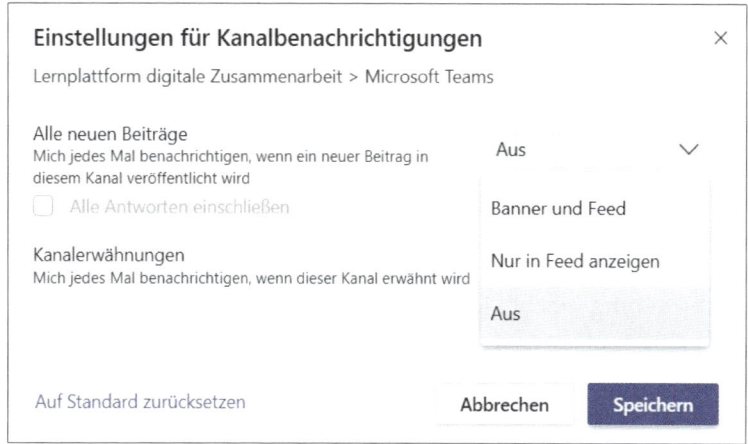

Abbildung 5.22 *Sie haben bei der Benachrichtigung die Wahl zwischen drei Optionen.*

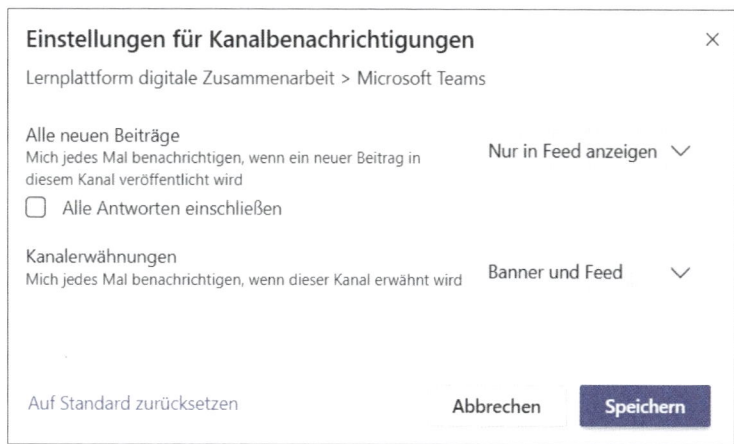

Abbildung 5.23 *Speichern Sie Ihre individuellen Einstellungen für den Kanal.*

Sie können die Einstellungen über die Option **Auf Standard zurücksetzen** auch jederzeit wieder rückgängig machen (siehe Abbildung 5.23). Wenn Sie mit Ihren Einstellungen zufrieden sind, können Sie diese durch Betätigen der Schaltfläche **Speichern** bestätigen und erhalten fortan die Art der Benachrichtigung, die Sie sich wünschen.

Die Einstellungen können von jedem individuell vorgenommen werden und von Kanal zu Kanal abweichen. So erhalten Sie auch genau nur die Informationen auf prominente Weise (im Aktivitätsfeed oder als Banner), die Sie für Ihre Arbeit benötigen.

5.6.2   Schnell auf häufig genutzte Kanäle zugreifen

Wenn Sie in vielen Teamräumen aktiv sind, werden Sie in bestimmten Kanälen häufiger aktiv sein und auf andere Kanäle eher selten zugreifen. Nun kann es sein, dass der Wechsel zwischen den für Sie wichtigen Kanälen immer mehr Zeit in Anspruch nimmt, wenn mehr und mehr Teamräume in Ihrer Liste hinzukommen.

Für diese Herausforderung möchte ich Ihnen zwei mögliche Lösungen vorstellen. Wenn Sie oben in das Suchfeld ein Slash »/« eingeben, erhalten Sie wie in Abbildung 5.24 dargestellt eine Übersicht über die möglichen Befehle. Wählen Sie den Befehl /gehezu aus, oder geben Sie ihn alternativ über die Tastatur ein, und bestätigen Sie die Eingabe mit ⏎ .

Sie erhalten nun direkt ein paar Vorschläge für Teamräume oder Kanäle, in denen Sie häufig aktiv sind (siehe Abbildung 5.25).

Wenn das gewünschte Team bzw. der gewünschte Kanal nicht direkt in der Liste der Vorschläge erscheint, können Sie den Namen auch eingeben. Während der Eingabe wird die Liste der Vorschläge stetig an den bis dahin jeweils eingegebenen Begriff angepasst. Sie können den gesamten Namen eingeben und die Eingabe mit ⏎ bestätigen oder den Kanal aus der Liste auswählen, sobald er dort erscheint. Sie erhalten wie in Abbildung 5.26 dargestellt kurz eine Meldung darüber, dass Sie zu dem ausgewählten Kanal weitergeleitet werden, und schon befinden Sie sich dort und können sich an der Unterhaltung beteiligen.

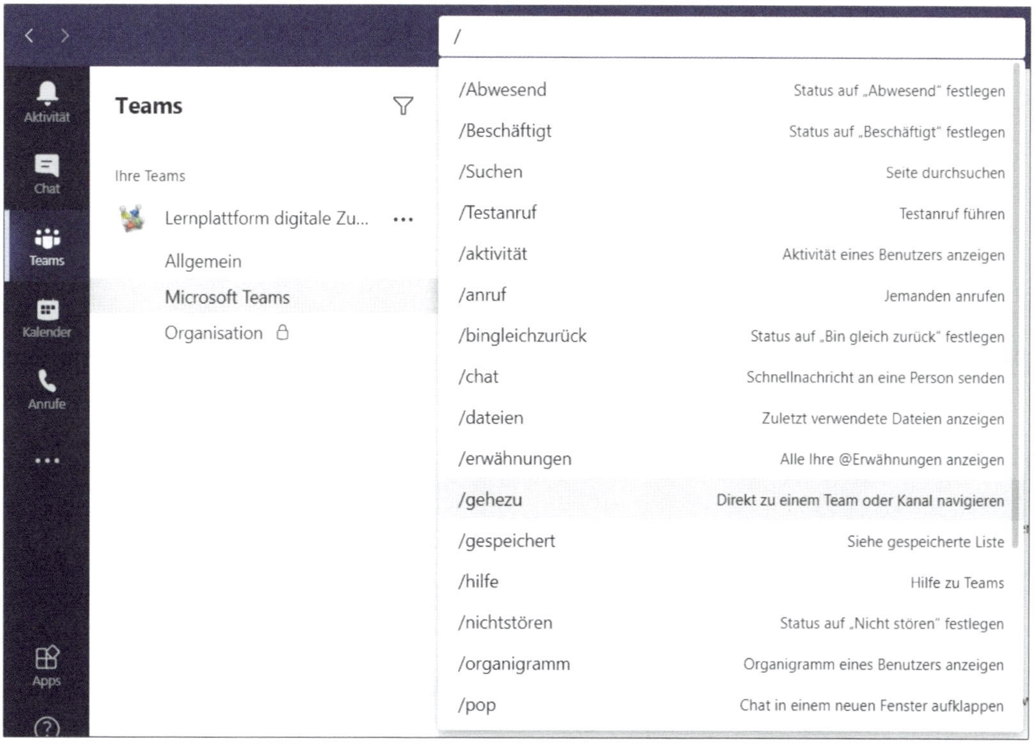

/
Teams
Ihre Teams
Lernplattform digitale Zu...
Allgemein
Microsoft Teams
Organisation
Aktivität
Chat
Teams
Kalender
Anrufe
Apps
/Abwesend
Status auf „Abwesend" festlegen
/Beschäftigt
Status auf „Beschäftigt" festlegen
/Suchen
Seite durchsuchen
/Testanruf
Testanruf führen
/aktivität
Aktivität eines Benutzers anzeigen
/anruf
Jemanden anrufen
/bingleichzurück
Status auf „Bin gleich zurück" festlegen
/chat
Schnellnachricht an eine Person senden
/dateien
Zuletzt verwendete Dateien anzeigen
/erwähnungen
Alle Ihre @Erwähnungen anzeigen
/gehezu
Direkt zu einem Team oder Kanal navigieren
/gespeichert
Siehe gespeicherte Liste
/hilfe
Hilfe zu Teams
/nichtstören
Status auf „Nicht stören" festlegen
/organigramm
Organigramm eines Benutzers anzeigen
/pop
Chat in einem neuen Fenster aufklappen

Abbildung 5.24 *Nutzen Sie den Befehl »/gehezu«, um zu einem anderen Teamraum oder Kanal zu wechseln.*

/gehezu
Team/Kanal
Lernplattform digitale Zusammenarbeit
Organisation
Lernplattform digitale Zusammenarbeit
Microsoft Teams
Lernplattform digitale Zusammenarbeit

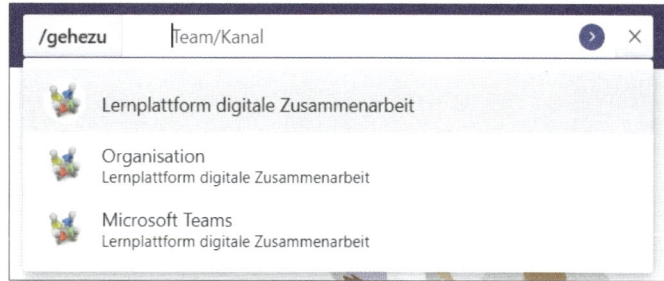

Abbildung 5.25 *Sie können den Namen eines Kanals oder Teams eingeben oder einen der Vorschläge auswählen.*

Sie werden zu Microsoft Teams weitergeleitet...

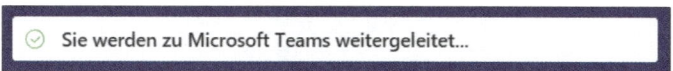

Abbildung 5.26 *Sie werden direkt zu dem Kanal oder Team weitergeleitet.*

Eine andere Möglichkeit, um schnell auf die von Ihnen häufig verwendeten Kanäle zugreifen zu können und zusätzlich direkt auf einen Blick zu sehen, ob es dort neue Nachrichten gibt, ist das *Anheften* von Kanälen. Wählen Sie dazu im Menü des Kanals den Menüpunkt **Anheften** aus. Dadurch wird der Kanal oberhalb der Liste Ihrer Teamräume angezeigt und ist wesentlich schneller für Sie erreichbar (siehe Abbildung 5.27).

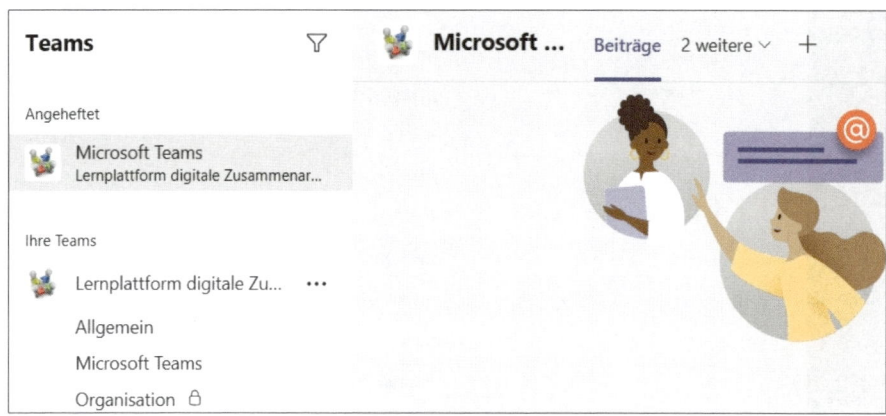

Abbildung 5.27 *Angeheftete Kanäle werden Ihnen oberhalb der Liste Ihrer Teamräume angezeigt.*

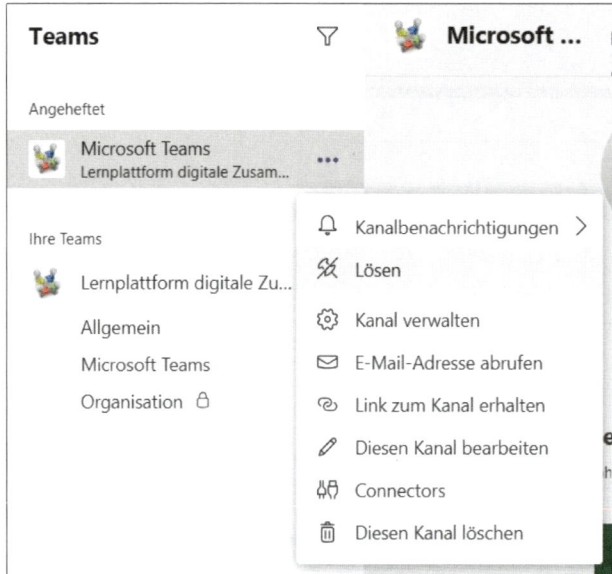

Abbildung 5.28 *Sie können einen Kanal auch wieder aus der Liste der angehefteten Kanäle entfernen.*

Sie können mittels Drag-and-drop auch die Reihenfolge der Kanäle in der Liste verändern oder einen Kanal wieder aus der Liste entfernen. Rufen Sie dazu wie in Abbildung 5.28 dargestellt den Menüpunkt **Lösen** auf.

5.6.3   Einstellungen für einen Kanal

Wenn Sie den Menüpunkt **Kanal verwalten** aufrufen, hängt es auch hier davon ab, ob Sie dies für den Kanal »Allgemein«, einen Standardkanal oder einen privaten Kanal tun. Beim Kanal »Allgemein« können Sie wie in Abbildung 5.29 dargestellt entscheiden, wer Nachrichten in diesem Kanal posten kann.

Abbildung 5.29 *Entscheiden Sie, wer im Kanal »Allgemein« Informationen im Chat veröffentlichen darf.*

Wenn Sie weitere Kanäle in Ihrem Teamraum eingerichtet haben, könnten Sie hier die Option **Nur Besitzer dürfen Nachrichten posten** auswählen. So könnte der allgemeine Kanal genutzt werden, um die Teammitglieder über Neuigkeiten zu informieren, ohne dass durch andere Unterhaltungen wichtige Informationen untergehen.

Bei einem Kanal vom Typ »Standard« sieht die Konfigurationsseite etwas anders aus (siehe Abbildung 5.30). Sie können u. a. aus zwei Optionen wählen:

- Jeder kann einen neuen Beitrag beginnen.
- Jeder außer Gästen kann einen neuen Beitrag starten.

So können Sie beispielsweise bei der Zusammenarbeit mit unternehmensexternen Personen diese in bestimmten Kanälen nur auf den Teamchat zugreifen lassen, ohne dass sie selbst neue Nachrichten erstellen können.

Abbildung 5.30 *Entscheiden Sie bei einem Standardkanal, ob Gäste neue Nachrichten im Teamchat erstellen dürfen.*

Sie können außerdem entscheiden, ob es eine sogenannte *Kanalmoderation* geben soll. Wenn Sie die Option einschalten, verändert sich die Konfigurationsseite wie in Abbildung 5.31 dargestellt.

Standardmäßig werden alle Personen mit der Rolle »Besitzer« als Moderator ausgewählt. Über die Schaltfläche **Verwalten** können Sie aber weitere Personen hinzufügen, die neue Unterhaltungen beginnen können. Zusätzlich können Sie entscheiden, ob Sie die folgenden Optionen aktivieren möchten:

- **Zulassen, dass Mitglieder auf Kanalnachrichten antworten**
- **Zulassen, dass Bots Kanalnachrichten senden**
- **Zulassen, dass Connectors Kanalnachrichten senden**

Mit diesen Einstellungsmöglichkeiten können Sie Szenarien unterstützen, in denen Sie einen festen Kreis von Personen haben, die neue Informationen ver-

öffentlichen sollen und an einer Rückmeldung der anderen Teammitglieder interessiert sind. Die Teammitglieder können dann je nach Einstellung auf die
Nachrichten reagieren und antworten.

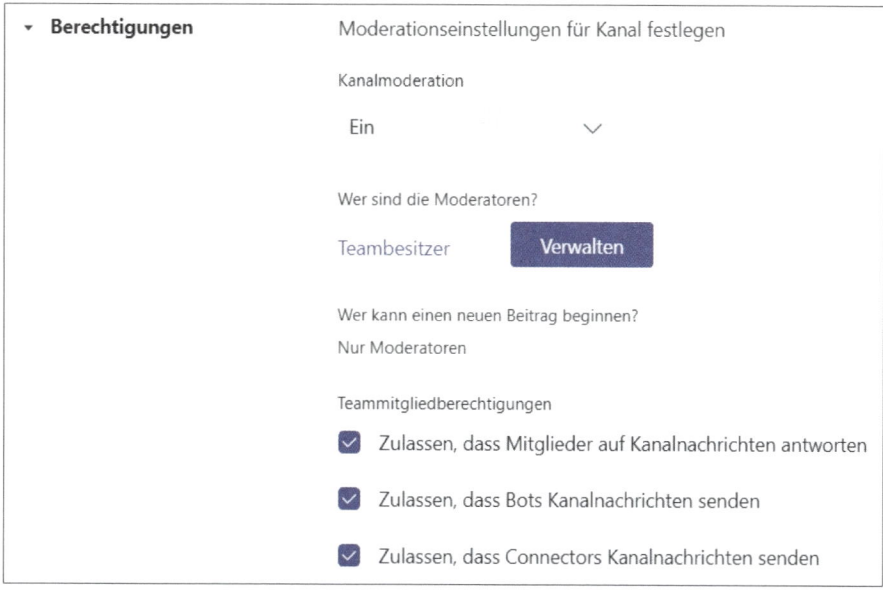

Abbildung 5.31 *Sie können Moderatoren benennen und entscheiden, ob auf Nachrichten
geantwortet werden kann.*

Abbildung 5.32 *Verwalten Sie bei einem privaten Kanal die Personen, die Zugriff auf den
Kanal haben sollen.*

Bei privaten Kanälen verbirgt sich hinter dem Menüpunkt **Kanal verwalten** die in Abbildung 5.32 dargestellte Konfigurationsseite, die eher an die Verwaltung eines Teamraums erinnert. Die Einstellungen für die Moderation des Teamchats werden Sie hier nicht finden.

Kernstück der Verwaltung eines privaten Kanals ist die Liste der Mitglieder. Sie können hier die Personen finden, die auf den Kanal zugreifen können. Außerdem können Sie die Rolle der Personen ändern sowie über die Schaltfläche **Mitglied hinzufügen** weitere Personen zum Kanal hinzufügen. Achten Sie dabei aber bitte darauf, dass die Personen bereits Mitglied Ihres Teamraums sein müssen und somit auch Zugriffsrechte auf den Kanal »Allgemein« sowie sämtliche Standardkanäle besitzen.

Wenn Sie innerhalb der Konfigurationsseite die Registerkarte **Einstellungen** aufrufen, finden Sie die in Abbildung 5.33 dargestellten Optionen vor. So können Sie u. a. entscheiden, ob Nachrichten im Teamchat nachträglich bearbeitet oder gelöscht werden können oder ob dieser Kanal in Nachrichten erwähnt werden darf und wie Sie mit Emojis, GIFs und Memes umgehen möchten.

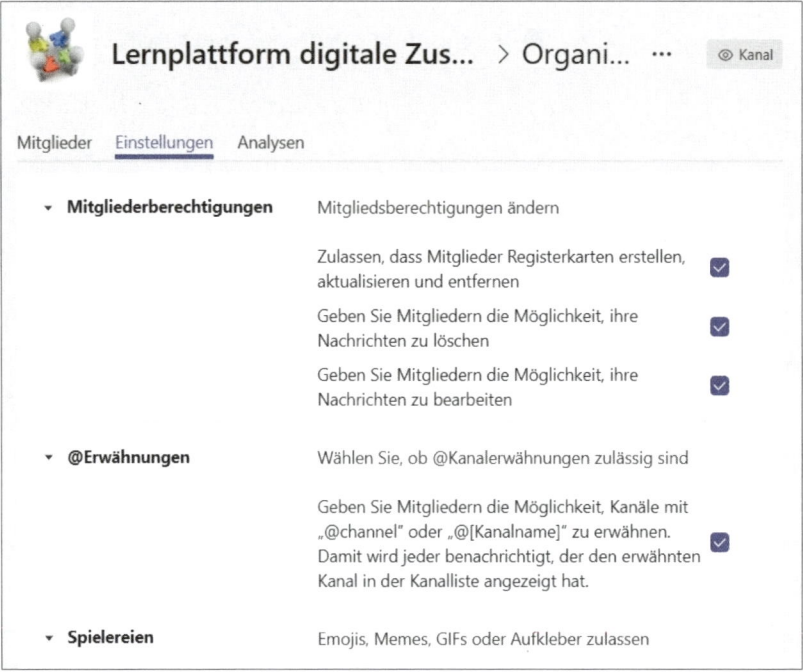

Abbildung 5.33 *Bei einem privaten Kanal können Sie Einstellungen vornehmen, wie sie zum Teil auch auf Ebene eines Teamraums angeboten werden.*

Über die Registerkarte **Analysen** können Sie außerdem eine Auswertung hinsichtlich der Aktivität in diesem Kanal einsehen. Diese Auswertung entspricht der Analyse, die Ihnen auch auf Ebene eines Teamraums angeboten wird.

5.6.4   Namen und Beschreibung eines Kanals ändern

Es kann sein, dass Sie später einmal den Namen eines Kanals oder seine Beschreibung ändern möchten. Wenn Sie zum Beispiel bei einem privaten Kanal zunächst den Kanal nach den Mitgliedern benennen, die auf den Kanal zugreifen können, ist spätestens bei der ersten personellen Veränderung wahrscheinlich auch eine Umbenennung fällig. Den Kanal »Allgemein« können Sie allerdings nicht umbenennen.

Rufen Sie hierfür über die Dreipunkte-Schaltfläche rechts neben dem Kanalnamen den Menüpunkt **Diesen Kanal bearbeiten** auf. Sie befinden sich darauf in dem in Abbildung 5.34 dargestellten Dialog und können den Namen und die Beschreibung ändern und auch festlegen, ob dieser Kanal den anderen Teammitgliedern automatisch in der Liste der Teamräume mit angezeigt werden soll. Wählen Sie in diesem Fall die Option **Diesen Kanal automatisch in der Kanalliste aller Benutzer anzeigen** aus.

Abbildung 5.34 *Benennen Sie einen Kanal um, oder ändern Sie die Beschreibung.*

Die Dateiablage wird nicht umbenannt!

Wenn Sie einen Kanal umbenennen, bezieht sich dies auf die Benutzer-oberfläche in *Microsoft Teams*. Der Ordner, der für die Dateiablage verwendet wird und sich in einer Dokumentbibliothek in SharePoint befindet, behält weiterhin seinen ursprünglichen Namen.

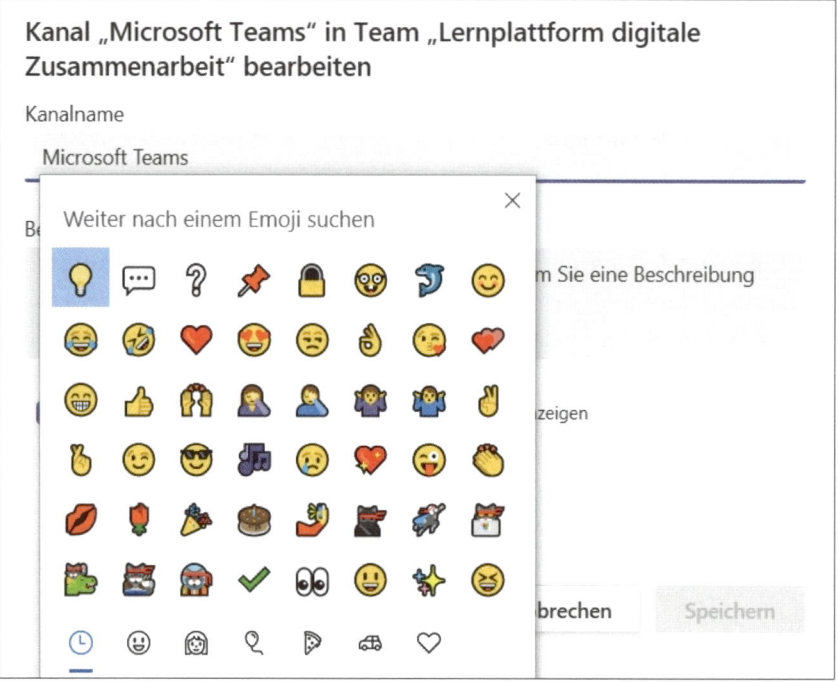

Abbildung 5.35 *Sie können auch Emojis für einen Kanalnamen verwenden.*

Wenn Sie oder Ihre Teammitglieder visuell veranlagt sind, können grafische Elemente es Ihnen erleichtern, schnell einen bestimmten Kanal zu finden. Wenn Sie sich in dem Eingabefeld für den Kanalnamen befinden, können Sie die Tastenkombination ⊞ + ⊡ verwenden, um die in Abbildung 5.35 dargestellte Auswahl an Emojis aufzurufen. Sie können diese an einer beliebigen Stelle in Ihrem Kanalnamen verwenden.

In Abbildung 5.36 sehen Sie, dass ich am Anfang des Kanalnamens ein lilafarbenes Herz eingefügt habe. Wenn Sie mit Ihren Änderungen zufrieden sind, betätigen Sie die Schaltfläche **Speichern**, und nun sollten Sie den neuen Namen mit dem Emoji sowohl in der Liste der Teamräume als auch im rechten Bereich sehen, wenn Sie den Kanal aufgerufen haben (siehe Abbildung 5.37).

Abbildung 5.36 *Wählen Sie ein Emoji (z. B. ein Herz) aus, und speichern Sie den neuen Kanalnamen.*

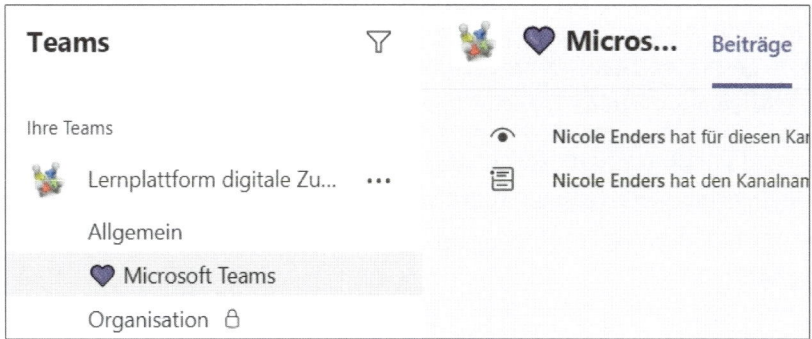

Abbildung 5.37 *Der neue Name wird sofort verwendet. Mit einem Emoji können Sie schnell den richtigen Kanal finden.*

5.6.5   E-Mails an einen Kanal senden

Eine besondere Funktion bietet die E-Mail-Adresse eines Kanals, weil darüber Aufgaben im Team durch eine einfache Weiterleitung von E-Mails geteilt werden können, die zunächst in den persönlichen Postfächern der einzelnen Teammitglieder empfangen werden.

Sie können E-Mails an einen Kanal senden, doch zunächst rufen Sie über die Dreipunkte-Schaltfläche des gewünschten Kanals den Menüpunkt **E-Mail-Adresse abrufen** auf.

Einsatzszenario: Melden und Bearbeiten von Support-Tickets

Wir haben in meinem Team einige Kundenaufträge, die den Charakter eines Supportvertrages aufweisen. Das bedeutet, dass unsere Kunden sich per Telefon oder E-Mail bei uns melden und wir dann umgehend die entsprechende Anfrage bearbeiten müssen. Das Teammitglied, das die E-Mail mit einer Anfrage in seinem persönlichen Postfach erhalten hat, ist aber unter Umständen gerade nicht verfügbar, um diese Anfrage zu bearbeiten.

Im ersten Schritt haben wir jeder für sich die entsprechenden E-Mails an den für den Kundenauftrag angelegten Kanal weitergeleitet. So stehen die Informationen (u. a. der Ansprechpartner auf Kundenseite und die Anfrage selbst) dem gesamten Team zur Verfügung. Damit war es nun möglich, dass ein anderes Teammitglied die Aufgabe übernimmt.

Im zweiten Schritt haben wir durch die Weitergabe der E-Mail-Adresse des entsprechenden Kanals an den Kunden dafür gesorgt, dass Anfragen nun direkt im gesamten Team verfügbar sind und durch die manuelle Weiterleitung durch das einzelne Teammitglied keine Zeit mehr verloren geht.

Mit dieser Funktion wird natürlich kein Ticketsystem mit seinen vielfältigen Möglichkeiten ersetzt, aber für unseren Einsatzzweck in einem überschaubaren Kontext stellen diese Möglichkeiten eine große Arbeitserleichterung dar.

Abbildung 5.38 visualisiert, dass automatisch eine E-Mail-Adresse für Ihren Kanal vergeben wurde. Über die Schaltfläche **Kopieren** können Sie die Adresse in die Zwischenablage übernehmen und beispielsweise als *QuickStep* in Outlook einrichten, um schnell E-Mails aus Ihrem Posteingang weiterleiten zu können.

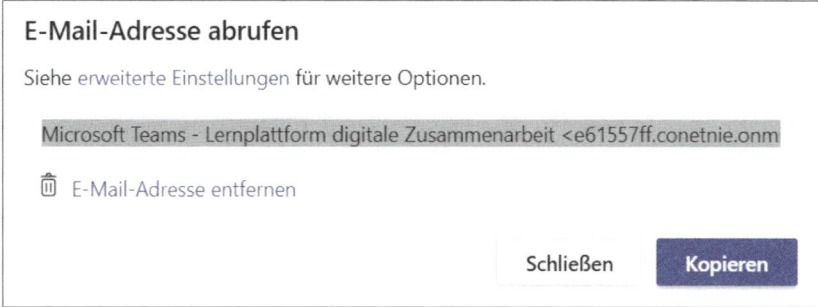

Abbildung 5.38 *Ein Kanal besitzt standardmäßig eine eigene E-Mail-Adresse.*

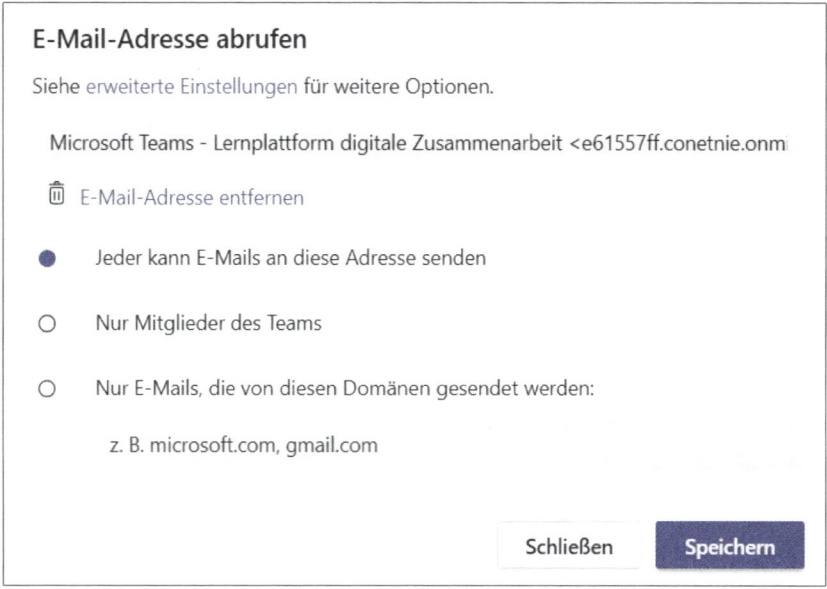

Abbildung 5.39 *Sie können festlegen, welche Absender für die eingehende E-Mail-Kommunikation akzeptiert werden.*

Sollten Sie aber keine E-Mail-Kommunikation für den Kanal wünschen, so können Sie über den Menüpunkt **E-Mail-Adresse entfernen** die Funktion deaktivieren. Das kann zum Beispiel der Fall sein, wenn Sie in Ihrem Unternehmen weitgehend auf E-Mail-Kommunikation verzichten möchten.

Ein Blick in die weiteren Einstellungsmöglichkeiten lohnt sich ebenfalls für Sie, wenn Sie festlegen möchten, wer Nachrichten an diese E-Mail-Adresse und somit an den entsprechenden Kanal senden darf. Um auf die in Abbildung 5.39 dargestellte Konfigurationsseite zu gelangen, klicken Sie auf den Menüpunkt **erweiterte Einstellungen**.

Standardmäßig werden sämtliche Absender für die eingehende E-Mail-Kommunikation akzeptiert. Falls Sie absehen können, wer Ihnen bzw. dem Team E-Mails senden wird, empfehle ich Ihnen, eine der beiden anderen Optionen zu wählen:

- **Nur Mitglieder des Teams**: Bei dieser Option entscheiden Sie sich für einen rein internen Einsatz der E-Mail-Funktion. Denkbar wäre hierbei, dass die Teammitglieder E-Mails in ihren persönlichen Exchange-Postfächern erhalten und diese via Weiterleitung mit dem Team teilen und gemeinsam die Bearbeitung vornehmen.

- **Nur E-Mails, die von diesen Domänen gesendet werden**: Bei dieser Option schränken Sie den Kreis der Absender explizit ein. Sie können hier sowohl das Team als auch externe Personen wie beispielsweise Kunden und Partner zulassen.

Abbildung 5.40 *E-Mails werden in die Teamarbeit eingebunden.*

Wenn Sie die gewünschten Einstellungen vorgenommen haben, ist nun der Moment gekommen, die erste E-Mail an den Kanal zu senden. Ein Vorteil eines gemeinsamen Postfachs besteht darin, dass eingehende E-Mails nicht mehr vom einzelnen Mitarbeiter allein bearbeitet werden müssen, sondern dem gesamten Team zur Verfügung stehen und die Arbeit daher untereinander aufgeteilt werden kann.

Wie Abbildung 5.40 darstellt, wird die im Kanal empfangene E-Mail im Teamchat angezeigt. Der Absender, das Empfangsdatum, der Betreff sowie ein Teil der Nachricht werden direkt angezeigt. Die gesamte E-Mail kann über den Menüpunkt **Ursprüngliche E-Mail anzeigen** von jedem Teammitglied aufgerufen werden. Hierbei erfolgt ein Download der E-Mail, die daraufhin beispielsweise in *Microsoft Outlook* geöffnet wird und beantwortet werden kann.

Bis dahin unterscheidet sich die Funktion nicht von einem gewöhnlichen gemeinsamen Postfach. Wie Sie aber auch in Abbildung 5.40 erkennen können, hat das Team hier über die Chat-Funktionen die Möglichkeit, sich zu der empfangenen Nachricht auszutauschen. So können Fragen geklärt und bereits Teile der zu sendenden Antwort vorbereitet werden. Sogar eine Videokonferenz inklusive Aufzeichnung wäre denkbar. Damit wird die Last von den Schultern des einzelnen Mitarbeiters genommen und Teamarbeit erlebbar gemacht.

Sobald Sie die erste E-Mail in einem Kanal empfangen haben, lohnt sich auch ein Blick in die Dateiablage des Kanals. Hier wurde nun ein Ordner **Email Messages** angelegt, in dem die E-Mails gespeichert werden (siehe Abbildung 5.41).

Abbildung 5.41 *E-Mails werden in einem separaten Ordner in der Dateiablage des Kanals gespeichert.*

Wenn Sie den Ordner öffnen, können Sie die E-Mail direkt aus *Teams* heraus lesen, sie aus SharePoint heraus im Browser anzeigen lassen oder zur Bearbeitung herunterladen.

Was ist das Besondere an dieser E-Mail-Funktion?
Sind E-Mails nicht aus der Mode?

Viele Unternehmen versuchen heutzutage, auf E-Mails zu verzichten. Gerade aber bei der Kommunikation mit externen Teilnehmern wie Kunden, Auftragnehmern und Partnern besteht meistens eine Barriere, die den Einsatz von E-Mail als Kommunikationsmittel erforderlich macht.

Dabei treten die gewohnten Herausforderungen auf: Eine E-Mail wird an einen bestimmten Empfängerkreis gesendet. Wenn diese Personen gerade keine Zeit für eine Antwort haben oder zuerst Informationen von anderen Personen einholen müssen, bleibt die E-Mail für eine Weile unbeantwortet.

Hier kann eine neue Form der Zusammenarbeit Abhilfe schaffen. Wenn Sie die E-Mail direkt an ein Team statt an eine einzelne Person senden, haben Sie folgende Vorteile:

- Die Wahrscheinlichkeit erhöht sich, dass eines der Teammitglieder Zeit für die Beantwortung der E-Mail hat.

- Fragen, die von verschiedenen Personen beantwortet werden müssen, können schneller geklärt werden, weil jeder Zugriff auf die Nachricht hat, auch wenn er ursprünglich vielleicht gar nicht von Ihnen als Empfänger ausgewählt wurde.

- Da das gesamte Team wahrnimmt, welche Anfragen an die einzelnen Teammitglieder gestellt werden, und sich aktiv an der Bearbeitung der Aufgaben beteiligen kann, steigen Motivation und Identifikation mit dem Team.

Sie sehen hier, dass Sie mit dieser E-Mail-Funktion das Beste aus beiden Welten herausholen und die Zusammenarbeit in Ihrem Team verbessern können.

5.6.6   Link auf den Kanal kopieren

Wenn Sie mit einem Kollegen im Gespräch sind und ihn auf einen Teamraum bzw. einen Kanal aufmerksam machen möchten, kann es hilfreich sein, ihm den Link zu dem Kanal zukommen zu lassen. Rufen Sie dazu über die Dreipunkte-Schaltfläche des Kanals den Menüpunkt **Link zum Kanal erhalten** auf.

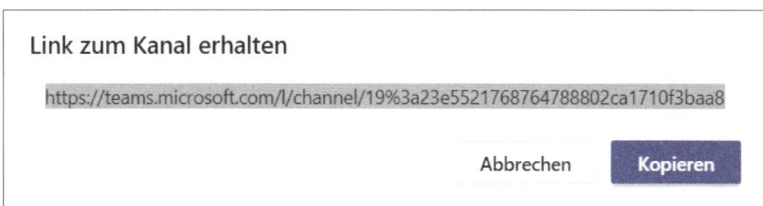

Abbildung 5.42 *Fügen Sie den Link zu einem Kanal in Ihre Zwischenablage ein.*

In dem in Abbildung 5.42 dargestellten Dialog können Sie durch Betätigen der Schaltfläche **Kopieren** den Link zu dem ausgewählten Kanal in Ihre Zwischenablage übernehmen und so beispielsweise mit ⌨Strg+⌨V in einen persönlichen Chat einfügen. So ist es für Ihre Kollegen einfacher, zu dem von Ihnen angesprochenen Kanal zu wechseln und sich dort an einer Unterhaltung zu beteiligen.

5.6.7 Mit Konnektoren externe Dienste in die Teamarbeit integrieren

Im Menü für einen Kanal finden Sie außerdem einen Menüpunkt **Connectors**, über den Sie den in Abbildung 5.43 dargestellten Dialog aufrufen können.

Abbildung 5.43 *Verwalten Sie die Konnektoren für einen Kanal.*

Konnektoren werden zur Integration von weiteren Diensten oder Tools verwendet und sind in der Regel mit einem Teamraum oder einem Kanal verknüpft. Ich nutze in meinem Team beispielsweise einen Konnektor zu JIRA, um aus meinem Teamraum auf Tickets in JIRA zuzugreifen und diese ohne Wechsel in das andere Tool bearbeiten zu können.

Auf die Konnektoren möchte ich in diesem Buch nicht im Detail eingehen, da sich bei der Konfiguration häufiger etwas ändert und somit das Risiko zu groß ist, dass die hier einmal schriftlich fixierte Anleitung schnell überholt ist.

5.7   Kanäle im Teamraum verwalten

Zum Abschluss der Betrachtung der Kanäle als Möglichkeit zur Strukturierung Ihrer Teamräume möchte ich Ihnen die Übersicht über alle Kanäle in einem Teamraum vorstellen. Rufen Sie dazu über die Dreipunkte-Schaltfläche neben dem Teamnamen den Menüpunkt **Team verwalten** auf, und wählen Sie die Registerkarte **Kanäle** aus.

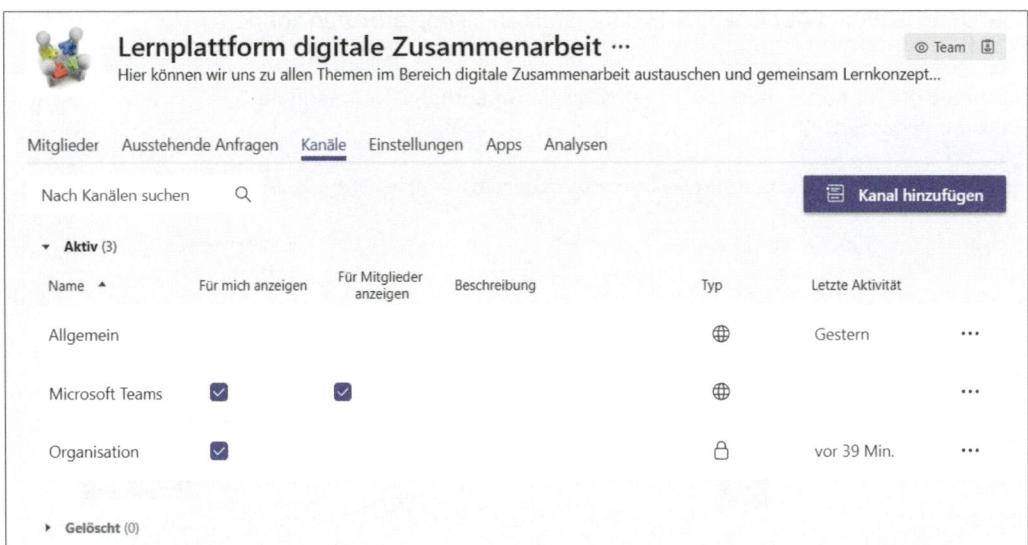

Abbildung 5.44 *Verschaffen Sie sich einen Überblick über die Kanäle in Ihrem Teamraum.*

Sie erhalten wie in Abbildung 5.44 dargestellt eine Übersicht über alle Kanäle des Teamraums mit folgenden Informationen für jeden einzelnen Kanal:

- **Name und Beschreibung**: Nur so wissen Sie, um welchen Kanal es sich in der entsprechenden Zeile handelt.

- **Für mich anzeigen**: Hier können Sie durch das Setzen eines Hakens bestimmen, ob dieser Kanal links in der Teamliste als einer der standardmäßig angezeigten Kanäle zu finden sein soll. Wenn Sie den Haken entfernen, finden Sie den Kanal unter dem Menüpunkt **ausgeblendete Kanäle** unterhalb der direkt angezeigten Kanäle.

- **Für Mitglieder anzeigen**: Hier können Sie die eben beschriebenen Einstellungen für alle Teammitglieder vornehmen. Das einzelne Teammitglied kann anschließend seine persönlichen Einstellungen vornehmen. Diese werden aber ggf. bei der nächsten Konfiguration durch Sie wieder überschrieben.

- **Typ**: Durch ein Symbol können Sie schnell erkennen, ob es sich um einen Standardkanal oder einen privaten Kanal handelt. Private Kanäle sehen Sie in der Liste nur, wenn Sie selbst Mitglied dieses Kanals oder ein Teambesitzer sind. Als Teambesitzer müssen Sie nicht Mitglied des Kanals sein, können diesen aber zumindest hier in der Liste sehen.

- **Letzte Aktivität**: Sie sehen außerdem das Datum der letzten Aktivität in diesem Kanal. So können Sie schnell erkennen, ob ein Kanal noch verwendet wird oder gelöscht werden kann.

Wie Sie in Abbildung 5.45 sehen können, haben Sie über die Dreipunkte-Schaltfläche ganz rechts in der Zeile für einen Kanal genau dieselben Möglichkeiten wie innerhalb der Liste Ihrer Teams. So können Sie über den Menüpunkt **Diesen Kanal löschen** beispielsweise einen nicht mehr verwendeten Kanal löschen, sodass er anschließend unten im Bereich **Gelöscht** aufgeführt wird und dort über den Menüpunkt **Wiederherstellen** auch reaktiviert werden kann.

Bei einem privaten Kanal, den Sie nur aufgrund Ihrer Rolle als Teambesitzer sehen, ist das Menü wie in Abbildung 5.46 dargestellt sehr eingeschränkt. Sie können den Kanal löschen und die Kanalbesitzer anzeigen lassen. Um diese Funktion aufrufen zu können, benötigen Sie eine zweite Person, die einen privaten Kanal erstellt und Sie nicht als Mitglied hinzufügt. Rufen Sie dann den Menüpunkt **Kanalbesitzer anzeigen** auf (siehe Abbildung 5.46).

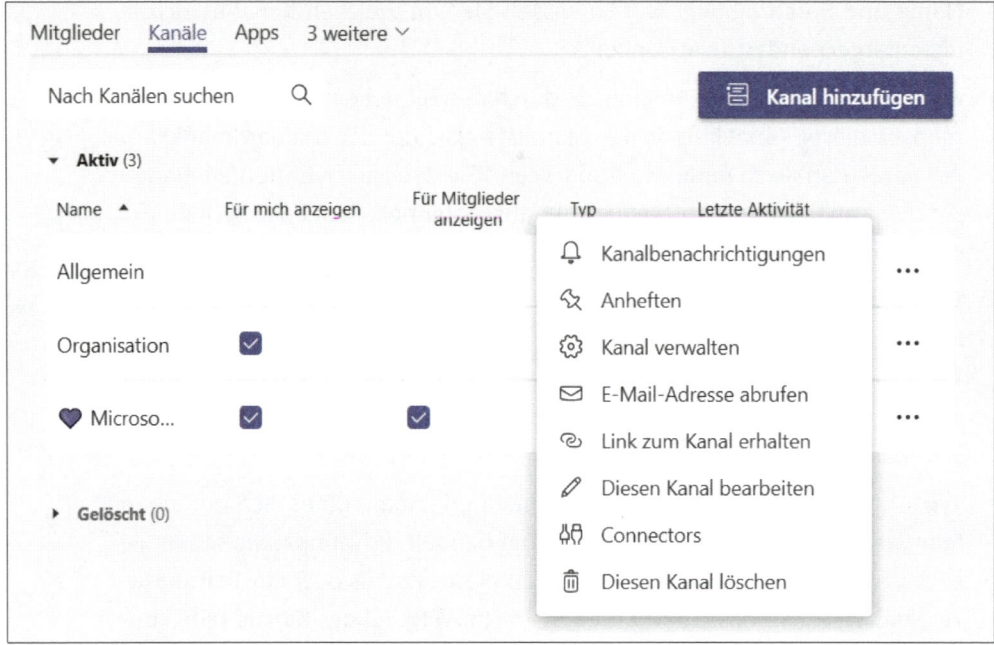

Abbildung 5.45 *Verwalten Sie auch aus dieser Auflistung heraus Ihre Kanäle wie gewohnt.*

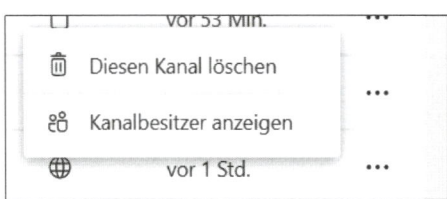

Abbildung 5.46 *Wenn Sie keinen Zugriff auf einen privaten Kanal haben, können Sie als Teambesitzer aber zumindest die Besitzer des Kanals sehen.*

Daraufhin wird Ihnen wie in Abbildung 5.47 dargestellt ein Dialog angeboten, in dem Sie die Besitzer des privaten Kanals sehen können. Wenn Sie dann mit der Maus über das Profilbild der Person gehen, erscheint ihre Kontaktkarte (siehe Abbildung 5.48). So können Sie bei Bedarf um die Aufnahme in den Kanal bitten. Anhand des Kanalnamens können Sie vielleicht schon abschätzen, worum es in dem Kanal gehen könnte.

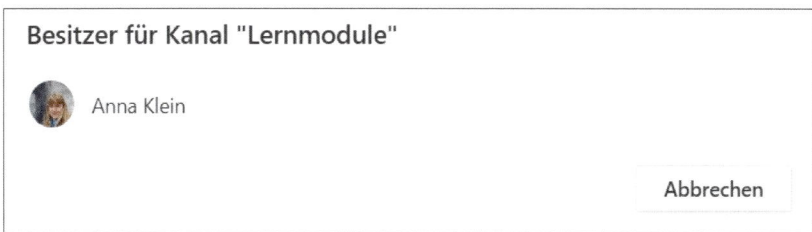

Abbildung 5.47 *Schauen Sie, wer Besitzer des Kanals ist, auf den Sie keinen Zugriff haben.*

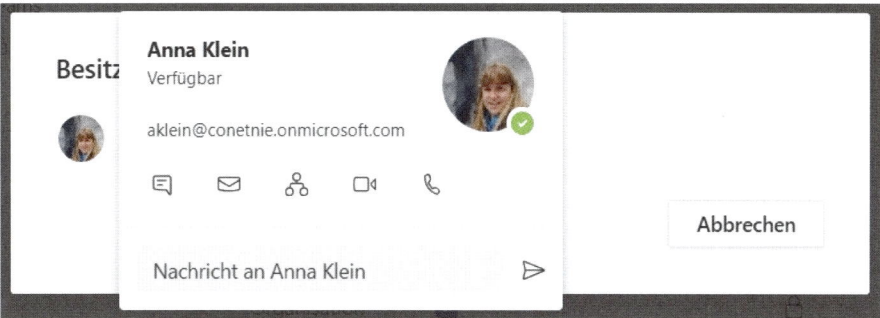

Abbildung 5.48 *Über die Kontaktkarte der Besitzer können Sie beispielsweise um die Aufnahme in den Kanal bitten.*

Wenn Sie in der Liste der Kanalbesitzer sehen, dass vielleicht alle aufgeführten Personen nicht mehr dem Unternehmen angehören, können Sie sich zwar nicht selbst Zugriff verschaffen, aber zumindest den Kanal löschen, da er dann wahrscheinlich nicht mehr verwendet werden kann.

5.8   Tags als Ergänzung zu Kanälen (virtuelle Teams)

Sie haben Kanäle als das Mittel zur Strukturierung Ihres Teamraums kennengelernt. Sie können damit private Bereiche schaffen sowie Themen voneinander abgrenzen. Nun möchte ich Ihnen die sogenannten *Tags* vorstellen, mit denen Sie etwas Ähnliches im Hinblick auf Ihre Teammitglieder schaffen können. Kann es sein, dass sich Ihr Team in einzelne Subteams aufteilen lässt oder dass es in Ihrem Team unterschiedliche Rollen oder Expertisen bzw. Aufgabenbereiche gibt? Diese Eigenschaften können Sie über Tags verwalten.

Ich zeige Ihnen nun ein Beispiel, das Sie in Ihrem Teamraum nachmachen können. Rufen Sie über die Dreipunkte-Schaltfläche an Ihrem Teamraum den Menüpunkt **Tags verwalten** auf.

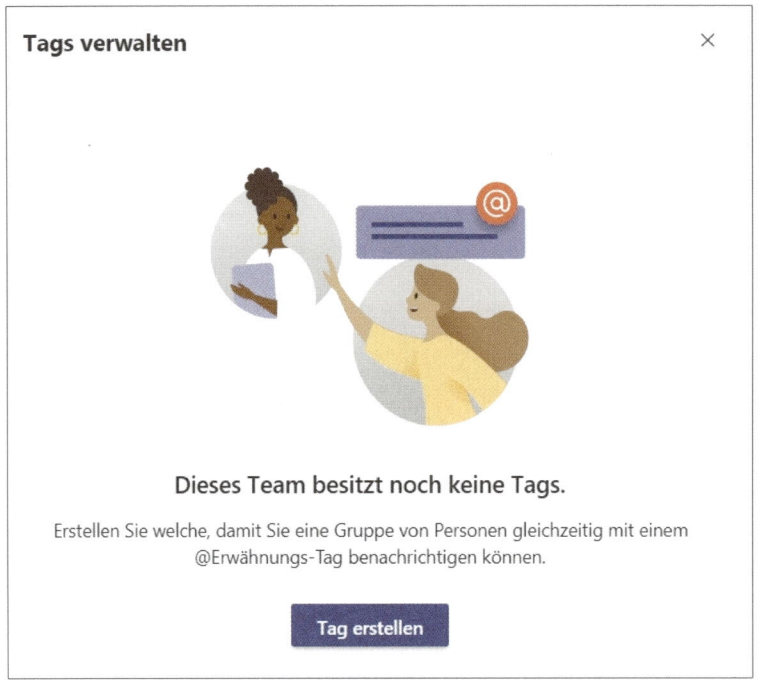

Abbildung 5.49 *Momentan existieren noch keine Tags in Ihrem Team.*

Wie Sie Abbildung 5.49 entnehmen können, existieren standardmäßig noch keine Tags in einem Teamraum. Betätigen Sie die Schaltfläche **Tag erstellen**, und schon wird Ihnen wie in Abbildung 5.50 dargestellt der Dialog zur Erstellung eines neuen Tags angeboten. Ein Tag besteht aus folgenden Bestandteilen:

- **Name**: Geben Sie einen sprechenden Namen für das Tag an. Das kann beispielsweise eine Rolle oder ein Aufgabenbereich sein.

- **Personen**: Wählen Sie die Personen aus, die dieses Tag erhalten sollen. Sie können mehrere Personen benennen, und eine Person kann auch über mehrere Tags verfügen.

Bei der Auswahl der Personen sollten Sie berücksichtigen, dass Sie nur Teammitglieder auswählen können, denn Tags sind auf den jeweiligen Teamraum begrenzt.

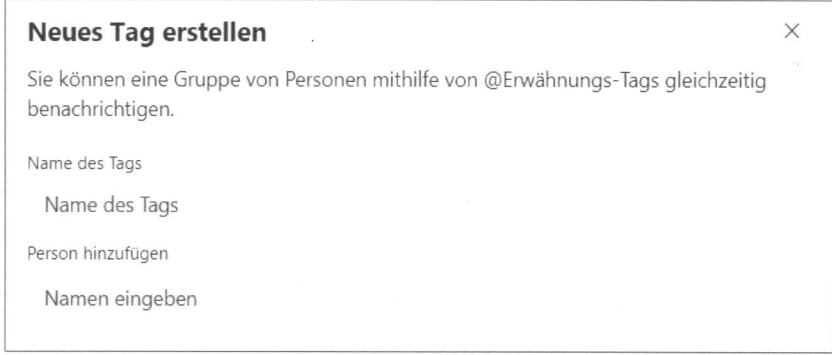

Abbildung 5.50 *Als Erstes müssen Sie einen Namen für das Tag angeben.*

Wie Sie Abbildung 5.51 entnehmen können, werden Sie bei der Auswahl der Personen nach Eingabe der ersten Buchstaben wieder durch Vorschläge unterstützt und können so recht schnell die Personengruppe für das Tag zusammenstellen.

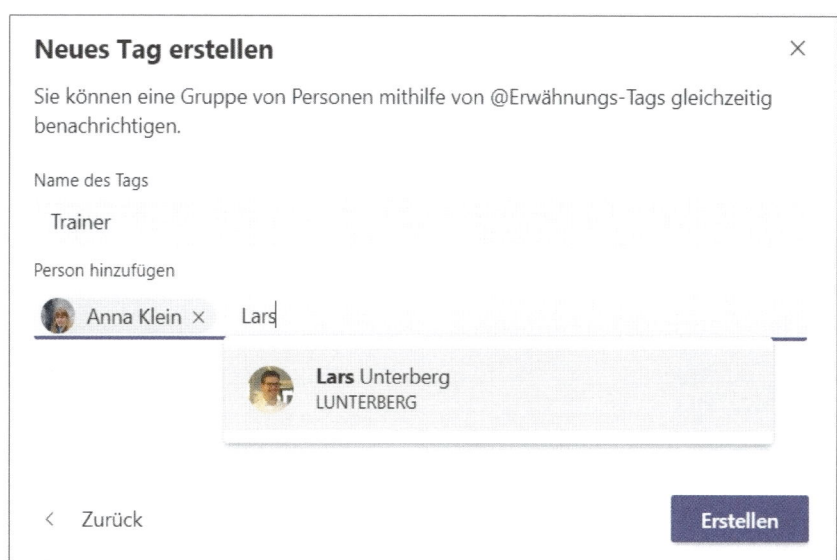

Abbildung 5.51 *Anschließend können Sie die Teammitglieder auswählen, die das Tag verwenden sollen.*

Wenn Sie den Namen eingegeben und die Personen ausgewählt haben, können Sie die Schaltfläche **Erstellen** betätigen. In Abbildung 5.52 sehen Sie etwa das erstellte Tag »Trainer«, und ähnlich wie bei einem Gruppenchat werden einige der Mitglieder angezeigt. Die Zahl hinter dem Namen des Tags zeigt außerdem die Anzahl der Personen, denen das Tag zugewiesen wurde.

Sie können nun über die Schaltfläche **Tag erstellen** beliebig viele weitere Tags hinzufügen, sodass sich ähnlich wie in Abbildung 5.52 die Liste stetig erweitert.

Abbildung 5.52 *Sie sehen Ihre erstellten Tags in dieser Übersicht.*

Diese Ansicht wird Ihnen zukünftig auch direkt angezeigt, wenn Sie für Ihren Teamraum den Menüpunkt **Tags verwalten** aufrufen.

Standardmäßig sehen Sie zunächst alle Tags. Wenn Sie anstelle der Registerkarte **Alle Markierungen** nun aber einmal die Registerkarte **Eigene Markierungen** aufrufen, sehen Sie wie in Abbildung 5.53 dargestellt ausschließlich die Tags, die Ihnen zugewiesen wurden.

Abbildung 5.53 *Schauen Sie sich die Tags an, die Ihnen persönlich zugewiesen wurden.*

Wenn Sie als Teambesitzer nun ein solches Tag aufrufen, können Sie wie in Abbildung 5.54 dargestellt das Tag umbenennen oder weitere Personen hinzufügen. Sie können aber außerdem einen Gruppenchat mit den Personen beginnen, indem Sie den Menüpunkt **Mit Gruppe chatten** auswählen. So können Sie sich mit der Gruppe zu einem bestimmten Thema austauschen.

Abbildung 5.54 *Bearbeiten Sie das Tag, oder starten Sie einen Gruppenchat.*

Teammitglieder können zwar die Tags nicht bearbeiten, aber über den Menüpunkt **Tag verwalten** auch die Liste der Tags aufrufen. Ich möchte Ihnen aber noch einen alternativen Weg zeigen, über den Sie erfahren können, wer in Ihrem Team welche Tags trägt.

Wie Sie Abbildung 5.55 entnehmen können, sehen Sie in der Liste der Teammitglieder bei jeder Person, welche Tags ihr zugewiesen wurden. Rufen Sie dafür den Menüpunkt **Team verwalten** auf.

Sehen Sie die Spalte **Tags**? Als Teammitglied sehen Sie hier die für die Person vergebenen Tags. Als Teambesitzer können Sie darüber hinaus auch an dieser Stelle die Tags pflegen. Wenn Sie mit der Maus über die Zeile eines Teammitglieds fahren, erscheint der Menüpunkt ⏹ **Tags verwalten** rechts neben den bereits zugewiesenen Tags (siehe Abbildung 5.56).

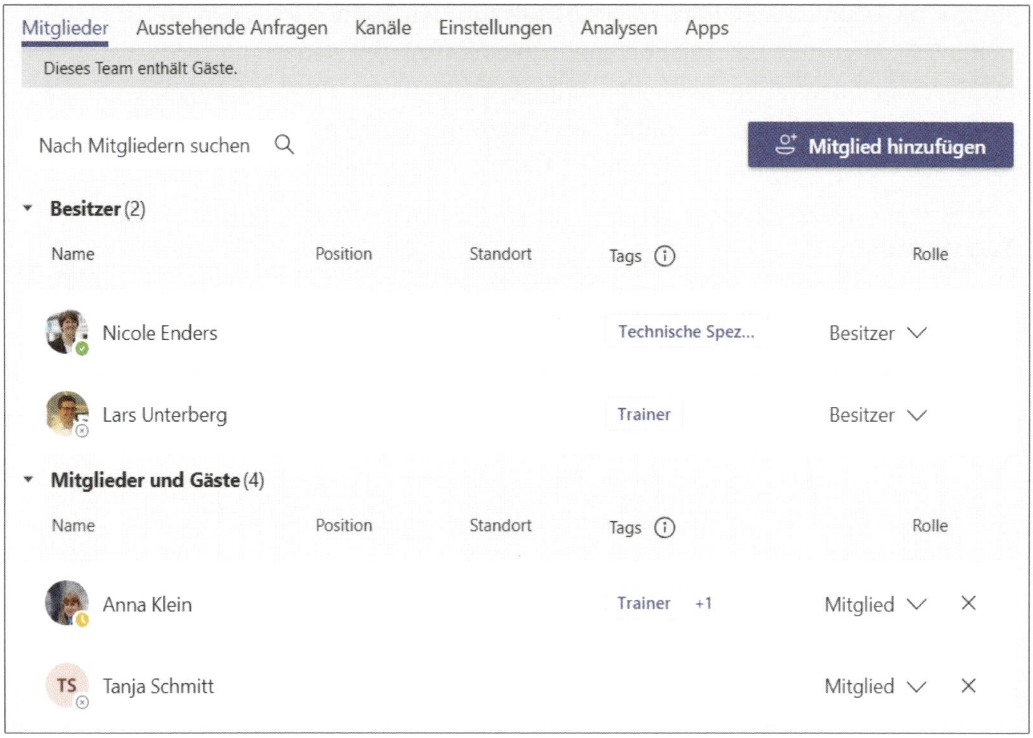
Mitglieder
Ausstehende Anfragen
Kanäle
Einstellungen
Analysen
Apps
Dieses Team enthält Gäste.
Nach Mitgliedern suchen
Mitglied hinzufügen
Besitzer (2)
Name
Position
Standort
Tags
Rolle
Nicole Enders
Technische Spez...
Besitzer
Lars Unterberg
Trainer
Besitzer
Mitglieder und Gäste (4)
Name
Position
Standort
Tags
Rolle
Anna Klein
Trainer +1
Mitglied
TS
Tanja Schmitt
Mitglied

Abbildung 5.55 *In der Liste der Teammitglieder finden Sie ebenfalls die Information über die Tags.*

Nicole Enders
1 Tag
Lars Unterberg
Trainer

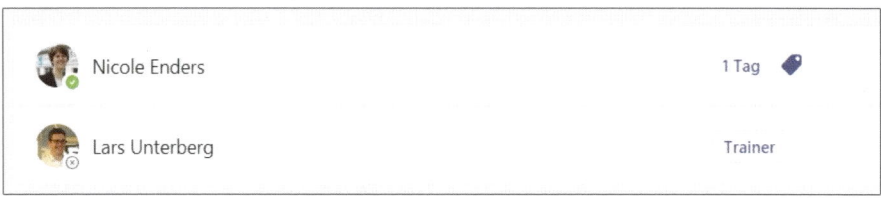

Abbildung 5.56 *Verwalten Sie die Tags aus der Mitgliederliste heraus.*

Wenn Sie den Menüpunkt aufrufen, erscheint der in Abbildung 5.57 dargestellte Dialog mit einer Liste der im Team verfügbaren Tags. Sie können für die entsprechende Person über diesen Weg schnell die richtige Auswahl an Tags festlegen. Falls Ihnen ein Tag fehlt, können Sie den Menüpunkt **Tags verwalten** unterhalb der Auflistung aufrufen und anschließend über den bereits bekannten Weg ein neues Tag erstellen.

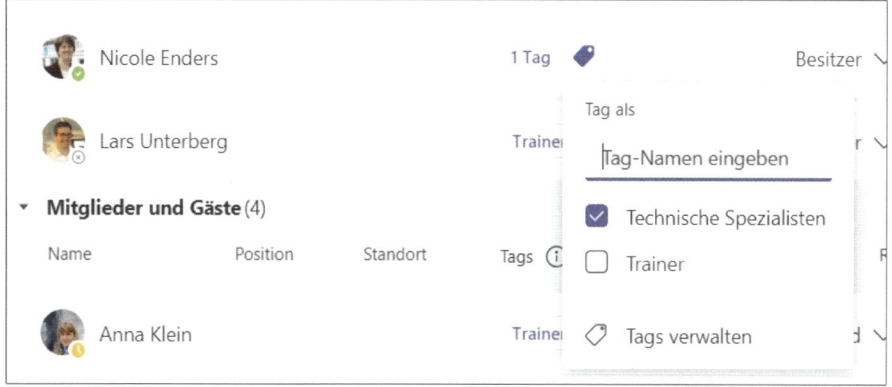

Abbildung 5.57 *Wählen Sie die gewünschten Tags für die entsprechende Person aus.*

Wenn Sie mit der Maus über ein Tag fahren, erscheint außerdem ein Popup mit einer kurzen Übersicht über das Tag (siehe Abbildung 5.58).

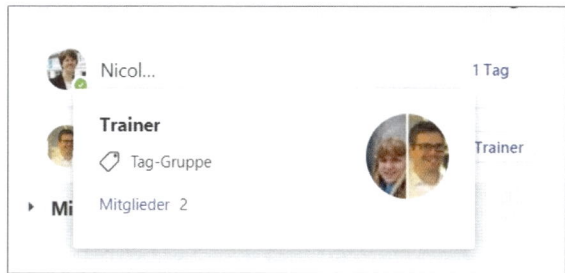

Abbildung 5.58 *Schauen Sie kurz nach, wer zu diesem Tag gehört.*

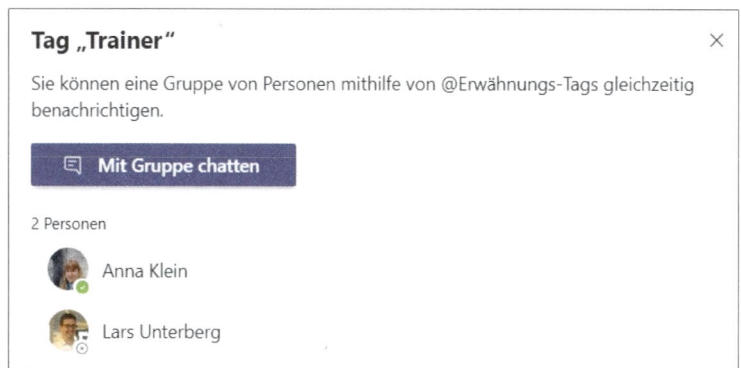

Abbildung 5.59 *Details werden in einem Dialog angezeigt.*

Ihnen wird an dieser Stelle nur die Anzahl der Mitglieder angezeigt. Falls Sie genau wissen möchten, wer zu dieser Gruppe gehört, klicken Sie bitte auf den Link **Mitglieder**. Daraufhin werden Ihnen die Personen aufgelistet, und Sie können über die Schaltfläche **Mit Gruppe chatten** auch als normales Teammitglied einen Gruppenchat beginnen (siehe Abbildung 5.59). Sollten Sie als Teambesitzer über diesen Weg die Detailansicht eines Tags aufgerufen haben, sollte die Ansicht der Darstellung aus Abbildung 5.54 entsprechen.

Neben den Gruppenchats sind Tags ein gutes Mittel zur gezielten Ansprache innerhalb einer Nachricht im Teamchat. Je nachdem, wie Sie die Tags gestalten, können Sie somit Ihre Subteams in Nachrichten erwähnen und dadurch Informationen zielgerichtet verteilen.

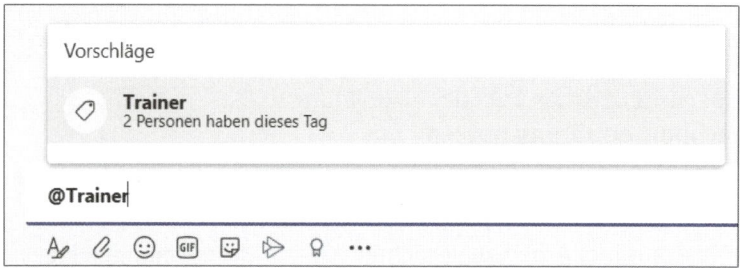

Abbildung 5.60 *Verwenden Sie Tags zur gezielten Ansprache einer Gruppe innerhalb Ihres Teamraums.*

Wie Sie in Abbildung 5.60 sehen können, ist die Vorgehensweise bei Tags dieselbe wie bei Erwähnen einer Person oder eines Kanals über die Verwendung des @-Zeichens und der anschließenden Eingabe des Namens des Tags.

Welche Tipps gibt es noch für größere Teams?

In der Praxis kann es schnell geschehen, dass immer mehr Personen in einem Teamraum zugelassen werden und der eigentliche Zweck des Teams in den Hintergrund rückt. Legen Sie genau fest, wer neue Mitglieder hinzufügen soll und wie Sie den Überblick darüber behalten, was inhaltlich in Ihrem Teamraum geschieht. Es kann durchaus sinnvoll sein, zu einem bestimmten Zeitpunkt ein separates Team zu erstellen und Teile des bisherigen Teamraums auszulagern, bevor Sie Ihr ursprüngliches Team immer mehr erweitern und evtl. irgendwann nahezu alle Mitarbeiter Ihres Unternehmens aufgenommen und den eigentlichen Zweck des Teams verloren haben.

Kapitel 6
Mit Online-Besprechungen den Informationsaustausch fördern

In Zeiten von räumlicher Distanz kommt den Möglichkeiten von Online-Besprechungen eine besondere Bedeutung zu. Im Rahmen von persönlichen Chats, Gruppenchats sowie innerhalb der Teamräume habe ich Ihnen gezeigt, wie Sie sich mit Ihren Kollegen über einen Audio- oder Videoanruf austauschen können. In diesem Kapitel werden Sie die verschiedenen Funktionen zur Unterstützung von Online-Besprechungen Schritt für Schritt kennenlernen.

Neue Besprechungserfahrung nutzen

Durch Covid-19 haben sich Homeoffice und Remotework nun in vielen Unternehmen durchgesetzt und viele Mitarbeiter nutzen diese Möglichkeit, um von zu Hause aus ihre Arbeit zu verrichten. Online-Besprechungen stellen dabei einen großen Anteil der täglichen Arbeit dar. Auch im Bildungssektor bilden Online-Besprechungen die Grundlage für Unterricht innerhalb der eigenen vier Wände.

Um die Menschen bei Online-Besprechungen zu unterstützen, hat Microsoft seit dem Frühjahr 2020 bereits einige Verbesserungen an den Funktionen vorgenommen und wird auch weiterhin neue Funktionen bereitstellen. Achten Sie bitte darauf, dass Sie die neue Besprechungserfahrung nutzen (siehe Abschnitt 1.2.5); diese ist Grundlage für die Erläuterungen in diesem Kapitel.

6.1   Eine Besprechung spontan starten

Ich möchte mit dem Szenario einer spontanen Besprechung beginnen, die sich aus einer Unterhaltung in einem Teamchat ergibt. Wenn Sie sich spontan mit Ihren Teammitgliedern abstimmen möchten, können Sie den Menüpunkt ⌘ **Jetzt besprechen** im oberen Bereich des Bildschirms auswählen und werden wie in Abbildung 6.1 dargestellt aufgefordert, einen Betreff für die Besprechung anzugeben. Klicken Sie in die Zeile mit dem Platzhaltertext **Besprechung in „General"**, und geben Sie einen konkreten Anlass für die spontane Besprechung an, damit Ihre Kollegen einschätzen können, ob sie an dieser Besprechung teilnehmen möchten. Wenn Sie keinen Betreff angeben, wird stattdessen der Name des Kanals, aus dem Sie die Besprechung starten, verwendet.

Sie können vor Beginn der Besprechung außerdem festlegen, ob Sie Ihre Kamera aktivieren oder erst einmal nur per Audiosignal teilnehmen möchten. Ich werde in einem späteren Abschnitt noch auf die Möglichkeit eingehen, den Hintergrund einer Videoübertragung zu verändern und so Ihre Privatsphäre zu schützen.

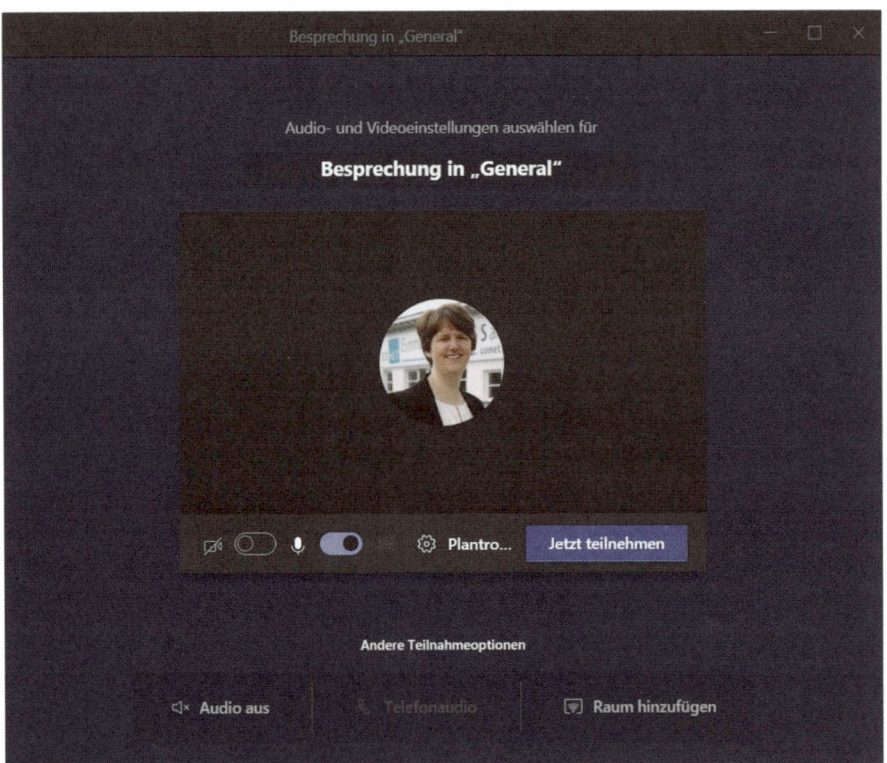

Abbildung 6.1 *Geben Sie einen Betreff für die spontane Besprechung an, und entscheiden Sie, ob Sie die Kamera aktivieren möchten.*

Abbildung 6.2 *Wenn Sie so weit sind, können Sie die Besprechung starten.*

Wenn Sie so weit sind, können Sie durch Betätigen der Schaltfläche **Jetzt teilnehmen** die Besprechung starten (siehe Abbildung 6.2).

6.1.1 Teilnehmer auswählen und anrufen

In Abbildung 6.3 sehen Sie, dass die Besprechung gestartet wurde und Sie der erste Teilnehmer sind. Sie können nun warten, ob die anderen Teammitglieder von allein an dieser Besprechung teilnehmen.

Wie Sie Abbildung 6.4 entnehmen können, wird in der Liste der Teamräume rechts neben dem entsprechenden Kanal ein Kamerasymbol 🎥 angezeigt, und wenn Sie den Kanal aufrufen, sehen Sie im Teamchat, dass eine Besprechung gestartet wurde, wie lange die Besprechung schon läuft und wer bereits an der Besprechung teilnimmt. Über die Schaltfläche **Teilnehmen** können Ihre Kollegen dann selbstständig an der Besprechung teilnehmen und erscheinen danach in der Teilnehmerliste im Bereich **Derzeit in dieser Besprechung**.

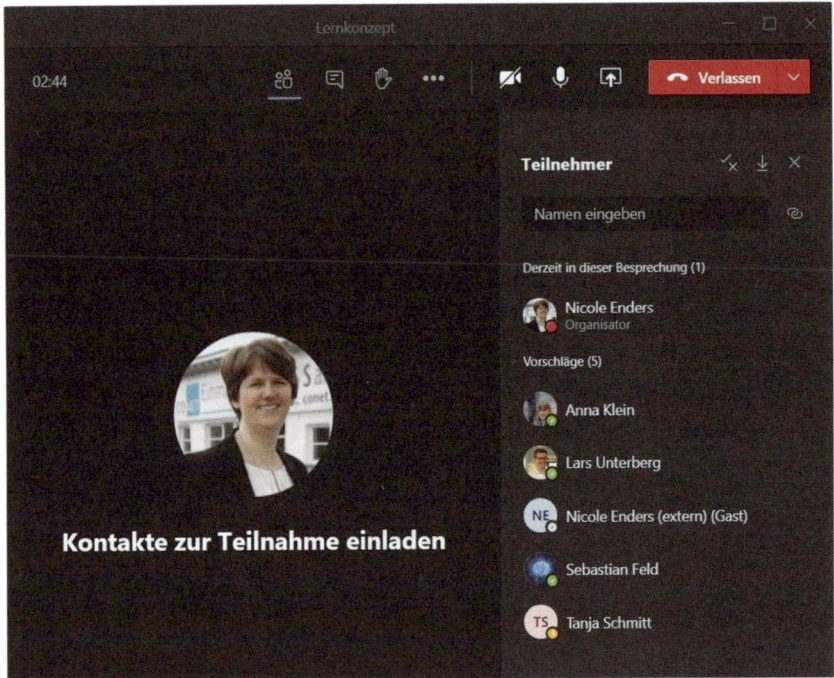

Abbildung 6.3 *Warten Sie darauf, dass die anderen Teammitglieder von allein an dieser Besprechung teilnehmen, oder rufen Sie sie an.*

Abbildung 6.4 *Ihre Kollegen sehen, dass eine Besprechung gestartet wurde.*

Wenn Sie nicht warten möchten, bis Ihre Kollegen von allein gemerkt haben, dass eine Besprechung gestartet wurde, und dann überlegen, ob sie daran teilnehmen sollen oder nicht, können Sie die Kollegen auch zur Teilnahme auffordern. In Abbildung 6.5 sehen Sie, dass Ihnen die anderen Teammitglieder bereits vorgeschlagen werden. Wenn Sie mit der Maus über den Namen der entsprechenden Person fahren, erscheint der Menüpunkt **Teilnahmeanfrage**, den Sie nun hierfür aufrufen können.

Abbildung 6.5 *Fordern Sie Ihre Kollegen explizit zur Teilnahme an dieser Besprechung auf.*

Bei größeren Teams kann es sein, dass Ihnen nicht alle Kollegen vorgeschlagen werden. Nutzen Sie in diesem Fall das Eingabefeld mit der Beschreibung **Namen eingeben**, und geben Sie dort den Namen der gewünschten Person ein.

Bei beiden Varianten werden die von Ihnen ausgewählten Personen angerufen und erhalten entsprechend der in Abbildung 6.6 dargestellten Meldung die Option, den Anruf anzunehmen oder abzulehnen. Durch Betätigen der Schaltfläche **Annehmen** treten sie nicht direkt der Besprechung bei, sondern erhalten wie in Abbildung 6.7 dargestellt genau wie der Initiator der Besprechung die Möglichkeit zu entscheiden, ob sie ihre Kamera aktivieren möchten und ob sie stummgeschaltet der Besprechung beitreten möchten.

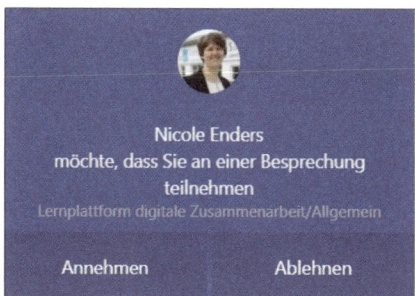

Abbildung 6.6 *Wenn Sie zur Teilnahme an einer Besprechung aufgefordert werden, erhalten Sie einen Anruf.*

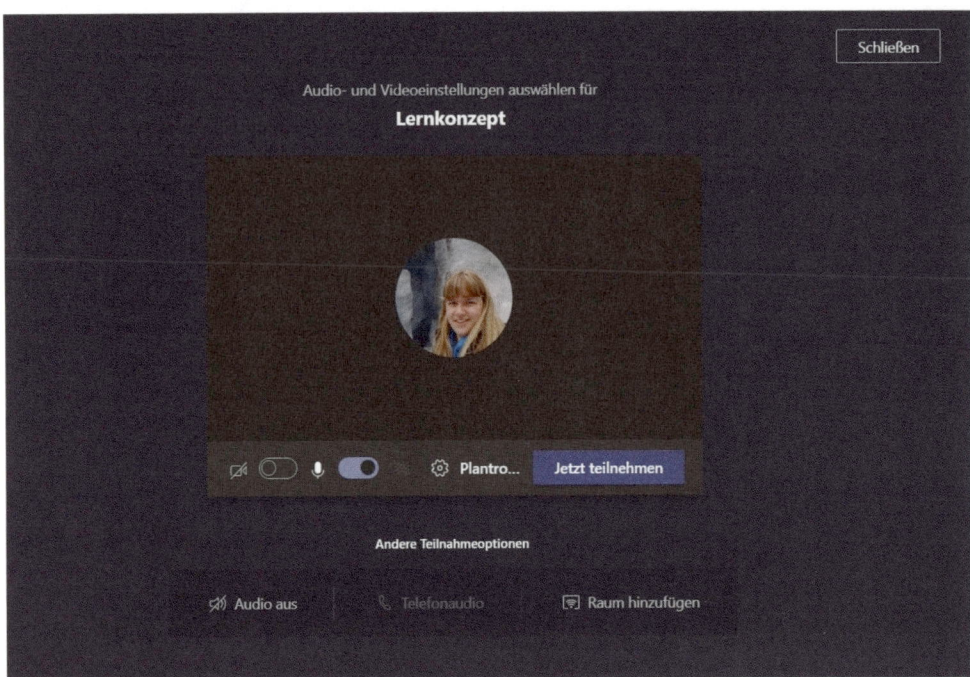

Abbildung 6.7 *Wählen Sie aus, ob Sie mit aktivierter Kamera und ob Sie stummgeschaltet an der Besprechung teilnehmen möchten.*

Durch Betätigen der Schaltfläche **Jetzt teilnehmen** treten Sie der Besprechung bei. In meinem Beispiel ist Anna der Besprechung beigetreten und taucht somit in der Teilnehmerliste im Bereich **Derzeit in dieser Besprechung** auf.

Anna hat ihre Kamera nicht aktiviert und erscheint daher mit ihrem Profilbild. Da es noch keine weiteren Teilnehmer gibt, nimmt Anna die gesamte Oberfläche ein (siehe Abbildung 6.8). Sobald aber weitere Personen zu der Besprechung hinzukommen, verändert sich die Darstellung, wie Sie es exemplarisch in Abbildung 6.9 und Abbildung 6.10 sehen können.

Sie können in der Teilnehmerliste übrigens auch sehen, ob gerade versucht wird, jemanden zur Teilnahme aufzufordern. So sehen Sie beispielsweise in Abbildung 6.9 bei Lars Unterberg die Anmerkung **Anrufen**, die kennzeichnet, dass Lars noch nicht reagiert hat und weiterhin versucht wird, ihn zur Teilnahme zu bewegen. Direkt darunter sehen wir die Situation, wenn jemand offline ist oder nicht auf den Anruf reagiert hat. In einem solchen Fall wird kurze Zeit später die Meldung **Nicht verfügbar** angezeigt, und danach wird die Person aus der Liste der aktiven Teilnehmer wieder entfernt.

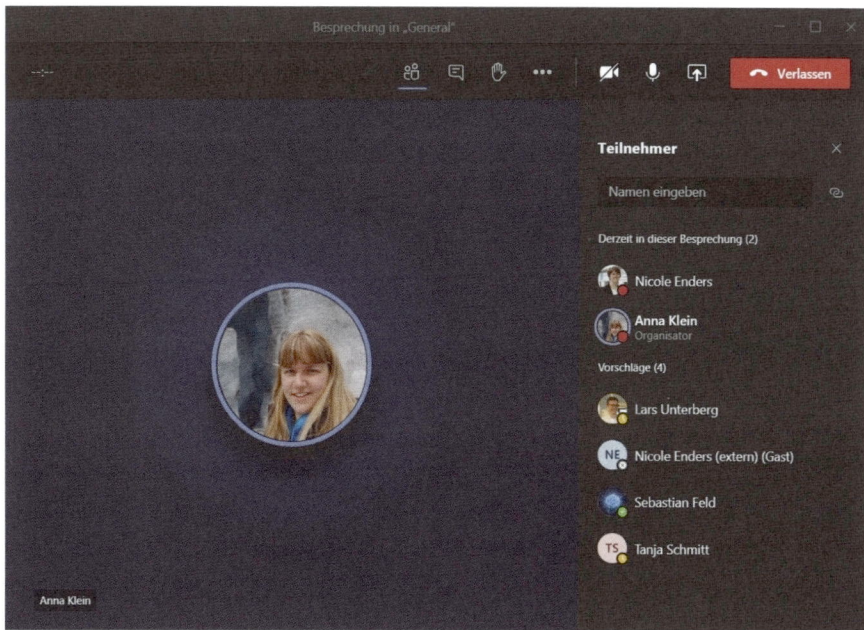

Abbildung 6.8 *Anna ist die erste Teilnehmerin in meiner Besprechung und wird mit Ihrem Profilbild dargestellt.*

Abbildung 6.9 *Die Teilnehmer werden in Form von Kacheln angezeigt.*

Abbildung 6.10 *Die Kacheln werden in Abhängigkeit der Teilnehmer immer kleiner.*

6.1.2   Eine Besprechung moderieren und »die Hand heben«

Bei Online-Besprechungen ist es noch wichtiger als in einer Besprechung vor Ort, dass Sie Verhaltensregeln aufstellen, die allen Teilnehmern bekannt sein und von ihnen akzeptiert werden sollten.

Eine wichtige Regel ist zum Beispiel, sich stummzuschalten, wenn man gerade keinen aktiven Redeanteil hat. Das kann man über sein Mikrofon oder über die Steuerungsleiste in der Besprechung tun.

Manchmal vergessen die Teilnehmer aber, sich stummzuschalten, und für den aktuellen Sprecher kann es irritierend sein, wenn er Hintergrundgeräusche oder (je nach verwendeten Lautsprechern und Mikrofonen) sogar ein Echo wahrnimmt. In diesem Fall können Sie über die Teilnehmerliste den Menüpunkt **Alle stummschalten** oberhalb der Liste aller Teilnehmer nutzen. Sie erhalten dann entsprechend der Darstellung in Abbildung 6.11 eine Sicherheitsabfrage, ob Sie wirklich alle anderen Teilnehmer stummschalten möchten. Bestätigen Sie die Abfrage durch Betätigen der Schaltfläche **Stummschalten**.

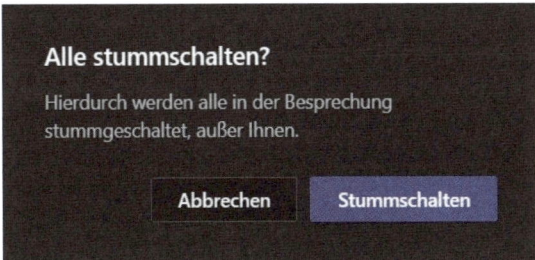

Abbildung 6.11 *Schalten Sie alle Teilnehmer stumm.*

Die anderen Teilnehmer erhalten eine Meldung in Form eines Banners im Kopfbereich, in der sie über die Stummschaltung informiert werden.

> **Jeder Teilnehmer kann alle stummschalten!**
>
> Achten Sie bitte bei Verwendung der Funktion darauf, dass Sie diese nur nutzen, wenn Sie gerade einen aktiven Redeanteil haben und die anderen Teilnehmer nur zuhören sollen. Wenn Sie alle außer sich stummschalten und gerade jemand anderes redet, würden Sie ihn ebenfalls stummschalten. Versuchen Sie, sich dieses Vorgehen in einer Besprechung in einem gemeinsamen Raum vorzustellen. Das wäre so, als ob Sie dem Vortragenden »Sei still, jetzt bin ich dran« zuflüstern würden und dann einfach anfangen zu reden.

In der Teilnehmerliste können Sie übrigens auch sehen, wer gerade stummgeschaltet ist (siehe Abbildung 6.12). Das ist vor allem dann interessant, wenn Teilnehmer erst später zu einer Besprechung hinzustoßen.

Abbildung 6.12 *Schauen Sie nach, wer stummgeschaltet ist und wer ggf. durch Hintergrundgeräusche die Besprechung beeinträchtigt.*

In der Teilnehmerliste sehen Sie außerdem, wer gerade spricht bzw. mit Hintergrundgeräuschen die Besprechung beeinträchtigt. Diese Person wird, solange Ton übertragen wird, fett markiert hervorgehoben. Das kann Ihnen helfen, die richtige Person zu ermitteln, die Sie stummschalten möchten.

Bestimmen Sie eine Person für die Einhaltung der Regeln

In der Praxis hat es sich bewährt, dass eine Person auf die Teilnehmerliste achtet und ggf. einzelne Personen stummschaltet, wenn sie dies nicht von selbst tun und gerade keinen aktiven Redeanteil haben. Die Person, die diese Aufgabe übernimmt, sollte keine geplanten Redeanteile haben und sich auf diese Aufgabe fokussieren können. Evtl. kann die Person sogar weitere Aufgaben übernehmen, auf die ich gleich eingehen werde.

Wenn Sie die Teilnehmer zu Beginn des Termins auffordern, sich stummzuschalten, sollten Sie aber auch klären, wie sich die Kollegen zu Wort melden können. Ihnen stehen zwei Möglichkeiten zur Verfügung: das *Handheben* oder der *Besprechungschat*.

In Abbildung 6.13 sehen Sie, dass zwei Personen die Hand gehoben haben. Dabei wird die entsprechende Person kurzzeitig optisch hervorgehoben (wie zum Beispiel Lars). Sie können in Ihrer Besprechung beispielsweise die Regel aufstellen, dass jemand die Hand heben soll, wenn er etwas sagen möchte. Der Moderator kann darauf achten, wann jemand die Hand hebt, und dann dieser Person das Wort erteilen. In dem Moment darf die Person die Stummschaltung aufheben und sprechen. Sobald die Person nichts mehr sagen möchte, schaltet sie sich wieder stumm und nimmt die Hand herunter.

Wenn Sie sich zu Wort melden möchten, können Sie in der Aktionsleiste den Menüpunkt 🖐 **Ihre Hand heben** aufrufen. Daraufhin wird wie bei Sebastian und Lars in Abbildung 6.13 sowohl in der Teilnehmerliste (die auch mal geschlossen sein kann) als auch an der Person selbst ein Handsymbol 🖐 angezeigt. Wenn Sie den Menüpunkt nicht in Ihrer Aktionsleiste (siehe Abbildung 6.14) sehen, ist der Menüpunkt evtl. durch die von Ihnen verwendete Bildschirmauflösung oder Fenstergröße nicht direkt sichtbar. Rufen Sie in diesem Fall die weiteren Menüpunkte über die Dreipunkte-Schaltfläche auf.

Abbildung 6.13 *Nutzen Sie die Möglichkeit des »Handhebens«, um sich zu Wort zu melden.*

Abbildung 6.14 *In der Aktionsleiste sehen Sie am Menüpunkt für die Teilnehmerliste bereits, dass (in diesem Beispiel) zwei Personen die Hand gehoben haben.*

Wenn Sie sich ganz auf Ihre Gesprächspartner fokussieren möchten, werden Sie vielleicht die Teilnehmerliste über das × oben rechts geschlossen haben. Sie können die Teilnehmerliste aber jederzeit wieder über die Aktionsleiste öffnen und sehen dort wie in Abbildung 6.14 dargestellt bereits, wenn Teilnehmer die Hand gehoben haben. In diesem Beispiel haben zwei Personen die Hand gehoben.

Wenn Sie dann mit der Maus über eine der Personen fahren, erscheint eine Dreipunkte-Schaltfläche (siehe Abbildung 6.15). Hierüber können Sie verschiedene Aktionen aufrufen, wie zum Beispiel das Senken der Hand.

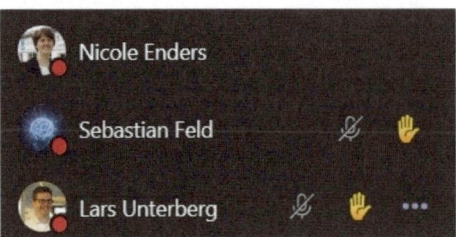

Abbildung 6.15 *Schauen Sie nach, welche Aktionen Sie für einen Teilnehmer aufrufen können.*

Jeder Teilnehmer kann selbst seine Hand wieder senken, indem er erneut den Menüpunkt 🖐 in der Aktionsleiste aufruft. Wenn Ihre Teilnehmer dies jedoch nicht selbstständig tun, können Sie diesen Schritt über den in Abbildung 6.16 dargestellten Menüpunkt **Hand senken** übernehmen.

Abbildung 6.16 *Senken Sie die Hand eines Teilnehmers, falls er es vergessen hat.*

Eine andere Option für die Beteiligung der Teilnehmer an der Besprechung stellt der Besprechungschat dar (siehe Abbildung 6.17), den Sie ebenfalls über die Aktionsleiste erreichen können. Hier können Sie sich untereinander während der Besprechung wie in einem Teamchat austauschen.

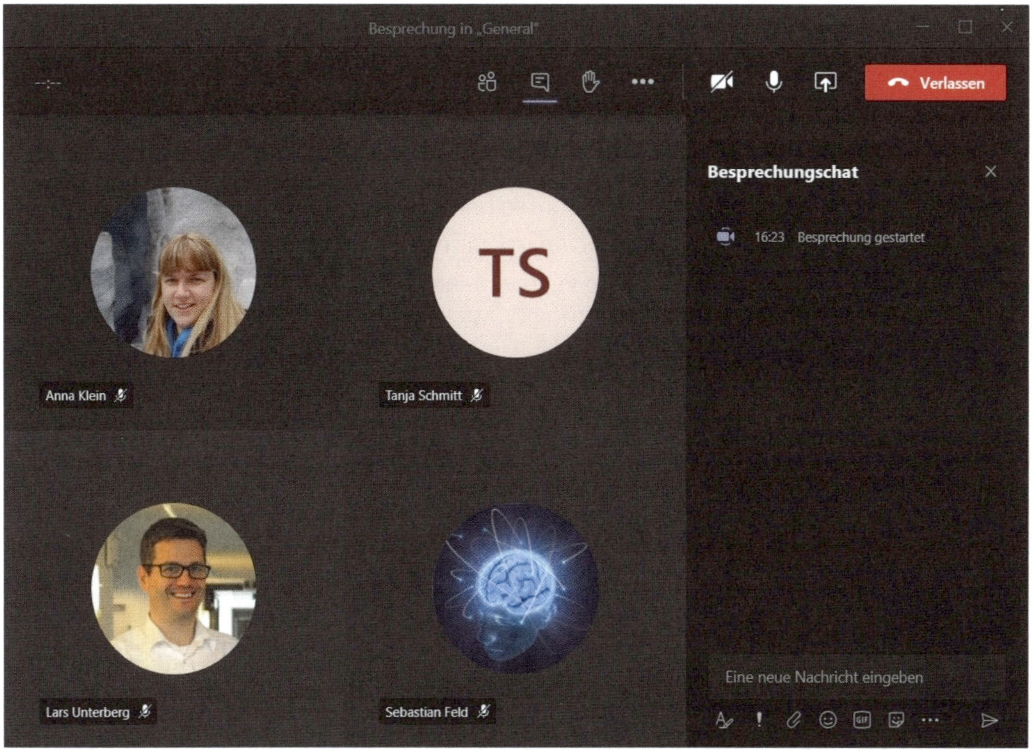

Abbildung 6.17 *Nutzen Sie den Besprechungschat, um Fragen zu stellen.*

Besprechungschat vs. Hand heben

Wenn Sie eine Besprechung führen, die primär einen Diskussionscharakter
aufweist, sollten Sie auf den Besprechungschat verzichten und stattdessen
die Möglichkeit des Handhebens nutzen, damit Sie sich nicht aus Versehen
gegenseitig ins Wort fallen. Dieses Format benötigt aber definitiv einen
Moderator, der den einzelnen Teilnehmern jeweils das Wort erteilt.

Bei einem Training beispielsweise, in dem eine Person Wissen vermittelt
und über längere Zeit hinweg den aktiven Redeanteil hat, kann der Besprechungschat ein probates Mittel sein, um Verständnisfragen zu sammeln.
Ein Moderator kann auf den Chat achten, ggf. bereits Fragen beantworten
oder diese an einer passenden Stelle an den Redner richten. Bei dieser

Option können die Teilnehmer auf die Möglichkeit des Handhebens verzichten und stummgeschaltet bleiben.

Es wird auch sicher Situationen geben, in denen Sie beide Möglichkeiten miteinander kombinieren bzw. in verschiedenen Teilen der Besprechung sinnvoll einsetzen können. Sie sollten nur vorab mit den Teilnehmern besprechen, dass im Besprechungschat nicht eine Parallelunterhaltung erfolgen soll, die ggf. von dem Redner ablenkt, der gerade spricht.

6.1.3   Kamera aktivieren und den persönlichen Hintergrund auswählen

Bisher haben Sie mit deaktivierter Kamera an der Besprechung teilgenommen. Bei räumlicher Distanz ist es aber ein entscheidender Faktor für eine gute Kommunikation, dass Sie sich auch gegenseitig sehen können, wie es auch in einer Besprechung vor Ort der Fall wäre.

Daher werden Sie gleich Ihre Kamera aktivieren. Das können Sie direkt über die Aktionsleiste mit dem Menüpunkt **⬛ Kamera aktivieren** tun. Dann wird das von Ihrer Kamera erfasste Videosignal ohne Filterung an Ihre Kollegen übertragen. Wenn Sie Ihre Privatsphäre schützen und anstelle des tatsächlichen Hintergrunds lieber ein Bild übertragen oder Ihren Hintergrund weichzeichnen möchten, sollten Sie anders vorgehen.

Rufen Sie in diesem Fall über die Dreipunkte-Schaltfläche den Menüpunkt **Hintergrundeffekte anwenden** auf (siehe Abbildung 6.18). Daraufhin erscheint der in Abbildung 6.19 dargestellte Bereich für die Hintergrundeinstellungen. Mit einem Klick auf einen der vorgeschlagenen Hintergründe können Sie diesen auswählen. Wenn Ihnen keiner davon zusagt, können Sie über die Schaltfläche **Neuen hinzufügen** ein Bild von Ihrem Rechner hochladen und dieses als eigenen Hintergrund verwenden. Über die Schaltfläche **Vorschau** können Sie wie in Abbildung 6.20 dargestellt erst einmal prüfen, ob Ihnen der ausgewählte Hintergrund gefällt.

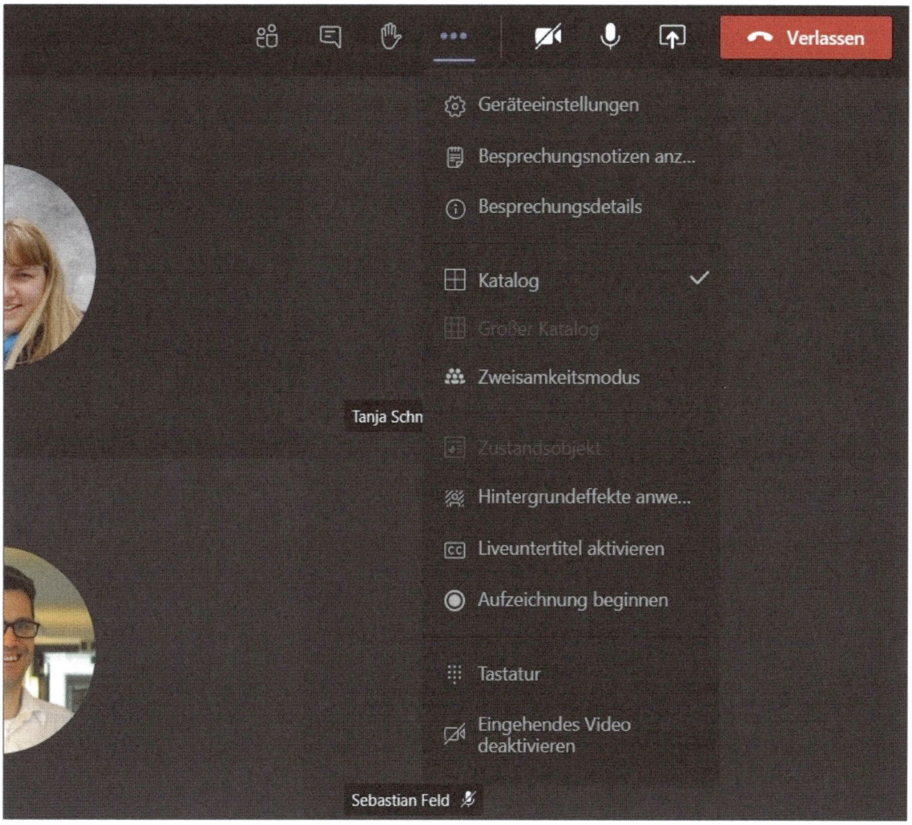

Abbildung 6.18 *Wählen Sie einen Hintergrund aus, der anstelle Ihres tatsächlichen Hintergrunds angezeigt werden soll, wenn Sie die Kamera aktivieren.*

Besprechungsnotizen als Dokumentation der Besprechung

Sehen Sie in Abbildung 6.18 den Menüpunkt **Besprechungsnotizen anzeigen**? Wenn Sie diesen Menüpunkt aufrufen, können Sie Notizen für die Besprechung hinterlegen, die auch nach Beendigung der Besprechung weiterhin im Kanal zur Verfügung stehen. Es handelt sich dabei um ein Wiki, wie Sie es bereits bei den Teamräumen kennengelernt haben. So können Sie auch später noch auf die wichtigen Informationen zugreifen.

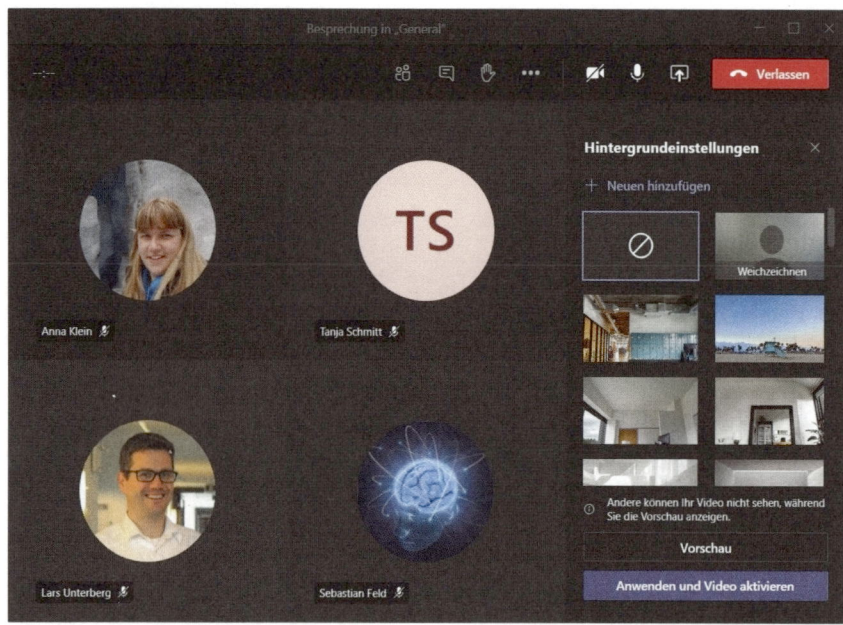

Abbildung 6.19 *Wählen Sie einen Hintergrund aus, oder laden Sie eines Ihrer Bilder hoch.*

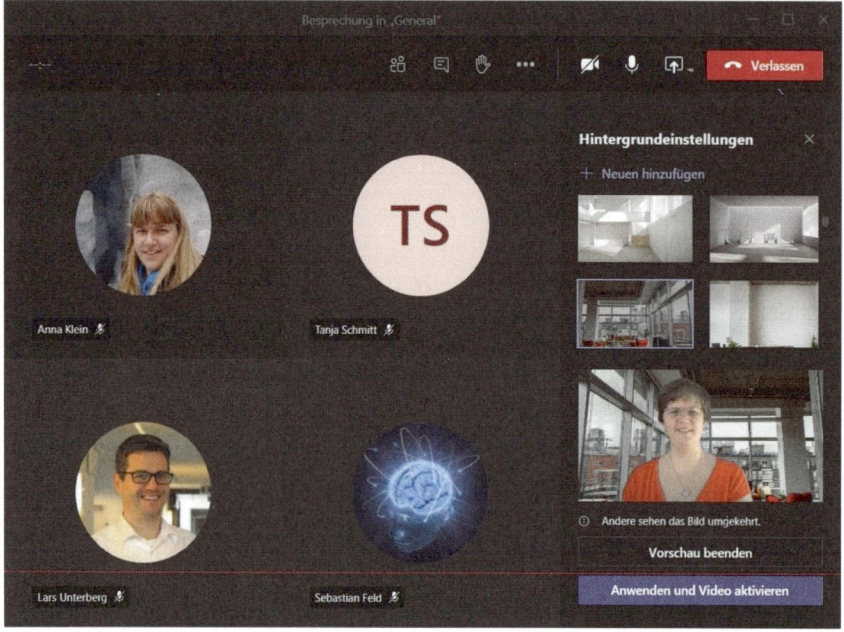

Abbildung 6.20 *Sie können in der Vorschau prüfen, ob Sie mit dem ausgewählten Bild zufrieden sind.*

Wenn Sie zufrieden sind, können Sie durch Betätigen der Schaltfläche **Anwenden und Video aktivieren** die Kamera aktivieren und das Videosignal an die anderen Teilnehmer übertragen.

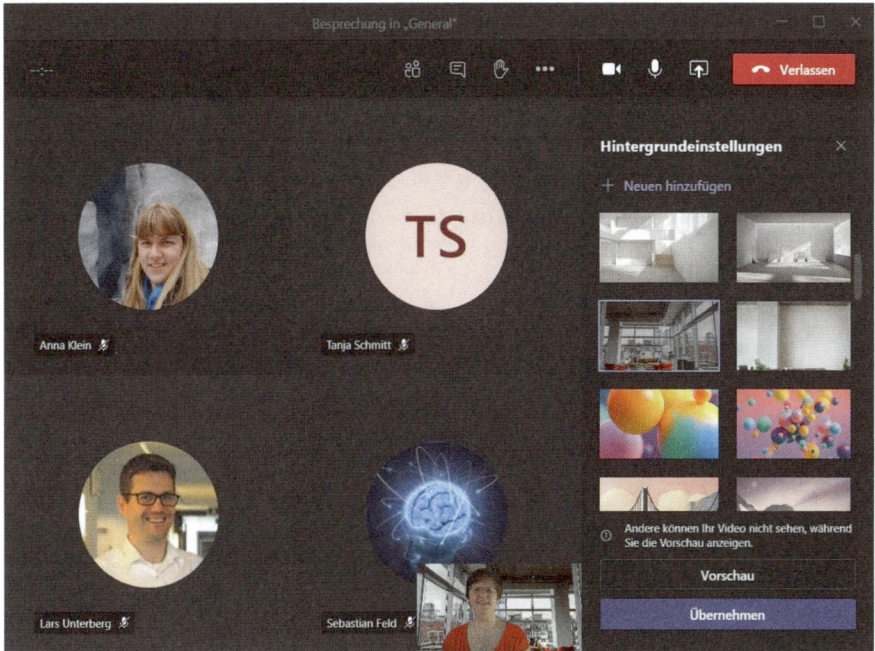

Abbildung 6.21 *Sie sehen sich selbst unten rechts. Ihre Gesprächspartner werden in größeren Kacheln dargestellt.*

Sobald Ihre Kamera aktiviert ist, sehen Sie sich selbst unten rechts unterhalb der Kacheln mit Ihren Gesprächspartnern. So wissen Sie stets, welches Bild übertragen wird.

Sie können den Hintergrund nach Belieben auch wieder ändern, indem Sie erneut den Menüpunkt **Hintergrundeffekte anwenden** auswählen. Nach Auswahl eines neuen Hintergrunds können Sie mit diesem Hintergrund durch Betätigen der Schaltfläche **Übernehmen** den bisherigen Hintergrund ersetzen (siehe Abbildung 6.21).

Für Ihre Gesprächspartner hat sich ebenfalls etwas geändert. Sie sehen aktuell vier Kacheln für die vier Gesprächspartner. Keiner Ihrer Gesprächspartner hat bisher die Kamera aktiviert. Wenn Sie nun die Kamera aktivieren, wäre es denkbar, dass einfach in dieser einen Kachel nun das Videosignal übertragen wird.

So ist es nicht. In Abbildung 6.22 sehen Sie die Ansicht aus Annas Perspektive. Sie sieht nun mich auf der gesamten Bildschirmbreite, während die Personen mit deaktivierter Kamera unten rechts dargestellt werden. Wenn weitere Personen ihre Kamera aktivieren, wird der Bildschirm wieder wie gewohnt in verschiedene Kacheln aufgeteilt.

Abbildung 6.22 *Es wird zwischen Personen mit aktivierter Kamera und Personen mit deaktivierter Kamera unterschieden.*

Ich empfehle Ihnen, möglichst oft die Kamera zu aktivieren. So geben Sie Ihren Gesprächspartnern die Chance, neben dem, was Sie inhaltlich zu sagen haben, auch auf Ihre Gestik und Mimik zu achten. Die nonverbale Kommunikation macht einen großen Teil in unseren persönlichen Gesprächen aus und kann (wenn sie fehlt) zu einem vollkommen anderen Verständnis des Gegenübers führen.

Behalten Sie Ihre Gesprächspartner im Blick!
Je nachdem wie viele Personen an einer Besprechung teilnehmen und ihre Kamera aktiviert haben, können unterschiedliche Ansichten sinnvoll sein. In Abbildung 6.23 sehen Sie die angebotenen Möglichkeiten. Standard-

mäßig wird die Option **Katalog** ausgewählt. Diese ist für Besprechungen bis zu zehn Personen inklusive Ihnen geeignet. Wenn Sie Besprechungen mit mehr Personen durchführen, können Sie die Option **Großer Katalog** verwenden. Hiermit können bis zu 50 Personen inklusive Ihnen dargestellt werden.

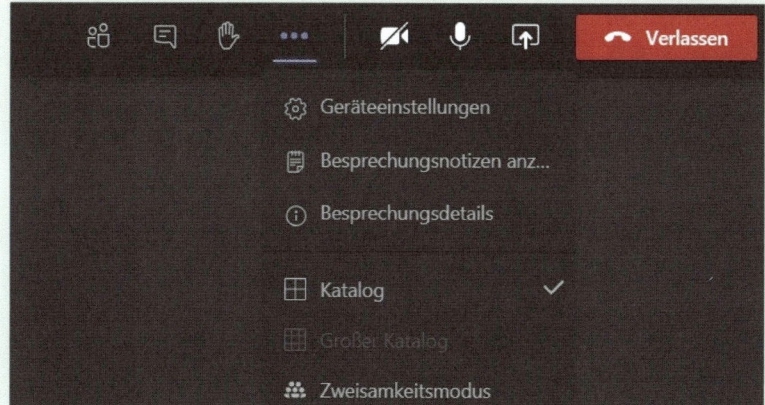

Abbildung 6.23 *Wählen Sie das zu Ihrer Besprechung passende Layout, um alle Gesprächspartner im Blick zu behalten.*

Darüber hinaus steht Ihnen auch der sogenannte *Zweisamkeitsmodus* (im Englischen *Together Mode*) zur Verfügung. Wenn Sie diese Option auswählen, werden Ihnen die Gesprächsteilnehmer und Sie selbst zum Beispiel angezeigt, als ob Sie gemeinsam in einem Hörsaal sitzen würden. Diese Option ist beispielsweise für Termine mit mehreren aktiven Sprechern oder auch für virtuelle Seminare oder Klassenräume geeignet.

Wenn Sie einmal für einen kurzen Moment die Kamera ausschalten möchten, können Sie dies schnell über die Aktionsleiste tun (siehe Abbildung 6.24).

Abbildung 6.24 *Über die Aktionsleiste können Sie schnell die Kamera deaktivieren.*

Das kann zum Beispiel dann sinnvoll sein, wenn Sie sich in einer längeren Besprechung befinden und kurz Ihren Platz verlassen und Ihren Rechner sperren. Wenn Sie wieder zu Ihrem Platz zurückkommen, sich setzen und Ihr Kennwort eingeben, sind Sie gedanklich vielleicht noch nicht wieder in der Besprechung zurück, weil Sie die Benutzeroberfläche von *Microsoft Teams* und die anderen Teilnehmer noch nicht sehen. Ihr Videosignal wird aber auch bei gesperrtem Bildschirm weiterhin übertragen. Aus diesem Grund spricht einiges dafür, vor dem Sperren des Rechners die Kamera zu deaktivieren und sie nach der Rückkehr zur Besprechung wieder zu aktivieren.

Keine Angst von Verbindungsproblemen

Wenn Ihre Internetverbindung schwankt oder ein Verbindungsproblem auftritt, kann es sein, dass Sie die in Abbildung 6.25 dargestellte Meldung erhalten. Warten Sie dann einfach ab, bis die Verbindung automatisch wieder für Sie hergestellt wurde.

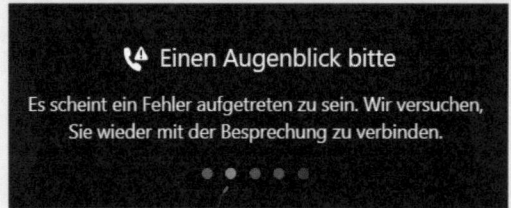

Abbildung 6.25 *Bei Verbindungsproblemen werden Sie automatisch wieder mit Ihrer Besprechung oder Ihrem Anruf verbunden.*

Im Gegensatz zu anderen Tools müssen Sie hier nicht selbst aktiv werden und können anschließend das Gespräch ungestört fortführen.

6.1.4   Protokolle waren gestern – eine Besprechung aufzeichnen

Erstellen Sie von einer Besprechung ein Protokoll? Wie legen Sie fest, wer das Protokoll schreiben soll? In meinem Arbeitsumfeld kenne ich niemanden, der besonders gerne diese Aufgabe übernimmt. Daher würde jeder bei uns die Möglichkeit nutzen, wenn es eine automatisierte Variante der Protokollierung einer Besprechung gäbe. Und tatsächlich steht sie Ihnen in Form einer Aufzeichnung der Besprechung zur Verfügung.

Rufen Sie dazu den Menüpunkt **Aufzeichnung beginnen** über die Dreipunkte-Schaltfläche in der Aktionsleiste auf, wonach Sie eine Bestätigung oberhalb der Teilnehmeranzeige erhalten und einen roten Punkt links in der Aktionsleiste

sehen (siehe Abbildung 6.26). Vorher sollten Sie allerdings mit Ihren Gesprächspartnern geklärt haben, ob jemand nicht in der Aufzeichnung erscheinen möchte.

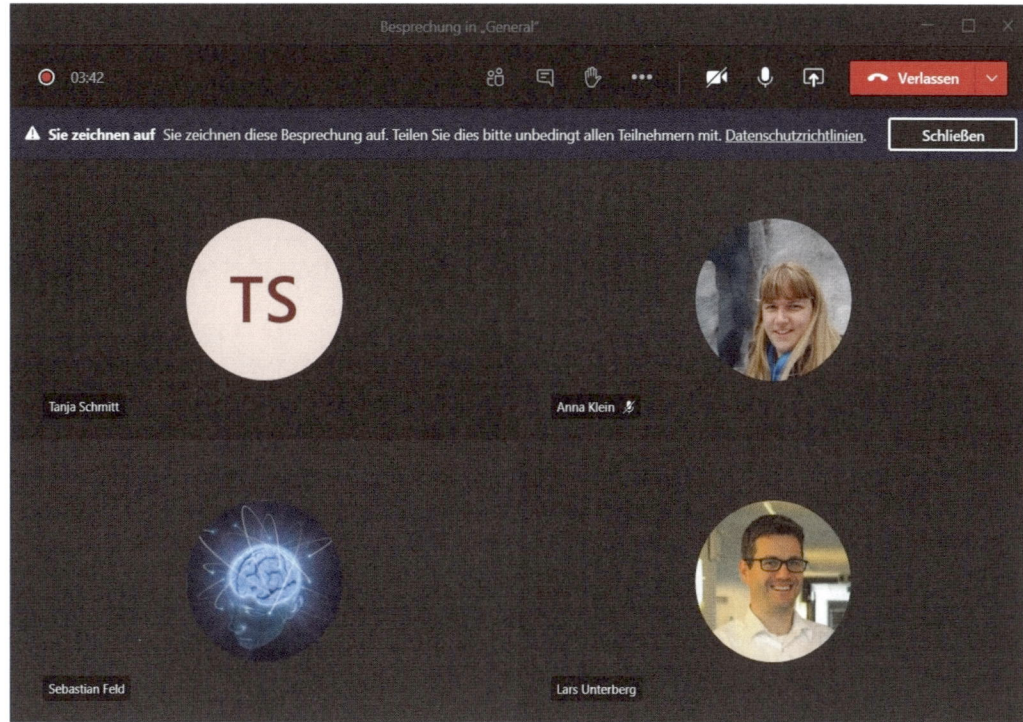

Abbildung 6.26 *Sie erhalten eine Bestätigung darüber, dass Sie die Aufzeichnung
gestartet haben.*

Ihre Gesprächspartner erhalten zwar die in Abbildung 6.27 dargestellte Meldung, sobald Sie die Aufzeichnung gestartet haben. Falls jemand aber nicht
mit der Aufzeichnung einverstanden ist, könnte er nun keinen Einspruch mehr
einlegen, ohne dabei in der Aufzeichnung aufzutauchen.

⚠ **Die Aufzeichnung wurde gestartet.** Diese Besprechung wird aufgezeichnet. Indem Sie teilnehmen, stimmen Sie ...   Schließen

Abbildung 6.27 *Alle Teilnehmer erhalten eine Mitteilung darüber, dass Sie die Aufzeichnung gestartet haben.*

In der Aufzeichnung erscheinen die Kacheln der Teilnehmer, wie Sie sie sehen,
sowie das Audiosignal. Sollten Sie oder einer Ihrer Gesprächspartner während

der Aufzeichnung die Möglichkeit nutzen, den Bildschirm zu teilen, so wird auch dies in der Aufzeichnung zu sehen sein.

Wenn Sie die Aufzeichnung beenden möchten, rufen Sie über die Dreipunkte-Schaltfläche den Menüpunkt **Aufzeichnung beenden** auf (siehe Abbildung 6.28).

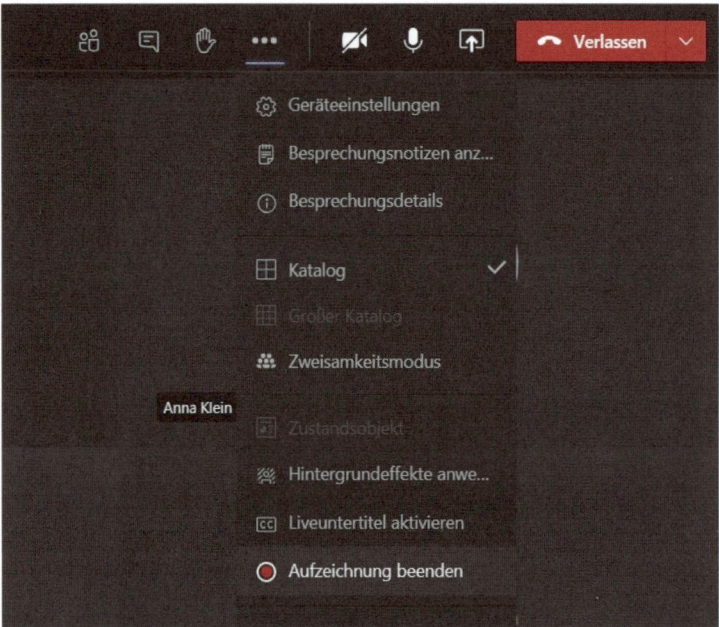

Abbildung 6.28 *Beenden Sie die Aufzeichnung über die Aktionsleiste.*

Nach Beenden der Besprechung können Sie im Teamchat nun wie in Abbildung 6.29 dargestellt sehen, wie lange die Besprechung insgesamt gedauert hat, wer daran teilgenommen hat und dass es eine Aufzeichnung hierzu gibt.

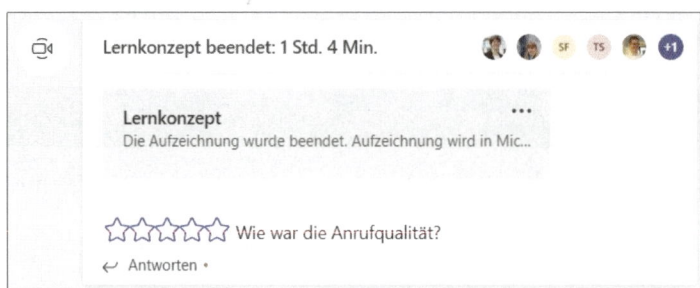

Abbildung 6.29 *Im Teamchat finden Sie Informationen zu der spontan durchgeführten Besprechung.*

Da die Verarbeitung der Aufzeichnung einige Minuten in Anspruch nehmen kann, sehen Sie hier eine vorläufige Meldung, dass das Video später hier zu finden sein wird. Wenn Sie später hierher zurückkehren, sollten Sie entsprechend der Darstellung in Abbildung 6.30 nun das Video von hier aus aufrufen können. Mit einem Klick auf das Vorschaubild öffnet sich das Video in einem Dialog (siehe Abbildung 6.31) und wird automatisch gestartet.

Abbildung 6.30 *Nach Fertigstellung können Sie die Aufzeichnung aus dem Teamchat heraus aufrufen.*

Abbildung 6.31 *Sie können die Aufzeichnung direkt aus dem Teamchat heraus ansehen.*

Die Aufzeichnung wird im Microsoft-365-Dienst *Stream* gespeichert. Sie können dort das Video bewerten oder Ihrer Watchlist hinzufügen. Sie finden das

Video somit nicht nur hier im Teamchat, sondern auch in Ihrem Videoportal. Dort wird zu einem Video automatisch ein durchsuchbares Transkript erstellt. Wenn Sie also Besprechungen aufzeichnen, können Sie je nach den bei Ihnen geltenden Vorgaben zukünftig auf ein Protokoll verzichten.

6.1.5 Eine Besprechung beenden

Wenn Sie eine Besprechung beenden möchten, liegt es nahe, dass Sie den rot hinterlegten Menüpunkt 📞 **Verlassen** in der Aktionsleiste verwenden. Damit verlassen Sie die Besprechung. Die anderen Teilnehmer können die Besprechung dann allerdings ohne Sie fortführen. Das kann in vielen Fällen sehr hilfreich sein, zum Beispiel wenn Sie zu einem anderen Termin wechseln müssen. Ihre Gesprächspartner sehen wie in Abbildung 6.32 dargestellt, wenn Sie die Besprechung verlassen, und nach einigen Sekunden wird Ihre Kachel komplett ausgeblendet.

Abbildung 6.32 *Sie sehen, wenn jemand die Besprechung verlässt.*

Es kann Fälle geben, in denen Sie die Besprechung für alle Teilnehmer gleichzeitig beenden möchten. Rufen Sie in diesem Fall den Menüpunkt **Besprechung beenden** in der Aktionsleiste auf (siehe Abbildung 6.33).

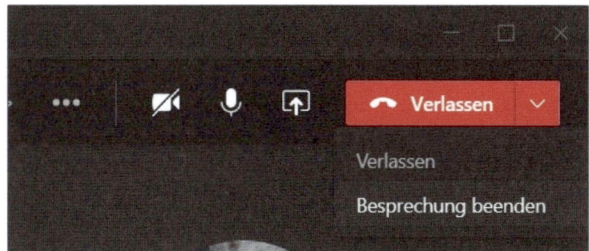

Abbildung 6.33 *Beenden Sie eine Besprechung für alle Teilnehmer.*

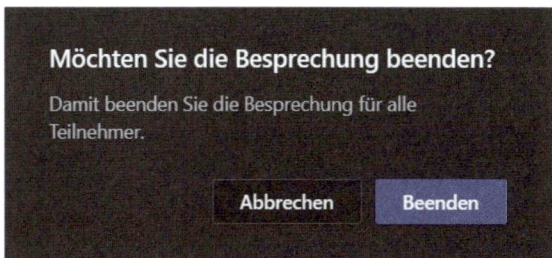

Abbildung 6.34 *Bestätigen Sie, dass Sie die Besprechung für alle Teilnehmer beenden möchten.*

Nachdem Sie die Schaltfläche **Beenden** betätigt haben (siehe Abbildung 6.34), wird die Besprechung für alle Teilnehmer beendet, sodass weitere Gespräche zwischen einzelnen Gesprächsteilnehmern in Form separater Anrufe oder Besprechungen erfolgen müssen.

6.2   Eine Besprechung planen

Anstelle einer spontanen Besprechung können Sie auch Termine mit Ihren Kollegen oder externen Personen planen. Rufen Sie dazu in der linken Menüleiste von *Microsoft Teams* den Menüpunkt **Kalender** auf. Sie befinden sich daraufhin in einer mit Abbildung 6.35 vergleichbaren Wochenansicht Ihres persönlichen Kalenders, wie Sie ihn auch aus Outlook heraus aufrufen könnten.

Über die Schaltfläche **Neue Besprechung** oder mit einem Doppelklick auf den entsprechenden Tag sowie die gewünschte Uhrzeit können Sie die Eingabemaske für einen neuen Termin aufrufen (siehe Abbildung 6.36). Sie können nun anstelle von Outlook Ihre Termine planen und weitere Personen einladen.

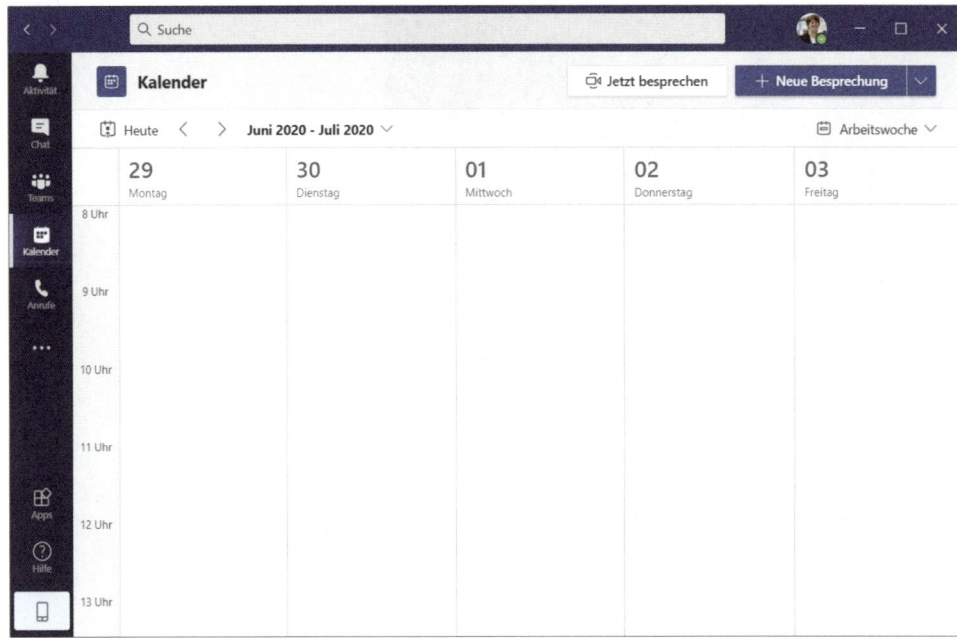

Abbildung 6.35 *Öffnen Sie aus Microsoft Teams heraus Ihren persönlichen Kalender, wie Sie ihn aus Outlook kennen.*

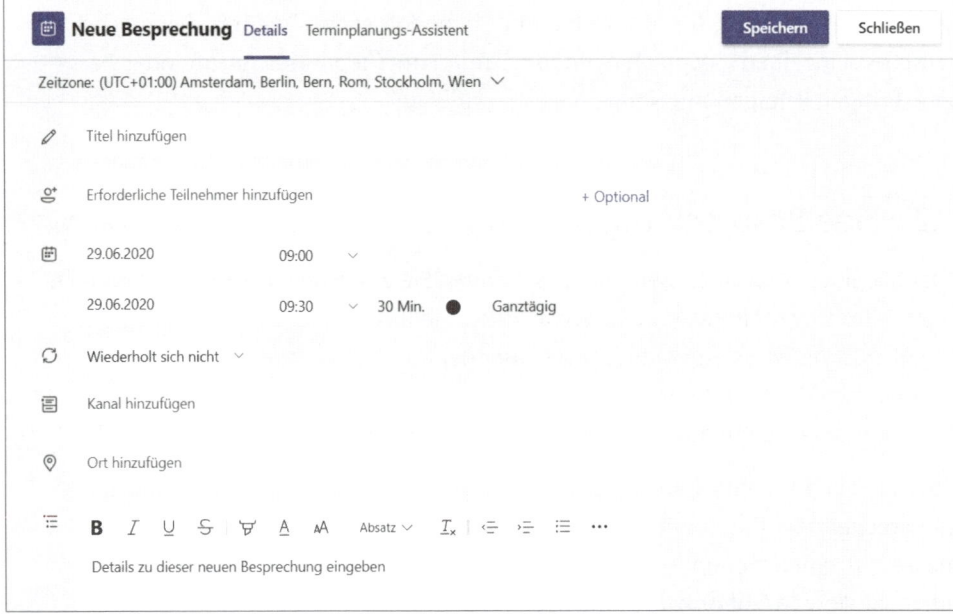

Abbildung 6.36 *Erstellen Sie einen neuen Termin, und laden Sie weitere Personen ein.*

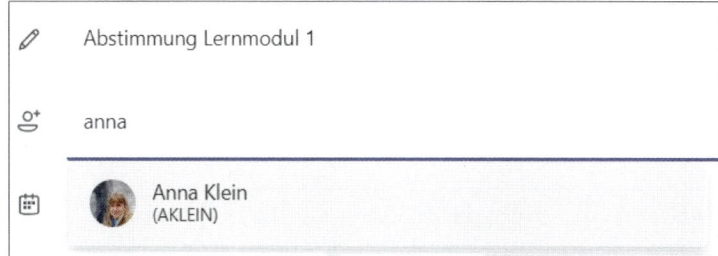

Abbildung 6.37 *Sie können die Teilnehmer nach Eingabe der ersten Buchstaben aus der Liste der Vorschläge auswählen.*

Nach Eingabe eines Titels können Sie die gewünschten Besprechungsteilnehmer auswählen (siehe Abbildung 6.37). Wenn Sie dann nach einem geeigneten Termin suchen, können Sie über die Registerkarte **Terminplanungs-Assistent** die Verfügbarkeit der einzelnen Personen überprüfen (siehe Abbildung 6.38).

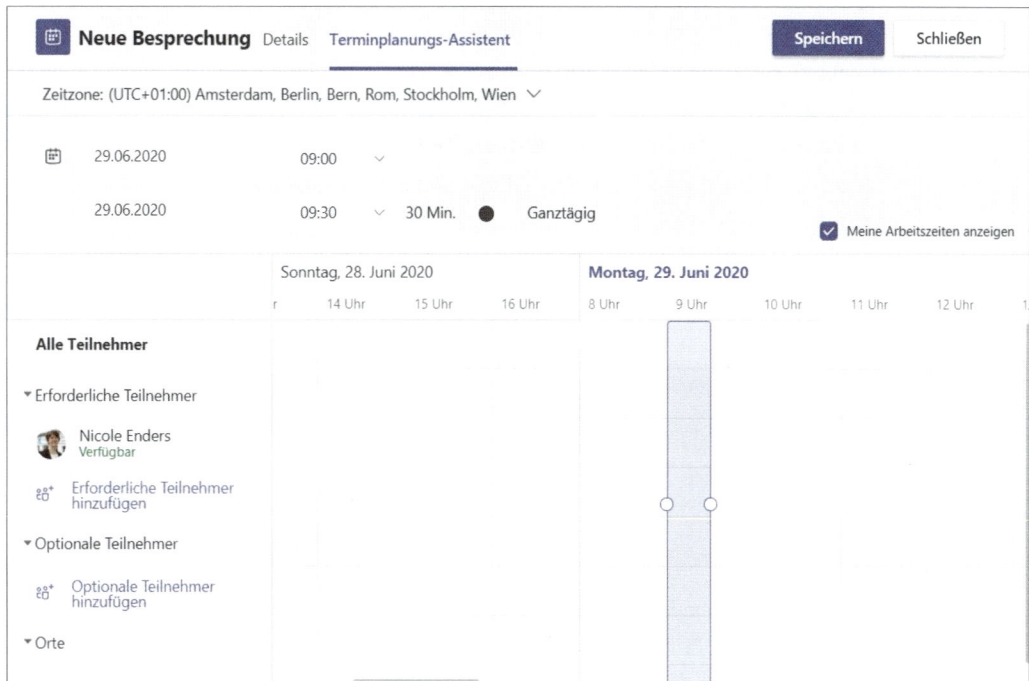

Abbildung 6.38 *Finden Sie über den Terminplanungs-Assistenten einen geeigneten Termin.*

Sie könnten den Termin nun bereits speichern und die Einladung versenden. Es wird sicher einige Besprechungen geben, die Sie im Rahmen eines Projektes oder Teams planen und durchführen werden. Um diesen Zusammenhang auch zu zeigen, können Sie wie in Abbildung 6.39 dargestellt einen Kanal auswählen, wodurch im entsprechenden Teamchat eine Benachrichtigung erstellt wird.

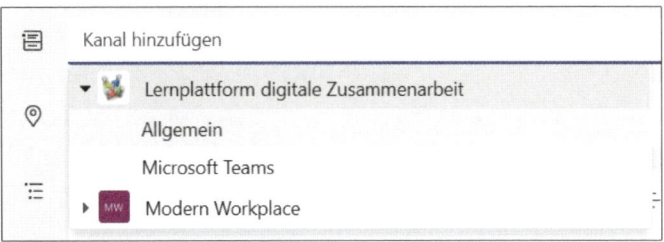

Abbildung 6.39 *Wählen Sie einen Kanal aus, in dem Sie Ihre Kollegen über die Besprechung informieren möchten.*

Abbildung 6.40 *Sehen Sie, welchen Kanal Sie ausgewählt haben.*

Prüfen Sie noch einmal kurz, ob Sie alle Einstellungen korrekt vorgenommen haben, und betätigen Sie anschließend die Schaltfläche **Senden**.

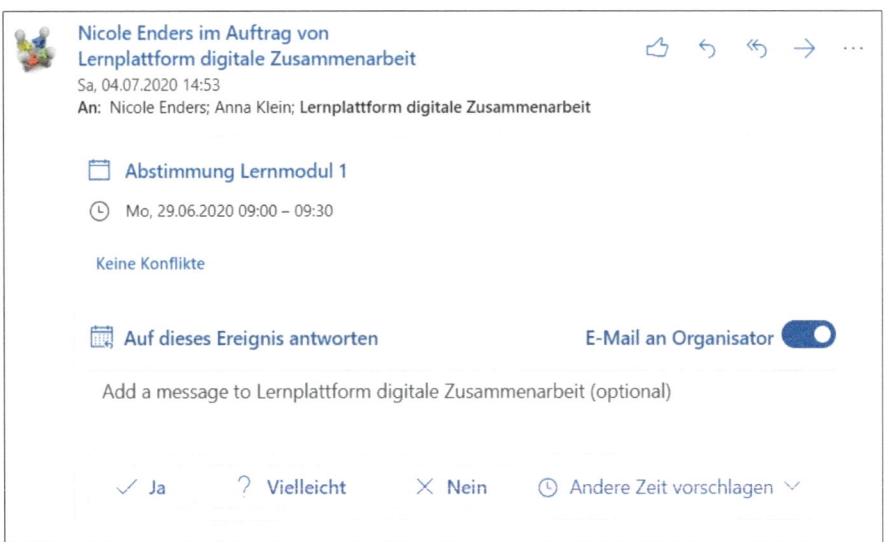

Abbildung 6.41 *Ihre Kollegen erhalten eine Einladung aus dem ausgewählten Teamraum heraus.*

Die von Ihnen eingeladenen Personen erhalten nun eine E-Mail, wie Sie sie in Abbildung 6.41 sehen können, und können zu- oder absagen. Anschließend sollten die Personen genau wie Sie den Termin in ihrem Kalender in Outlook sowie im Kalender in *Microsoft Teams* finden (siehe Abbildung 6.42).

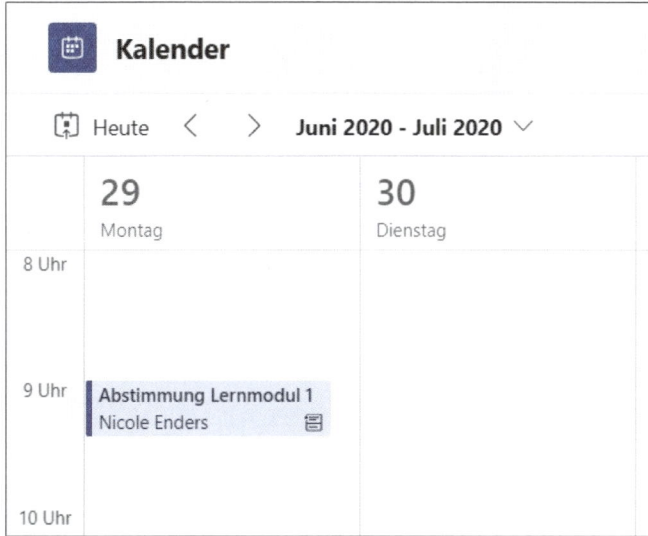

Abbildung 6.42 *Sie finden die Besprechung in Ihrem Kalender in Outlook und Microsoft Teams.*

Wenn Sie in den Teamraum wechseln und dort den Kanal aufrufen, den Sie bei der Terminerstellung ausgewählt haben, sollten Sie entsprechend der Darstellung in Abbildung 6.43 die bereits von mir angekündigte Benachrichtigung finden.

Abbildung 6.43 *Im Teamchat können Sie die Details der Besprechung aufrufen, ohne in den Kalender wechseln zu müssen.*

Wenn Sie auf den Termin klicken, öffnet sich die Detailansicht, wie Sie sie aus dem Kalender bereits kennen. Zusätzlich finden Sie außerdem eine Registerkarte **Chat**. Hier können Sie bereits vor dem eigentlichen Termin Informationen untereinander austauschen und somit den Termin vorbereiten (siehe Abbildung 6.44).

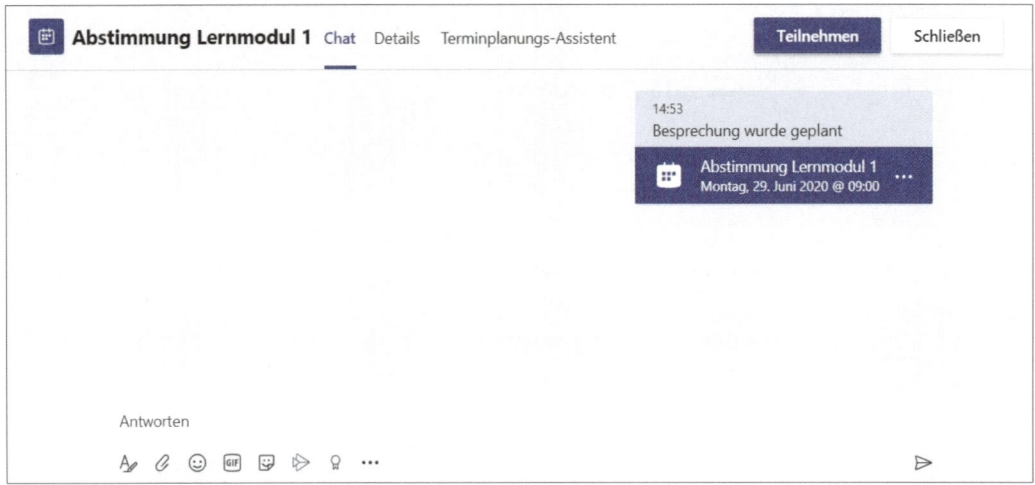

Abbildung 6.44 *Zu einer Besprechung steht Ihnen auch ein Chat (z. B. zur Vorbereitung) zur Verfügung.*

In Abbildung 6.45 sehen Sie ein Beispiel dafür, wenn ein Teilnehmer Fragen zur Agenda des Termins hat und sich einbringen möchte. So können Sie vor dem Termin bereits Fragen klären oder gemeinsam die Agenda erarbeiten.

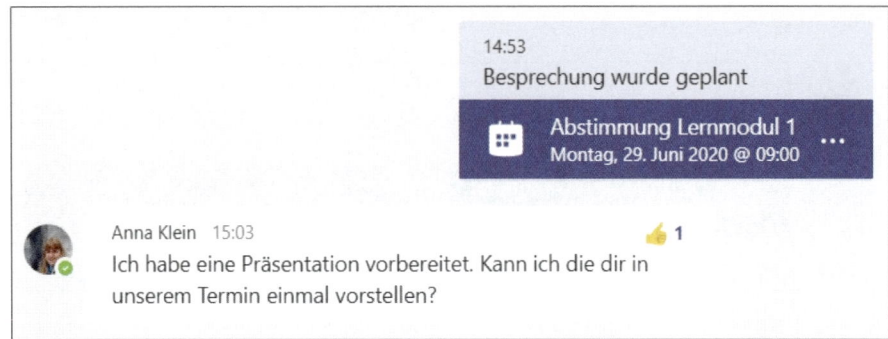

Abbildung 6.45 *Beispiel für eine Frage zur Agenda der Besprechung.*

6.3   Alternative: Besprechungen über Outlook planen

Sie können Besprechungen auch über Outlook planen. Vorausgesetzt, Sie nutzen die Desktop-App von *Microsoft Teams* und diese wurde gestartet, bevor Sie Outlook gestartet haben, wird Ihnen in Outlook neben den gewohnten Optionen der Menüpunkt **Neue Teams-Besprechung** angeboten (siehe Abbildung 6.46).

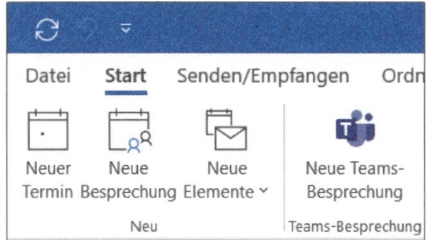

Abbildung 6.46 *Aus Outlook heraus können Sie auch eine Teams-Besprechung planen.*

Wenn Sie diesen Menüpunkt auswählen, öffnet sich die Maske für eine neue Besprechung wie in Abbildung 6.48 dargestellt. Alternativ können Sie auch einen normalen Termin oder eine Besprechung planen und dann wie in Abbildung 6.47 dargestellt den Menüpunkt **Teams-Besprechung** aufrufen und nachträglich aus dem Termin eine Teams-Besprechung machen.

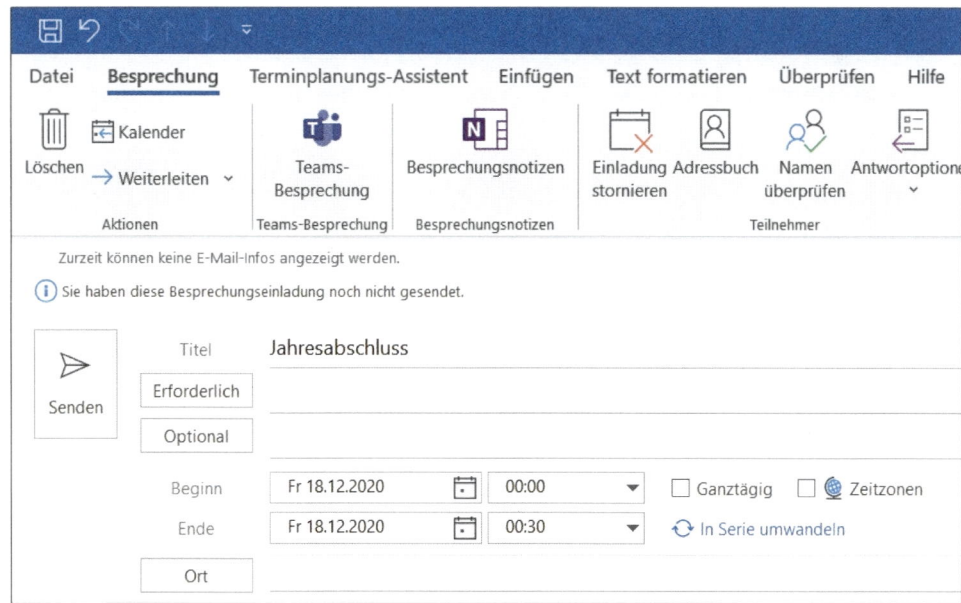

Abbildung 6.47 *Wandeln Sie einen Termin in eine Teams-Besprechung um.*

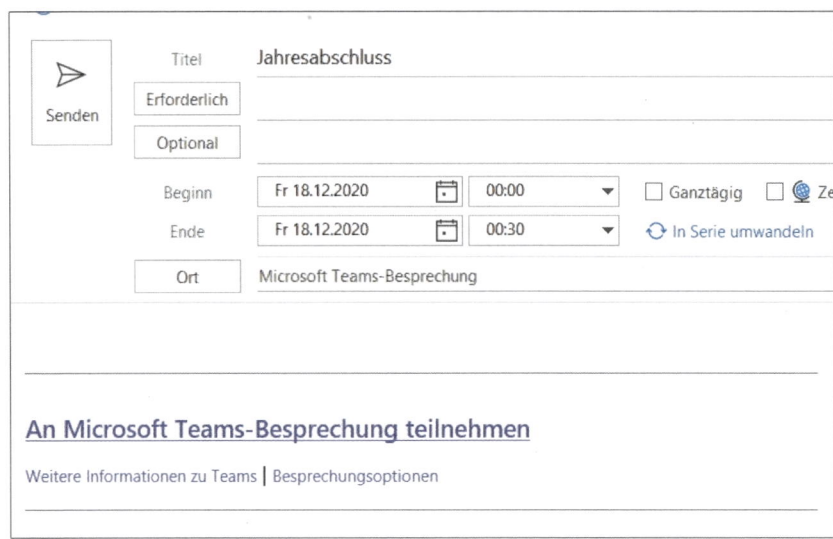

Abbildung 6.48 *In einer Teams-Besprechung finden Sie einen Link, um an der Besprechung teilnehmen zu können.*

Über den Link in der Besprechung können Sie aus Outlook heraus an der Besprechung teilnehmen. Es öffnet sich zunächst eine Seite in Ihrem Browser, und anschließend können Sie entscheiden, ob Sie die Desktop-App nutzen oder im Browser fortfahren möchten.

Abbildung 6.49 *Nutzen Sie die Erinnerungsfunktion, und nehmen Sie an der Besprechung teil.*

Wenn Sie in Outlook allerdings eine Erinnerung für den Termin wie in Abbildung 6.49 dargestellt erhalten, können Sie über die Schaltfläche **Online beitreten** direkt die Desktop-App aufrufen und von dort aus an der Besprechung teilnehmen.

6.4   Eine geplante Besprechung durchführen

Wenn Sie gerade in *Microsoft Teams* aktiv sind und den Weg nicht über Outlook wählen möchten, können Sie den Kalender in *Teams* aufrufen und über die Schaltfläche **Teilnehmen** an der Besprechung teilnehmen (siehe Abbildung 6.50). Die Schaltfläche erscheint allerdings erst, wenn der Termin ansteht. Wenn Sie sich bereits früher einwählen möchten, müssen Sie zuerst auf den Termin klicken und finden dann in der Detailansicht eine solche Schaltfläche.

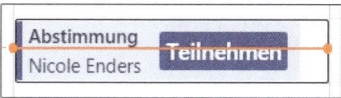

Abbildung 6.50 *Nehmen Sie direkt aus dem Kalender heraus an einem Termin teil.*

Wenn Sie der erste Teilnehmer im Termin sind, sollte die Darstellung in etwa der in Abbildung 6.51 entsprechen.

Abbildung 6.51 *Warten Sie auf weitere Personen, wenn Sie der erste Teilnehmer sind.*

Auch hier können Sie die Teilnehmerliste über den Menüpunkt ස **Teilnehmer anzeigen** in der Aktionsleiste aufrufen. Im Vergleich zu einer Sofortbesprechung sehen Sie hier außerdem, ob die eingeladenen Personen zu- oder abgesagt haben. Sie können auch spontan weitere Personen über das Eingabefeld oben einladen und so auf unvorhergesehene Situationen reagieren, in denen Sie Informationen von einer bestimmten Person benötigen (siehe Abbildung 6.52).

Abbildung 6.52 *Sie sehen in der Teilnehmerliste, welche Personen zu- bzw. abgesagt haben.*

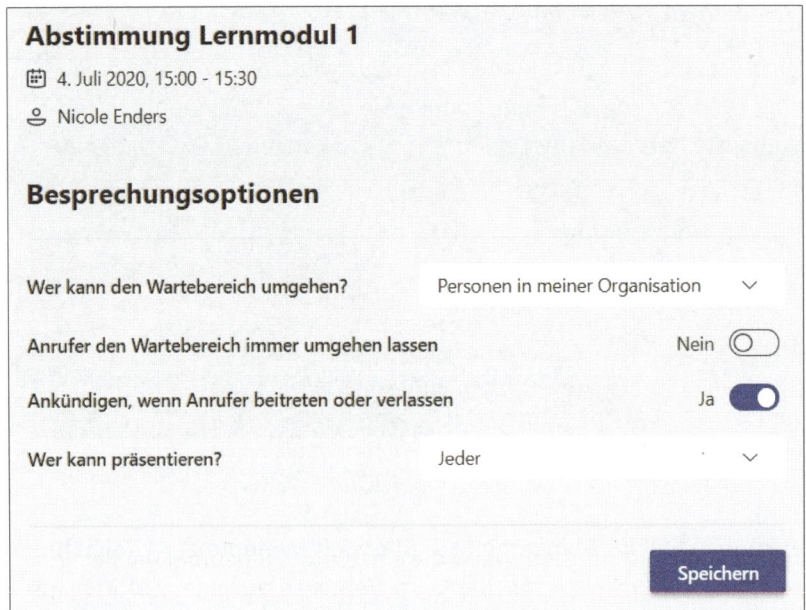

Abbildung 6.53 *Sie können für Ihre Besprechung bestimmen, ob es für unternehmens-externe Personen einen Wartebereich geben soll und wer Inhalte mit den anderen Teil-nehmern teilen darf.*

Wenn Sie externe Personen eingeladen haben, kann es sein, dass diese in einem sogenannten *Wartebereich* darauf warten, zu der Besprechung zugelassen zu werden. Ob ein solcher Wartebereich für Ihre Besprechung existiert oder nicht, hängt von den gewählten Einstellungen ab. Rufen Sie dazu den Menüpunkt ✓ₓ **Berechtigungen verwalten** auf.

Die in Abbildung 6.53 dargestellte Seite wird daraufhin in Ihrem Browser geöffnet. Sie können hier definieren, wer den Wartebereich umgehen darf und ob Sie einschränken möchten, wer Inhalte während der Besprechung mit den anderen Teilnehmern teilen darf. Auf das Teilen von Inhalten gehe ich im folgenden Abschnitt näher ein.

Benötigen Sie manchmal die Information, wer tatsächlich an einer Besprechung teilgenommen hat?

In manchen Fällen möchten oder müssen Sie sogar nachweisen, wer von den eingeladenen Personen tatsächlich an einer Besprechung teilgenommen hat. Bei einer Besprechung vor Ort könnten Sie sich einfach im Raum umschauen und würden auch mitbekommen, wenn jemand die Besprechung vor dem offiziellen Ende verlässt.

Bei Online-Besprechungen kann dies etwas schwieriger sein. Solange Sie sich in der Besprechung befinden, können Sie über den Menüpunkt ↓ **Anwesenheitsliste herunterladen** einen Teilnahmebericht als CSV-Datei herunterladen.

	A	B	C
1	Vollständiger Name	Benutzeraktion	Zeitstempel
2	Nicole Enders	Beigetreten	4.7.2020, 15:13:52
3	Anna Klein	Beigetreten	4.7.2020, 15:17:40
4	Anna Klein	Verlassen	4.7.2020, 15:39:13

Abbildung 6.54 *In der CSV-Datei finden Sie die Information, wann welcher Teilnehmer der Besprechung beigetreten ist und wann er sie verlassen hat.*

Hier finden Sie die Information, wann die einzelnen Teilnehmer der Besprechung beigetreten sind und wann sie die Besprechung verlassen haben (siehe Abbildung 6.54). Sollte jemand während der Besprechung diese verlassen und später wieder hinzustoßen, werden Sie auch das in dem Bericht finden.

Achten Sie aber bitte darauf, dass Sie den Bericht nur abrufen können, so-lange Sie sich noch in der Besprechung befinden. Sobald die Besprechung beendet wurde, steht diese Option nicht mehr zur Verfügung. Ich empfehle Ihnen daher, den Bericht abzurufen, sobald der letzte Teilnehmer die Besprechung verlassen hat.

6.5   Inhalte teilen und ein gemeinsames Whiteboard nutzen

Während einer Besprechung können Sie, genauso wie auch bei einem Audio-oder Videoanruf mit einzelnen Kollegen, Inhalte mit den anderen Teilnehmern teilen. Rufen Sie dazu den Menüpunkt ⬆ **Teilen** in der Aktionsleiste auf.

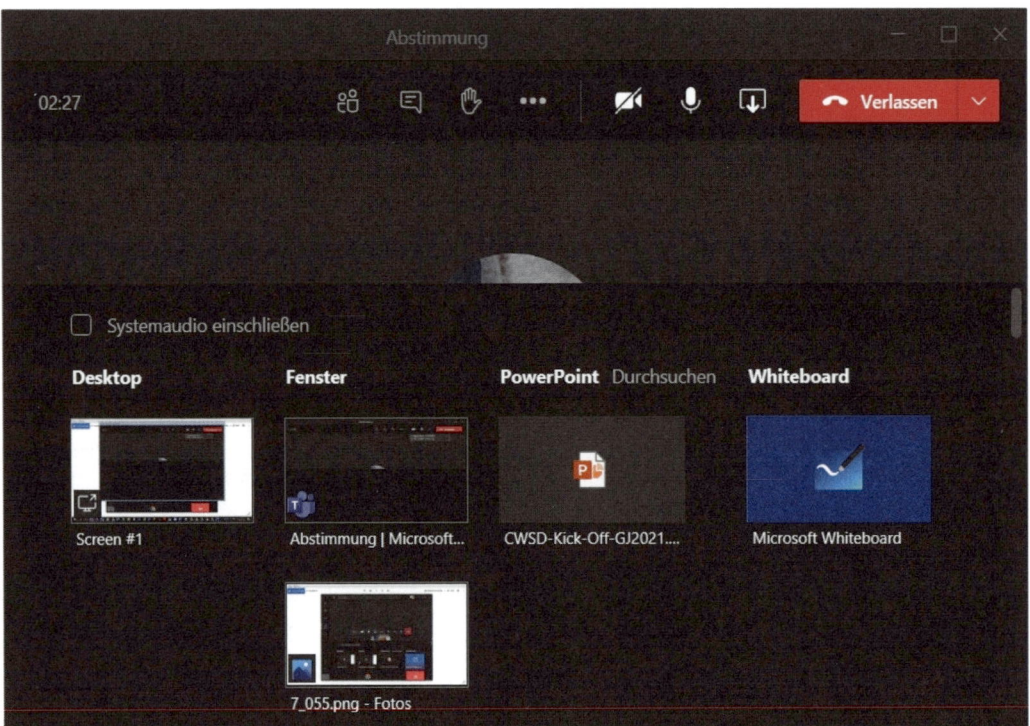

Abbildung 6.55 *Teilen Sie Inhalte auf Ihrem Rechner, oder nutzen Sie ein digitales White-board, um gemeinsam während der Besprechung Inhalte zu erarbeiten.*

Ihnen werden daraufhin wie in Abbildung 6.55 dargestellt die auf Ihren verschiedenen Bildschirmen geöffneten Anwendungen sowie die Bildschirme selbst vorgeschlagen. Sie können auch PowerPoint-Präsentationen teilen, die Sie in einem Teamraum gespeichert haben, oder Sie wählen die Option **Microsoft Whiteboard** aus, um gemeinsam mit Ihren Gesprächspartnern Inhalte zu erarbeiten.

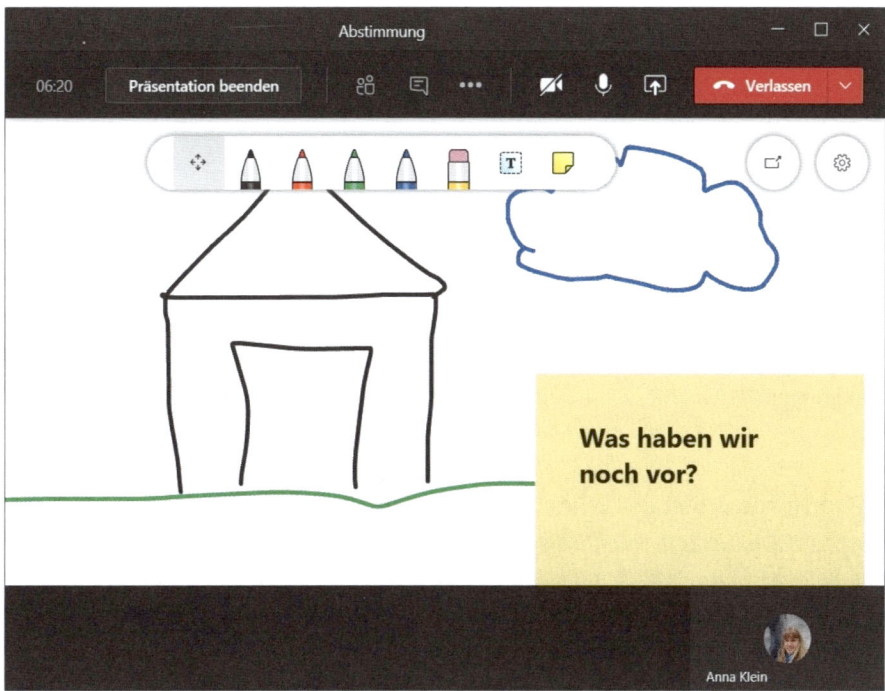

Abbildung 6.56 *Nutzen Sie die Whiteboard-App, um wie auf einem wirklichen Whiteboard ein gemeinsames Bild zu »malen«.*

Wie Sie Abbildung 6.56 entnehmen können, stehen Ihnen die klassischen Farben für Whiteboard-Marker zur Verfügung, und Sie können neben Texten auch gemeinsame Bilder malen oder auch Sticky Notes (Post-Its) hinzufügen. Optimale Ergebnisse erzielen Sie, wenn Sie über ein Notebook mit einem Touchscreen oder mit einem Stift verfügen.

Das erarbeitete Ergebnis können Sie später aus dem Termin heraus aufrufen, da dort dann eine Registerkarte **Whiteboard** zu finden sein wird. Sie können aber auch über den Menüpunkt ⚙ **Einstellungen** oben rechts den in Abbildung 6.57 dargestellten Bereich öffnen und den Menüpunkt **Exportieren Bild (PNG)**

nutzen, um das gemeinsam erstellte Bild zu speichern und anschließend vielleicht in der Dateiablage im Teamraum hochzuladen.

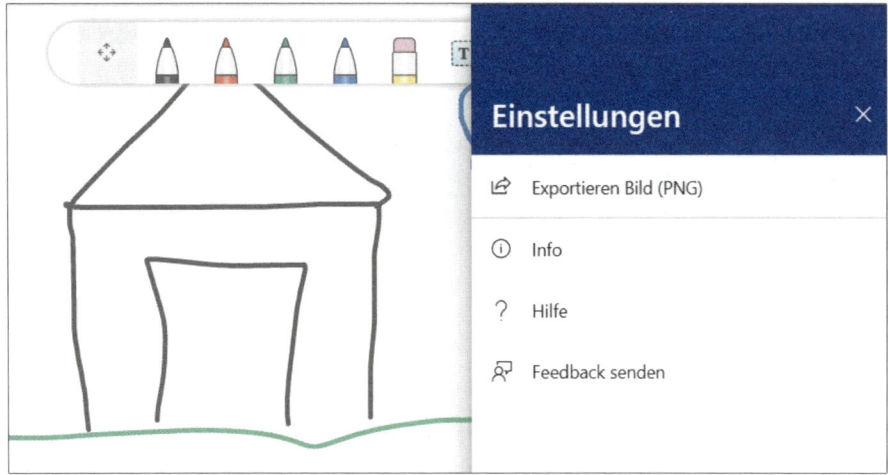

Abbildung 6.57 *Exportieren Sie das auf dem Whiteboard gemalte Bild, um es an andere
Personen zu verteilen oder zentral abzulegen.*

Wenn Sie die Arbeit am Whiteboard abgeschlossen haben und beispielsweise
noch ein Dokument mit Ihren Gesprächspartnern teilen möchten, betätigen
Sie die in Abbildung 6.58 dargestellte Schaltfläche **Präsentation beenden**.

Abbildung 6.58 *Beenden Sie die Whiteboard-App, wenn Sie die Arbeit an einem gemeinsamen Bild abgeschlossen haben.*

Danach können Sie weitere Inhalte mit den anderen Teilnehmern teilen oder
sich einfach weiter unterhalten und die Besprechung fortführen.

Ist das geteilte Bild vielleicht zu klein?
Wenn jemand seinen Bildschirm mit Ihnen teilt und Ihnen das Bild zu klein
ist, können Sie über die Dreipunkte-Schaltfläche den Menüpunkt **Zustands-
objekt** aufrufen und somit den Fokus auf die geteilten Informationen legen
und die Kamerabilder der anderen Teilnehmer ausblenden.

6.6   Gleichzeitig an mehreren Besprechungen teilnehmen

Während Sie an einer Online-Besprechung teilnehmen, müssen Sie vielleicht auch einmal eine Information in einem Teamraum nachschlagen oder gerade auf eine Nachricht in einem persönlichen Chat oder Gruppenchat reagieren. Dies ist einfach möglich, da sich die Online-Besprechung in einem separaten Fenster öffnet und Sie somit während des Termins einfach in das Hauptfenster wechseln und dort auf die gewünschten Informationen zugreifen können.

Sie können aber auch an mehreren Besprechungen und Anrufen gleichzeitig teilnehmen. Gehen wir einmal davon aus, dass Sie während einer Besprechung einen Anruf erhalten und diesen annehmen. In einem solchen Fall wird das Gespräch mit der Besprechung gehalten, und Sie können mit dem Anrufer sprechen. In Abbildung 6.59 sehen Sie das Gespräch, das nun gehalten wird, und Sie sehen außerdem, wie lange das Gespräch bereits gehalten wird.

Durch Betätigen der Schaltfläche **Fortsetzen** können Sie der Besprechung wieder beitreten. Dadurch würde der Anruf, den Sie während der Besprechung angenommen haben, gehalten.

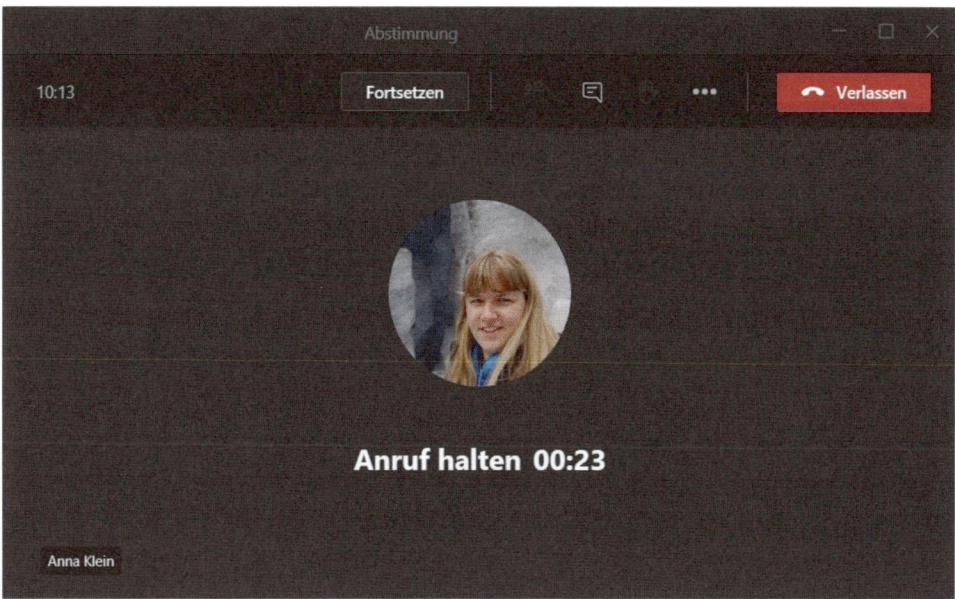

Abbildung 6.59 *Sie können einen Anruf halten und der Besprechung wieder beitreten.*

6.7 Liveereignisse als Alternative zu Teams-Besprechungen

Wenn Sie eine Besprechung über den Kalender in *Microsoft Teams* planen, ist Ihnen vielleicht vorhin bereits eine zweite Option aufgefallen. Sie können ein sogenanntes *Liveereignis* planen und durchführen. Diese Option kann für öffentliche Veranstaltungen oder Termine genutzt werden, in denen es eine feste Gruppe von Personen gibt, die Redeanteile haben und ihren Bildschirm teilen sollen. Alle anderen Teilnehmer können nur zuhören und evtl. über einen Fragebereich schriftlich Fragen stellen. Probieren Sie diese Art von Termin aus, indem Sie den Menüpunkt **Liveereignis** aufrufen (siehe Abbildung 6.60).

Abbildung 6.60 *Planen Sie ein Liveereignis aus dem Kalender heraus.*

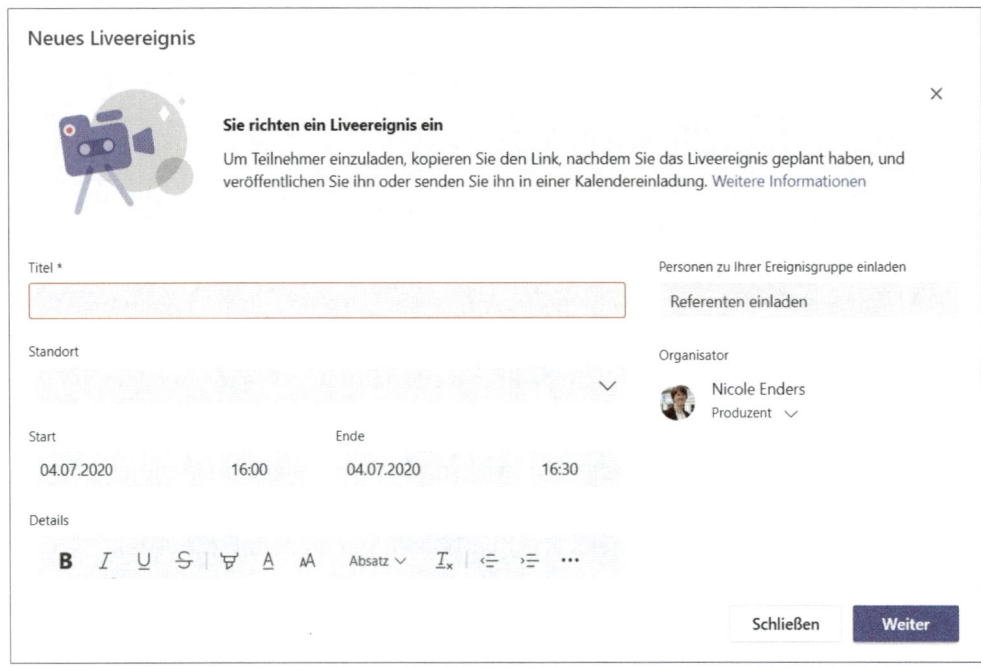

Abbildung 6.61 *Planen Sie den Termin für das Liveereignis.*

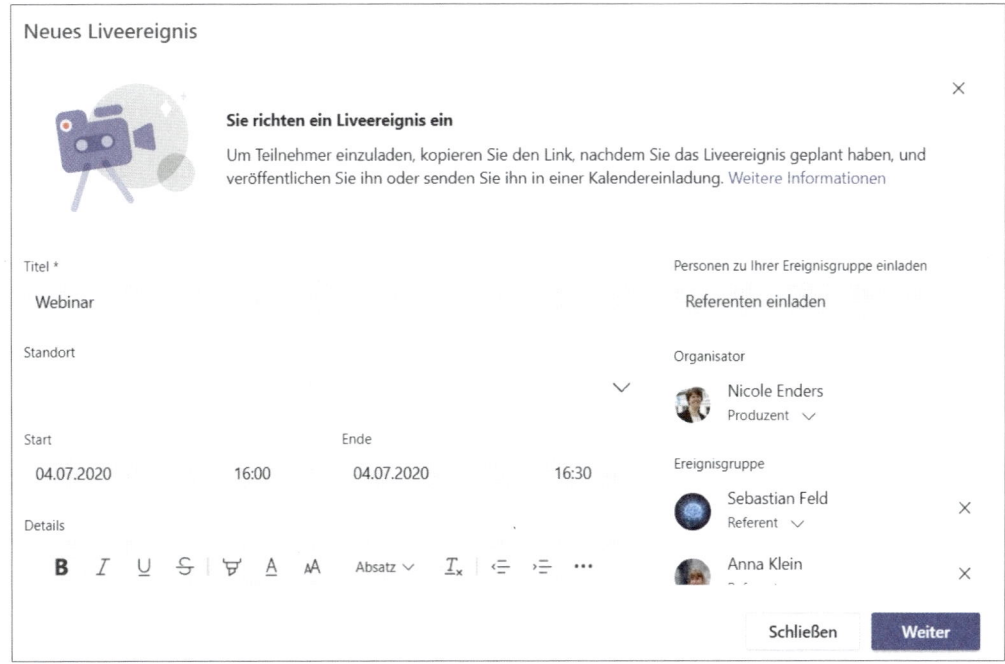

Abbildung 6.62 *Legen Sie die Produzenten und Referenten für das Ereignis fest.*

Geben Sie in dem in Abbildung 6.61 dargestellten Planungsbereich erst einmal einen Titel für das Ereignis an, und wählen Sie den gewünschten Termin inklusive Uhrzeit aus. Anschließend sollten Sie entscheiden, wer die Rolle eines *Produzenten* bzw. eines *Referenten* einnehmen soll (siehe Abbildung 6.62). Referenten können Inhalte freigeben und während des Ereignisses als Sprecher agieren. Ein Produzent legt allerdings fest, wann welche Inhalte an die Teilnehmer übertragen werden und welcher Referent gerade sprechen darf. Ich werde Ihnen gleich die verschiedenen Ansichten zeigen. Wenn Sie die gewünschten Personen ausgewählt haben, können Sie über die Schaltfläche **Weiter** zu der in Abbildung 6.63 dargestellten Konfigurationsseite gelangen.

An dieser Stelle können Sie entscheiden, wer an dem Liveereignis teilnehmen darf. Standardmäßig ist die Option **Organisationsweit** ausgewählt, wodurch alle Mitarbeiter Ihres Unternehmens als stille Teilnehmer an dem Ereignis teilnehmen können. Sie können aber auch die Option **Öffentlich** wählen und somit öffentliche Veranstaltungen wie beispielsweise Webinare durchführen. Mit der Option **Personen und Gruppen** können Sie sogar einen festen Kreis von Personen bestimmen.

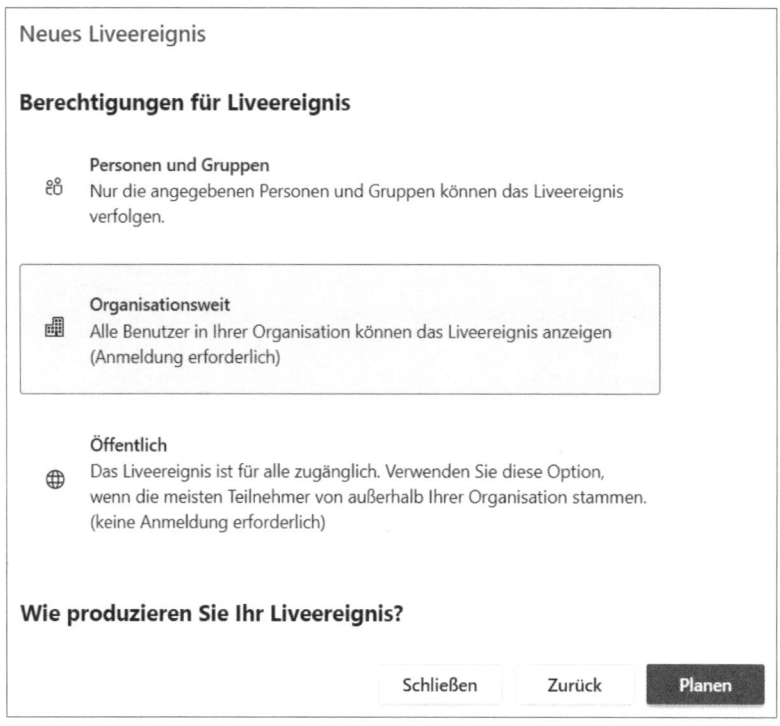

Abbildung 6.63 *Wählen Sie aus, wer als stiller Zuhörer an dem Ereignis teilnehmen darf.*

Treffen Sie Ihre Entscheidung, und scrollen Sie weiter runter, um die weiteren Einstellungsmöglichkeiten aufzurufen, die Sie in Abbildung 6.64 sehen. Dort können Sie u. a. festlegen, ob Sie den Teilnehmern einen Untertitel anbieten möchten und ob es einen Bereich geben soll, über den die Teilnehmer Fragen stellen können, die vom Referenten bzw. Produzenten beantwortet werden.

Schließen Sie über die Schaltfläche **Planen** den Vorgang ab. Sie sehen nun wie in Abbildung 6.65 dargestellt die Planung für Ihr Liveereignis und können diese bei Bedarf über die Schaltfläche **Bearbeiten** noch einmal anpassen.

Wenn Sie den Menüpunkt **Teilnehmerlink erhalten** aufrufen, wird der Link in die Zwischenablage kopiert. Bei einer öffentlichen Veranstaltung können Sie diesen Link beispielsweise auf Ihrer Website anbieten. Bei einer Veranstaltung innerhalb Ihres Unternehmens oder für eine bestimmte Gruppe können Sie die Personen zu einer Besprechung einladen und den Link in die Terminbeschreibung einfügen.

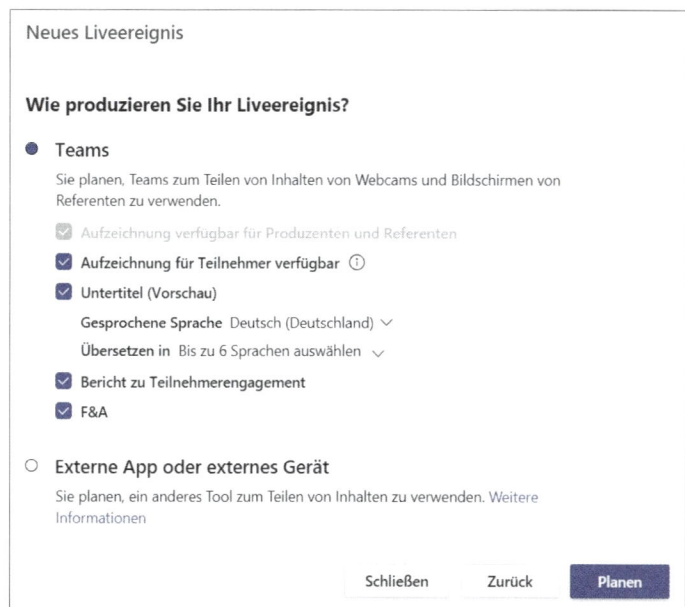

Abbildung 6.64 *Stellen Sie ein, in welcher Sprache das Ereignis stattfindet, ob automatische Übersetzungen erfolgen sollen und ob Sie einen Bereich für Fragen anbieten möchten.*

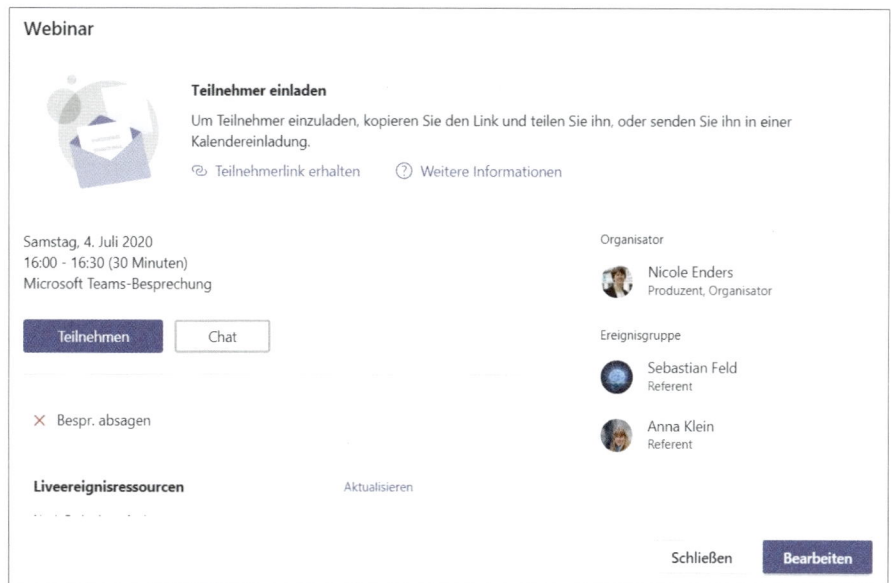

Abbildung 6.65 *Verteilen Sie den Link zu der Veranstaltung, und nehmen Sie zu gegebener Zeit an der Besprechung teil.*

Abbildung 6.66 *Wenn Teilnehmer zu früh an der Veranstaltung teilnehmen, erhalten sie eine entsprechende Meldung.*

Im Vergleich zu einer Teams-Besprechung können Sie als Produzent bestimmen, wann die Veranstaltung beginnt. Die stillen Teilnehmer müssen darauf warten, dass Sie die Übertragung starten, und erhalten solange die in Abbildung 6.66 dargestellte Mitteilung.

Nutzen Sie die Desktop-App!

Wenn Sie Produzent oder Referent in einem Liveereignis sind, sollten Sie auf jeden Fall die Desktop-App verwenden. Ansonsten werden Sie ggf. nicht mit der vorgesehenen Rolle erkannt und können Ihre Aufgabe nicht wahrnehmen.

Wenn Sie einem Liveereignis als Referent oder Produzent beitreten, sieht die Anmeldung sehr ähnlich wie bei einer normalen Teams-Besprechung aus (siehe Abbildung 6.67). Ganz oben über dem Namen der Veranstaltung sehen Sie allerdings die Rolle, mit der Sie teilnehmen werden.

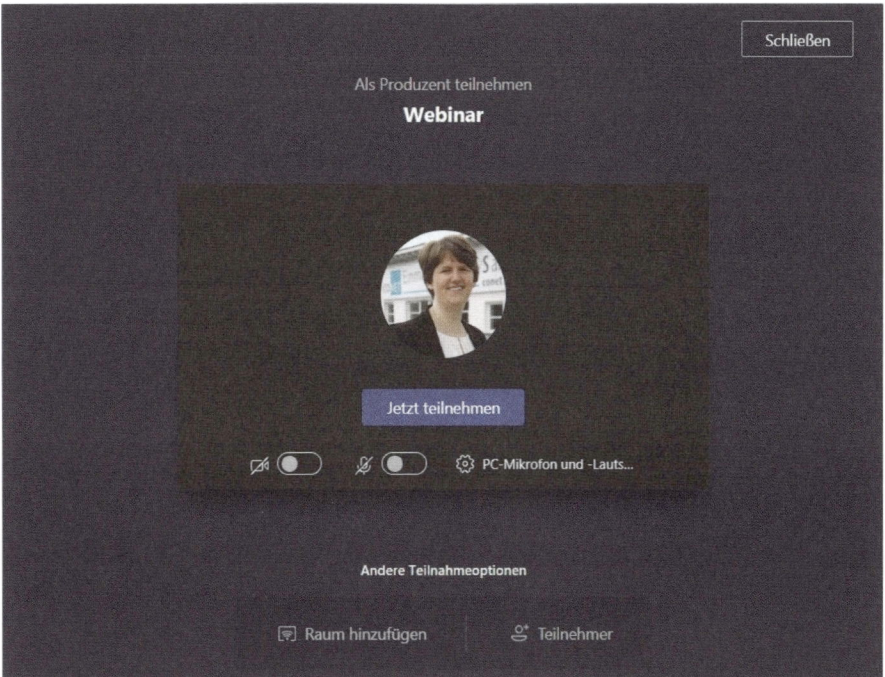

Abbildung 6.67 *Sie treten einem Liveereignis auf ähnliche Weise wie einer Teams-Besprechung bei.*

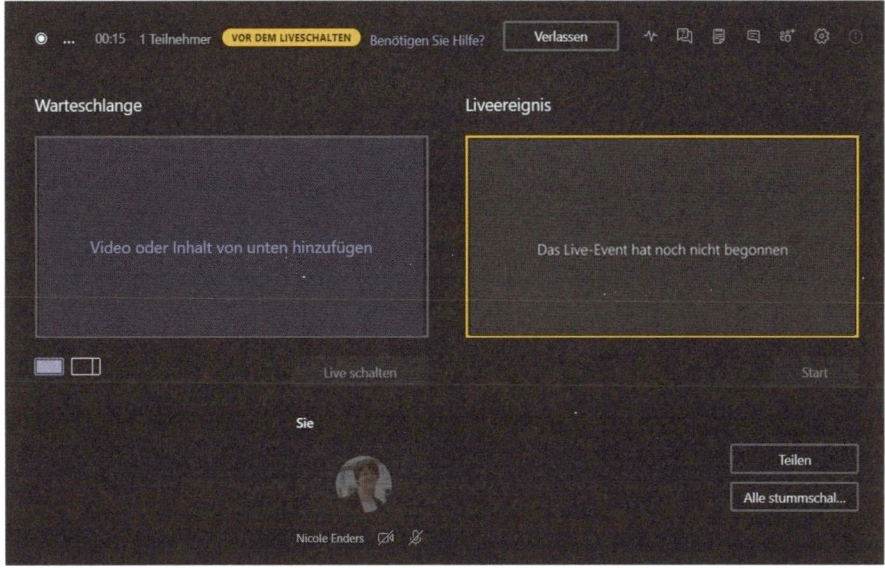

Abbildung 6.68 *Zu Beginn sehen Sie unten nur die Referenten.*

Für Referenten sieht die Benutzeroberfläche nach Betätigen der Schaltfläche **Jetzt teilnehmen** genauso aus wie bei einer Teams-Besprechung. Daher werde ich in diesem Abschnitt ausschließlich auf die Rolle des Produzenten eingehen. Ein Produzent benötigt eine Übersicht über die von den Referenten geteilten Inhalte und muss entscheiden, welcher Referent gerade übertragen werden soll (siehe Abbildung 6.68 und Abbildung 6.69).

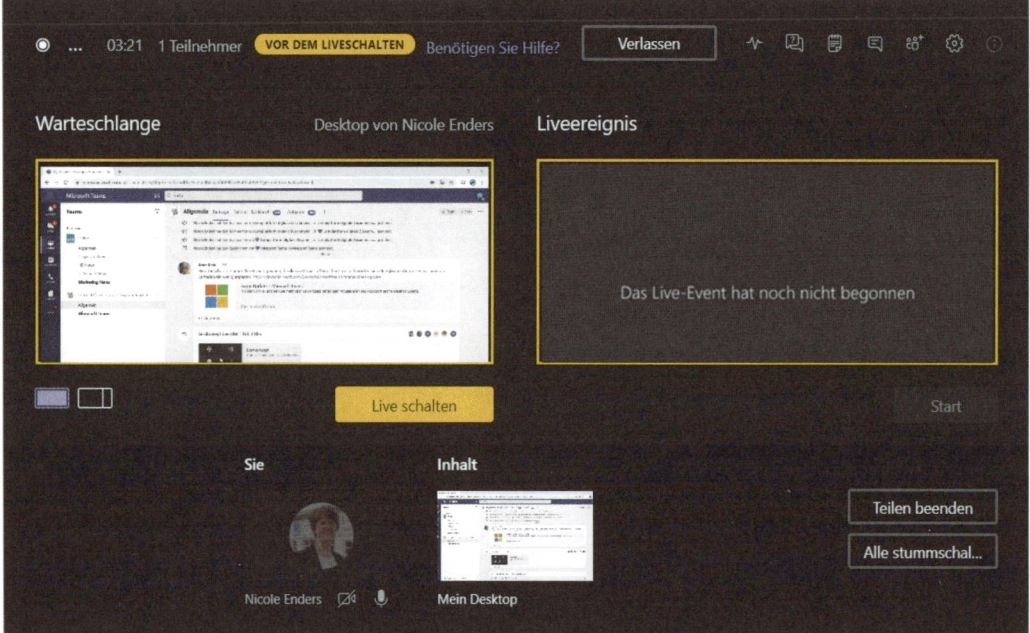

Abbildung 6.69 *Sobald ein Referent Inhalte teilt, sehen Sie diese ebenfalls unten und können einen Inhalt auswählen, indem Sie ihn anklicken.*

Wie Sie in Abbildung 6.69 sehen können, können Sie nach einem Klick auf einen von einem Referenten geteilten Inhalt diesen in der **Warteschlange** (links) sehen und durch Betätigen der Schaltfläche **Live schalten** für die Übertragung auswählen. Dadurch erscheint der geteilte Inhalt im rechten Bereich **Liveereignis**. Solange Sie das Liveereignis noch nicht gestartet haben, erscheint bei den Teilnehmern allerdings noch nichts. Wenn Sie später während der Veranstaltung zwischen den Referenten wechseln, sollten Sie aber darauf achten, dass Sie einen Inhalt erst dann live schalten, wenn der Referent so weit ist.

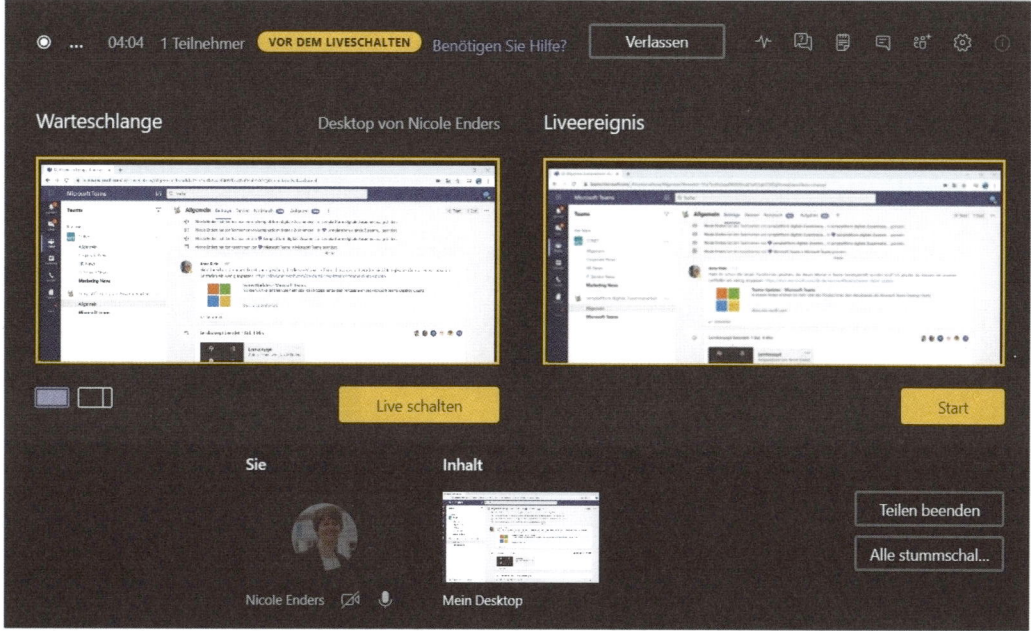

Abbildung 6.70 *Starten Sie die Übertragung, sobald Sie so weit sind.*

Wenn Sie bzw. der erste Referent so weit sind, betätigen Sie die Schaltfläche **Start** (siehe Abbildung 6.70), und nach Bestätigung der Sicherheitsabfrage mit **Weiter** (siehe Abbildung 6.71) beginnt tatsächlich die Veranstaltung auch für die Teilnehmer.

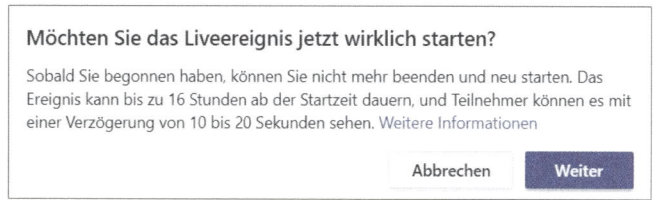

Abbildung 6.71 *Liveereignisse haben einige Sekunden Verzögerung.*

Mit dem Start des Liveereignisses wird auch die Aufzeichnung gestartet, und Sie sehen durch das rot hinterlegte **Live** im oberen Bereich des Bildschirms, dass Sie gerade Inhalte übertragen.

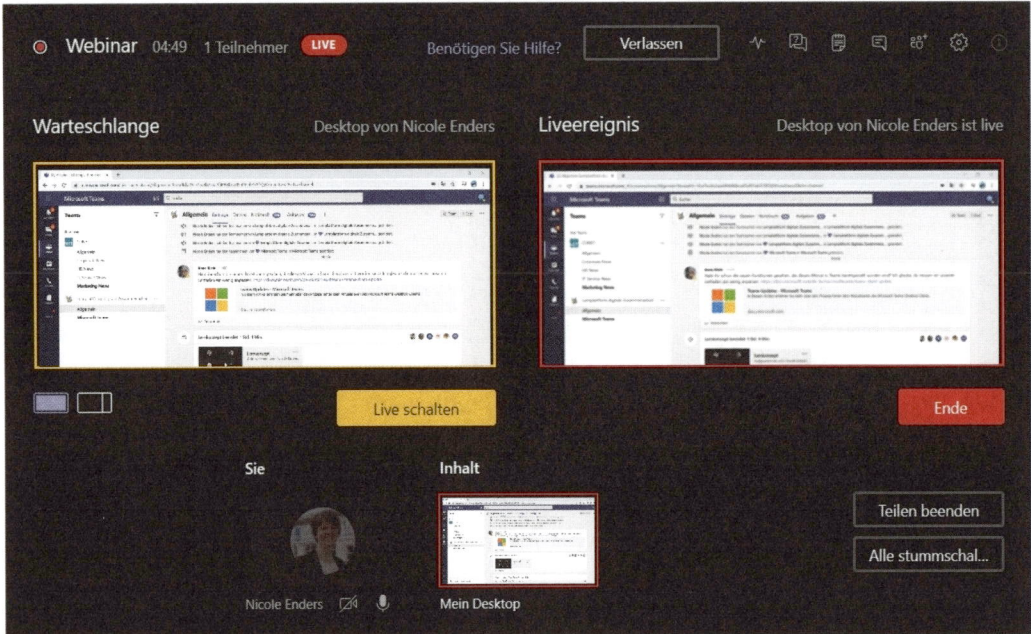

Abbildung 6.72 *Sehen Sie, welche Inhalte gerade live übertragen werden, und bereiten Sie die nächsten zu übertragenden Inhalte vor.*

Wenn der nächste Referent schon einmal seine Inhalte teilt, können Sie diese im unteren Bereich sehen und bereits für die Übertragung vorbereiten. Sobald der aktuelle Referent seinen Teil abgeschlossen hat, können Sie dann die Inhalte des nächsten Referenten live schalten.

Wenn die Veranstaltung sich dem Ende zuneigt, können Sie außerdem über die Schaltfläche **Ende** die Veranstaltung beenden, wodurch die Teilnehmer weder Bild noch Ton mehr übertragen bekommen, während die Referenten und Produzenten wie bei einer normalen Besprechung noch eine Nachbesprechung führen können.

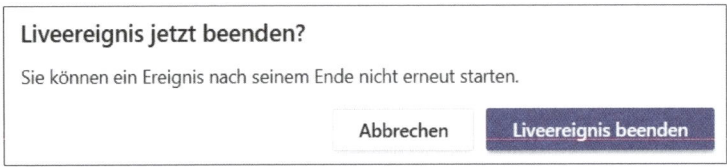

Abbildung 6.73 *Bestätigen Sie, dass Sie das Liveereignis beenden möchten.*

Wenn Sie das Liveereignis beenden möchten, erhalten Sie die in Abbildung 6.73 dargestellte Nachfrage, da Sie die Veranstaltung nicht erneut starten können. Im Zweifelsfall müssten Sie ein neues Liveereignis planen und die Teilnehmer erneut einladen.

Wie sieht ein Liveereignis für die Teilnehmer aus?

Die Teilnehmer sehen nicht, was die Produzenten tun, und haben auch keinen Überblick über die Referenten. Sie sehen lediglich das jeweils übertragene Bild und hören den dazu gehörenden Referenten und den Produzenten.

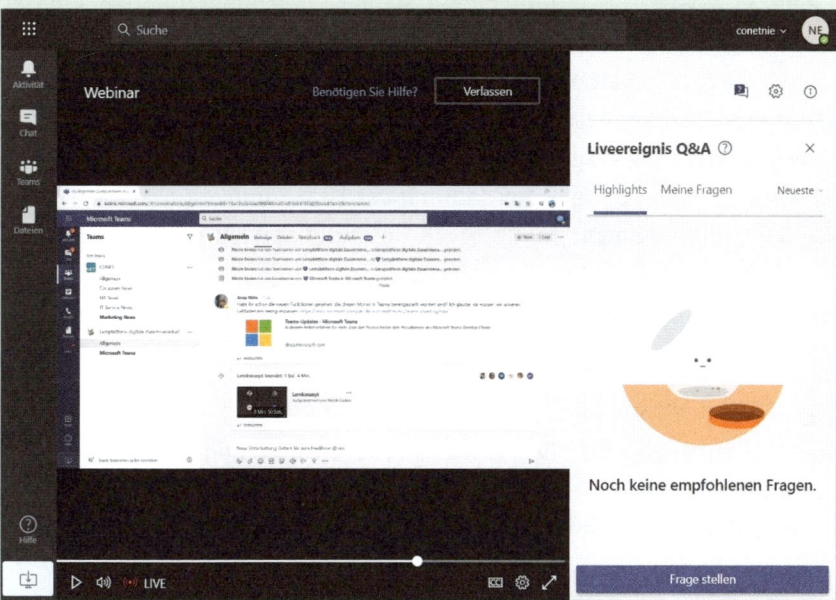

Abbildung 6.74 *Teilnehmeransicht in einem Liveereignis*

Wie Sie Abbildung 6.74 entnehmen können, sehen Sie zum einen die Bildschirmfreigabe und können diese auch als Vollbild darstellen. Zusätzlich können Sie über die Schaltfläche **Frage stellen** eine Frage an den Referenten richten sowie auf bereits beantwortete Fragen zugreifen.

6.8   Checkliste für produktive Online-Besprechungen

Wenn Sie häufig Online-Besprechungen durchführen, sollten Sie (falls noch nicht geschehen) in Ihrem Unternehmen einen Knigge dafür vereinbaren. Auch wenn Sie bereits Regeln für gewöhnliche Besprechungen vor Ort haben, sollten Sie dies tun. Denn Online- und persönliche Besprechungen unterscheiden sich doch sehr voneinander.

6.8.1   Wie stellen Sie die Aufmerksamkeit der Teilnehmer sicher?

Bei einer Online-Besprechung können Sie in Versuchung kommen, während der Besprechung etwas anderes zu tun oder sich ablenken zu lassen. Wenn Sie alle jeweils Ihre Kamera aktivieren, ist es nicht mehr ganz so einfach, unerkannt etwas anderes zu tun. Die aktivierte Kamera ist außerdem sehr wertvoll, weil Sie dann auch gegenseitig die nonverbalen Signale (Gestik und Mimik) wahrnehmen können und dadurch die Kommunikation einfacher wird. Außerdem sollte eine Online-Besprechung möglichst interaktiv sein und die Teilnehmer einbinden, damit sie sich aktiv einbringen und nicht nur konsumieren.

6.8.2   Welche Regeln gelten für Ihre Besprechung?

Klären Sie zu Beginn der Besprechung, wie Sie mit den Möglichkeiten des Handhebens oder dem Besprechungschat umgehen möchten. Außerdem sollten Sie festlegen, ob sich alle stummschalten sollen, solange sie keine aktiven Redeanteile haben. Sollten Sie einen Moderator in der Besprechung einsetzen, sollte allen Teilnehmern klar sein, wer der Moderator ist und welche Aufgaben er wahrnimmt.

6.8.3   Was sollten Sie bei der zeitlichen Planung einer Online-Besprechung beachten?

Eine Online-Besprechung kann wesentlich anstrengender als eine persönliche Besprechung sein. Achten Sie darauf, dass Sie ausreichende Pausen zwischen verschiedenen Besprechungen einplanen oder bei längeren Terminen (z. B. bei einem Workshop) spätestens nach 90 Minuten eine Pause vorsehen.

6.8.4 Was sollten Sie bei der Wahl Ihres Raums beachten?

Wenn Sie zum Beispiel aus dem Homeoffice an einer Besprechung teilnehmen, sollten Sie schauen, dass Sie einen ruhigen Raum wählen. So werden die anderen Gesprächsteilnehmer nicht durch Hintergrundgeräusche oder andere Personen gestört. Außerdem sollten Sie sicherstellen, dass die Lichtverhältnisse stimmen, da Sie ansonsten trotz aktivierter Kamera möglicherweise nicht gut zu erkennen wären.

6.8.5 Welche Geräte sollten Sie einsetzen?

In einer Online-Besprechung sollten Sie gut zu verstehen sein und auch die anderen Teilnehmer gut verstehen können. Das heißt, Sie benötigen ein gutes Mikrofon und entsprechende Lautsprecher oder alternativ ein gutes Headset. Außerdem sollten Sie eine Kamera verwenden, die Sie auch bei durchschnittlichen Lichtverhältnissen gut einfängt und Sie in einer guten Qualität überträgt. Wenn Sie sich in einem Besprechungsraum aufhalten, sollte auch hier eine gute Ausstattung zu finden sein, die sich im optimalen Fall bereits in *Microsoft Teams* integriert.

Unter *www.microsoft.com/de-de/microsoft-365/microsoft-teams/across-devices/ devices* finden Sie die von Microsoft empfohlenen Geräte.

6.8.6 Welche Art von Besprechung planen Sie, und wie viele Teilnehmer erwarten Sie?

Möchten Sie eine Besprechung durchführen, in der sich grundsätzlich jeder aktiv an einer Diskussion beteiligen kann, und nehmen nicht mehr als 250 Personen an der Besprechung teil? Dann können Sie eine Teams-Besprechung planen. Möchten Sie eher eine Veranstaltung durchführen, in der die meisten Teilnehmer stille Zuschauer sind und es nur wenige Redner gibt? Dann sind Liveereignisse die bessere Wahl; hier können Sie auch bis zu 10.000 Teilnehmer einladen.

6.8.7 Möchten Sie die Besprechung aufzeichnen?

Wenn Sie eine Besprechung aufzeichnen möchten, sollten Sie vor Beginn der Aufzeichnung klären, ob alle damit einverstanden sind. Personen, die nicht in der Aufzeichnung enthalten sein möchten, haben dann noch die Gelegenheit, beispielsweise ihre Kamera zu deaktivieren oder sogar die Besprechung für die Zeit der Aufzeichnung zu verlassen.

Ist diese Checkliste vollständig?

Es handelt sich bei dieser Checkliste lediglich um einen Vorschlag. Sie können Teile daraus für sich übernehmen oder sie um weitere Punkte ergänzen, die auf Ihr Unternehmen zugeschnitten sind. Nehmen Sie meinen Vorschlag vielleicht einfach als ersten Entwurf für Ihren persönlichen Knigge für Online-Besprechungen.

Kapitel 7
Ein paar Tipps und Tricks aus der Praxis

Sie sind nun bereits fit in der Nutzung von *Microsoft Teams* und können souverän an Online-Besprechungen teilnehmen, Teamräume effektiv einsetzen und an Ihre individuellen Bedürfnisse anpassen, und Sie wissen, wie Sie mit Anrufen, Chats und Aufgaben umgehen können. Ein paar Tipps und Tricks aus der Praxis möchte ich Ihnen an dieser Stelle noch mit auf den Weg geben.

Es handelt sich dabei zum Teil um Funktionen, die Sie nicht direkt benötigen, die aber in bestimmten Situationen sehr hilfreich sein können. Außerdem möchte ich Ihnen neben den technischen Möglichkeiten auch zeigen, was Sie bei einer Zusammenarbeit auf räumlicher Distanz noch beachten können, um Ihre Arbeit mit mehr Spaß zu verrichten.

7.1   Den Tagesablauf im Homeoffice effektiv gestalten

Beginnen möchte ich mit einem nicht-technischen Thema. Zu der Arbeit auf räumlicher Distanz gehört auch das Homeoffice. Zu Beginn des Jahres 2020 gehörte Homeoffice in einigen Unternehmen noch zu den Punkten, mit denen man sich aus der Menge hervortun wollte, wenn es um das Werben neuer Mitarbeiter ging. Homeoffice wurde demnach als etwas Außergewöhnliches angesehen. Mit Covid-19 hat sich dies drastisch verändert. Homeoffice wurde zu der vom Arbeitgeber bevorzugten Arbeitsweise; nur Berufe, in denen Homeoffice nicht möglich ist (wie z. B. im Supermarkt oder in Kliniken und Pflegeheimen), behielten die frühere Arbeitsweise bei.

Die Verlagerung aus den Büros in das Zuhause der Mitarbeiter erfolgte sozusagen von einem Tag auf den anderen. Da ist es nicht verwunderlich, wenn die Arbeit im Homeoffice nicht unbedingt bei jedem reibungslos verlaufen konnte. So plötzlich allein zu Hause und wie Sebastian aus meinem Team vielleicht sogar mit Kindern gemeinsam am Küchentisch stellte sich eine Reihe von Fragen:

- Welche technische Ausstattung benötige ich, um im Homeoffice meine Arbeit erledigen zu können? Und was mache ich, wenn ich diese Ausstattung nicht habe?

- Wie kann ich an Besprechungen teilnehmen, wenn meine Kinder direkt neben mir sitzen und meine Aufmerksamkeit benötigen?

- Kann ich meine Arbeitszeiten flexibel gestalten, damit ich mich auch um meine Familie kümmern kann?

- Wie schaffe ich es, mich auf meine Arbeit zu fokussieren?

- Haben meine Kollegen, mein Vorgesetzter und meine Kunden Verständnis dafür, wenn ich nicht so flexibel bin wie sonst?

- Wie bleibe ich in Kontakt mit meinen Kollegen?

- Wie kann ich mich bei meinem Vorgesetzten melden, wenn ich ein Problem oder eine Frage habe?

Für die Vorgesetzten der Mitarbeiter stellten sich für sie persönlich vermutlich dieselben Fragen; hinzu kamen Fragen im Hinblick auf ihre Mitarbeiter:

- Wie kann ich aus dem Homeoffice den Kontakt zu meinen Mitarbeitern halten und den Kontakt untereinander fördern?

- Wie soll ich zukünftig Informationen verteilen?

- Wie kann ich meine Mitarbeiter am besten unterstützen, mit der neuen Situation zurechtzukommen?

- Gibt es Alternativen in der digitalen Welt, um Gepflogenheiten wie die gemeinsame morgendliche Kaffeerunde oder das gemeinsame Mittagessen fortzuführen?

Auf all diese Fragen lassen sich verschiedene Antworten finden, die abhängig von dem in Ihrem Unternehmen gepflegten Umgang miteinander sind. Wichtig ist, dass Sie die Hürde für die Arbeit im Homeoffice so gering wie möglich halten sollten. Technische Lösungen wie *Microsoft Teams* bieten Ihnen bereits eine Unterstützung für die Kommunikation untereinander. Andere Themen lassen sich nicht technisch lösen, sondern bedürfen eines Regelwerks, das den Mitarbeitern an die Hand gegeben werden sollte und so für ein sicheres Gefühl sorgen kann. Hier möchte ich Ihnen meine persönliche Checkliste vorstellen, die Sie gerne übernehmen und an Ihre Bedürfnisse anpassen können:

1. **Planen Sie Ihren Arbeitstag**: Legen Sie fest, wann Sie mit der Arbeit beginnen und wann Sie Feierabend machen möchten. Anschließend sollten Sie überlegen, welche Besprechungen Sie heute wahrnehmen werden und wann Sie Zeit für andere Tätigkeiten benötigen, in denen Sie keine Unterbrechungen wünschen.

2. **Stimmen Sie sich mit Ihren Mitbewohnern ab**: Besprechen mit Ihrer Familie bzw. Ihren Mitbewohnern, welche Pläne Sie für Ihren Arbeitstag haben, und passen Sie bei Bedarf Ihren Plan an, wenn Sie zur gleichen Zeit Besprechungen haben, die im selben Raum stattfinden müssten. Legen Sie auch fest, wer sich in welchem Raum aufhalten sollte, damit jeder möglichst konzentriert arbeiten kann.

3. **Nehmen Sie Rücksicht aufeinander**: Es können durchaus unvorhergesehene Situationen eintreten. Wenn Sie zu mehreren Personen zu Hause sind, sollten Sie gegenseitig Rücksicht aufeinander nehmen und evtl. spontan den Raum wechseln, wenn Sie oder jemand anderes seine Ruhe benötigt. Klären Sie außerdem zu Beginn eines Termins, ob Unterbrechungen zu erwarten sind. Wenn Sie beispielsweise während der Arbeitszeit Ihre Kinder betreuen, sollten Sie Ihre Gesprächspartner zu Beginn eines Termins darauf hinweisen. Wenn Sie gegenseitiges Verständnis für die Situation aufbringen, lassen sich Gespräche in der Regel gut führen.

4. **Machen Sie Pausen**: Achten Sie auch zu Hause darauf, dass Sie wie auch vorher im Büro Pausenzeiten einhalten. Das betrifft auch den Wechsel zwischen verschiedenen Terminen. Planen Sie Online-Besprechungen nicht ohne Pause hintereinander. Sie benötigen Zeit, um eine Besprechung nachzubereiten oder sich auf den nächsten Termin vorzubereiten.

5. **Sie müssen nicht immer erreichbar sein**: Ihre Kollegen und Kunden werden versuchen, Sie telefonisch oder durch Einladung zu einer Online-Besprechung zu erreichen. Dabei können sie nicht wissen, ob Sie gerade beschäftigt sind oder nicht. Es liegt in Ihrer Hand zu entscheiden, ob Sie gerade ans Telefon gehen können oder erst einmal Ihre aktuelle Tätigkeit abschließen möchten. Durch zu häufige Wechsel zwischen verschiedenen Aufgaben könnte sonst die Qualität leiden.

Mit diesen Regeln können Sie die Arbeit im Homeoffice angehen. Mit technischer Unterstützung durch *Microsoft Teams* haben Sie dann die Mittel zur

Hand, um Telefonate zu führen, an Besprechungen teilzunehmen oder gemeinsam mit den Kollegen Ihre Arbeit zu verrichten.

Richten Sie für sich und Ihre Kollegen ein virtuelles Büro ein

Wenn Sie es gewohnt sind, mit Ihren Kollegen in einem gemeinsamen Raum zu arbeiten, werden Sie die Kollegen im Homeoffice vielleicht vermissen. In meinem Team war das ähnlich. Wir hatten zwar jeden Tag ein Daily-Stand-up-Meeting und stimmten uns auch wöchentlich ab. Nachdem wir uns aber schon einige Wochen nicht mehr zu informellen Themen im Team getroffen hatten, gab es diese eine Besprechung, die uns auf die Idee für ein virtuelles Büro brachte.

Es war eine Besprechung zu einem neuen Projekt, die ich mit zwei Kollegen aus meinem Team führte. Wir waren recht zügig mit dem eigentlichen Thema fertig, aber keiner von uns wollte die Besprechung direkt verlassen. Stattdessen arbeiteten wir jeder für sich an seinen Aufgaben, vernahmen das Tippen auf der Tastatur der anderen und unterhielten uns über einige Themen, wie wir es auch getan hätten, wenn wir im selben Raum gesessen hätten.

Aus diesem Erlebnis wurde dann die Idee geboren, diese Möglichkeit zukünftig dauerhaft zu schaffen. Über eine Online-Besprechung, die von jedem Teammitglied gestartet werden kann, kann sich jeder aus dem Team in den virtuellen Raum einwählen und sich mit den Kollegen austauschen. Hier kann man um Hilfe fragen, seinen Bildschirm teilen oder auch Ideen diskutieren. Probieren Sie diese Art der Zusammenarbeit gerne einmal aus; ich kann sie nur wärmstens empfehlen.

7.2   Mit vielen parallelen Unterhaltungen entspannt umgehen

Wenn Sie ein virtuelles Büro nutzen oder nun vermehrt über Chats kommunizieren, ist es wichtig, dass Sie den Überblick über die verschiedenen, parallel verlaufenden Unterhaltungen behalten und sich nicht stressen lassen. Solange Sie eine Nachricht noch nicht gelesen haben, wird diese optisch hervorgehoben. Manchmal werden Sie eine Nachricht aber auch kurz überfliegen, um einschätzen zu können, wie schnell Sie darauf reagieren müssen. Und in manchen

Fällen erhalten Sie viel zu viele Nachrichten in einem Chat, über die Sie vielleicht eine Zeit lang nicht informiert werden möchten. Ich stelle Ihnen nun ein paar Möglichkeiten vor, mit denen Sie sich behelfen können.

7.2.1   Eine Unterhaltung für später speichern

Wenn Sie eine Nachricht aufrufen, die Sie jetzt gerade nicht beantworten, aber später schnell wiederfinden möchten, können Sie sie entsprechend kennzeichnen. Danach ist es egal, wie viele weitere Nachrichten in dem Chat veröffentlicht werden; Sie können über einen Menüpunkt alle so gespeicherten Nachrichten an einer zentralen Stelle aufrufen.

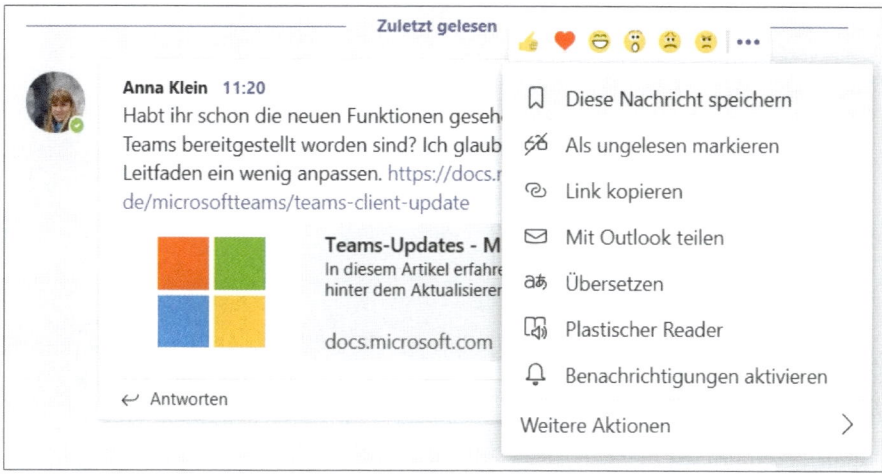

Abbildung 7.1 *Speichern Sie eine Nachricht für später.*

Rufen Sie wie in Abbildung 7.1 dargestellt über die Dreipunkte-Schaltfläche der Nachricht den Menüpunkt **Diese Nachricht speichern** auf, und Sie erhalten oben in der Nähe Ihres Profilbildes eine Mitteilung, dass die Nachricht gespeichert wurde (siehe Abbildung 7.2).

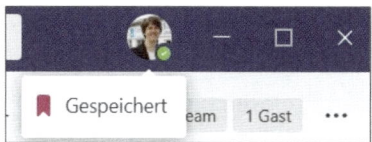

Abbildung 7.2 *Wenn die Nachricht erfolgreich für später gespeichert wurde, erhalten Sie eine entsprechende Benachrichtigung.*

Das lässt vermuten, dass Sie auch über das Menü, das über einen Klick auf Ihr Profilbild aufgerufen werden kann, die Übersicht über alle gespeicherten Nachrichten erhalten, und tatsächlich finden Sie hier den Menüpunkt **Gespeichert** (siehe Abbildung 7.3).

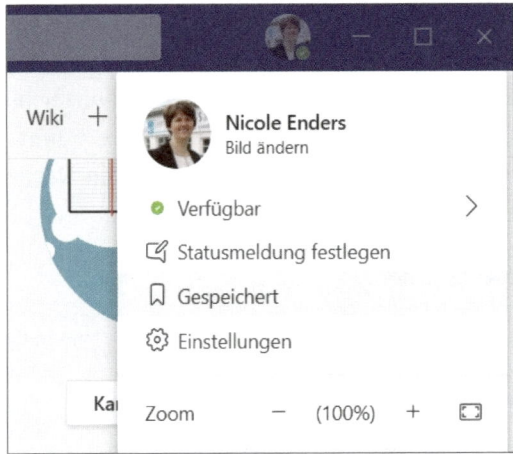

Abbildung 7.3 *Rufen Sie die Übersicht über die von Ihnen gespeicherten Nachrichten auf.*

Wenn Sie diesen Menüpunkt auswählen, erscheint die in Abbildung 7.4 dargestellte Übersicht. Im linken Bereich werden Ihnen sämtliche von Ihnen gespeicherten Nachrichten aufgelistet. Wenn Sie dann eine Nachricht ausgewählt haben, erscheint im rechten Bereich die Nachricht.

Sie können nun auf die Nachricht reagieren, bereits gegebene Antworten lesen oder selbst eine Antwort verfassen. Außerdem sehen Sie nicht nur die Nachricht selbst, sondern befinden sich gewissermaßen in dem Kanal oder Chat, aus dem die Nachricht stammt. So können Sie sogar auf weitere Informationen zugreifen und müssen nicht manuell dorthin wechseln, um über die eigentliche Nachricht hinaus nach Informationen zu suchen.

Die Nachrichten verbleiben ohne zeitliche Einschränkung in der Liste der gespeicherten Nachrichten und sind somit über diesen Weg für Sie zugänglich, unabhängig davon, wie oft Sie die Nachricht bereits gelesen haben.

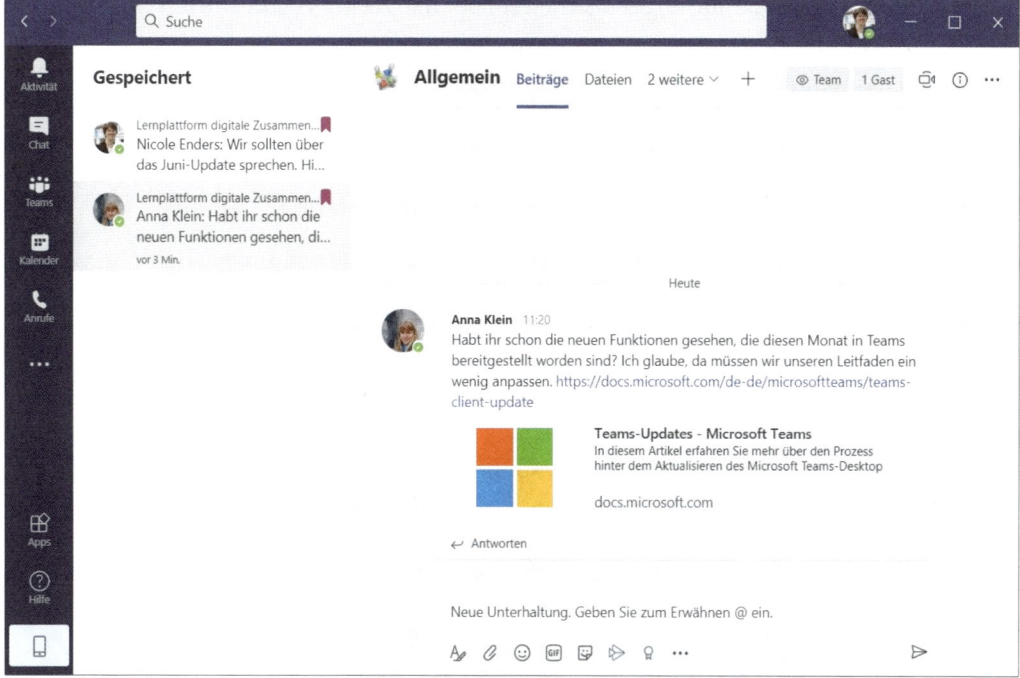

Abbildung 7.4 *Rufen Sie die gespeicherten Informationen nacheinander ab.*

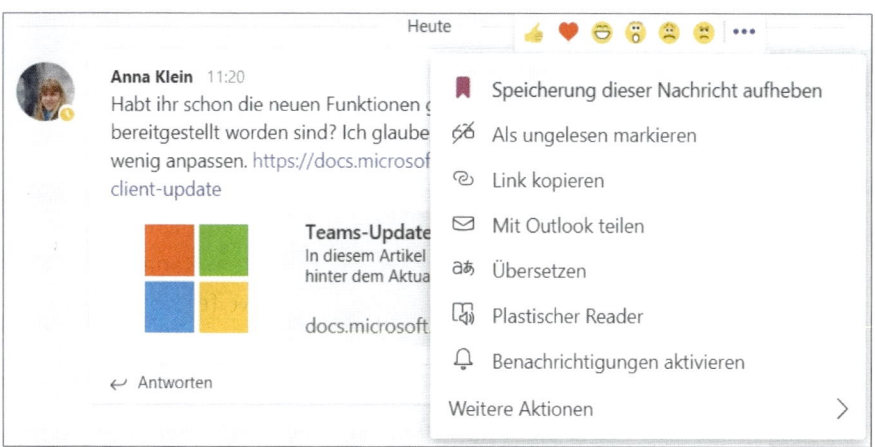

Abbildung 7.5 *Entfernen Sie eine Nachricht wieder aus der Liste der gespeicherten Nachrichten.*

Wenn Sie die Nachricht bearbeitet haben und sie irgendwann aus der Liste entfernen möchten, können Sie dies wie in Abbildung 7.5 dargestellt über den Menüpunkt **Speicherung dieser Nachricht aufheben** tun, der sich hinter der Dreipunkte-Schaltfläche der Nachricht verbirgt.

7.2.2   Nachrichten wieder auf ungelesen setzen

Wenn Sie eine neue Nachricht in einem persönlichen Chat, Gruppenchat oder einem Teamchat aufgerufen haben, wird diese Nachricht von *Microsoft Teams* als gelesen interpretiert. Dadurch wird der entsprechende Chat bzw. Kanal nicht mehr optisch hervorgehoben.

Wenn Sie die Nachricht aber gerade nicht in Ruhe lesen können und auch nicht für später speichern möchten, können Sie wie in Abbildung 7.6 dargestellt auch den Menüpunkt **Als ungelesen markieren** verwenden, den Sie über die Dreipunkte-Schaltfläche an der Nachricht erreichen können.

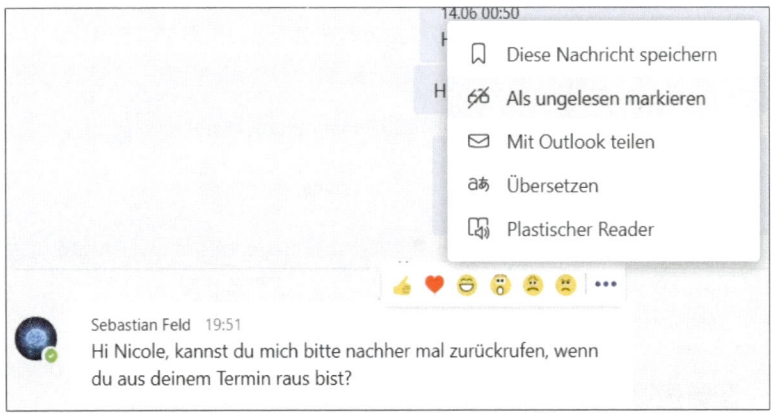

Abbildung 7.6 *Markieren Sie eine aufgerufene Nachricht wieder als ungelesen, um den entsprechenden Chat bzw. Kanal wieder durch eine Fettmarkierung optisch hervorzuheben.*

Abbildung 7.7 stellt das Ergebnis dieser Vorgehensweise dar. Hier wurde eine Nachricht in einem persönlichen Chat wieder auf ungelesen gesetzt. Hierdurch erscheint oberhalb der Nachricht eine Linie mit der Bezeichnung **Zuletzt gelesen**, sodass Sie genau erkennen können, ab welcher Position Sie mit dem Lesen beginnen können, wenn Sie später den Chat aufrufen.

Darüber hinaus erhalten Sie beim Chatsymbol links eine Benachrichtigung, dass es nun einen Chat mit ungelesenen Nachrichten gibt. Die angezeigte Zahl bezieht sich dabei auf die verschiedenen Chats und nicht auf die Summe der ungelesenen Nachrichten innerhalb der Chats.

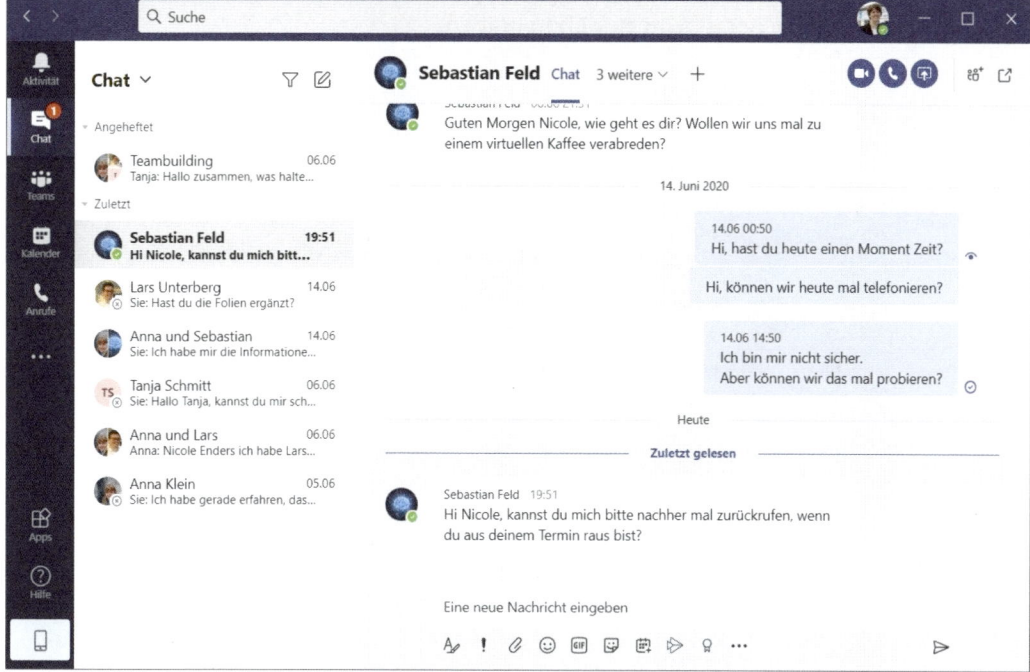

Abbildung 7.7 *Eine wieder als ungelesen markierte Nachricht kann später von Ihnen in Ruhe gelesen und ggf. beantwortet werden.*

Für Teamräume erfolgt keine Darstellung der Anzahl der ungelesenen Teamchats. Hier erhalten Sie lediglich die optische Hervorhebung der Kanäle bzw. der Teamräume, sobald es ungelesene Nachrichten gibt.

Mit der Möglichkeit, Nachrichten wieder als ungelesen zu markieren, können Sie vermeiden, dass eine Information untergeht. Sie können so die Nachricht überfliegen, einschätzen, wie dringend sie bearbeitet werden muss, und dann entscheiden, ob Sie direkt reagieren oder sie wieder auf ungelesen setzen und später zu ihr zurückkehren.

7.2.3   Unterhaltungen in mehrsprachigen Teams

Wenn Sie in einem mehrsprachigen Team arbeiten, können Sie sich entweder auf eine gemeinsame Sprache im Teamchat einigen, oder Sie nutzen die Übersetzungsfunktion, die Sie manuell bei jeder Nachricht aufrufen können. Es handelt sich dabei aber um eine Übersetzung für Sie persönlich; den anderen Teammitgliedern wird die Nachricht weiterhin im Original angezeigt, bis sie selbst die Übersetzungsfunktion nutzen.

Abbildung 7.8 *Nutzen Sie bei Bedarf die Übersetzungsfunktion, um eine Nachricht in Ihrer Sprache zu lesen.*

Wie Sie Abbildung 7.8 entnehmen können, finden Sie über die Dreipunkte-Schaltfläche an einer Nachricht den Menüpunkt **Übersetzen**. Wenn Sie diesen Menüpunkt aufrufen, wird die entsprechende Nachricht in die von Ihnen zentral für *Microsoft Teams* gewählte Anzeigesprache übersetzt.

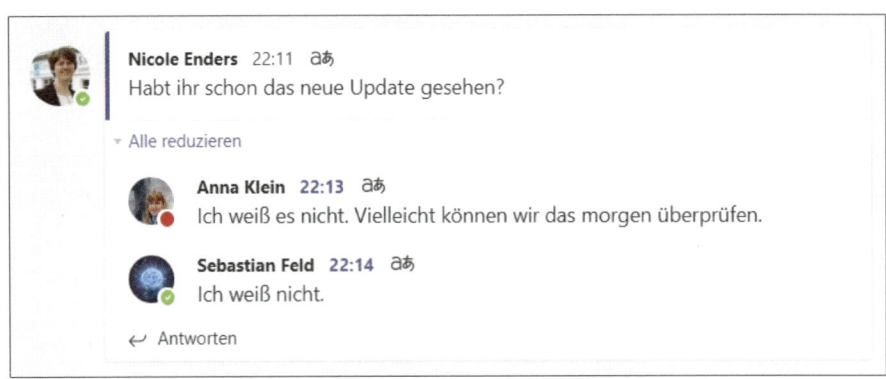

Abbildung 7.9 *Lesen Sie die in Ihre Sprache übersetzten Nachrichten.*

So können Sie wie in Abbildung 7.9 dargestellt nun die Nachrichten in Ihrer Sprache lesen und beantworten. Wenn Sie sich unsicher sind, ob die Übersetzung korrekt ist, können Sie über die Dreipunkte-Schaltfläche den Menüpunkt **Ursprüngliche Nachricht anzeigen** auswählen und so zur eigentlich empfange- nen Nachricht zurückkehren (siehe Abbildung 7.10).

Abbildung 7.10 *Kehren Sie zur ursprünglichen Nachricht zurück.*

Diese Möglichkeit ist vor allem dann sinnvoll, wenn Sie sich nicht auf eine ge- meinsame Sprache im Teamchat einigen können oder es Teammitglieder gibt, die unsicher im Umgang mit der gewählten Sprache sind und sich absichern möchten.

7.2.4   Eine Unterhaltung via Outlook teilen

Wenn Sie eine Unterhaltung mit jemanden teilen möchten, der keinen Zugriff auf den Teamraum hat, können Sie die Informationen über Outlook in Form einer E-Mail verteilen. Rufen Sie dazu den Menüpunkt **Mit Outlook teilen** auf (siehe Abbildung 7.11).

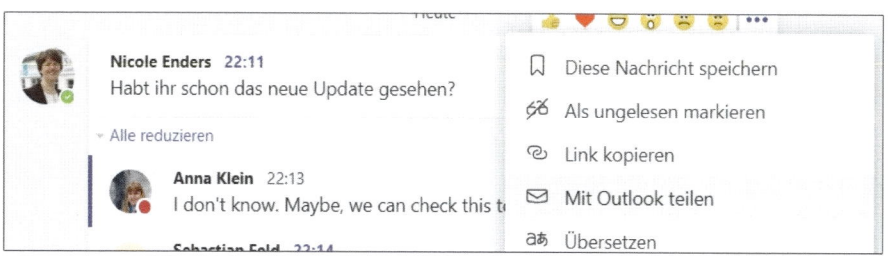

Abbildung 7.11 *Senden Sie eine Unterhaltung via E-Mail an weitere Personen.*

In dem daraufhin erscheinenden Dialog können Sie wie in Abbildung 7.12 darge- stellt nun eine E-Mail vorbereiten und an beliebige Personen senden. Die Unterhaltung mit den dazugehörenden Antworten können Sie so jemandem zukommen lassen, der bewusst keinen Zugriff auf den Teamraum erhalten soll. Das könnte beispielsweise eine externe Person wie ein Kunde oder Partner sein.

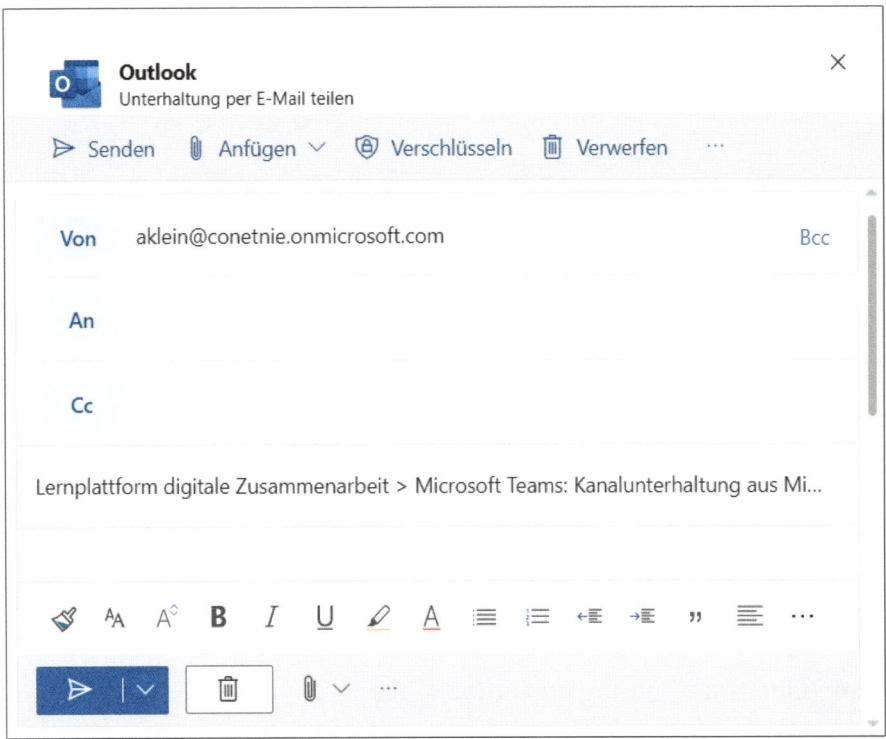

Abbildung 7.12 *Bevor die E-Mail versendet wird, können Sie Anpassungen an der Nachricht oder den Empfängern vornehmen.*

7.2.5   Eine Unterhaltung stummschalten

Neben den Unterhaltungen in den Teamräumen werden Sie vermutlich auch mehr und mehr persönliche Chat-Nachrichten erhalten. Wenn Sie in einem Chat besonders viele Nachrichten erhalten und diese aber gerade nicht lesen oder beantworten können, können Sie die Unterhaltung vorübergehend stummschalten.

Rufen Sie wie in Abbildung 7.13 dargestellt über die Dreipunkte-Schaltfläche an einem Chat den Menüpunkt **Stummschalten** auf. Daraufhin erhält der Chat ein entsprechendes Symbol (siehe Abbildung 7.14). Sie können die Nachrichten in diesem Chat weiterhin aufrufen und auch selbst Nachrichten erfassen und senden, aber Sie werden von diesem Moment an keine Benachrichtigungen über neue Nachrichten mehr erhalten.

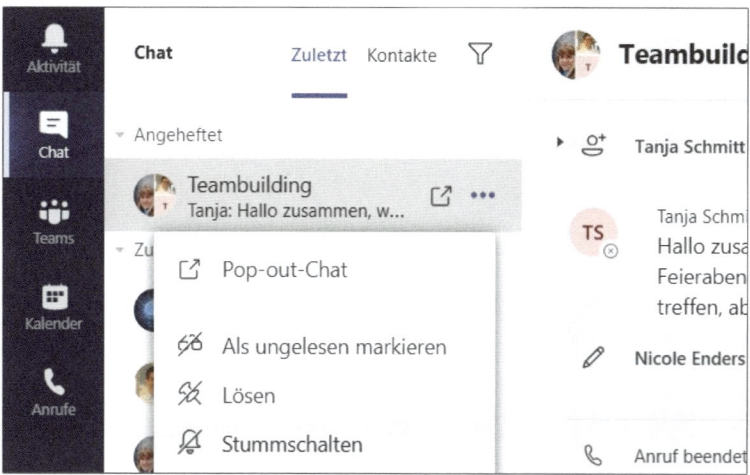

Abbildung 7.13 *Schalten Sie eine Unterhaltung (persönlicher Chat oder Gruppenchat) auf stumm.*

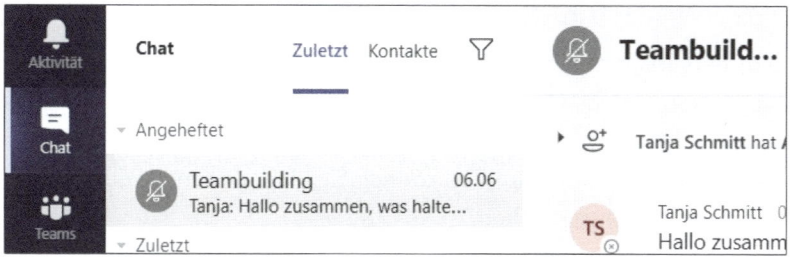

Abbildung 7.14 *Sie können über ein Symbol erkennen, dass ein Chat von Ihnen stummgeschaltet wurde.*

Wenn Sie ab irgendeinem Zeitpunkt wieder aktiv an der Unterhaltung teilnehmen und Benachrichtigungen über neue Nachrichten erhalten möchten, können Sie die Stummschaltung auch wieder aufheben. Rufen Sie dazu wie in Abbildung 7.15 dargestellt über die Dreipunkte-Schaltfläche des Chats den Menüpunkt **Stummschaltung aufheben** auf.

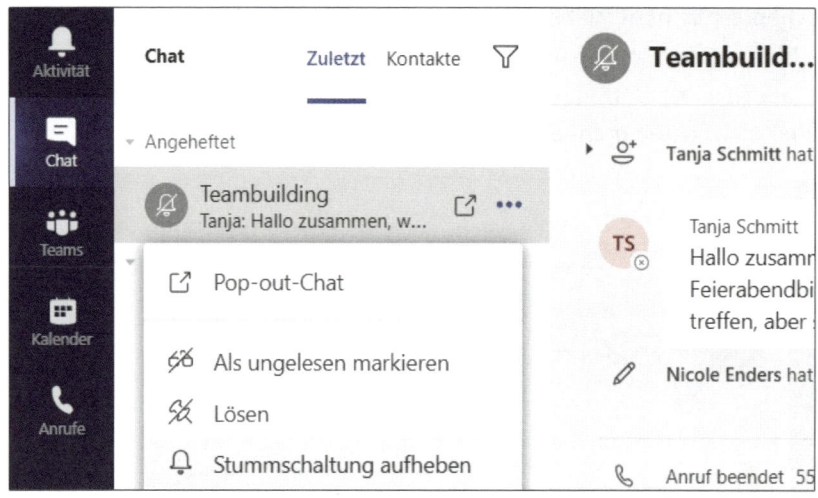

Abbildung 7.15 *Heben Sie die Stummschaltung bei Bedarf wieder auf.*

Nutzen Sie die Möglichkeit des Stummschaltens selektiv, um auch an ereignis-
reichen Arbeitstagen stets den Überblick zu behalten.

7.3   Geben Sie sich gegenseitig Feedback

Sowohl beim persönlichen Chat mit einer oder mehreren Personen als auch
beim Teamchat befindet sich unterhalb des Eingabefeldes für eine neue Nachricht links neben der Dreipunkte-Schaltfläche der Menüpunkt 유 **Praise** (siehe
Abbildung 7.16). Mit der *Praise*-Funktion können Sie einer oder mehreren Personen ein besonderes Lob aussprechen.

Abbildung 7.16 *Links neben der Dreipunkte-Schaltfläche befindet sich die Praise-Funktion.*

Wenn Sie den Menüpunkt auswählen, erscheint der in Abbildung 7.17 dargestellte Dialog. Hier können Sie aus verschiedenen Vorlagen die zu Ihrem Anlass
passende Vorlage auswählen. In meinem Beispiel möchte ich mich bei Anna

bedanken, die mir bei einem Problem geholfen hat. Daher klicke ich auf die Vorlage **Vielen Dank!**.

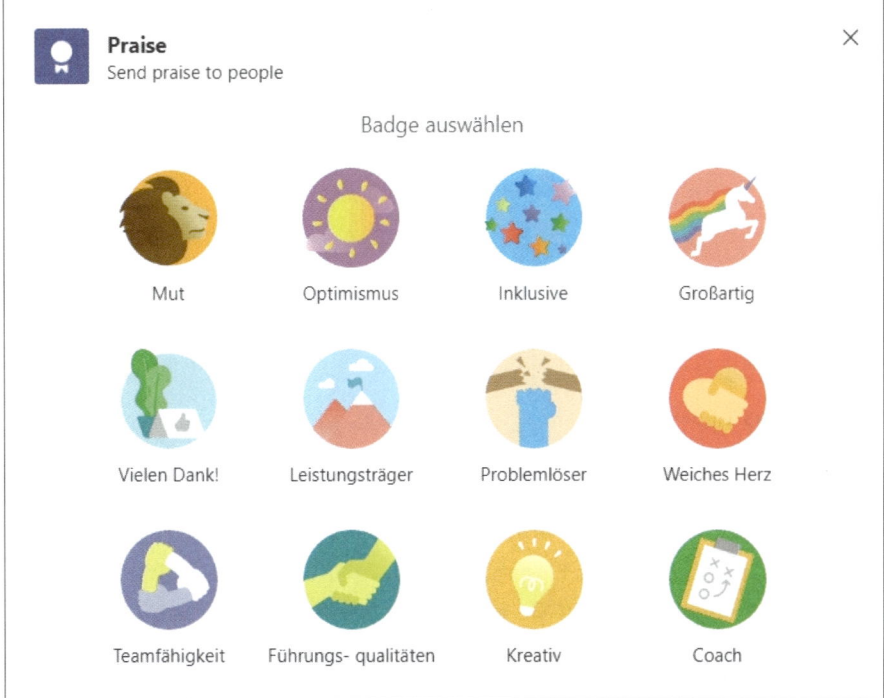

Abbildung 7.17 *Wählen Sie aus verschiedenen Vorlagen aus, wofür Sie jemanden loben möchten.*

Wenn Sie eine der Vorlagen per Klick ausgewählt haben, befinden Sie sich in der in Abbildung 7.18 dargestellten Konfigurationsansicht. Hier können Sie sowohl die Person(en) auswählen, die Sie loben möchten, als auch eine persönliche Nachricht hinzufügen.

Klicken Sie für die Auswahl der zu lobenden Person in das Eingabefeld mit der Beschreibung **Namen eingeben**, und geben Sie den Namen der gewünschten Person ein. Sobald Sie die ersten Buchstaben eingegeben haben, erhalten Sie einen oder mehrere Vorschläge und können mit einem Klick auf den Namen der entsprechenden Person diese auswählen.

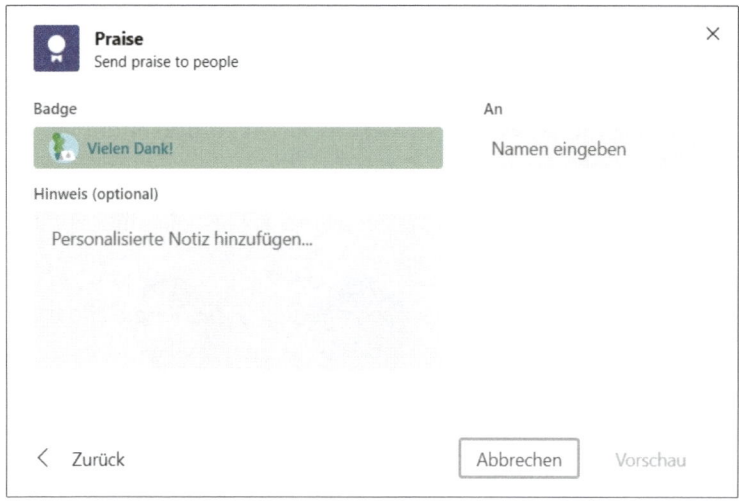

Abbildung 7.18 *Konfigurieren Sie Ihr Lob, indem Sie die zu lobende(n) Person(en) auswählen und eine persönliche Nachricht hinzufügen.*

Wie Sie Abbildung 7.19 entnehmen können, werden Ihnen die ausgewählten Personen nun unterhalb des Eingabefeldes aufgelistet, und Sie können weitere Personen hinzufügen. Sollten Sie jemanden aus Versehen ausgewählt haben, so können Sie über das × rechts neben der Person diese wieder entfernen.

Abbildung 7.19 *Wenn Sie möchten, können Sie eine persönliche Nachricht im mehrzeiligen Eingabefeld links erfassen.*

Sehen Sie in Abbildung 7.19 links oben das ausgewählte *Badge* **Vielen Dank!**? Hier können Sie überprüfen, ob Sie die richtige Vorlage im ersten Schritt ausgewählt haben. Falls Sie die Auswahl ändern möchten, können Sie über die Schaltfläche **Zurück** unten links wieder zum ersten Schritt zurückkehren.

Unterhalb des Badges befindet sich auch das Eingabefeld für Ihre persönliche Nachricht. Wenn Sie mit Ihrer Auswahl zufrieden sind, können Sie die Konfiguration über die Schaltfläche **Vorschau** abschließen.

In Abbildung 7.20 sehen Sie eine Vorschau der Nachricht, die Sie gleich veröffentlichen werden. Wenn Sie mit der Darstellung zufrieden sind, können Sie die Nachricht über die Schaltfläche **Senden** veröffentlichen.

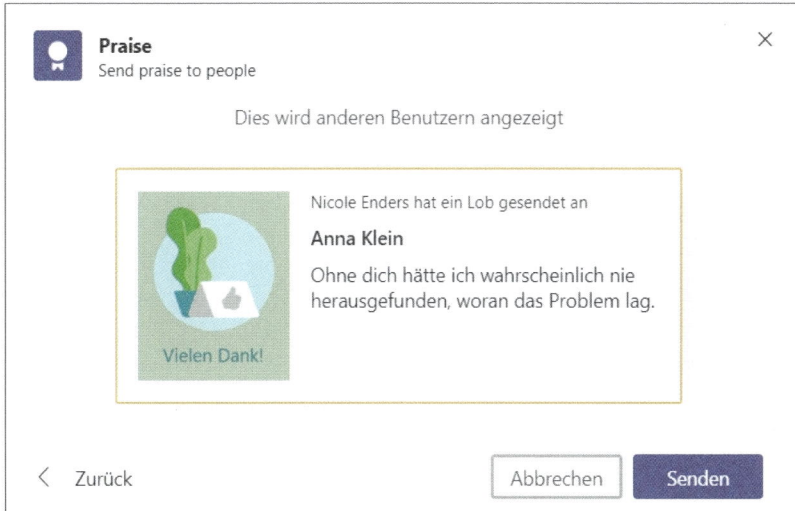

Abbildung 7.20 *Über die Vorschau erhalten Sie schon einmal einen ersten Blick auf das Lob, das gleich für das Team und insbesondere bei den von Ihnen gelobten Personen erscheint.*

Wenn Sie die Praise-Funktion innerhalb eines Teamchats oder Gruppenchats verwenden, sollten Sie wissen, dass die Nachricht von allen Personen gesehen werden kann, die Zugriff auf den Chat an sich haben (siehe Abbildung 7.21). Das bedeutet, dass sich auch andere Teammitglieder beispielsweise Ihrem Lob anschließen können, indem sie auf die Nachricht antworten oder über die Emojis bzw. mit einem *Gefällt mir* reagieren.

Abbildung 7.21 *Das Lob ist für jeden innerhalb eines Teams oder Gruppenchats sichtbar wie normale Nachrichten auch.*

Abbildung 7.22 *Für die im Lob erwähnten Personen wird die Nachricht optisch hervorgehoben.*

Die Personen, die Sie lobend erwähnen, erhalten darüber hinaus noch eine Benachrichtigung in ihrem Aktivitätsfeed, und für sie wird die Nachricht wie bei einer Erwähnung in einer normalen Nachricht mit einem @-Zeichen rechts an der Nachricht dargestellt (siehe Abbildung 7.22).

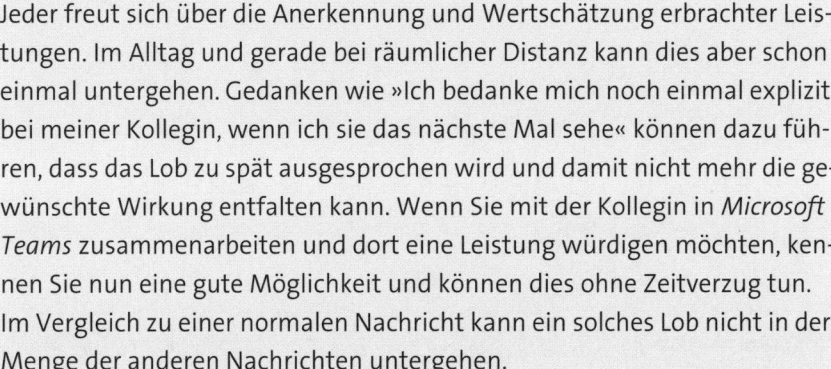

Einsatzmöglichkeiten für die Praise-Funktion

Jeder freut sich über die Anerkennung und Wertschätzung erbrachter Leistungen. Im Alltag und gerade bei räumlicher Distanz kann dies aber schon einmal untergehen. Gedanken wie »Ich bedanke mich noch einmal explizit bei meiner Kollegin, wenn ich sie das nächste Mal sehe« können dazu führen, dass das Lob zu spät ausgesprochen wird und damit nicht mehr die gewünschte Wirkung entfalten kann. Wenn Sie mit der Kollegin in *Microsoft Teams* zusammenarbeiten und dort eine Leistung würdigen möchten, kennen Sie nun eine gute Möglichkeit und können dies ohne Zeitverzug tun. Im Vergleich zu einer normalen Nachricht kann ein solches Lob nicht in der Menge der anderen Nachrichten untergehen.

Die Einsatzmöglichkeiten sind sehr vielfältig. Es kann sich um gegenseitige Unterstützung innerhalb einer Organisationseinheit oder auch um Projekterfolge handeln. Vielleicht hat Ihnen aber auch jemand bei einer Aufgabe oder einem Problem geholfen oder eine gute Idee gehabt, auf die Sie die anderen Teammitglieder aufmerksam machen möchten.

7.4   Bessere Lesbarkeit mithilfe des plastischen Readers

Sie können Unterhaltungen im Teamchat mithilfe eines plastischen Readers so aufrufen, dass auch Menschen mit Einschränkungen auf die darin enthaltenen Informationen zugreifen können. Rufen Sie dazu über die Dreipunkte-Schaltfläche an der Unterhaltung den Menüpunkt **Plastischer Reader** auf (siehe Abbildung 7.8), woraufhin sich der in Abbildung 7.23 dargestellte Dialog öffnet.

Sie sehen, dass die Nachricht in einer anderen Schriftart und vergrößert dargestellt wird. Sie können nun über das Play-Symbol unten die Nachricht vorlesen lassen oder die Nachricht selbst lesen.

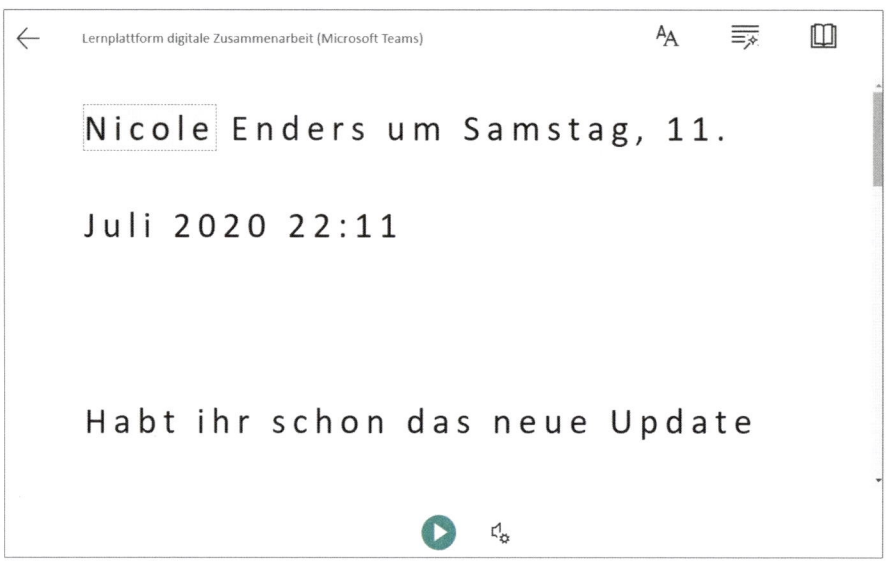

Abbildung 7.23 *Über den plastischen Reader können Sie sich die Nachricht vorlesen lassen oder sie mit Unterstützung lesen.*

Oben rechts finden Sie einige Optionen, über die Sie die Darstellung anpassen können, um weitere unterstützende Elemente zu der Ansicht hinzuzufügen. So können Sie beispielsweise die Silbentrennung aktivieren oder Nomen, Verben usw. in unterschiedlichen Farben darstellen (siehe Abbildung 7.24).

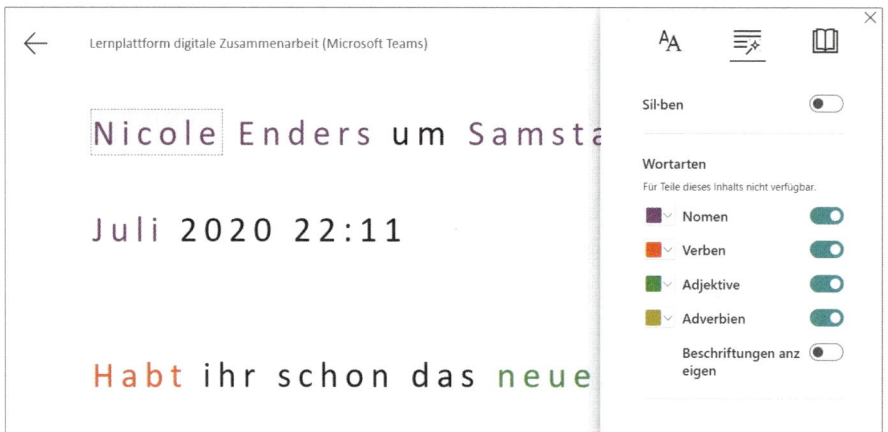

Abbildung 7.24 *Heben Sie Wortarten oder Silben optisch hervor.*

Abbildung 7.25 *Konfigurieren Sie die Sprachwiedergabe, falls Sie sich die Nachricht vorlesen lassen möchten.*

7.5 Teamräume als Vorlagen nutzen

Wenn Sie bereits einige Teamräume angelegt haben und die Konfiguration der Kanäle sowie der darin eingerichteten Registerkarten in einem neuen Teamraum übernehmen möchten, können Sie ein Team aus einem bestehenden Team erstellen.

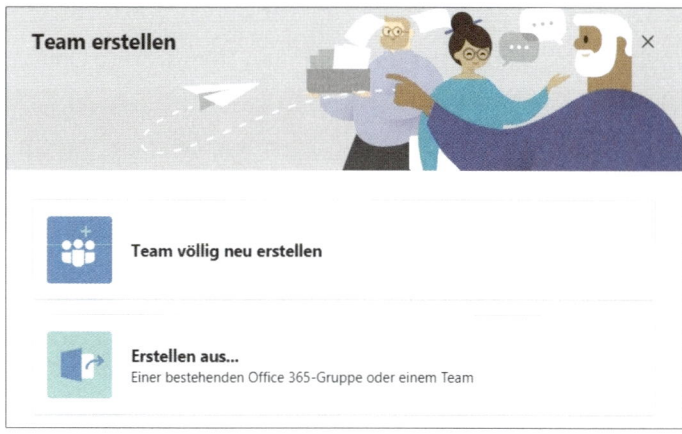

Abbildung 7.26 *Erstellen Sie ein neues Team.*

Wenn Sie die Schaltfläche **Team beitreten oder erstellen** und auf der daraufhin erscheinenden Seite die Schaltfläche **Team erstellen** betätigen, erscheint zunächst der in Abbildung 7.26 dargestellte Dialog, in dem Sie die Option **Erstellen aus...** auswählen und anschließend die Option **Team** auswählen.

Abbildung 7.27 *Wählen Sie ein Team aus, das als Vorlage dienen soll.*

Sie erhalten daraufhin wie in Abbildung 7.27 dargestellt eine Auflistung sämtlicher Teams, auf die Sie Zugriff haben. Wählen Sie mit einem Klick eines der Teams aus, und nehmen Sie dann die Konfiguration für den neuen Teamraum vor (siehe Abbildung 7.28):

- **Teamname**: Der Name des ausgewählten Teams wird erst einmal übernommen und mit einem Suffix »[Kopie]« versehen. Sie können den Namen nach Belieben anpassen.

- **Kanäle**: Sie übernehmen alle Kanäle des ausgewählten Teams. Diese Option kann von Ihnen nicht deaktiviert werden.

- **Registerkarten**: Sie können sämtliche Registerkarten übernehmen. Die Option ist standardmäßig ausgewählt, kann von Ihnen aber abgewählt werden.

- **Apps**: Standardmäßig übernehmen Sie die Apps aus dem ausgewählten Teamraum. Sie können die Option aber auch deaktivieren.

- **Teameinstellungen**: Auch die Teameinstellungen wie beispielsweise die Einstellungen für Mitglieder oder Gäste können Sie übernehmen.

- **Mitglieder**: Die im ausgewählten Teamraum zugelassenen Mitglieder können Sie auch im neuen Teamraum übernehmen. Diese Option müssen Sie aber explizit auswählen.

Abbildung 7.28 *Wählen Sie aus, welche Bestandteile des ausgewählten Teamraums in den neuen Teamraum übernommen werden sollen.*

Betätigen Sie anschließend die Schaltfläche **Erstellen**, und der neue Teamraum wird angelegt. So können Sie unter Umständen sehr viele manuelle Schritte bei der Einrichtung von Teamräumen eineepsparen.

Vorlagen für neue Teamräume

Zukünftig wird es eine Auswahl an Vorlagen geben, die von Microsoft angeboten werden. Diese Vorlagen basieren auf Erfahrungswerten, um Teams noch besser in der Praxis zu unterstützen. Darüber hinaus werden Sie auch eigene Vorlagen bereitstellen können, die Ihren Bedürfnissen entsprechen.

Kapitel 8
Geschäftsprozesse aus den Teamräumen heraus erreichen

Die wichtigsten Funktionen für den Arbeitsalltag kennen Sie nun. Ich möchte Ihnen in den folgenden Kapiteln einige weitere Möglichkeiten vorstellen, wie Sie *Microsoft Teams* auch einsetzen können. Beginnen möchte ich mit der Einbindung von Geschäftsprozessen, wobei ich die in *Microsoft Teams* angebotene Lösung für die Einsatzplanung als zentrales Beispiel verwenden werde.

Und erneut: »Nichts ist so beständig wie der Wandel.«
(Heraklit von Ephesus, 535–475 v. Chr.)
Zu Beginn dieses Buchs habe ich bereits angemerkt, dass *Microsoft Teams* stetig um Funktionen erweitert und an die Bedürfnisse angepasst wird, die von den Nutzern gemeldet werden. Dies betrifft auch den Bereich der Geschäftsprozesse, der in diesem Kapitel behandelt wird. Neben den hier beschriebenen Möglichkeiten, wird mit *Microsoft Dataflex* eine Low-Code-Plattform direkt in *Microsoft Teams* integriert, die im Wesentlichen auf Power Apps, Power Automate und Power Virtual Agents basiert. Damit wird es für jeden Anwender möglich, eigene Prozesslösungen zu erstellen und direkt in die tägliche Arbeit zu integrieren.

8.1 Kontextwechsel und Medienbrüche als Zeitfresser verstehen

Wie sieht Ihr Arbeitsalltag aus? Müssen Sie viele verschiedene Anwendungen und Tools einsetzen und zwischen diesen mehrmals wechseln? Dann kennen Sie vielleicht den sogenannten *Sägezahneffekt*. Mit diesem Begriff werden der Zustand sowie die Probleme beschrieben, die auftreten, wenn Sie häufig den Kontext wechseln oder parallel verschiedene Aufgaben bearbeiten.

In Abbildung 8.1 sehen Sie eine exemplarische Darstellung dafür, wie bei jeder Störung Ihre Konzentration beeinträchtigt wird. Das trifft selbstverständlich auch zu, wenn Sie sich ausschließlich in *Microsoft Teams* aufhalten und versuchen, jederzeit erreichbar zu sein. Wenn Sie bemüht sind, jeden Anruf anzunehmen, sofort auf Chat-Nachrichten zu reagieren, und an vielen Online-Besprechungen teilnehmen, kann Ihre Produktivität darunter leiden, und Sie fühlen sich vielleicht ausgelaugt. Wenn Sie darüber hinaus noch Medienbrüchen ausgesetzt sind, kann die Arbeit wirklich schwer werden.

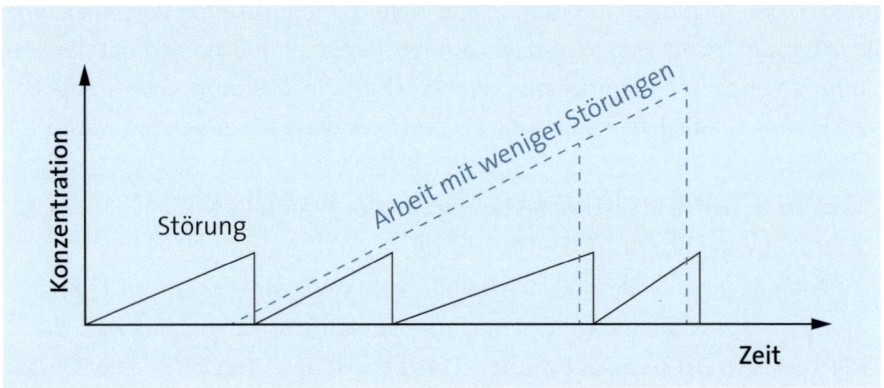

Abbildung 8.1 *Störungen haben einen erheblichen Einfluss auf Ihre Konzentration.*

Nach diesem Muster zu arbeiten, gilt nämlich als äußerst ineffizient. Das liegt vor allem daran, dass jeder Wechsel zwischen Aufgaben oder Tools Zeit kostet. So wurde in verschiedenen Studien festgestellt, dass man nach einer Unterbrechung bzw. einem Kontextwechsel ca. 15 Minuten braucht, um wieder das vorherige Konzentrationsniveau zu erreichen. Daher sollten Störungen und Kontextwechsel nach Möglichkeit minimiert werden.

8.2   Einsatzplanung und Urlaubsanträge

Als beispielhaften Prozess möchte ich Ihnen in diesem Abschnitt die Möglichkeiten für die Einsatz- und Urlaubsplanung vorstellen. Diese Prozesse werden bereits durch eine App in *Microsoft Teams* unterstützt. Auf weitere Prozesse gehe ich im folgenden Abschnitt näher ein.

Arbeiten Sie vielleicht in einem Schichtsystem, oder möchten Sie die Einsatztage für Projekte und Kundenaufträge in Ihrem Team planen? Im einfachsten

Fall reicht dafür ein Blatt Papier, auf dem beispielsweise für eine Woche festgehalten wird, wer wann welche Aufgabe übernimmt (siehe Abbildung 8.2).

	Mo	Di	Mi	Do	Fr	Sa	So
08:00 – 12:00	Thomas	Birgit	Nicole	?	Thomas		
13:00 – 17:00	Nicole	Sabine	Sabine	?	?		

Abbildung 8.2 *Planen Sie Einsätze oder Schichten auf einem Blatt Papier, das an einer
zentralen Stelle für alle Teammitglieder erreichbar ist.*

Dieses Blatt kann im Büro oder Pausenraum (je nach Branche) aufgehängt werden, womit alle Teammitglieder den gleichen Blick auf die geplanten Einsätze
haben, Schichten tauschen und sich für freie Plätze eintragen können.

Schichtplanung light mit Teams

Mit *Teams* können Sie das besagte Blatt Papier digital abbilden und damit
ortsunabhängig auf die Planungsinformationen zugreifen. An dieser Stelle
sei jedoch bereits gesagt, dass durch *Teams* kein klassisches Tool für die
Personaleinsatzplanung ersetzt werden kann. In kleineren Gruppen können die angebotenen Funktionen aber durchaus als Arbeitserleichterung
dienen. Wir schauen uns die angebotenen Möglichkeiten im weiteren Verlauf dieses Abschnittes genauer an.

Rufen Sie in *Microsoft Teams* wie in Abbildung 8.3 dargestellt über die Dreipunkte-Schaltfläche in der linken Menüleiste den Menüpunkt **Schichten** auf.

Wenn Sie bisher noch nie die Schichtplanung verwendet haben, erscheint nun
die in Abbildung 8.4 dargestellte Übersicht über Ihre Teamräume. Wählen Sie
einen Teamraum aus, für den Sie die Schichtplanung aufrufen möchten, und
betätigen Sie die Schaltfläche **Erstellen**. Sie werden in einem zweiten Schritt
noch gefragt, welche Zeitzone und welcher Ort für die Schichtplanung verwendet werden sollen (siehe Abbildung 8.5).

Teams
Kalender
Anrufe
Dateien
Eine App suchen
Hilfe
OneNote
Planner
Schichten
Stream
Who
Wiki

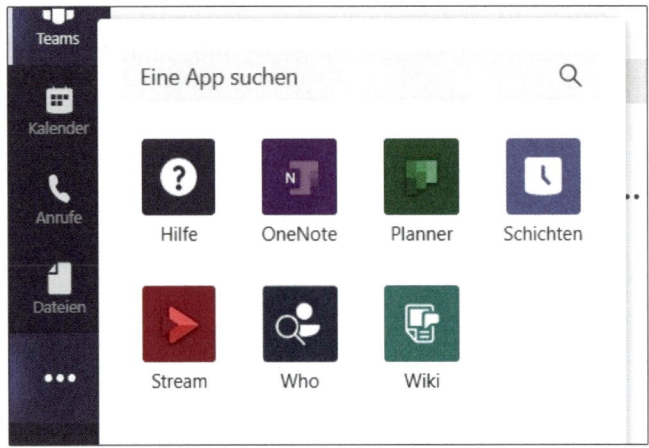

Abbildung 8.3 *Rufen Sie die Funktion zur Schichtplanung in Microsoft Teams auf, um die Einsatzplanung in Ihrem Team zu unterstützen.*

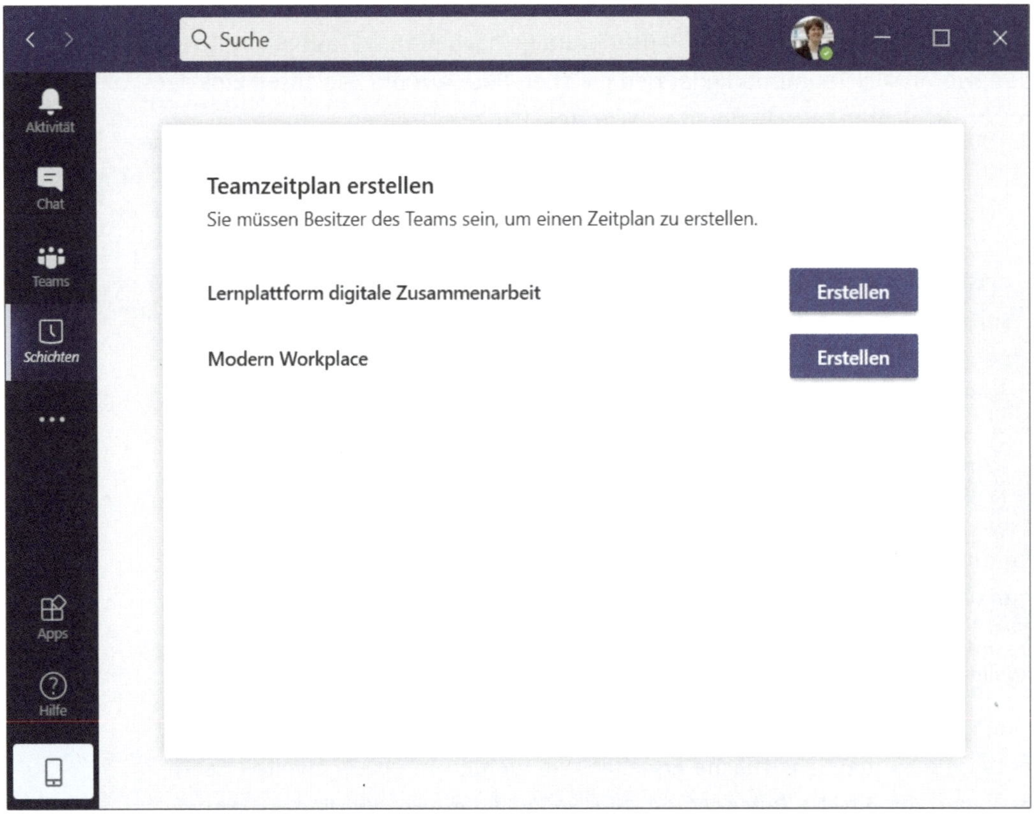
Suche
Aktivität
Chat
Teams
Schichten
Apps
Hilfe
Teamzeitplan erstellen
Sie müssen Besitzer des Teams sein, um einen Zeitplan zu erstellen.
Lernplattform digitale Zusammenarbeit
Erstellen
Modern Workplace
Erstellen

Abbildung 8.4 *Richten Sie die Schichtplanung für einen Teamraum ein.*

Abbildung 8.5 *Wählen Sie die für die Schichtplanung zu verwendende Zeitzone aus.*

Nach Betätigen der Schaltfläche **Bestätigen** befinden Sie sich in der in Abbildung 8.6 dargestellten Übersicht, die Ihnen alle geplanten Einsätze und Schichten für den aktuellen Monat, die aktuelle Woche oder den aktuellen Tag anzeigt. Zur Vereinfachung spreche ich im weiteren Verlauf von Schichten, und Sie behalten im Hinterkopf, dass die in diesem Abschnitt vorgestellten Funktionen auch für eine Einsatzplanung ohne Schichtbetrieb geeignet sind.

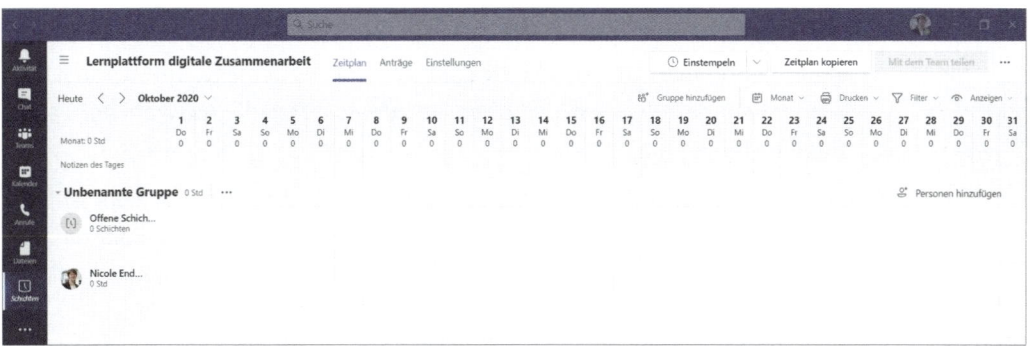

Abbildung 8.6 *Übersicht über die für den aktuellen Monat geplanten Einsätze*

8.2.1   Neue offene Schicht hinzufügen

Beginnen möchte ich mit der Erfassung einer neuen Schicht, die zunächst keinem Mitarbeiter zugewiesen wird. Dazu klicken Sie für den gewünschten Tag

(Spalte) in der Zeile **Offene Schichten** auf die Dreipunkte-Schaltfläche und wählen in dem daraufhin erscheinenden Menü den Menüpunkt **Offene Schicht hinzufügen** aus (siehe Abbildung 8.7).

Abbildung 8.7 *Fügen Sie eine neue Schicht hinzu, die zunächst noch keinem Mitarbeiter zugewiesen ist.*

In dem nun erscheinenden Dialog können Sie, wie in Abbildung 8.8 dargestellt, eine neue Schicht planen. Dabei können Sie folgende Informationen erfassen:

- **Gruppe**: Sie können Ihr Board für die Schichtplanung in sogenannte Gruppen unterteilen. Standardmäßig sehen Sie auf Ihrem Board nur eine unbenannte Gruppe. Wenn Sie beispielsweise verschiedene Projekte oder Kundenaufträge haben, können Sie dafür jeweils eine Gruppe anlegen.

- **Design**: In welcher Farbe soll die Schicht dargestellt werden? Sie können damit beispielsweise bestimmte Aufgaben durch unterschiedliche Farben kennzeichnen.

- **Beginn und Ende**: Um welche Uhrzeit beginnt die Schicht, und wann ist sie wieder beendet? Das Datum haben Sie bereits durch die Auswahl der Spalte zuvor festgelegt.

- **Bezeichnung**: Standardmäßig werden zur Darstellung einer Schicht Anfang und Ende der Schicht in der Kalenderübersicht verwendet. Sie können aber auch eine kurze Bezeichnung (maximal 15 Zeichen) vergeben, die an dieser Stelle angezeigt werden soll.

- **Unbezahlte Pause**: Sie können für eine Schicht auch die geplante Pausenzeit hinterlegen. Standardmäßig ist keine Pause vorgesehen. Sie können über das Auswahlfeld zwischen 0 und 90 Minuten wählen.

- **Notizen**: Wenn etwas während der Schicht erledigt oder bei der Arbeit berücksichtigt werden soll, können Sie diese Informationen bereits bei der Schichtplanung als Notiz hinterlegen.

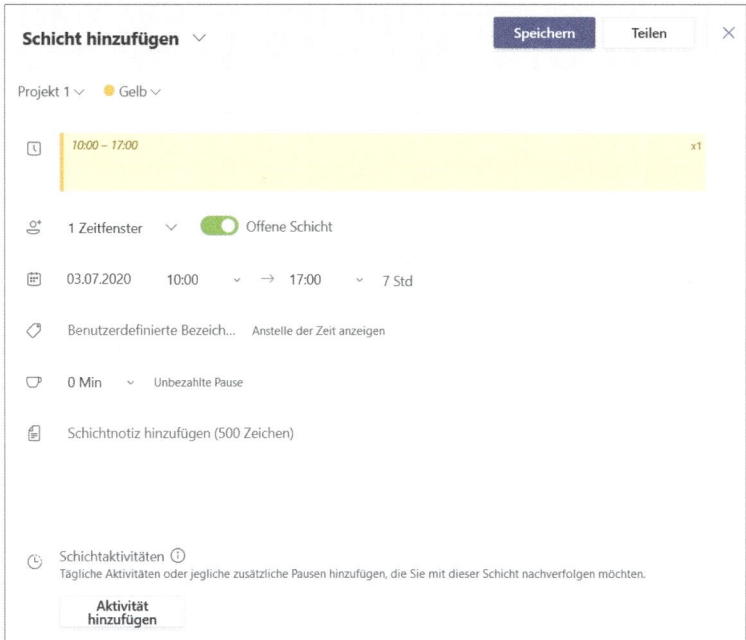

Abbildung 8.8 *Geben Sie alle relevanten Informationen für eine neue Schicht an.*

- **Aktivitäten**: Im unteren Bereich des Dialogs existiert ein Bereich für Aktivitäten. Über die Schaltfläche **Aktivität hinzufügen** erscheint in diesem Bereich eine neue Zeile (siehe Abbildung 8.9). Bei Aktivitäten handelt es sich um eine Art Aufgabenliste, die im Rahmen der Schicht bearbeitet werden soll.

Schichtaktivitäten
Beispiel: Mittagessen, Warenannahme usw.

10:00 – 17:00						

Name	Code	Farbe	Beginn am	Ende	Bezahlt
		● Blau ⌄	10:00 ⌄ →	10:15 ⌄	Ja ⌄

⚠ Titel erforderlich

+ Neue hinzufügen

Abbrechen   Fertig

Abbildung 8.9 *Sehen Sie Pausenzeiten inklusive Mittagspausen für eine Schicht vor.*

Über die Schaltfläche **Speichern** legen Sie die neue Schicht an. Je nachdem, wie die Verantwortlichkeiten in Ihrem Team verteilt sind, gibt es entweder eine Person, die für die grundsätzliche Planung der Schichten zuständig ist und direkt Mitarbeiter zuweist, oder die Mitarbeiter in Ihrem Team arbeiten selbstorganisiert und teilen die Schichten eigenständig untereinander auf.

8.2.2   Schichten direkt einer Person zuweisen oder Abwesenheitszeiten für eine Person erfassen

Unterhalb der Zeilen für die offenen Schichten, die noch keinem Mitarbeiter zugewiesen wurden, werden standardmäßig Sie selbst für die Planung angeboten. Sie können Ihrem Team in der Schichtplanung auch weitere Mitarbeiter hinzufügen. Deren Namen erscheinen daraufhin in weiteren Zeilen in der Kalenderübersicht. Fürs Erste beschränken Sie sich auf die eine Zeile und rufen für einen bestimmten Tag (Spalte) die Dreipunkte-Schaltfläche wie in Abbildung 8.10 auf.

Wenn Sie den Menüpunkt **Schicht hinzufügen** auswählen, erscheint der gleiche Dialog wie in Abbildung 8.8. Sie können dort die für die Schicht relevanten Informationen erfassen und die Schicht anschließend speichern. Der einzige Unterschied besteht darin, dass die hier hinzugefügte Schicht direkt dem entsprechenden Mitarbeiter zugewiesen und in der zu dem Mitarbeiter gehörenden Zeile dargestellt wird.

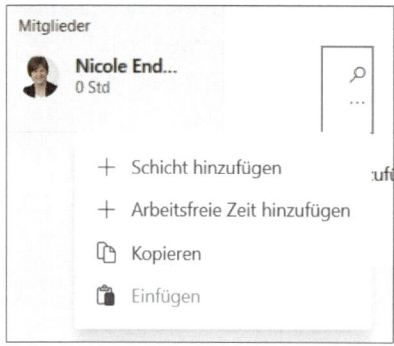

Abbildung 8.10 *Schichten oder arbeitsfreie Zeiten für einen Mitarbeiter erfassen*

Sie können über den Menüpunkt **Arbeitsfreie Zeit hinzufügen** auch Abwesenheitszeiten wie zum Beispiel Urlaube oder krankheitsbedingte Ausfälle erfassen. In den solchermaßen gekennzeichneten Zeiträumen kann der Mitarbeiter nicht für eine Schicht eingeplant werden. Folgende Gründe für eine Abwesenheit sind auswählbar:

- Unbezahlt
- Krankheitstag
- Aus
- Elternzeit
- Urlaub

Abbildung 8.11 illustriert, dass Sie im Gegensatz zur Eingabe einer Schicht bei der Erfassung von Abwesenheitszeiten einen Zeitraum angeben und zwischen einer ganztägigen Abwesenheit oder einer Angabe inklusive der Uhrzeit oder Zeitspanne wählen können.

Abbildung 8.11 *Verwalten Sie arbeitsfreie Zeiten Ihrer Mitarbeiter, um Konflikte in der Schichtplanung zu vermeiden.*

Überdies steht Ihnen auch hier die Möglichkeit zur Verfügung, den Planungseintrag durch eine Farbe optisch zu kennzeichnen und Notizen mit weiteren Informationen zu hinterlegen.

8.2.3   Kollegen zur Schichtplanung hinzufügen

Als Nächstes sollten Sie unbedingt Ihre Kollegen zum Team hinzufügen, da eine Schichtplanung nur mit Ihnen allein keinen besonders großen Mehrwert bietet.

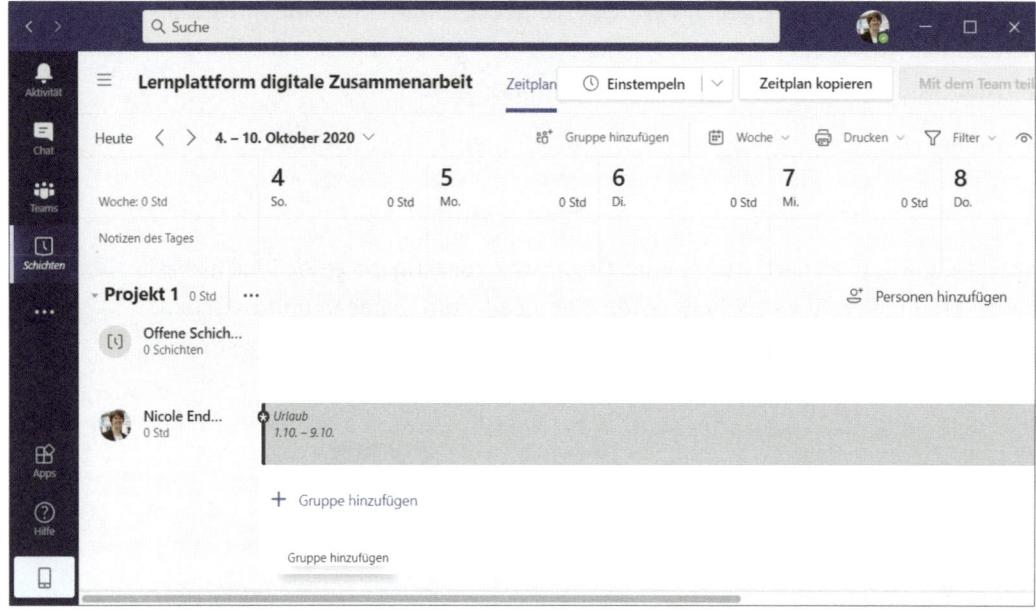

Abbildung 8.12 *Fügen Sie die gewünschten Mitarbeiter zu einer Gruppe hinzu, um die Schichtplanung für das entsprechende Team vorzunehmen.*

Klicken Sie dafür auf das Personensymbol oben rechts für eine ausgewählte Gruppe. Daraufhin erscheint der in Abbildung 8.13 dargestellte Dialog.

Abbildung 8.13 *Geben Sie den Namen oder die E-Mail-Adresse einer internen Person ein, um diese Person zu einer Gruppe hinzuzufügen.*

Hier können Sie neue Personen über die Angabe ihres Namens oder ihrer E-Mail-Adresse auswählen. Bei der Verwendung des Namens werden Sie mit Vorschlägen aus dem internen Personenverzeichnis unterstützt.

Über die Schaltfläche **Hinzufügen** fügen Sie die ausgewählte Person zur gewünschten Gruppe hinzu. Die Namen der hinzugefügten Personen sollten anschließend wie in Abbildung 8.14 dargestellt werden.

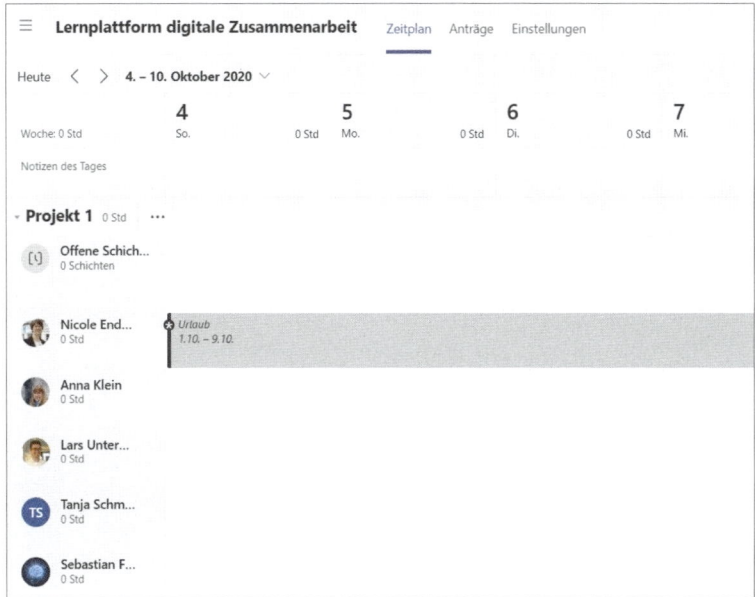

Abbildung 8.14 *Jede Person in einer Gruppe wird durch eine eigene Zeile in der Kalenderübersicht repräsentiert. In jeder Gruppe können unterschiedliche Personen ausgewählt sein.*

Bei mehreren Gruppen können Sie unterschiedliche Personen zuweisen oder auch eine Person in mehreren Gruppen hinzufügen und insgesamt die Schichtplanung ganz nach Ihren Bedürfnissen gestalten.

8.2.4   Eine offene Schicht zuweisen

Wenn Sie offene Schichten in Ihrem Team verteilen möchten, können Sie dafür auf die Dreipunkte-Schaltfläche der gewünschten Schicht im unteren Bereich der Kachel (siehe Abbildung 8.15) klicken, um im eingeblendeten Kontextmenü den Menüpunkt **Offene Schicht zuweisen** aufzurufen. Anschließend wählen Sie einen Mitarbeiter aus.

Wie Sie in Abbildung 8.16 sehen können, stehen Ihnen nur Personen zur Auswahl, die bereits der Gruppe zugewiesen wurden. Mit einem Klick auf den Namen der gewünschten Person weisen Sie die Schicht dem entsprechenden Mitarbeiter zu.

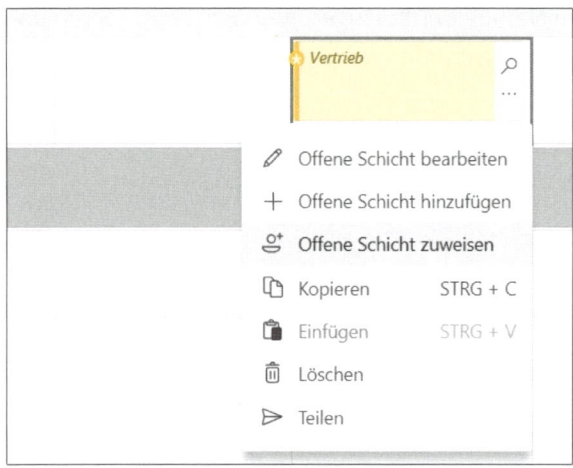

Abbildung 8.15 *Weisen Sie eine Schicht einem Teammitglied zu.*

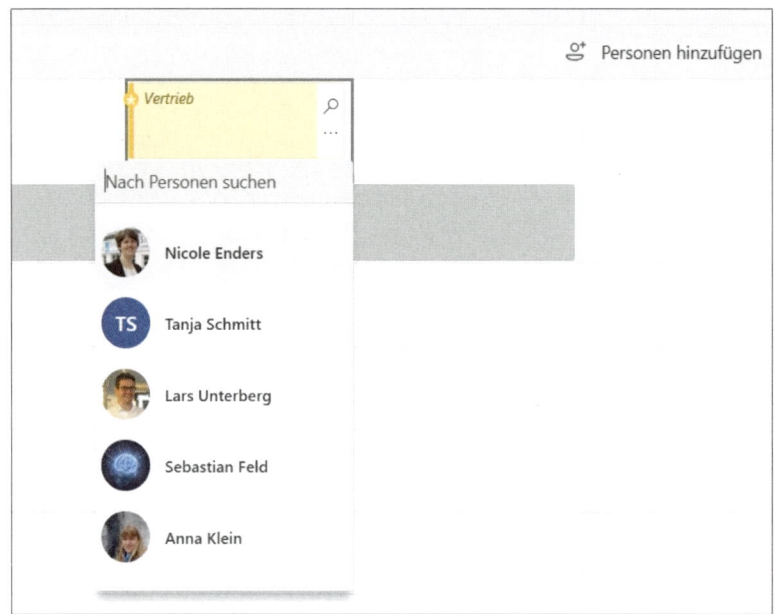

Abbildung 8.16 *Wählen Sie ein Mitglied der Gruppe für die Schicht aus.*

Gibt es nicht einen anderen Dienst zur Unterstützung der Schichtplanung?

Vielleicht haben Sie von *Staff Hub* gehört. Dieser Dienst war ausschließlich zur Unterstützung der Schichtplanung gedacht und ist seit einiger Zeit abgekündigt. Die darin enthaltenen Funktionen sind zu einem großen Teil nach *Teams* überführt worden. Seit *Teams* auch kostenfrei (ohne die weiteren Dienste wie SharePoint oder Planner) angeboten wird, sind auch Einsatzszenarien für kleine Teams wie beispielsweise die Einsatzplanung in einer Supermarktfiliale denkbar.

8.2.5   Schichtplan veröffentlichen

Bisher haben Sie einen Schichtplan erstellt, den außer Ihnen keine der beteiligten Personen sehen kann. Dafür müssen Sie Ihren Plan zuerst veröffentlichen.

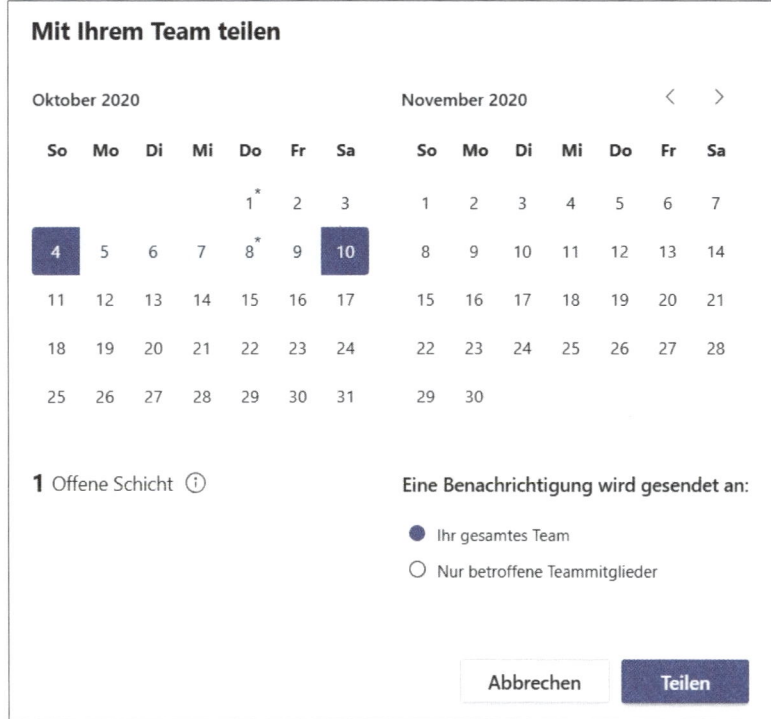

Abbildung 8.17 *Wählen Sie den Zeitraum für die zu veröffentlichende Schichtplanung aus.*

Sie erhalten während der Bearbeitung des Schichtplans im unteren Teil des Bildschirms eine Information darüber, wie viele Änderungen Sie bisher vorgenommen haben und noch mit dem Team teilen müssen. Betätigen Sie dafür die Schaltfläche **Mit dem Team teilen**, und schon öffnet sich der in Abbildung 8.17 dargestellte Dialog.

Sie können den genauen Zeitraum auswählen, den Sie mit dem Team teilen möchten. Damit ist es möglich, dass Sie die Schichtplanung nach und nach durchführen und immer nur beispielsweise die kommenden zwei Wochen veröffentlichen.

Sie können außerdem festlegen, ob Sie die Benachrichtigung an das gesamte Team oder nur an diejenigen Mitarbeiter senden möchten, denen eine Schicht zugewiesen wurde.

Wer ist das gesamte Team?

Oben links auf der Kalenderübersicht sehen Sie, in welchem Team Sie sich gerade befinden. Wenn Sie das Hamburger-Menü öffnen, sehen Sie alle weiteren Teams, die bereits die Funktion zur Schichtplanung nutzen. Sollten Sie eines Ihrer Teams in dieser Auflistung nicht sehen, können Sie über den Menüpunkt **Neuer Zeitplan** eine Liste aller Teams aufrufen, in denen Sie Besitzer sind, und können mit der Schichtplanung beginnen. Das bedeutet, dass Sie für jedes Team einen separaten Zeitplan erstellen können. Kanäle innerhalb eines Teams können in der Schichtplanung beispielsweise mit Gruppen realisiert werden.

Schichtplan nach Excel exportieren

Neben der Schaltfläche zur Veröffentlichung der Schichtplanung steht eine Dreipunkte-Schaltfläche zur Verfügung, die Ihnen u. a. den Menüpunkt **Zeitplan exportieren** anbietet.

Der Excel-Export enthält zwei verschiedene Datenblätter:

- **Zeitplan**: Diese Darstellung entspricht der Kalenderübersicht in *Teams* inklusive der für die jeweilige Schicht verwendeten Farbe.
- **Summen**: Diese Darstellung ist dazu geeignet, um auf den Daten aufbauende Auswertungen durchzuführen oder Diagramme zu erstellen.

Abbildung 8.18 *Ein Zeitplan lässt sich zur weiteren Bearbeitung oder zu Auswertungszwecken nach Excel exportieren.*

Über die letztgenannte Option können Sie die Planungsdaten aus mehreren Teams aggregieren und für eine Gesamtdarstellung (z. B. mit Power BI) aufbereiten. Achten Sie hier darauf, die angebotenen Auswertungsmöglichkeiten mit Ihrem Personal- oder Betriebsrat und den für den Datenschutz verantwortlichen Kollegen zu besprechen.

Schichtplan drucken

Zu Beginn dieses Abschnitts habe ich die einfachste Art der Einsatzplanung mit einem Blatt Papier angesprochen. Wenn Sie neben der Darstellung innerhalb von *Teams* Ihren Schichtplan auch in einem Büro oder Pausenraum an die Wand hängen möchten, wählen Sie dafür das Drucksymbol oben rechts auf der Seite aus und drucken den Zeitplan aus.

8.2.6 Anträge erstellen und verwalten

Für selbstorganisierte Teams kann es sinnvoll sein, dass einzelne Teammitglieder ihre Aufgaben bzw. Schichten untereinander tauschen können, ohne eine zentrale Instanz zu benötigen. Um dies zu unterstützen, wird ganz oben neben dem Menüpunkt **Zeitplan** auch ein Menüpunkt **Anträge** angeboten.

Klicken Sie auf diesen Menüpunkt, und die in Abbildung 8.19 dargestellte Seite wird aufgerufen. Hier finden Sie später alle Anträge, die Sie betreffen (sowohl die von Ihnen erstellten als auch die an Sie gerichteten Anträge). In *Teams* wird zwischen drei verschiedenen Antragstypen unterschieden:

- Arbeitsfreie Zeit

- Tauschen

- Angebot

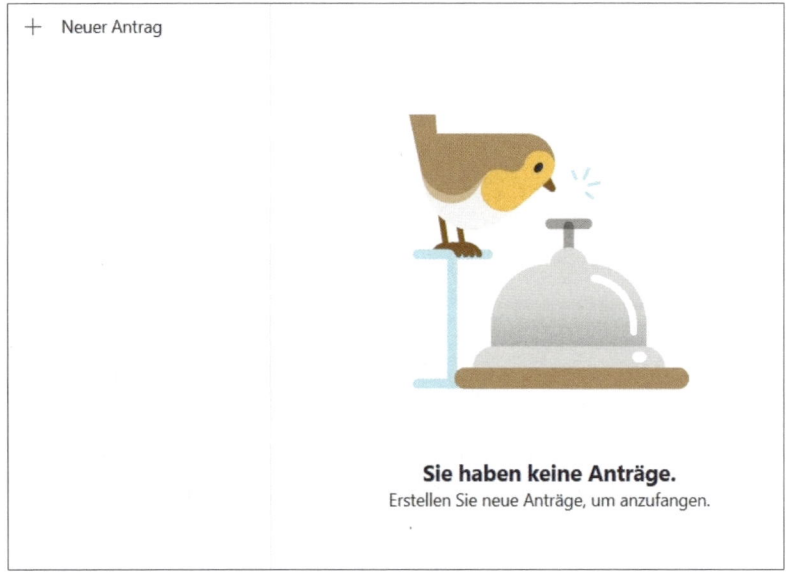

Abbildung 8.19 *An dieser zentralen Stelle lassen sich alle für Sie relevanten Anträge aufrufen.*

Arbeitsfreie Zeit beantragen

Wenn Sie die Schaltfläche **Neuer Antrag** betätigen, gelangen Sie zu der Ansicht aus Abbildung 8.20. Als Standard ist der Antragstyp **Arbeitsfreie Zeit** ausgewählt.

Sie können den genauen Zeitraum (bei Bedarf sogar inklusive der Uhrzeit) angeben und die Art der Abwesenheit auswählen. Je nachdem, welche Vereinbarung Sie mit Ihrem Genehmiger (Anwender mit der Rolle »Besitzer« im Team) getroffen haben, sollten Sie weitere Informationen im Feld für Notizen erfassen und anschließend die Schaltfläche **Antrag senden** betätigen. Der Antrag liegt nun beim Besitzer des Teams zur Genehmigung vor, kann von Ihnen im linken Bereich des Dialogs aber auch aufgerufen und gegebenenfalls zurückgezogen werden.

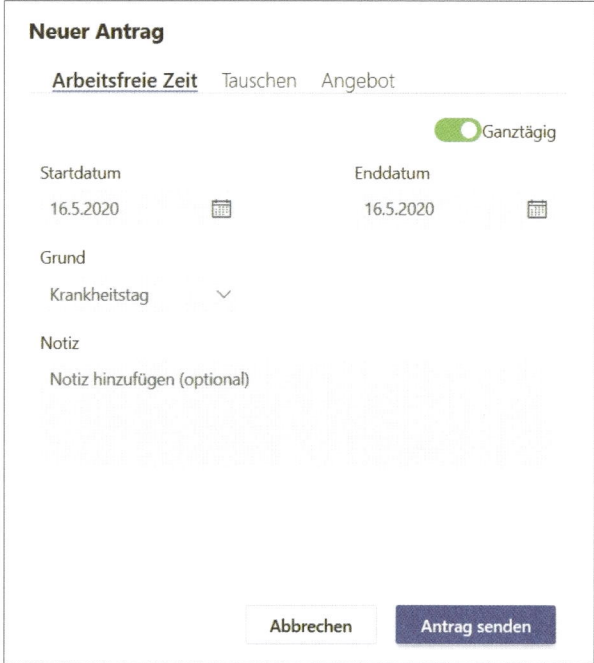

Abbildung 8.20 *Beantragen Sie einen Urlaubstag oder eine sonstige arbeitsfreie Zeit.*

Tauschen einer Schicht beantragen

Klicken Sie im Dialog auf die Schaltfläche **Antrag hinzufügen**, und wählen Sie die Option **Tauschen** aus. Sie können anschließend, wie in Abbildung 8.21 dargestellt, die Schicht, die Sie abgeben möchten, und die Schicht, die Sie von einem Kollegen oder einer Kollegin stattdessen übernehmen möchten, auswählen. Sie werden dabei durch eine Kalenderansicht unterstützt, die Ihnen die möglichen Schichten anbietet.

Nachdem Sie die Schichten ausgewählt haben, versenden Sie Ihren Antrag über die Schaltfläche **Antrag senden**. Die Person, mit der Sie Ihre Schicht tauschen möchten, erhält nun eine Benachrichtigung über Ihren Antrag und kann diesen annehmen oder ablehnen. Sie können Ihren Antrag auch selbst wieder zurückziehen.

Abbildung 8.21 *Wählen Sie die Schichten aus, die Sie miteinander tauschen möchten.*

Mir werden keine Schichten zum Tauschen in der Kalenderübersicht angeboten!

Wenn Sie auf das Kalendersymbol klicken und in der eingeblendeten Kalenderübersicht keine Schichten finden, obwohl Sie in der Schichtplanung Einträge sehen können, sollten Sie prüfen, ob die entsprechenden Schichten bereits veröffentlicht wurden. Solange Sie die einzelne Schicht oder den Zeitraum mit den betroffenen Schichten noch nicht mit dem Team geteilt haben, stehen sie nicht zur Auswahl.

Einem Kollegen eine Schicht anbieten

Anstelle eines Tauschs können Sie eine Schicht auch einfach einem Kollegen anbieten. Das ist zum Beispiel dann hilfreich, wenn absehbar ist, dass Sie krankheitsbedingt ausfallen werden und jemand Ihre Schicht übernehmen soll. Für diesen dritten Antragstyp klicken Sie ein weiteres Mal auf die Schaltfläche **Antrag hinzufügen** und wählen die Option **Angebot** aus.

Wie Sie in Abbildung 8.22 sehen können, wählen Sie für diesen Antrag lediglich eine der Ihnen zugewiesenen Schichten aus. Anschließend können Sie die Person angeben, von der Sie sich die Übernahme Ihrer Schicht wünschen. Sobald Sie die Schaltfläche **Antrag senden** betätigt haben, erhält die ausgewählte Person wie auch beim Tauschen eine Benachrichtigung und entscheidet über die Übernahme Ihrer Schicht.

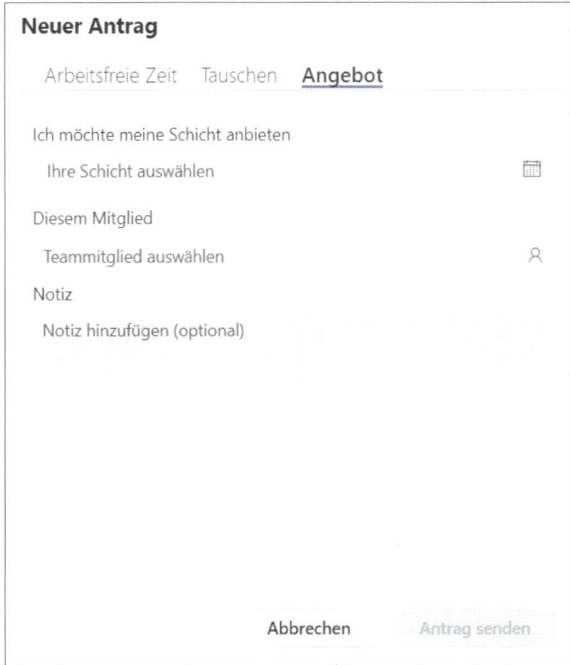

Abbildung 8.22 *Wählen Sie eine Ihrer Schichten und die Person aus, die Sie um die Übernahme dieser Schicht bitten möchten.*

Übersicht über Ihre Anträge

Die anfangs noch leere Übersicht sollte sich nun ein wenig gefüllt haben. Die Übersicht enthält für jeden Antrag folgende Informationen:

- **Antragssteller**: Als Erstes wird der Name des Antragsstellers angezeigt. In meinem Fall bin ich dies für alle Beispiele selbst.

- **Antragstyp**: Durch eine Kurzbeschreibung des Antrags (z. B. »Nicole hat ein Angebot beantragt«) erkennen Sie schnell, um welche Art von Antrag es sich handelt.

- **Zeitrahmen der Schicht**: In einer zweiten Zeile wird dargestellt, wann die Schicht geplant ist (z. B. »6. März 10 AM – 5 PM« beim obersten Eintrag).

- **Antragsdatum**: Bei der Darstellung eines Antrags werden Ihnen ganz rechts Datum und Uhrzeit des Zeitpunktes der Antragstellung angezeigt.

In der Übersicht wird außerdem zwischen noch nicht bearbeiteten Anträgen und genehmigten oder abgelehnten Anträgen unterschieden.

Idee für Homeoffice bzw. Anwesenheit am gewohnten Arbeitsplatz
Wir haben die Möglichkeiten der Schichtplanung nun im bekannten Kontext betrachtet. Somit haben wir uns auf die Planung von Aufgaben fokussiert. Die Lösung kann aber auch eingesetzt werden, wenn Sie beispielsweise begrenzte Räumlichkeiten haben und innerhalb Ihres Teams planen möchten, wer an welchen Tagen im Büro anwesend ist und wann die einzelnen Mitarbeiter im Homeoffice arbeiten. Über diesen Weg könnten sich die Teammitglieder gemeinsam abstimmen und diese Informationen im Rahmen ihrer normalen Teamarbeit abrufen.

8.3   Geschäftsanwendungen auf Basis von Dynamics 365 sowie der Power Platform integrieren

Wenn Sie *Dynamics 365* einsetzen oder Geschäftsprozesse mit *Power Apps* oder *Power Automate* unterstützen, können Sie die darauf basierenden Geschäftsanwendungen nach Belieben auch in Ihre Teamräume einbinden.

Während es für Dynamics einen sogenannten *Konnektor* gibt, über den Sie über Aktionen in den mit Dynamics unterstützten Geschäftsprozessen informiert werden, können Sie Power Apps und Power Automate als Registerkarten zu einem Kanal und somit zu einem Teamraum hinzufügen.

Wählen Sie einen Kanal aus, und rufen Sie über das Pluszeichen + den Dialog zum Hinzufügen einer neuen Registerkarte hinzu. Nutzen Sie am besten das Suchfeld oben rechts, um die Option **PowerApps** möglichst schnell zu finden (siehe Abbildung 8.23). Wählen Sie die Option aus, und Sie werden entsprechend der Darstellung in Abbildung 8.24 aufgefordert, erst einmal die App hinzuzufügen, bevor Sie die Registerkarte konfigurieren können.

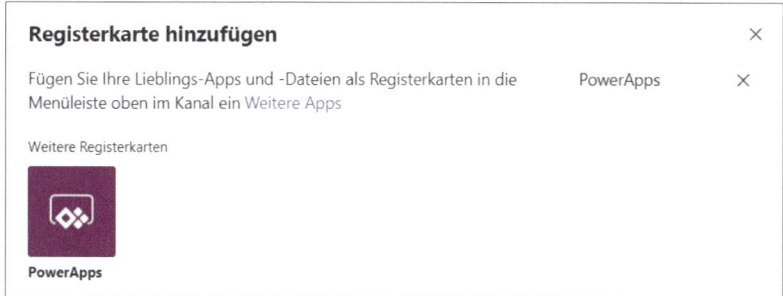

Abbildung 8.23 *Fügen Sie Power Apps als neue Registerkarte zu einem Kanal hinzu.*

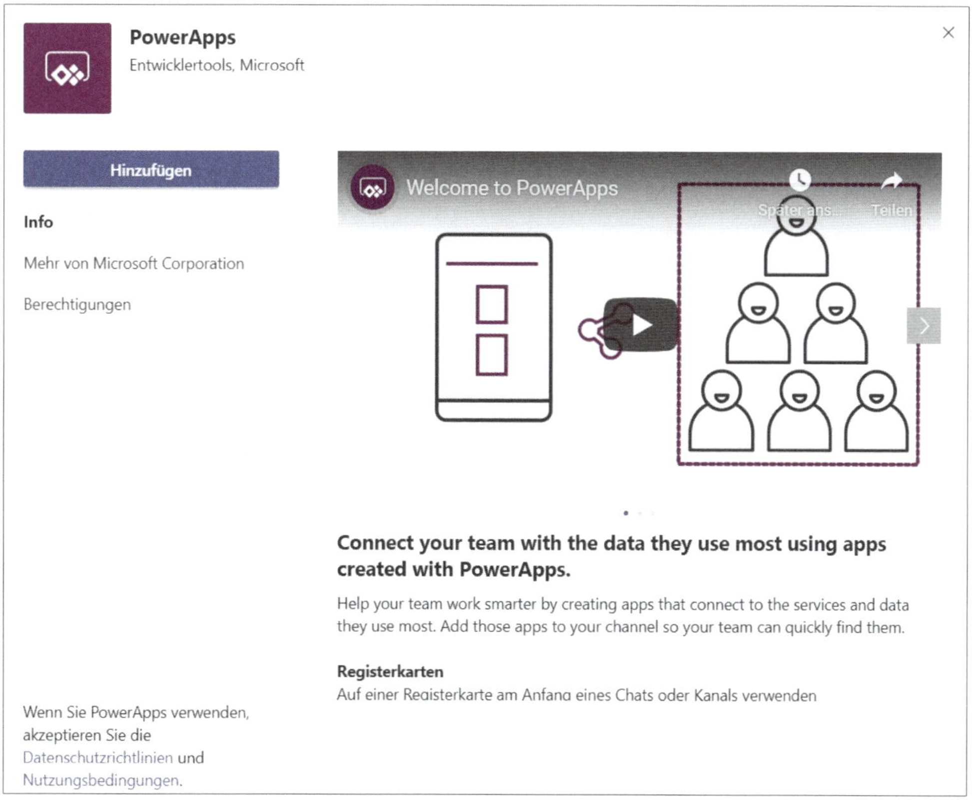

Abbildung 8.24 *Um Power Apps als Registerkarte in einem Team zu nutzen, muss die App erst einmal hinzugefügt werden.*

Betätigen Sie die Schaltfläche **Hinzufügen**. Anschließend können Sie die Registerkarte konfigurieren, indem Sie eine der Ihnen zur Verfügung stehenden Apps auswählen (siehe Abbildung 8.25).

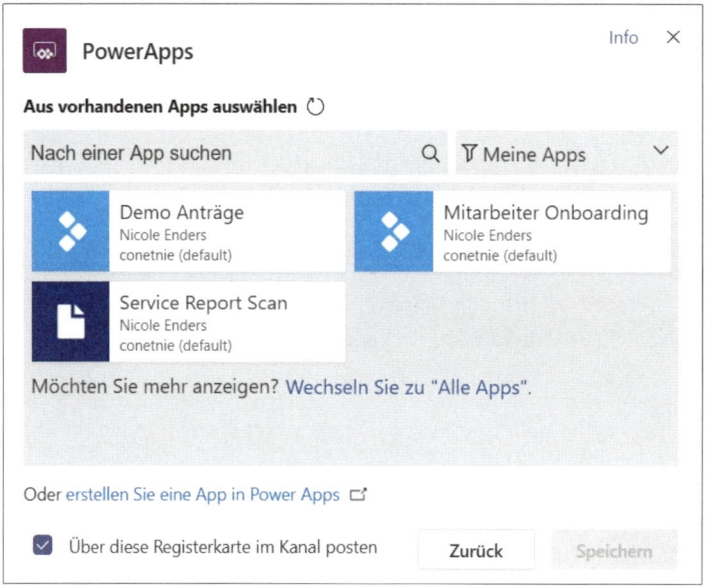

Abbildung 8.25 *Wählen Sie eine App aus, die zukünftig als Registerkarte in Ihrem Team eingebunden sein soll.*

Nachdem Sie eine App ausgewählt haben, können Sie über die Schaltfläche **Speichern** die Registerkarte anlegen, und die App steht zukünftig direkt aus dem entsprechenden Teamraum heraus zur Verfügung.

> ### Achten Sie bei der Auswahl der App auf die Berechtigungen!
> Wenn Sie eine App in Ihren Teamraum einbinden, ändert dies nichts an den Berechtigungen der App. Das bedeutet, dass Sie somit auch Apps einbinden können, auf die außer Ihnen keines der anderen Teammitglieder Zugriff hat. Wenn eine App über eine Registerkarte in einem Teamraum erreichbar ist, erwartet man, dass man auch Zugriff auf die App hat. Wenn stattdessen eine Fehlermeldung erscheint, kann das frustrierend sein. Um dies zu vermeiden, achten Sie bitte darauf, während der Einbindung der App ggf. auch die Berechtigungen der App anzupassen.

Prozesse, die Sie mit Power Automate unterstützen und die vielleicht gar keine separate Benutzeroberfläche (über Power Apps) enthalten, können Sie über die Option **Flow** (Flow ist die ehemalige Bezeichnung für Power Automate) als Registerkarte hinzufügen (siehe Abbildung 8.26). Wenn Sie die Option ausgewählt haben, erscheint auch hierbei zunächst ein Dialog, in dem Sie über die Schaltfläche **Hinzufügen** erst einmal die App für Flow zu Ihrem Team hinzufügen.

Abbildung 8.26 *Fügen Sie eine Registerkarte für die Flows in Ihrem Team hinzu.*

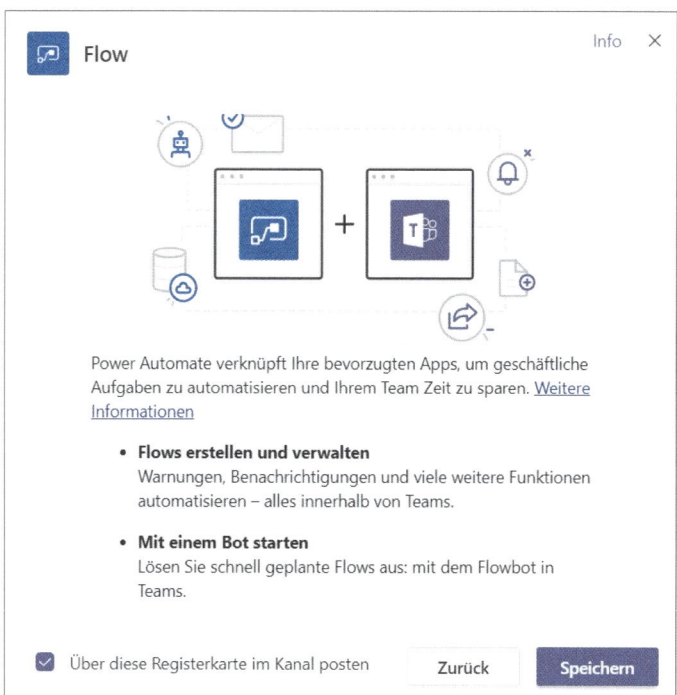

Abbildung 8.27 *Legen Sie die Registerkarte an, um auf die Flows in Ihrem Team zugreifen zu können.*

Wie Sie Abbildung 8.27 entnehmen können, erhalten Sie anschließend noch ein paar weitere Informationen und können den Vorgang durch Betätigen der Schaltfläche **Speichern** abschließen.

In Abbildung 8.28 sehen Sie das Resultat der Einbindung. Sie können nun von Ihrem Teamraum aus Flows erstellen oder die bereits erstellten Flows ausführen. Wenn Sie beispielsweise während einer Unterhaltung im Team darüber sprechen, dass Sie einen Workflow für die Freigabe von Dokumenten benötigen, können Sie direkt in die Registerkarte wechseln und einen Flow erstellen, der eine Genehmigung vorsieht, und evtl. sogar nach einer erfolgten Freigabe eine Nachricht im Teamchat veröffentlicht.

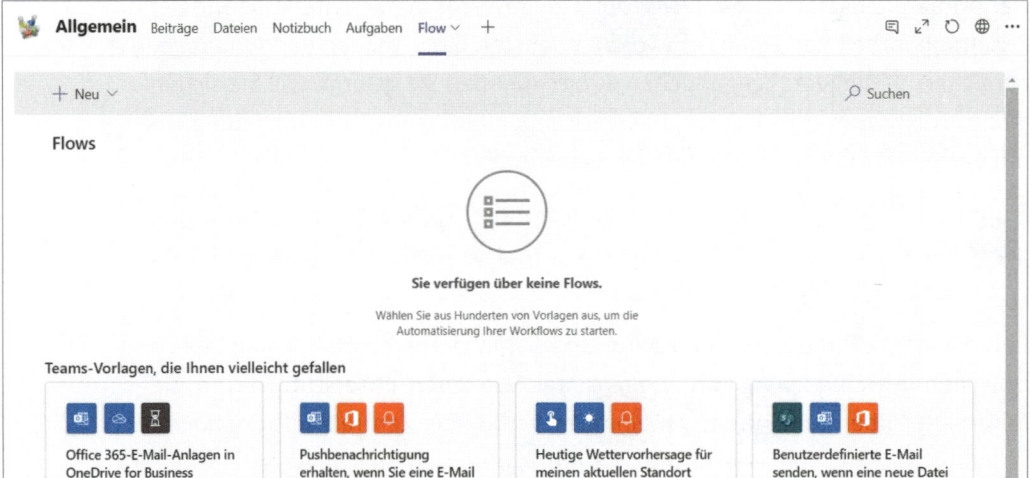

Abbildung 8.28 *Sie können Ihre Flows direkt aus dem Teamraum heraus starten oder auch neue Flows erstellen.*

Bots einbinden

Wenn Sie Prozesse nicht auf die bisher beschriebene Art und Weise aus den Teamräumen heraus bedienen möchten, können Sie auch Konnektoren und insbesondere Bots (z. B. mit Power Virtual Agents erstellte) nutzen. So können Sie über bestimmte Befehle aus dem Teamchat heraus Aktionen auslösen.

Das kann vor allem bei kompliziert zu bedienenden Anwendungen hilfreich sein. Wenn Sie zum Beispiel einen Flow erstellen, der über einen Bot alle erforderlichen Informationen sammelt und dann die Anwendung an Ihrer Stelle bedient, kann dies eine enorme Arbeitserleichterung für Sie und Ihre Kollegen darstellen.

Kapitel 9
Aufbau oder Integration eines Intranets in die tägliche Teamarbeit

Der primäre Einsatzzweck von *Microsoft Teams* liegt in der Unterstützung der Zusammenarbeit von Teams mit verschiedensten Bedürfnissen und Aufgabenbereichen. In den vorangegangenen Kapiteln haben Sie gelernt, wie Sie sich in einem Teamraum organisieren, Besprechungen online durchführen oder auch mit einzelnen Kollegen in Kontakt bleiben können.

Ein Intranet stellen die verschiedenen Teamräume allerdings noch nicht dar, oder? Haben Sie vielleicht bereits ein Intranet in Ihrem Unternehmen? Und was macht ein Intranet eigentlich aus?

Ein Intranet soll die Kommunikation und somit den Informationsaustausch zwischen verschiedenen Abteilungen oder Bereichen unterstützen und die Mitarbeiter über kurze Wege miteinander verbinden. Zentrale Informationen sollen für alle Mitarbeiter erreichbar sein und innerbetriebliche Abläufe unterstützt bzw. optimiert werden.

Auf die Unterstützung von Geschäftsprozessen bin ich im vorangegangenen Kapitel bereits eingegangen. Ich möchte Ihnen nun drei Möglichkeiten vorstellen, wie Sie Ihr Intranet als zentrale Informationsquelle für alle Mitarbeiter in Ihrem Unternehmen aufbauen bzw. in *Microsoft Teams* integrieren können. So können Sie aus einem Tool heraus auf alle für Sie im Arbeitsalltag wichtigen Informationen zugreifen oder auch Informationen verteilen.

9.1   Organisationsweite Teams

Ich möchte mit dem Szenario beginnen, wenn Sie noch kein Intranet bei sich eingeführt haben und weniger als tausend Mitarbeiter in Ihrem Unternehmen beschäftigen. In diesem Fall können Sie ein sogenanntes *organisationsweites Team* anlegen.

In Abschnitt 3.1.1 finden Sie weitere Informationen zur Anlage eines neuen Teamraums. Dort gehe ich auch darauf ein, dass ein Administrator neben den Optionen **Privat** und **Öffentlich** auch ein organisationsweites Team anlegen kann (siehe Abbildung 9.1).

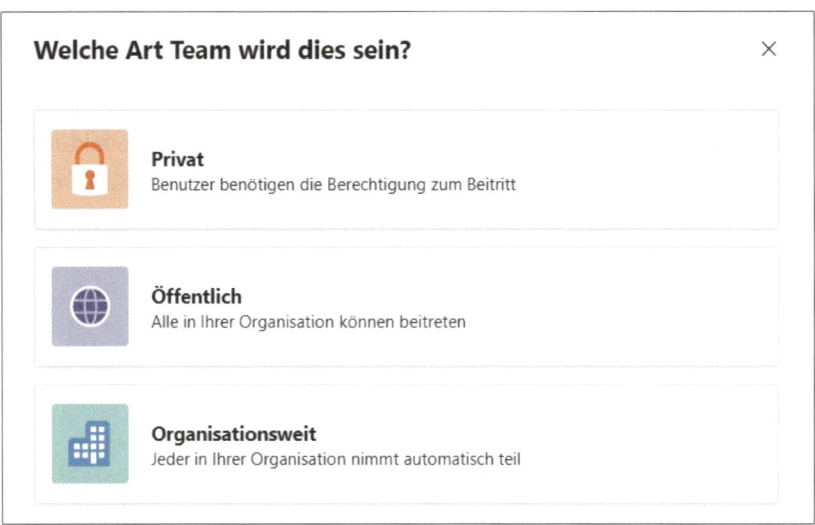

Abbildung 9.1 *Nur Administratoren können organisationsweite Teams anlegen.*

Solche Teams sind wie öffentliche Teams, auf die jeder in Ihrem Unternehmen grundsätzlich zugreifen kann. In Abbildung 9.2 sehen Sie, dass bei organisationsweiten Teams automatisch alle Benutzer zu diesem Team hinzugefügt werden und somit über neue Nachrichten informiert werden.

Abbildung 9.2 *Jeder ist automatisch Mitglied in einem organisationsweiten Team.*

Innerhalb eines organisationsweiten Teams können Sie wie bei privaten und öffentlichen Teams Kanäle einrichten und darin weitere Registerkarten hinzufügen. Außerdem können Sie, wie in Abschnitt 5.6.3 beschrieben, pro Kanal einrichten, welche Personen neue Beiträge in dem entsprechenden Kanal bereitstellen können (siehe Kanalmoderation).

So könnten Sie ein organisationsweites Team mit Kanälen für die wesentlichen Informationsgeber (z. B. die Personalabteilung, die Abteilung für interne Kommunikation und die Geschäftsführung) einrichten und nur den Redakteuren der jeweiligen Abteilung die Moderationsrechte auf den jeweiligen Kanal erteilen. Die Redakteure können dann bei jedem Beitrag entscheiden, ob sie lediglich eine Information veröffentlichen möchten oder Feedback in Form von Antworten von den Mitarbeitern erhalten möchten.

9.2   Ein bestehendes Intranet einbinden

Sie können auch ein bestehendes Intranet über einen individuellen Menüpunkt in der linken Navigation in *Microsoft Teams* integrieren. Hierzu muss eine persönliche App erstellt werden, die ähnlich wie Planner oder auch die Schichtplanung erst einmal über die Dreipunkte-Schaltfläche aufgerufen werden muss. Sie können dann für sich persönlich entscheiden, ob Sie die App anheften möchten, sodass diese stets in der linken Navigation sichtbar ist. Dabei können Sie auch die Position des Menüpunktes festlegen (z. B. ganz oben).

Microsoft plant, eine offizielle App hierfür bereitzustellen. Bis es so weit ist, muss jemand in Ihrem Unternehmen eine App erstellen, diese registrieren und die erforderlichen Berechtigungen erteilen. Auf der Webseite *https://docs. microsoft.com/de-de/sharepoint/dev/features/embed-pages-to-teams* finden Sie eine Schritt-für-Schritt-Anleitung hierfür. Die Anleitung bezieht sich allerdings auf die Einbindung einer modernen SharePoint-Website. Sollte Ihr Intranet auf einem anderen Produkt oder einer klassischen SharePoint-Website basieren, werden Sie die Anleitung nicht nutzen können. In diesem Fall muss eine Softwarelösung entwickelt und als App bereitgestellt werden.

9.3   Einbinden von Communitys aus Yammer

Yammer ist ein Dienst in der Microsoft-365-Welt, mit dem Sie ein Unternehmensnetzwerk einrichten und Communitys bzw. Arbeitsgruppen unterstützen können. Auch wenn es im Funktionsumfang einige Gemeinsamkeiten mit *Microsoft Teams* gibt, so ist doch der primäre Einsatzzweck ein anderer. Bei Yammer geht es um die Vernetzung von Menschen und den Austausch von Wissen und Informationen im Allgemeinen.

Bei einem Blick auf die zur Verfügung stehenden Apps, die Sie über die Dreipunkte-Schaltfläche erreichen können, werden Sie erst einmal nicht fündig werden (siehe Abbildung 9.3).

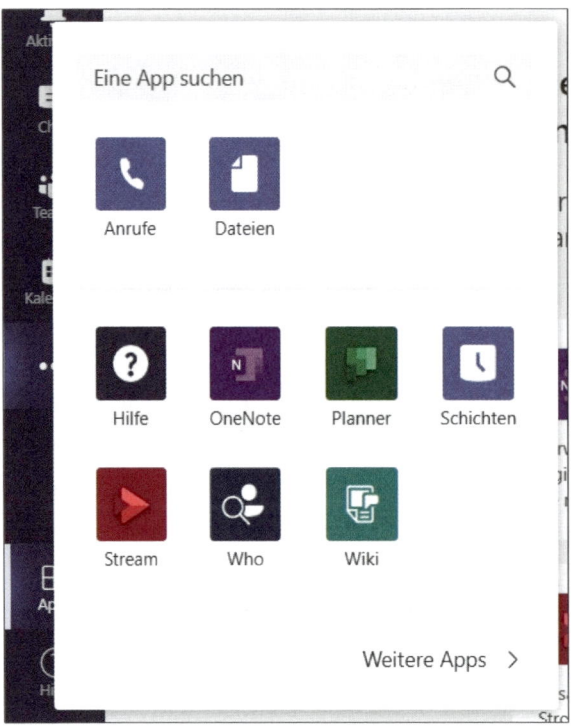

Abbildung 9.3 *Wo ist die App für Communitys (Yammer)?*

Wenn Sie aber einmal auf den Link **Weitere Apps** klicken, werden Sie im Bereich **Persönliche Apps** die App **Communitys** finden (siehe Abbildung 9.4).

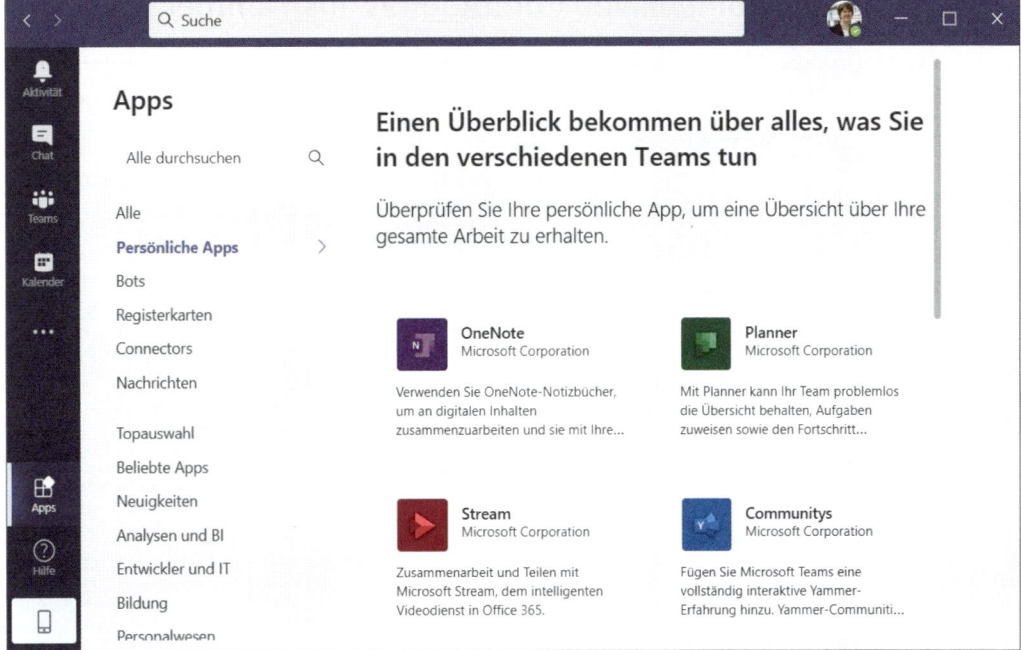

Abbildung 9.4 *Sie können die App zur Einbindung von Yammer im Bereich der persönlichen Apps finden.*

Wenn Sie die App **Communitys** auswählen, erscheint als Erstes der in Abbildung 9.5 dargestellte Dialog, in dem Sie mehr über die App und Yammer erfahren. Sie können nun entscheiden, ob Sie direkt die Schaltfläche **Hinzufügen** betätigen und damit die App global hinzufügen oder auf den Pfeil nach unten klicken und die App nur für ein bestimmtes Team hinzufügen.

Betätigen Sie erst einmal direkt die Schaltfläche **Hinzufügen**. Die App wird nun wie in Abbildung 9.6 dargestellt hinzugefügt, und Sie können mit einem Rechtsklick auf den Menüpunkt in der linken Navigation entscheiden, ob Sie die App anheften und somit den Menüpunkt dauerhaft in der Navigation anzeigen lassen möchten.

Sie können über die App nun direkt auf Ihren Newsfeed in Yammer zugreifen. Der Newsfeed umfasst alle neuen Informationen aus den verschiedenen Gruppen und von den Personen, denen Sie folgen. Darüber hinaus können Sie aus dem Newsfeed heraus auch auf die Gruppen zugreifen oder nach bestimmten Informationen suchen.

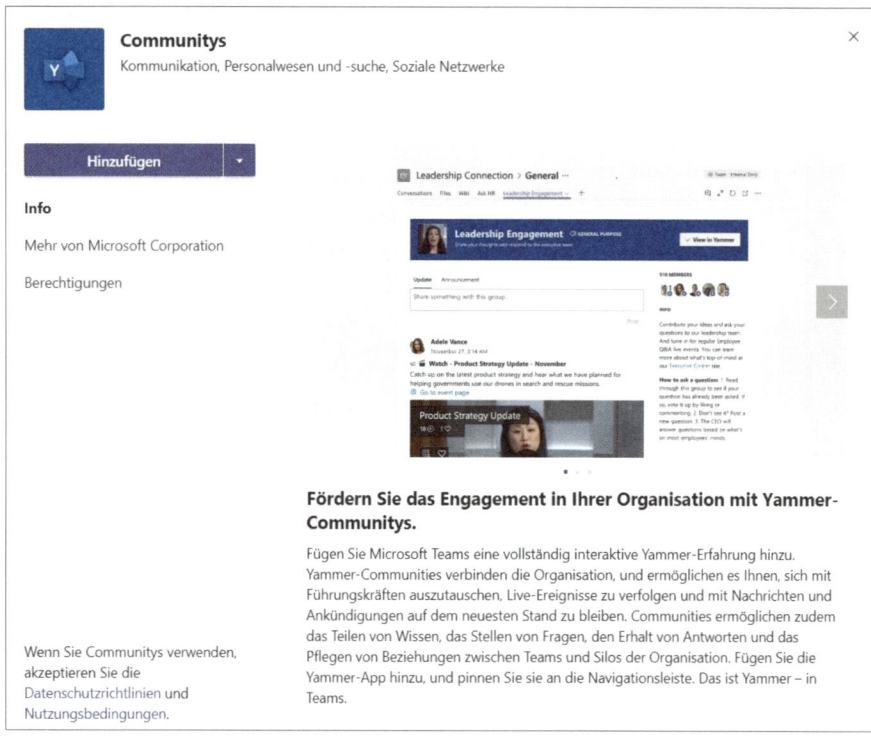

Abbildung 9.5 *Fügen Sie die App global oder für ein bestimmtes Team hinzu.*

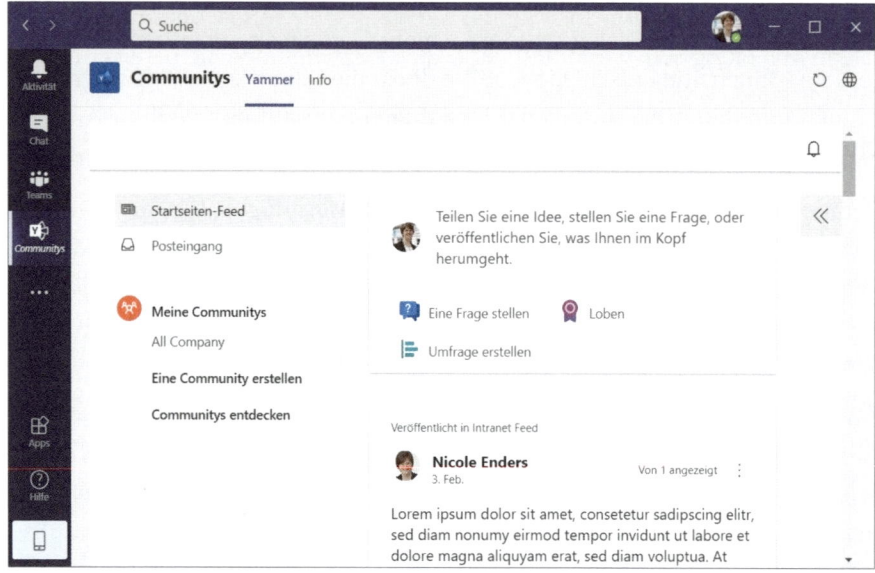

Abbildung 9.6 *Über die linke Navigation können Sie nun direkt auf Ihren Newsfeed in Yammer zugreifen.*

Neben der globalen App können Sie die App auch innerhalb eines Kanals als Registerkarte hinzufügen und so gezielt eine bestimmte Gruppe oder ein Thema in Ihre Teamarbeit einbinden.

Abbildung 9.7 *Fügen Sie eine Yammer-Gruppe oder ein Yammer-Thema als Registerkarte zu einem Kanal hinzu.*

Rufen Sie einen Kanal auf, und klicken Sie auf das Pluszeichen +, um eine neue Registerkarte hinzuzufügen. Wählen Sie dann die Option **Communitys** aus (siehe Abbildung 9.7), woraufhin der Dialog erscheint, den Sie bereits aus Abbildung 9.5 kennen.

Betätigen Sie hier die Schaltfläche **Hinzufügen**, und wählen Sie nun aus, ob Sie eine *Yammer-Gruppe* oder ein *Yammer-Thema* über die Registerkarte in Ihr Team einbinden möchten (siehe Abbildung 9.8).

Über das Suchfeld können Sie die gewünschte Gruppe oder ein Thema finden und dieses mit einem Klick auswählen. Nachdem Sie Ihre Wahl getroffen haben, können Sie durch Betätigen der Schaltfläche **Speichern** die Registerkarte anlegen lassen.

Ähnlich wie bei der globalen App haben Sie zum einen Zugriff auf die Informationen, können aber auch neue Beiträge von hier aus erstellen. So lassen sich die Teamarbeit und Ihr Unternehmensnetzwerk miteinander verbinden.

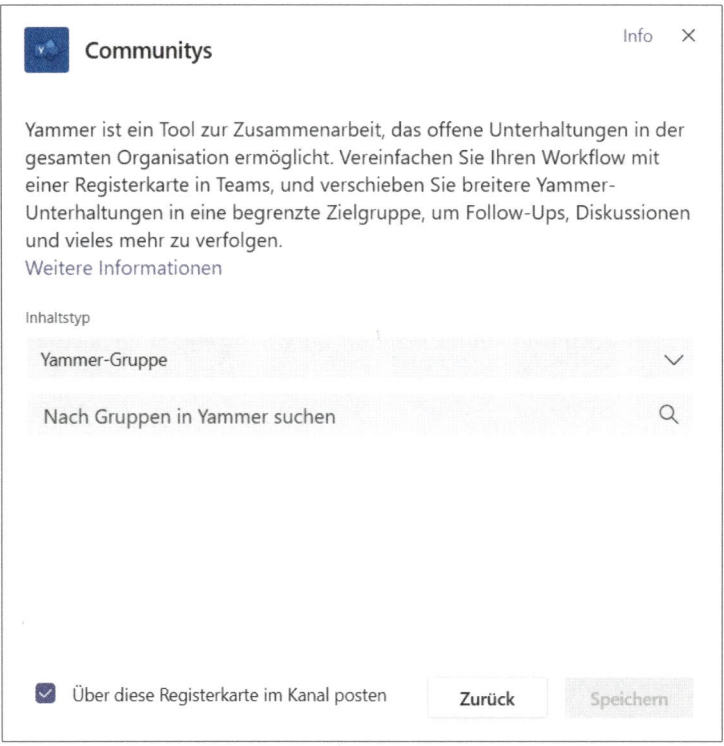

Abbildung 9.8 *Wählen Sie aus, welche Gruppe oder welches Thema Sie in Ihr Team einbinden möchten.*

Kapitel 10
Governance: den Überblick behalten

Mein Vorgesetzter Lars Unterberg findet die Einsatzmöglichkeiten von *Microsoft Teams* sehr interessant und möchte die Funktionen für Online-Besprechungen oder auch die unkomplizierte Anlage eines neuen Teamraums nicht mehr missen. Allerdings muss er aufgrund seiner Position auch kritische Fragen stellen, wie z. B.:

- Wer hat eigentlich einen Überblick über die angelegten Teams, wenn hauptsächlich private Teams angelegt werden?

- Achtet jemand darauf, dass nicht mehr genutzte Teamräume archiviert oder gelöscht werden?

- Kann man einen Teamraum überhaupt archivieren?

- Kann ich einstellen, dass bei jedem Teamraum immer mindestens zwei Besitzer eingerichtet werden und es bestimmte Benutzer gibt, die standardmäßig immer Zugriff auf einen jeden Teamraum erhalten?

- Wie sieht es mit externen Apps und Cloud-Speichern aus? Kann ich die Auswahl selbst bestimmen bzw. einschränken?

- Kann ich den Zugriff von Externen einschränken?

In diesem Kapitel versuche ich, Ihnen einige dieser Fragen zu beantworten. Bis jetzt habe ich Ihnen *Microsoft Teams* gezeigt, wie es jeder normale Benutzer auch sehen würde. Für die hier angesprochenen Themen sollten Sie nun einen Blick in das *Microsoft Teams Admin Center* werfen. Falls Sie keine Berechtigungen hierfür haben, lohnt es sich aber dennoch zu sehen, welche Einstellungen grundsätzlich vorgenommen werden können.

10.1   Inaktive Teams ermitteln und archivieren bzw. löschen

Wenn Sie das *Microsoft Teams Admin Center* aufrufen, können Sie über den Menüpunkt **Analysen und Berichte** • **Verwendungsberichte** die verschiedenen

Berichte aufrufen, die Ihnen Aufschluss darüber geben, ob zum Beispiel ein Teamraum noch aktiv genutzt wird. Wenn Sie als Bericht die Option **Teams-Nutzung** auswählen und dann den gewünschten Datumsbereich auswählen, können Sie die Schaltfläche **Bericht ausführen** betätigen.

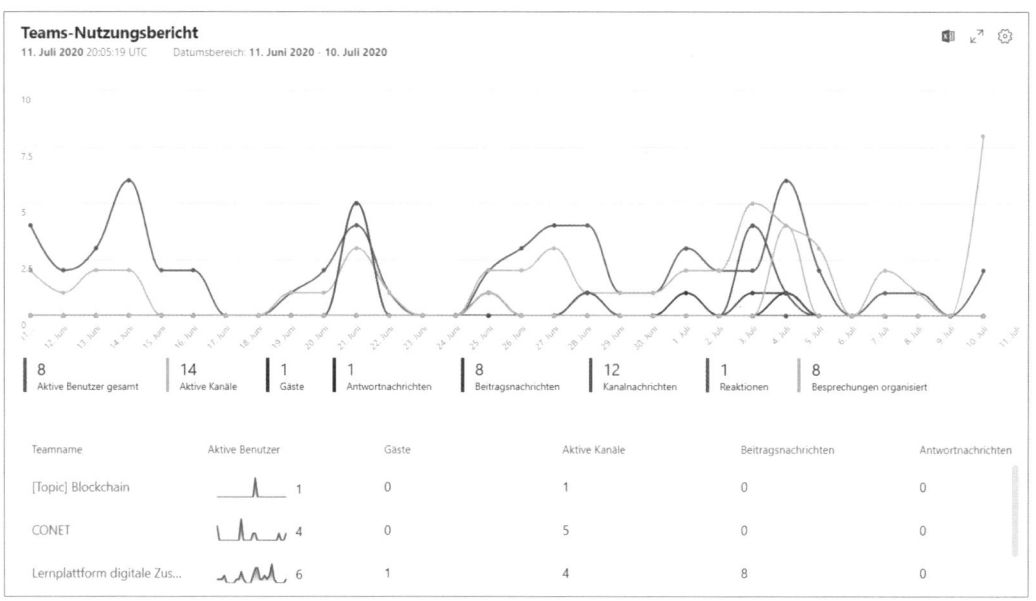

Abbildung 10.1 *Sehen Sie nach, ob ein bestimmter Teamraum noch aktiv genutzt wird.*

Wie Sie Abbildung 10.1 entnehmen können, werden Ihnen die Aktivitäten der einzelnen Teamräume nach verschiedenen Kriterien gefiltert dargestellt. Mit einem Klick auf die Zeile eines Teamraums können Sie die Detailansicht aufrufen und beispielsweise die Teammitglieder oder auch die Kanäle verwalten. Darüber hinaus lassen sich auch von hier aus allgemeine Einstellungen des Teams bearbeiten.

Wenn Sie auf Basis der Inaktivität entscheiden, dass ein Teamraum archiviert oder gelöscht werden soll, müssen Sie über die linke Menüleiste den Menüpunkt **Teams • Teams verwalten** aufrufen. Sie befinden sich daraufhin auf der in Abbildung 10.2 dargestellten Übersicht und können in der Liste der Teamräume nun den entsprechenden Teamraum auswählen. Wenn Sie viele Teams in der Liste vorfinden, können Sie auch das Suchfeld rechts oberhalb der Auflistung nutzen.

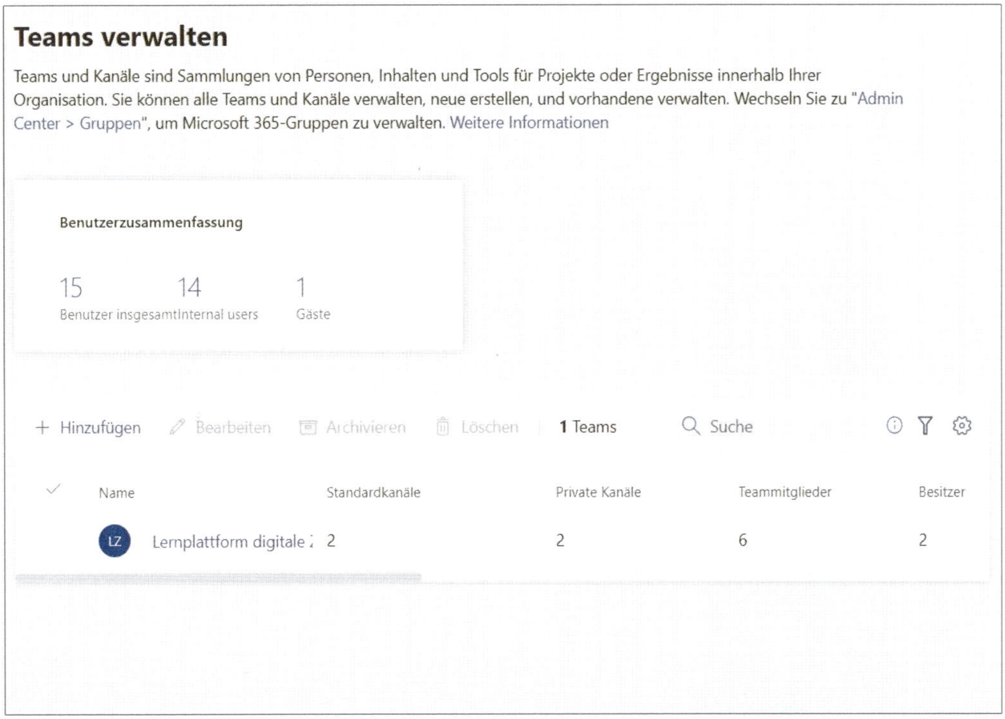

Teams verwalten

Teams und Kanäle sind Sammlungen von Personen, Inhalten und Tools für Projekte oder Ergebnisse innerhalb Ihrer Organisation. Sie können alle Teams und Kanäle verwalten, neue erstellen, und vorhandene verwalten. Wechseln Sie zu "Admin Center > Gruppen", um Microsoft 365-Gruppen zu verwalten. Weitere Informationen

Benutzerzusammenfassung

15	14	1
Benutzer insgesamtInternal users		Gäste

+ Hinzufügen   ✏ Bearbeiten   🗐 Archivieren   🗑 Löschen   **1 Teams**   🔍 Suche   ⓘ ▽ ⚙

	Name	Standardkanäle	Private Kanäle	Teammitglieder	Besitzer
LZ	Lernplattform digitale ⁝	2	2	6	2

Abbildung 10.2 *Wählen Sie einen Teamraum aus, den Sie archivieren oder löschen möchten.*

Wenn ein Teamraum einige Zeit nicht mehr genutzt wurde, sollten Sie ihn vielleicht zuerst archivieren und dann einige Zeit später erst löschen. Wählen Sie die Zeile für den entsprechenden Teamraum aus, und betätigen Sie anschließend die Schaltfläche **Archivieren** oberhalb der Auflistung. Daraufhin erscheint die in Abbildung 10.3 dargestellte Abfrage.

Archivieren   ✕

Hierdurch werden alle Teamaktivitäten eingefroren, aber Sie und die Teambesitzer können weiterhin Mitglieder hinzufügen oder entfernen und Rollen aktualisieren. Sie können die Archivierung des Teams jederzeit aufheben.

☐ SharePoint-Site für Teammitglieder als schreibgeschützt festlegen

Archivieren   Abbrechen

Abbildung 10.3 *Bestätigen Sie die Archivierung eines Teamraums.*

Mit der Archivierung werden der Teamchat sowie die Dateiablage schreibgeschützt, wobei Sie diese Einstellung jederzeit rückgängig machen können. Wenn
ein Teamraum längere Zeit bereits archiviert ist, könnte der nächste Schritt die
Löschung sein.

Übrigens können Sie auch von hier aus über die Schaltfläche **Bearbeiten** die allgemeinen Einstellungen des Teamraums verändern (siehe Abbildung 10.4).

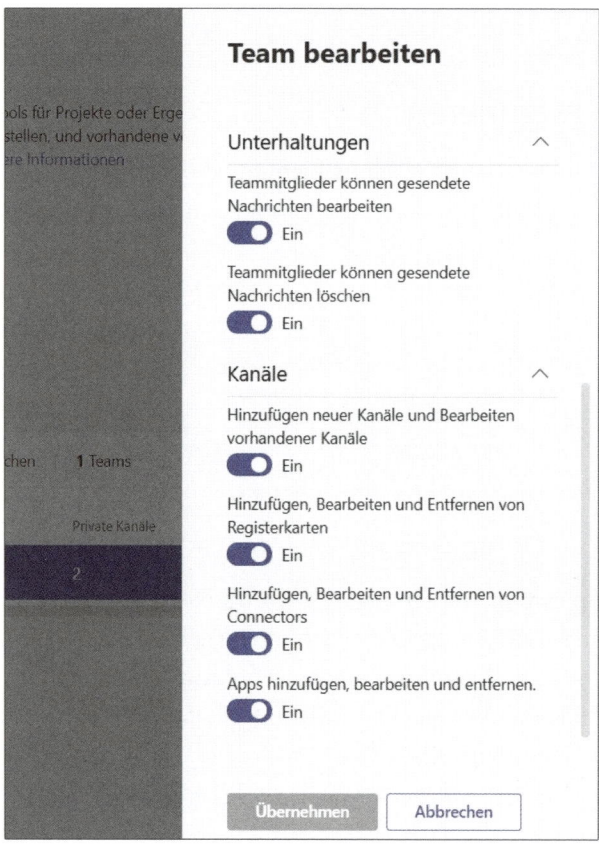

Abbildung 10.4 *Ändern Sie allgemeine Einstellungen eines Teamraums, wie z. B. die
Berechtigungen.*

Mehr Kontrolle über Teamräume erhalten

Sie können über Drittanbieterlösungen oder Eigenentwicklung einen auf
Ihr Unternehmen zugeschnittenen Prozess umsetzen. So könnte es einen
bestimmten Ort geben, an dem Sie einen neuen Teamraum beantragen

und somit registrieren müssen. Außerdem könnte es einen Mechanismus geben, der automatisch anhand bestimmter Kriterien die Aktivität der Teamräume prüft und diese dann archiviert sowie später löscht. Dabei können die Besitzer automatisch benachrichtigt werden, sodass sie Maßnahmen ergreifen können, um die im Teamraum enthaltenen Informationen zu sichern oder den Teamraum zu reaktivieren.

10.2   Richtlinien konfigurieren

Sie können über den Menüpunkt **Teams • Teams-Richtlinien** die in Ihrem Unternehmen eingerichteten Richtlinien aufrufen (siehe Abbildung 10.5).

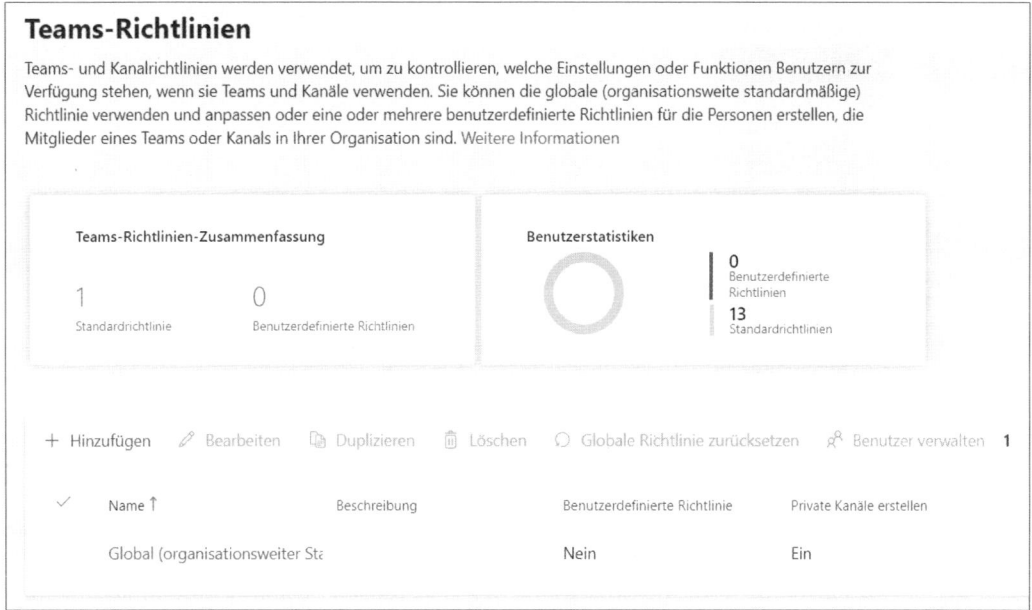

Abbildung 10.5 *Schauen Sie nach, welche Richtlinien in Ihrem Unternehmen eingerichtet wurden.*

Standardmäßig finden Sie hier nur eine Richtlinie **Global**, die für alle Anwender gleichermaßen angewendet wird. Über die Schaltfläche **Hinzufügen** können Sie weitere Richtlinien definieren, die Sie anschließend über die Schaltfläche **Benutzer verwalten** den entsprechenden Personen zuweisen können.

10.3   Apps verwalten

Wenn Sie innerhalb eines Teamraums weitere Registerkarten hinzufügen möchten oder auch über die Dreipunkte-Schaltfläche in der linken Menüleiste die Schaltfläche **Apps verwalten** aufrufen, steht Ihnen standardmäßig eine große Menge an Apps zur Verfügung. Ich empfehle Ihnen, dass Sie die Auswahl auf die von Ihnen bzw. Ihrer IT-Abteilung freigegebenen Apps reduzieren. Hierfür rufen Sie den Menüpunkt **Teams-Apps • Apps verwalten** auf und befinden sich daraufhin auf der in Abbildung 10.6 dargestellten Übersicht der für Sie und Ihre Kollegen verfügbaren Apps.

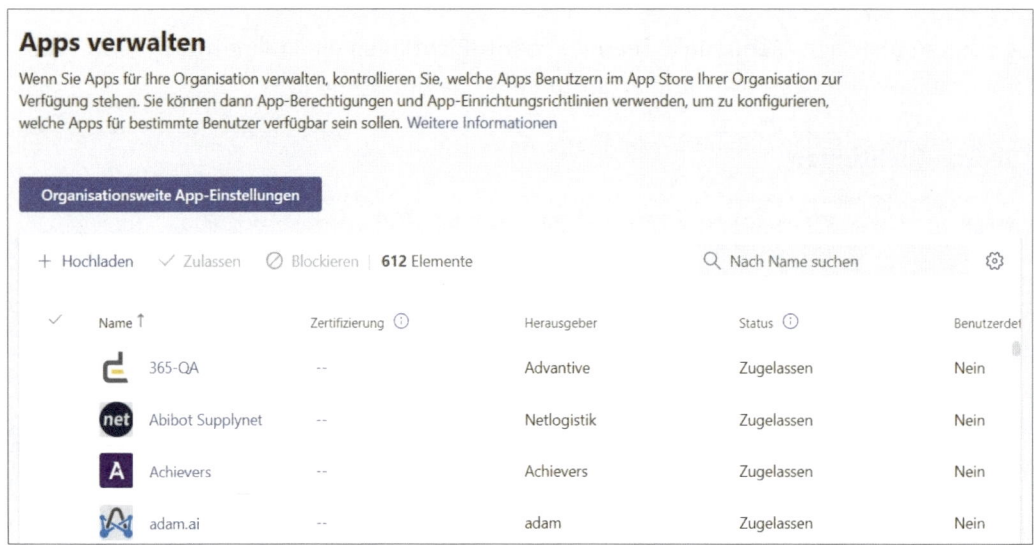

Abbildung 10.6 *Verwalten Sie die Apps, die zentral oder aus einem Teamraum heraus hinzugefügt werden können.*

Durch Auswahl einer App können Sie diese über die Schaltfläche **Blockieren** für die Auswahl aus *Microsoft Teams* heraus sperren. Außerdem können Sie weitere Apps über die Schaltfläche **Hochladen** hinzufügen und anschließend über die Schaltfläche **Zulassen** Ihren Kollegen zur Verfügung stellen.

Wenn Sie die Schaltfläche **Organisationsweite App-Einstellungen** betätigen, können Sie außerdem festlegen, wie Sie mit Drittanbieter-Apps im Allgemeinen umgehen möchten.

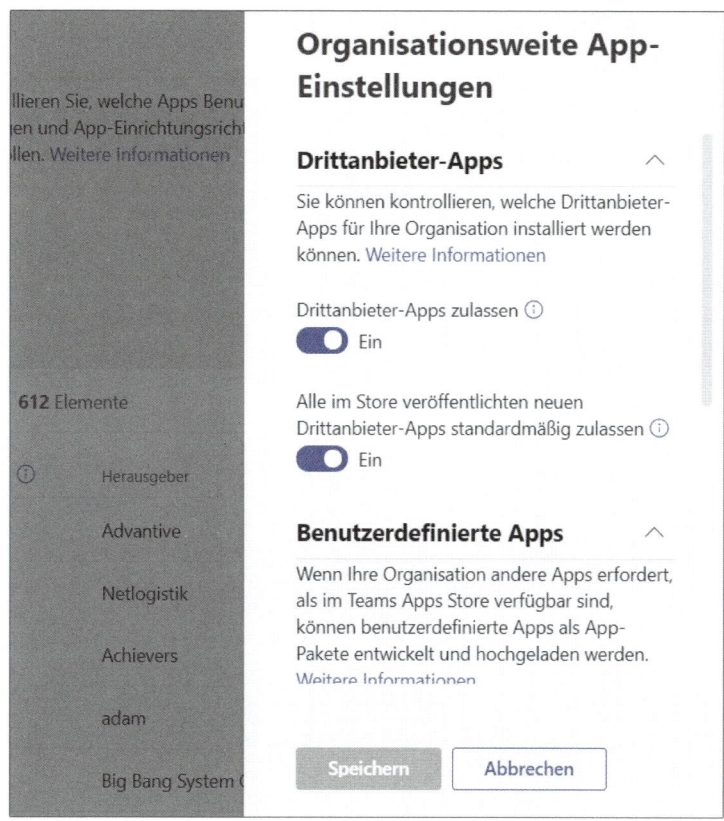

Abbildung 10.7 *Ändern Sie die organisationsweiten App-Einstellungen.*

10.4   Übersicht über externe Freigaben

Eine Übersicht über die externen Freigaben finden Sie nicht direkt an einer einzigen Stelle. Sie können in der Übersicht der Teamräume über den Menüpunkt **Teams • Teams verwalten** sehen, ob Gäste (externe Personen) zu einem Team zugelassen wurden oder nicht.

Außerdem können Sie über den Menüpunkt **Organisationsweite Einstellungen • Gastzugriff** konfigurieren, ob überhaupt externe Personen zu einem Teamraum hinzugefügt werden können.

379

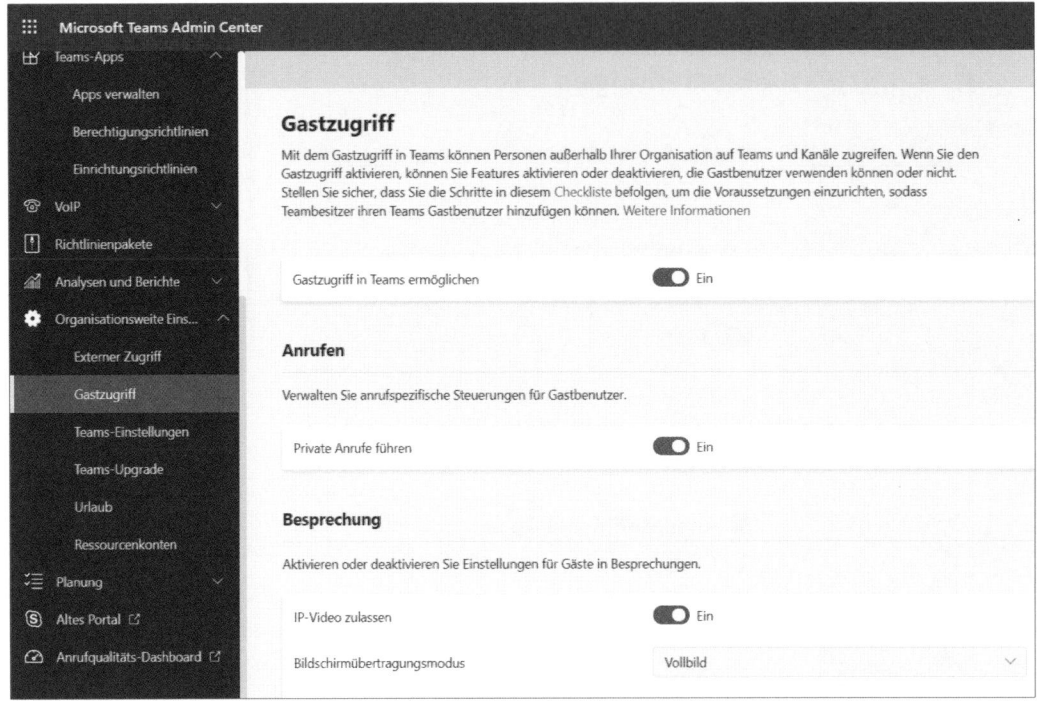

Abbildung 10.8 *Richten Sie den Gastzugriff in Ihrer Umgebung ein, um externe Personen zu einem Teamraum einladen zu können.*

Wenn Sie wie in Abbildung 10.8 dargestellt die Option **Gastzugriff in Teams ermöglichen** aktivieren, kann es einige Stunden dauern, bis diese Einstellung wirksam wird. Danach können Sie externe Personen zu einem Teamraum wie normale Teammitglieder hinzufügen. Sie können darüber hinaus auch einstellen, welche Rechte externe Personen erhalten.

10.5   Besitzer eines Teamraums verwalten

Rufen Sie den Menüpunkt **Teams • Teams verwalten** auf, und wählen Sie mit einem Klick auf die entsprechende Zeile einen Teamraum aus.

Wie Sie Abbildung 10.9 entnehmen können, werden Ihnen nun sämtliche Mitglieder und Besitzer des Teamraums aufgelistet. Sie können die Rolle der einzelnen Mitglieder ändern oder auch weitere Personen hinzufügen. So können Sie auch weitere Besitzer für einen Teamraum ernennen.

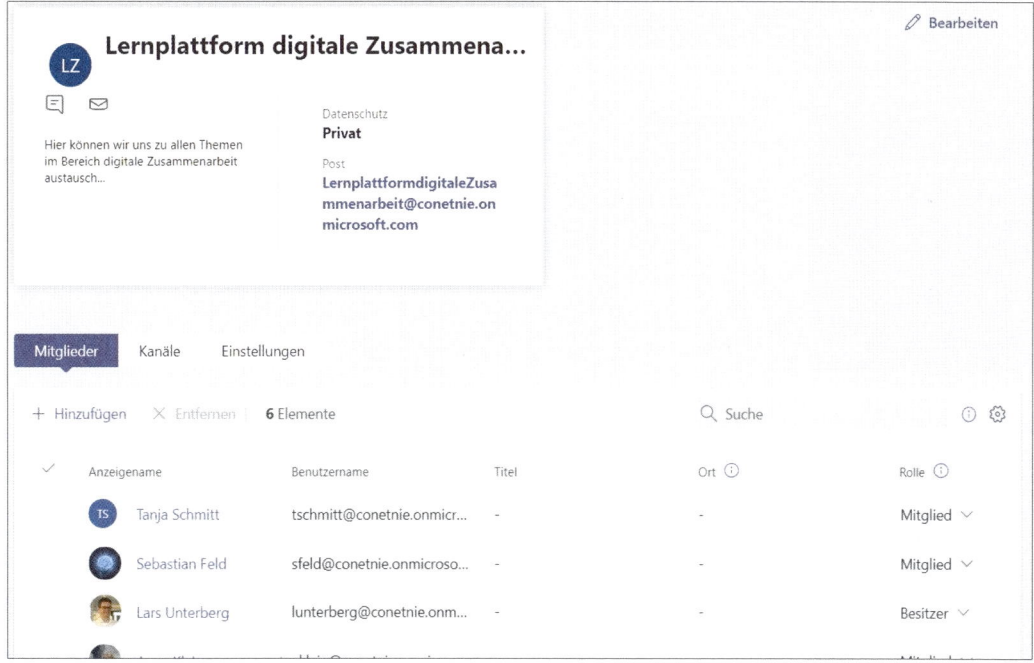

Abbildung 10.9 *Verwalten Sie die Besitzer eines Teamraums.*

Dies stellt jedoch keinen Automatismus dar, sondern muss durch einen Administrator manuell erfolgen. Wenn Sie sicherstellen möchten, dass immer eine bestimmte Person als zweiter Besitzer eines Teamraums eingerichtet wird oder bestimmte Personen als Mitglieder in jedem Teamraum zugelassen werden, müssen Sie auch hierfür auf eine Drittanbieterlösung oder eine Eigenentwicklung zurückgreifen.

Kapitel 11
Exkurs: Microsoft Teams im Bildungssektor

Für den Bildungssektor bietet Microsoft eine exklusive Edition von *Microsoft Teams* an. Die bisher in diesem Buch vorgestellten Möglichkeiten stehen auch in dieser Edition zur Verfügung. Hinzu kommen weitere Funktionen, die explizit auf die Unterstützung von Lernenden und Lehrenden zugeschnitten sind.

Ich widme dieses Kapitel Sebastian. Er ist Mitglied meines Teams und hat sich schon gefragt, wie er seine beiden schulpflichtigen Kinder (Jahrgangsstufen 5 und 11) am besten unterstützen kann. In der Schule seiner Kinder soll nämlich *Microsoft Teams* nun eingeführt werden, um flexibel zwischen Präsenzphasen in der Schule und Lernphasen von zu Hause aus wechseln zu können.

11.1   Die Herausforderungen von Homeschooling

Wenn ich über die Herausforderungen von Homeschooling spreche, möchte ich drei verschiedene Gruppen von Personen betrachten:

- Schüler und Studenten
- Eltern (bei jüngeren Schülern besonders wichtig)
- Lehrkräfte

Wenn ich an das Frühjahr 2020 zurückdenke, passierte irgendwie ganz plötzlich eine ganze Menge. Der Lockdown sorgte dafür, dass Arbeitnehmer nach Möglichkeit von zu Hause aus arbeiten sollten, und die Schüler und Studenten sollten ebenfalls von zu Hause aus unterrichtet werden oder sich im Selbststudium neue Informationen aneignen.

Plötzlich war die Rede von digitalem Unterricht, aber darauf vorbereitet waren nur wenige. Die Schüler und Studenten sowie ggf. ihre Eltern oder ihre Mitbewohner standen u. a. vor folgenden Herausforderungen:

- keine festen Strukturen von der (Hoch-)Schule vorgegeben
- kein oder zu wenig Kontakt zu den Lehrkräften und Mitschülern bzw. Kommilitonen
- keine oder zu wenig Hardware
- Privatsphäre (Bild und Ton), mehrere Personen im selben Raum während des Online-Unterrichts
- Nicht jedes Unterrichtsfach lässt sich gut per Videokonferenz oder über schriftliche Unterlagen vermitteln (z. B. Fotografie).

Aber auch den Lehrkräften ging es teilweise nicht anders:

- fehlende Konzepte für digitalen Unterricht
- Unterrichtsmaterialien noch nicht digitalisiert
- keine oder zu wenig dienstliche Hardware
- Schüler können z. T. nicht oder nur über die Eltern erreicht werden.

Vorausgesetzt, jede Lehrkraft und jeder Schüler bzw. Student könnte mit der erforderlichen Hardware ausgestattet werden, wäre als Nächstes zu klären, welches Tool eingesetzt werden soll. Ich möchte ich Ihnen gleich *Microsoft Teams* als mögliche Option vorstellen. Dabei werden mich folgende Fragen leiten:

- Wie sollte ich als Lehrkraft den Unterricht gestalten (Verhältnis zwischen Hausaufgaben und Online-Unterricht)?
- Wie kann ich als Lehrkraft auf einzelne Schüler oder Studenten eingehen?
- Wie bekomme ich als Lehrkraft mit, was meine Schüler oder Studenten während des Unterrichts tun, besonders die stillen Schüler?
- Wie gehe ich als Lehrkraft damit um, wenn meine Schüler nicht zum Unterricht erscheinen oder die Kamera nicht einschalten?
- Welche Voraussetzungen muss ich schaffen, damit ich (oder mein Kind) am Unterricht teilnehmen kann?
- Wie kann ich als Elternteil mein Kind in dieser neuen Situation am besten unterstützen?
- Welche Aufgaben obliegen nun mir als Elternteil anstatt (wie früher) den Lehrkräften?

Mir ist bewusst, dass ein Tool nicht all diese Fragen beantworten kann. Lehrkräfte müssen über die Benutzung des Tools hinaus neue didaktische Konzepte entwickeln. Denn Lernen auf räumliche Distanz folgt anderen Wegen als das Lernen in einer Gruppe im selben Raum.

11.2 Wichtiger Unterschied in der Bedienung

Wenn Sie die Edition von *Microsoft Teams* für den Bildungssektor einsetzen, können Sie aus zwei verschiedenen Layouts wählen. Rufen Sie dazu über Ihr Profilbild oben rechts den Menüpunkt **Einstellungen** auf.

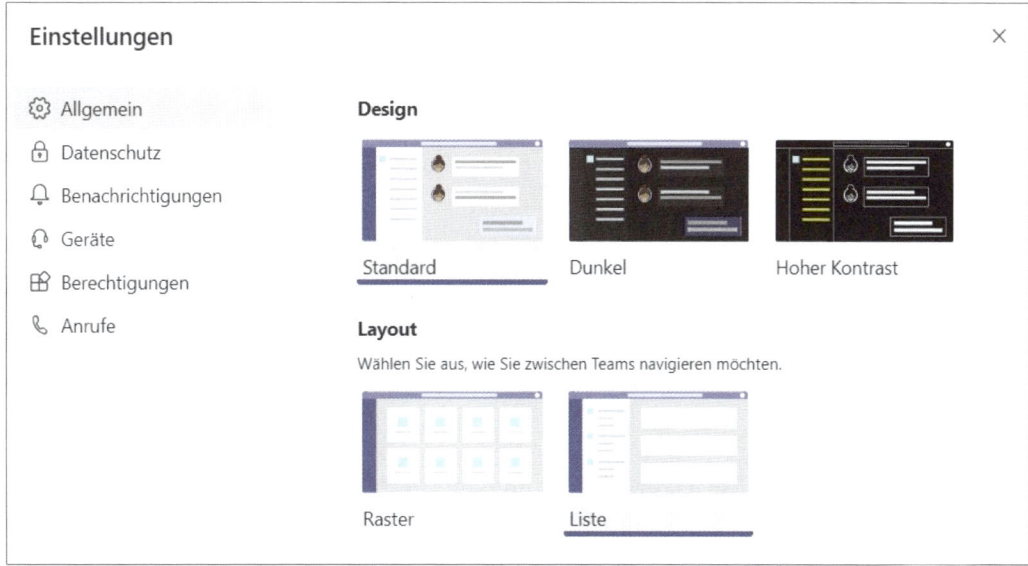

Abbildung 11.1 *Wählen Sie ein Layout aus.*

Das Layout **Liste** kennen Sie bereits. Dieses listet Ihnen, wie die Darstellung in Abbildung 11.1 bereits vermuten lässt, links Ihre Teamräume sowie die darin enthaltenen Kanäle auf. So haben Sie stets einen Überblick über Ihre Teamräume und können schnell zwischen ihnen wechseln.

Wenn Sie stattdessen das Layout **Raster** wählen, verändert sich das Layout, sodass Sie entsprechend der Darstellung in Abbildung 11.2 eine Übersicht über Ihre Teamräume in Form von Kacheln erhalten. Sie können in dieser Übersicht noch nicht erkennen, ob verschiedene Kanäle in dem Teamraum angelegt wurden, und erst mit einem Klick auf die Kachel eines Teamraums rufen Sie diesen auf und befinden sich dann ausschließlich in diesem Teamraum. Das heißt, dann sehen Sie die anderen Teamräume nicht mehr, sondern müssen über einen Menüpunkt wieder zu dieser Übersicht zurückkehren.

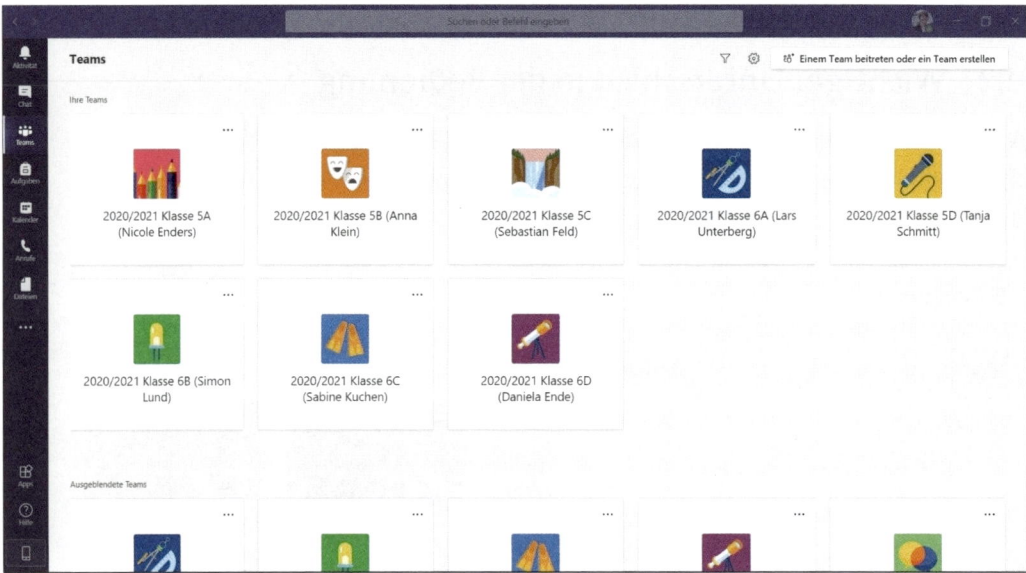

Abbildung 11.2 *Das Layout »Raster« stellt Ihnen eine Übersicht Ihrer Teamräume in Form von Kacheln zur Verfügung.*

Warum sollte ich die Option »Raster« wählen?

Da Sie bisher gewohnt sind, dass Sie über die Liste schnell zwischen verschiedenen Teamräumen wechseln können und stets auch aus einem Teamraum heraus einen Überblick über die anderen Teamräume sowie darin enthaltene neue Nachrichten haben, kann die Fokussierung auf einen ausgewählten Teamraum bei dem Layout **Raster** erst einmal befremdlich sein. Für den Unterricht allerdings ist es positiv, dass man auf den einzelnen Teamraum und somit auf das Unterrichtsfach fokussiert ist und im Zweifelsfall überhaupt nicht mitbekommen kann, dass in einem anderen Unterrichtsfach gerade neue Informationen eingestellt werden. Somit ist die Fokussierung in der Praxis tatsächlich sogar als förderlich zu betrachten.

11.3   Informationsaustausch für alle Lehrkräfte

Beginnen möchte ich mit den Lehrkräften, die Informationen untereinander austauschen möchten und beispielsweise neue Lernkonzepte entwickeln. Bevor der erste Teamraum für ein Unterrichtsfach oder eine Klasse angelegt wird, benötigen die Lehrkräfte erst einmal einen Raum, in dem sie sich untereinander austauschen können. Außerdem sollte die Schulleitung hier auch die Möglichkeit haben, Informationen für die Lehrkräfte lesend zur Verfügung zu stellen.

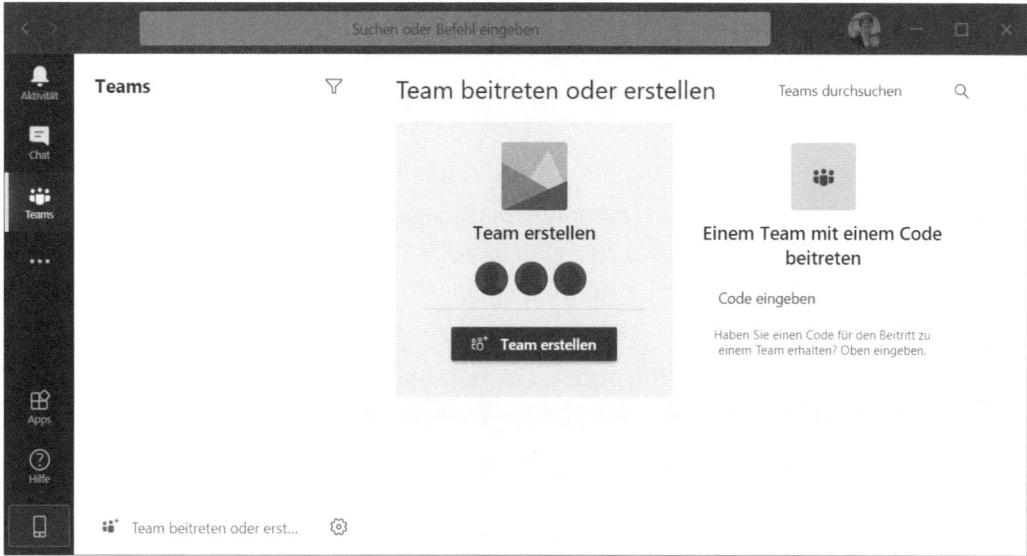

Abbildung 11.3 *Erstellen Sie ein neues Team für die Lehrkräfte.*

Wenn Sie das Layout *Liste* verwenden, finden Sie wie gewohnt unterhalb der Auflistung Ihrer Teamräume den Menüpunkt **Team beitreten oder erstellen**. Bei dem Layout *Raster* erscheint rechts oberhalb der Kacheln eine entsprechende Schaltfläche. In beiden Fällen wird Ihnen anschließend entsprechend der Darstellung in Abbildung 11.3 die Schaltfläche **Team erstellen** angeboten, die Sie nun betätigen.

Abbildung 11.4 *Sie haben die Wahl: Beginnen Sie mit einem Team für die Mitarbeiter/ Lehrkräfte.*

Wie Sie Abbildung 11.4 entnehmen können, haben Sie als Lehrkraft nun die Wahl, welche Art von Teamraum Sie anlegen möchten. Schüler und Studenten haben diese Auswahl nicht und können nur Teams vom Typ **Andere** erstellen, um sich beispielsweise in Arbeitsgruppen zu organisieren. Ich möchte Ihnen kurz die vier verschiedenen *Teamtypen* vorstellen:

- **Kurs**: Dieser Teamtyp stellt das Herzstück für den digitalen Unterricht dar. Hier können Sie eine Klasse oder ein Unterrichtsfach organisieren, Online-Besprechungen planen und durchführen sowie Aufgaben verteilen, einsammeln und bewerten.

- **Professional Learning Community (PLC)**: In einem Team dieser Art können Sie sich als Fachschaft beispielsweise abstimmen und gemeinsam überlegen, wie sich für ein bestimmtes Unterrichtsfach neue didaktische Konzepte in der Welt des Online-Unterrichts umsetzen lassen.

- **Mitarbeiter**: In einem solchen Team liegt der Fokus auf der Organisation der Lehrkräfte untereinander, aber auch auf der Zusammenarbeit zwischen der Schulleitung und den Lehrkräften.

- **Andere**: Dieser Teamtyp wird für alle Teamräume verwendet, auf die die drei vorherigen Beschreibungen nicht zutreffen.

Ich werde Ihnen nun nach und nach in diesem und den folgenden Abschnitten jeweils ein Beispiel für den Einsatz der verschiedenen Teamtypen geben, und beginnen möchte ich mit einem Team vom Typ **Mitarbeiter**.

Abbildung 11.5 *Legen Sie ein Team für das gesamte Kollegium an.*

Wählen Sie also den Teamtyp **Mitarbeiter** aus, und geben Sie anschließend in dem daraufhin erscheinenden Dialog den Namen »Kollegium« an (siehe Abbildung 11.5).

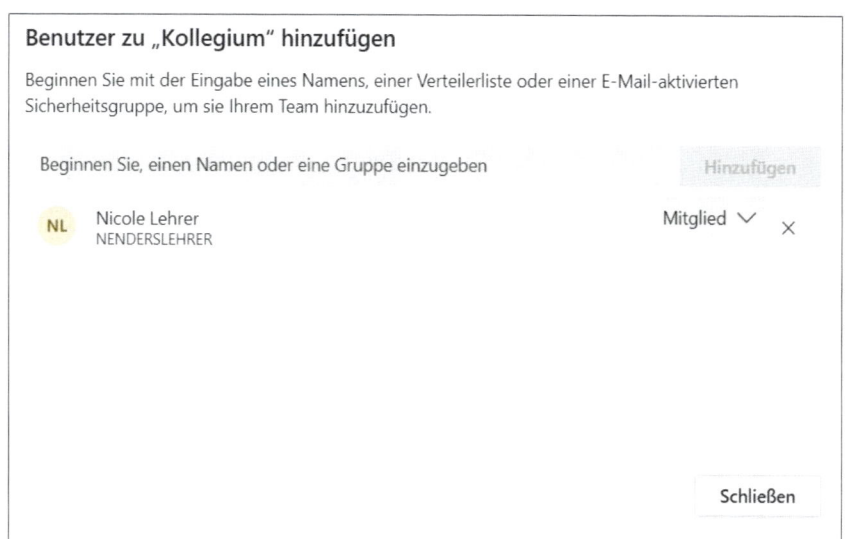

Abbildung 11.6 *Fügen Sie die Lehrkräfte zu Ihrem Team hinzu.*

Nachdem Sie die Schaltfläche **Weiter** betätigt haben, befinden Sie sich in dem in Abbildung 11.6 dargestellten Dialog, in dem Sie wie in Kapitel 3 beschrieben die Lehrkräfte hinzufügen können. Sie haben dabei die Möglichkeit, für die einzelnen Lehrkräfte die Rolle »Mitglied« oder »Besitzer« zu wählen. Die Rolle »Besitzer« würde ich für die Schulleitung und ihre Vertretung vorsehen.

Wenn Sie alle Lehrkräfte hinzugefügt haben, können Sie die Schaltfläche **Schließen** betätigen und befinden sich nun in Ihrem neuen Teamraum. Auf den ersten Blick sieht dieser Teamraum wie jeder andere aus. Es wurde ein Kanal **Allgemein** angelegt, und es gibt einen Teamchat sowie eine zentrale Dateiablage. Sie könnten nun direkt neue Beiträge veröffentlichen, Dateien hochladen oder auch Kanäle (z. B. für verschiedenen organisatorische Aspekte wie Veranstaltung, Nutzung von Räumen oder Stundenpläne) anlegen.

Wenn Sie aber etwas genauer hinschauen, so werden Sie eine Registerkarte **Mitarbeiternotizbuch** entdecken. Rufen Sie diese Registerkarte einmal auf. Noch ist kein Notizbuch angelegt worden, aber Sie können es durch Betätigen der Schaltfläche **Ein OneNote-Mitarbeiternotizbuch einrichten** nun anlegen (siehe Abbildung 11.7).

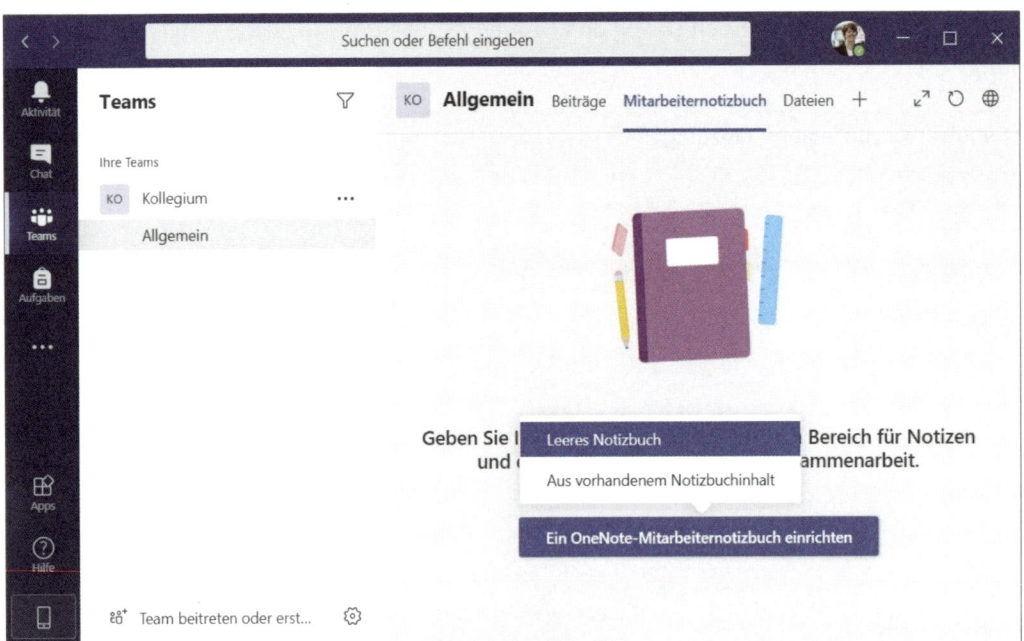

Abbildung 11.7 *Legen Sie ein neues Notizbuch an.*

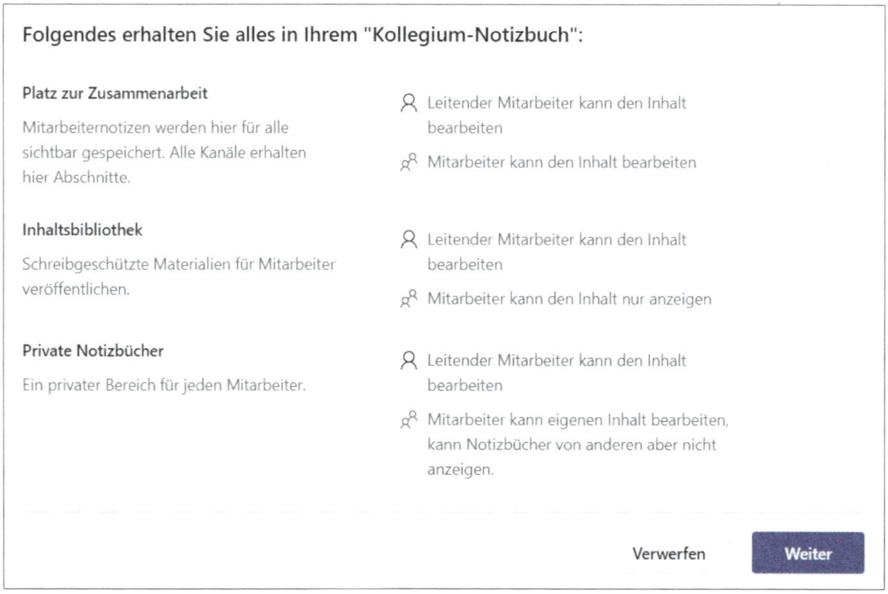

Folgendes erhalten Sie alles in Ihrem "Kollegium-Notizbuch":

Platz zur Zusammenarbeit

Mitarbeiternotizen werden hier für alle sichtbar gespeichert. Alle Kanäle erhalten hier Abschnitte.

  Leitender Mitarbeiter kann den Inhalt bearbeiten

  Mitarbeiter kann den Inhalt bearbeiten

Inhaltsbibliothek

Schreibgeschützte Materialien für Mitarbeiter veröffentlichen.

  Leitender Mitarbeiter kann den Inhalt bearbeiten

  Mitarbeiter kann den Inhalt nur anzeigen

Private Notizbücher

Ein privater Bereich für jeden Mitarbeiter.

  Leitender Mitarbeiter kann den Inhalt bearbeiten

  Mitarbeiter kann eigenen Inhalt bearbeiten, kann Notizbücher von anderen aber nicht anzeigen.

Verwerfen   **Weiter**

Abbildung 11.8 *Erhalten Sie Informationen zur Struktur des Notizbuchs.*

Wählen Sie die Option **Leeres Notizbuch** aus. Bei der anderen Option würden Sie im weiteren Verlauf gefragt, an welcher Stelle Sie ausgewählte Seiten aus einem bestehenden OneNote-Notizbuch zu dem neuen Notizbuch hinzufügen möchten. Um die Struktur aber erst einmal kennenzulernen, ist die Einrichtung eines leeren Notizbuchs besser geeignet. Sie erhalten auch wie in Abbildung 11.8 dargestellt eine Übersicht über die verschiedenen Bereiche des Notizbuchs:

- **Platz zur Zusammenarbeit**: In diesem Bereich können sowohl Besitzer als auch Mitglieder des Teamraums neue Abschnitte und Seiten hinzufügen oder bestehende Informationen bearbeiten.

- **Inhaltsbibliothek**: In diesem Bereich können Besitzer des Teamraums neue Abschnitte und Seiten hinzufügen sowie die enthaltenen Informationen bearbeiten. Mitglieder können nur lesend auf diesen Bereich zugreifen.

- **Private Notizbücher**: Für jedes Mitglied wird ein privater Bereich mit seinem Namen eingerichtet. Ein Mitglied sieht nur seinen privaten Bereich und kann dort neue Abschnitte und Seiten hinzufügen oder auch Informationen bearbeiten. Besitzer eines Teamraums sehen sämtliche privaten Bereiche und können dort Informationen bearbeiten.

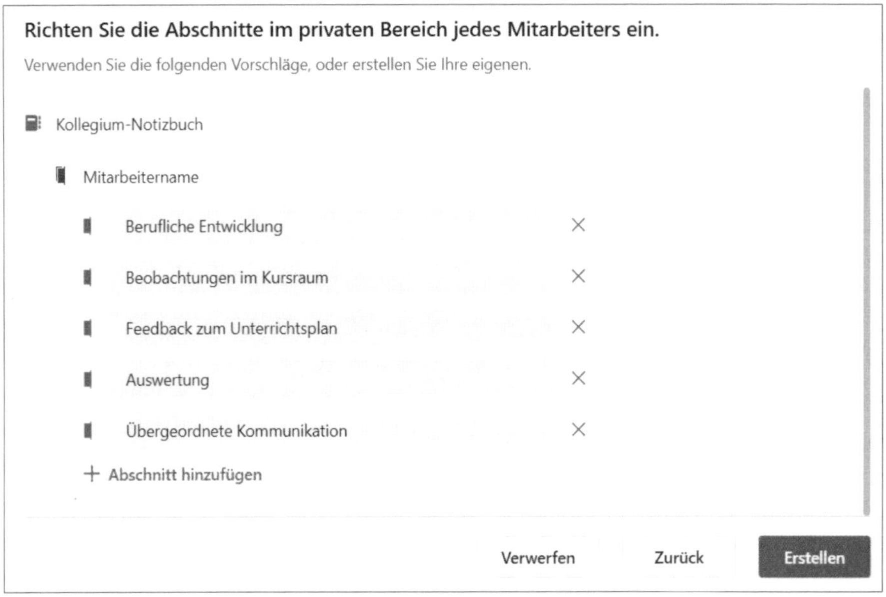

Richten Sie die Abschnitte im privaten Bereich jedes Mitarbeiters ein.

Verwenden Sie die folgenden Vorschläge, oder erstellen Sie Ihre eigenen.

Kollegium-Notizbuch

    Mitarbeitername

        Berufliche Entwicklung   ×

        Beobachtungen im Kursraum   ×

        Feedback zum Unterrichtsplan   ×

        Auswertung   ×

        Übergeordnete Kommunikation   ×

    + Abschnitt hinzufügen

                    Verwerfen   Zurück   **Erstellen**

Abbildung 11.9 *Sie können den Aufbau des privaten Bereichs gestalten.*

Wenn Sie die Schaltfläche **Weiter** betätigen, befinden Sie sich auf der in Abbildung 11.9 dargestellten Konfigurationsseite und können dort die Abschnitte definieren, die standardmäßig jedem Mitglied in seinem privaten Bereich angeboten werden sollen. Es handelt sich hierbei lediglich um Vorschläge. Sie können einzelne Vorschläge über das × entfernen, den Namen eines vorgeschlagenen Abschnitts ändern oder über die Schaltfläche **Abschnitt hinzufügen** weitere Abschnitte vorsehen.

Wenn Sie mit der Einstellung zufrieden sind, schließen Sie den Vorgang durch Betätigen der Schaltfläche **Erstellen** ab. Das OneNote-Notizbuch wird nun angelegt; dieser Vorgang kann einige Sekunden dauern.

Wenn das Notizbuch angelegt wurde, sollten Sie eine mit Abbildung 11.10 vergleichbare Ansicht vorfinden. Schauen Sie sich bitte in Ruhe die automatisch in den verschiedenen Bereichen angelegten Abschnitte und Seiten an. Diese enthalten sehr gute Hinweise und Erläuterungen zur Verwendung des Notizbuchs.

Als untersten Bereich sehen Sie in Abbildung 11.10 übrigens den privaten Bereich für die exemplarisch von mir verwendete Lehrkraft »Nicole Lehrer«. Sollte es weitere Lehrkräfte geben, so würde sie dennoch nur ihren privaten Bereich sehen.

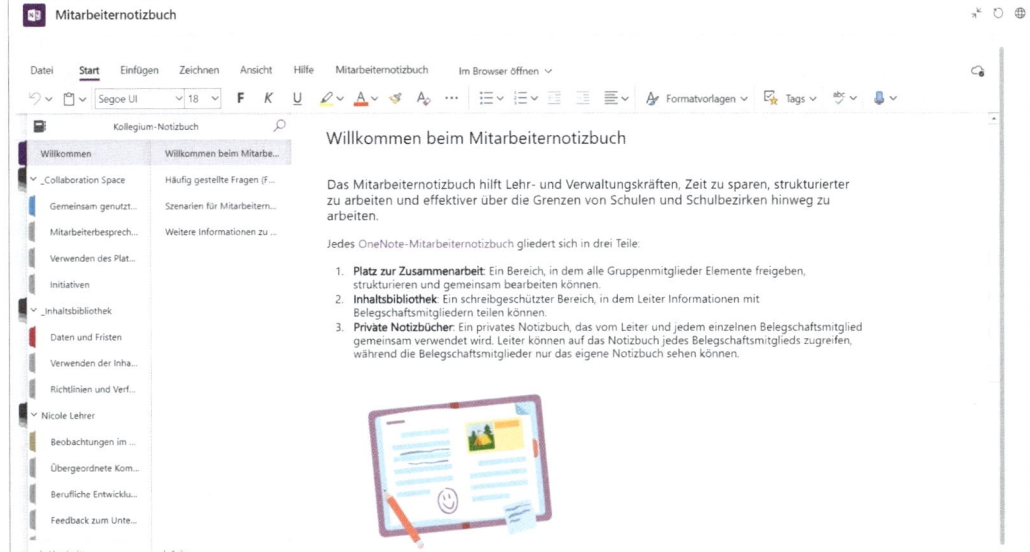

Abbildung 11.10 *Ihr Notizbuch wurde eingerichtet.*

Zum Abschluss dieses Abschnitts möchte ich Ihnen noch eine Funktion vorstellen, die vor allem später bei einem Teamraum vom Typ *Kurs* wichtig werden wird, aber auch hier zur Verfügung steht.

In der Inhaltsbibliothek haben nur Besitzer des Teams und somit die Schulleitung und ihre Vertretung schreibenden Zugriff. Wenn die Schulleitung nun Informationen an die Lehrkräfte verteilen möchte, beispielsweise einen Vorschlag, wie Online- und Präsenzunterricht miteinander kombiniert werden könnten, und am Feedback der einzelnen Lehrkräfte interessiert ist, kann sie folgendermaßen vorgehen:

1. Sie legt eine neue Seite in der Inhaltsbibliothek an. Die Lehrkräfte können lesend direkt auf die Informationen zugreifen.

2. Rufen Sie in der Registerkarte **Mitarbeiternotizbuch** den Menüpunkt **Seite verteilen • Seite verteilen** auf.

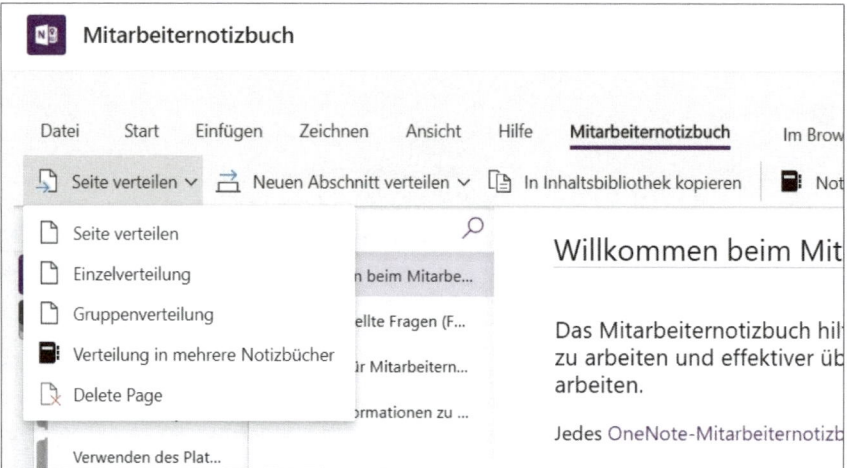

3. Informieren Sie die Lehrkräfte darüber (z. B. über den Teamchat oder im Rahmen einer Besprechung), dass Sie eine neue Seite im privaten Bereich bereitgestellt haben und eine Rückmeldung benötigen.

Jede Lehrkraft kann nun in ihrer privaten Kopie Ergänzungen oder Anpassungen vornehmen, und Sie als Besitzer des Teamraums können jederzeit auf diese Informationen zugreifen. Sollten Sie bestimmte Informationsstände allen Lehrkräften zur Verfügung stellen wollen, so können Sie auch aus dem privaten Bereich über den Menüpunkt **In Inhaltsbibliothek kopieren** eine Seite in der Inhaltsbibliothek hinzufügen.

11.4   Organisation in Fachschaften oder Dozentengruppen

Sie können sich auch in Teamräumen zusammenfinden, um sich zum Beispiel gezielt über ein bestimmtes Unterrichtsfach auszutauschen. Sie können gemeinsam Unterrichtsmaterialien erarbeiten und in der Dateiablage zentral zur Verfügung stellen. Auch gerade bei einem Wechsel zwischen Präsenz- und Online-Unterricht wird es je nach Unterrichtsfach unterschiedliche Erfahrungen und Best Practices geben, die Sie mit Ihren Kollegen teilen können.

Legen Sie nun ein Team vom Typ *Professional Learning Community (PLC)* an, und wählen Sie die entsprechenden Lehrkräfte aus. Wie Sie Abbildung 11.11 entnehmen können, unterscheidet sich der Dialog für die Anlage des Teamraums nicht von einem gewöhnlichen Teamraum.

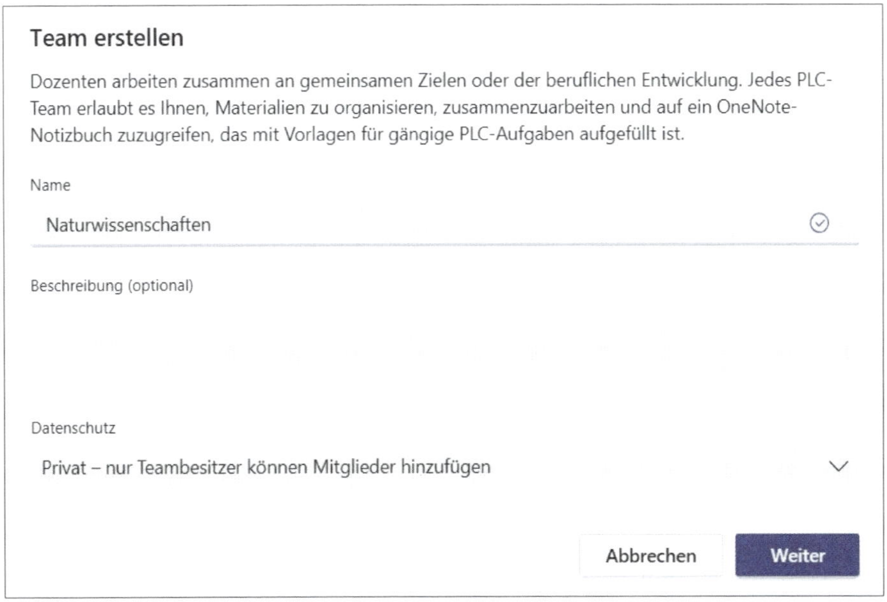

Team erstellen

Dozenten arbeiten zusammen an gemeinsamen Zielen oder der beruflichen Entwicklung. Jedes PLC-Team erlaubt es Ihnen, Materialien zu organisieren, zusammenzuarbeiten und auf ein OneNote-Notizbuch zuzugreifen, das mit Vorlagen für gängige PLC-Aufgaben aufgefüllt ist.

Name

Naturwissenschaften   ⊘

Beschreibung (optional)

Datenschutz

Privat – nur Teambesitzer können Mitglieder hinzufügen   ⌄

Abbrechen   **Weiter**

Abbildung 11.11 *Erstellen Sie eine Professional Learning Community wie jedes andere Team.*

Innerhalb des Teamraums verfügen Sie wie bei jedem anderen Teamtyp auch über die Möglichkeit, diesen nach Ihren Bedürfnissen anzupassen. Ein Mitarbeiter-Notizbuch gibt es hier nicht; dafür wurde aber automatisch ein sogenanntes *SPS-Notizbuch* angelegt (siehe Abbildung 11.12).

Ich empfehle Ihnen, dass Sie sich die in diesem Notizbuch bereitgestellten Informationen genau anschauen. Hieraus können Sie viele wertvolle Tipps für die Einführung und Nutzung von *Microsoft Teams* ziehen. Sie alle in diesem Buch wiederzugeben, würde den Rahmen sprengen und wäre nur bedingt sinnvoll, da Sie aus *Microsoft Teams* heraus stets den aktuell von Microsoft bereitgestellten Stand finden werden.

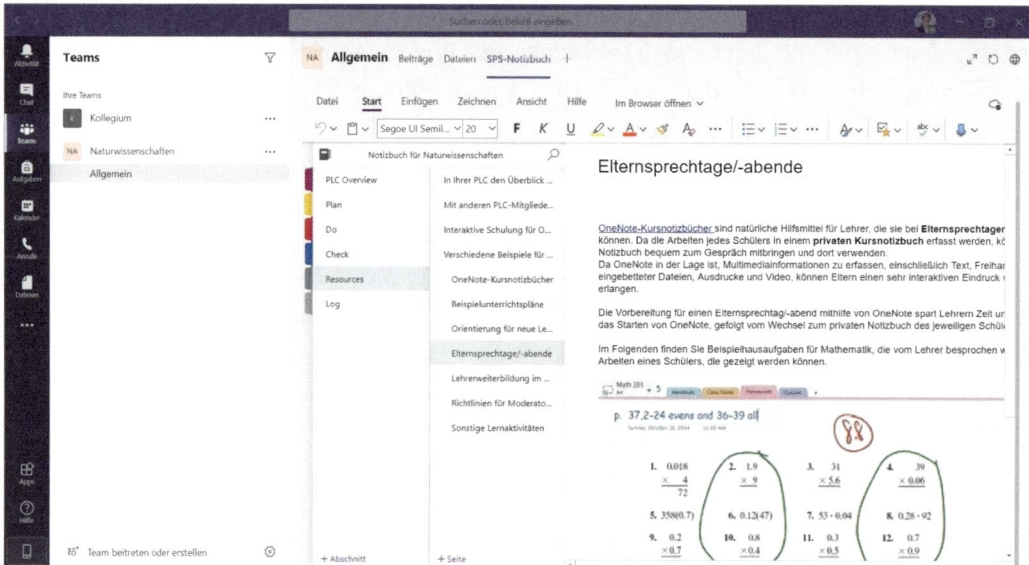

Abbildung 11.12 *Das SPS-Notizbuch enthält viele wertvolle Tipps für die Einführung und Nutzung von Microsoft Teams zur Unterstützung des digitalen Unterrichts.*

11.5 Das virtuelle Klassenzimmer

Wenn Sie sich als Lehrkräfte untereinander in Form von Teamräumen austauschen können, steht nun der nächste Schritt an. Wie können Sie mit Ihren Schülern oder Studenten auch bei räumlicher Distanz in Kontakt bleiben und den Unterricht über ein Online-Format gestalten?

Als Erstes steht die Erstellung eines Teamraums an. Wählen Sie dazu den Teamtyp *Kurs* aus, und geben Sie einen Namen und eine Beschreibung an.

Wie Sie Abbildung 11.13 entnehmen können, sollten Sie sich vorab mit Ihren Kollegen darüber abstimmen, wie Sie die Teamräume benennen möchten und was ein Teamraum genau darstellt bzw. wie er aufgebaut sein soll. Für die Schüler und Studenten sollte es möglichst eine einheitliche Benennung geben, damit sie sich schnell zurechtfinden.

Team erstellen

Lehrer sind Besitzer des Kursteams und Schüler nehmen als Mitglieder teil. Jedes Kursteam erlaubt es Ihnen, Aufgaben und Quizze zu erstellen, Schülerfeedback aufzuzeichnen sowie Ihren Schülern einen privaten Bereich für Notizen im Kursnotizbuch bereitzustellen.

Name

2020/2021 Klasse 5A (Nicole Enders)

Beschreibung (optional)

Schuljahr 2020/2021: Klasse 5A - Klassenlehrerin: Nicole Enders

Team mit einem vorhandenen Team als Vorlage erstellen

Abbrechen   Weiter

Abbildung 11.13 *Legen Sie einen Namen für den Kurs an, und achten Sie auf eine einheitliche Benennung über alle Kurse hinweg.*

Folgende Vorgehensweisen sind u. a. denkbar:

- Ein Teamraum wird für ein einzelnes Unterrichtsfach in einer bestimmten Klasse bzw. einem Kurs verwendet.

- Ein Teamraum wird für eine gesamte Klasse verwendet. Für die Unterrichtsfächer werden Kanäle eingerichtet.

- Der Name des Teamraums enthält den Klassennamen oder das Unterrichtsfach.

- Der Name des Teamraums enthält den Namen des Klassenlehrers oder des Kursleiters bzw. Jahrgangsstufenleiters.

- Für jedes Schuljahr werden neue Teamräume angelegt. Alte Teamräume werden gelöscht oder bewusst beibehalten, damit Schüler auch bis zu ihrem Abschluss auf die Informationen zugreifen können.

- Der Name des Teamraums enthält das Schuljahr. Das kann das Jahr sein, in dem das Schuljahr beginnt oder in dem es endet. Es könnte auch eine Kombination aus beiden Jahren sein.

Sie sehen, Sie haben durchaus unterschiedliche Möglichkeiten, mit dem Tool umzugehen. Ich empfehle Ihnen eine Art »Spielphase«, in der Sie mit Ihren Kollegen die für Sie passende Lösung finden und als gemeinsames Vorgehen etablieren können.

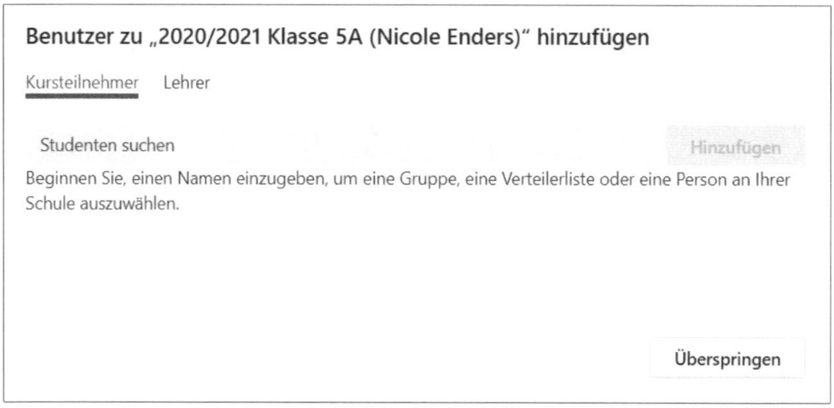

Benutzer zu „2020/2021 Klasse 5A (Nicole Enders)" hinzufügen

Kursteilnehmer   Lehrer

Studenten suchen   Hinzufügen

Beginnen Sie, einen Namen einzugeben, um eine Gruppe, eine Verteilerliste oder eine Person an Ihrer
Schule auszuwählen.

Überspringen

Abbildung 11.14 *Legen Sie fest, wer in dem Kurs als Lehrkraft und wer als Schüler bzw. Student agieren soll.*

Wenn Sie einen Namen und eine Beschreibung für den Teamraum erfasst und die Schaltfläche **Weiter** betätigt haben, befinden Sie sich auf der in Abbildung 11.14 dargestellten Konfigurationsseite. Hier wird schon allein durch verschiedene Registerkarten nach den Schülern bzw. Studenten und den Lehrkräften unterschieden. Fügen Sie die entsprechenden Personen hinzu, und betätigen Sie anschließend die Schaltfläche **Schließen**.

Innerhalb des Teamraums können Sie nun weitere Anpassungen vornehmen und beispielsweise wie in Abbildung 11.15 dargestellt Kanäle für die einzelnen Unterrichtsfächer in einer Klasse einrichten. Alternativ könnten Sie die Kanäle auch für Gruppen verwenden, wenn Sie Gruppenarbeiten unterstützen wollen. Um möglichst flexibel zu bleiben, sollten Sie die Gruppen eher allgemein benennen (z. B. »Gruppe 1«, »Gruppe 2« usw.) und Ihre Schüler dann über den Teamchat oder im Rahmen einer Online-Unterrichtsstunde zuweisen. Innerhalb einer solchen Gruppe kann dann über eine Sofortbesprechung die eigentliche Gruppenarbeit erfolgen.

Eine Besonderheit findet sich bei einem Teamraum vom Typ »Kurs« allerdings noch im Kanal **Allgemein**. Sie finden dort drei Registerkarten, die es sonst nirgends in dieser Form gibt (siehe Abbildung 11.15):

- **Kursnotizbuch**: Dieses OneNote-Notizbuch funktioniert genauso wie das *Mitarbeiternotizbuch* in einem Raum vom Typ *Mitarbeiter* und ermöglicht es Ihnen als Lehrkraft, Arbeitsblätter vorzubereiten, an die Schüler zu verteilen und den Lernfortschritt einzusehen. Außerdem können Sie hier auch gemeinsam mit Ihren Schülern Inhalte erarbeiten.

- **Aufgaben**: Sie können Ihren Schülern auch Aufgaben geben, die bis zu einem bestimmten Zeitpunkt erledigt werden sollen. Bei einer Aufgabe können Sie entscheiden, ob Sie diese allen Ihren Schülern im Kurs zuweisen oder bestimmte Schüler auswählen möchten. So lassen sich auch speziell auf den einzelnen Schüler zugeschnittene Aufgaben stellen.

- **Noten**: Bei einer Aufgabe können Sie festlegen, ob es eine Benotung in Form von Punkten (maximal 100) geben soll. Die von Ihnen bewerteten Aufgaben werden dann in dieser Registerkarte angezeigt.

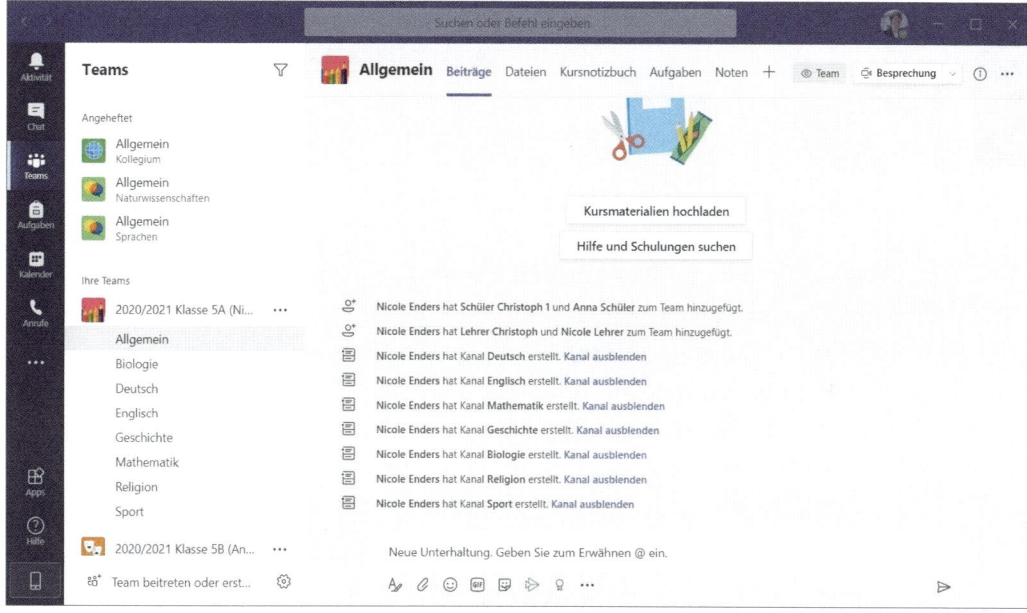

Abbildung 11.15 *Ein Team vom Typ »Kurs« hat einige Besonderheiten wie ein Kursnotizbuch, Aufgaben und Noten.*

11.5.1   Den Unterricht mit einem Kursnotizbuch unterstützen

Ich gehe nun auf die einzelnen Bereiche ein und beginne mit dem Kursnotizbuch. Wenn Sie als Lehrkraft das erste Mal die Registerkarte *Kursnotizbuch* aufrufen, erscheint ein ähnliches Bild wie bei der Einrichtung eines Mitarbeiternotizbuchs.

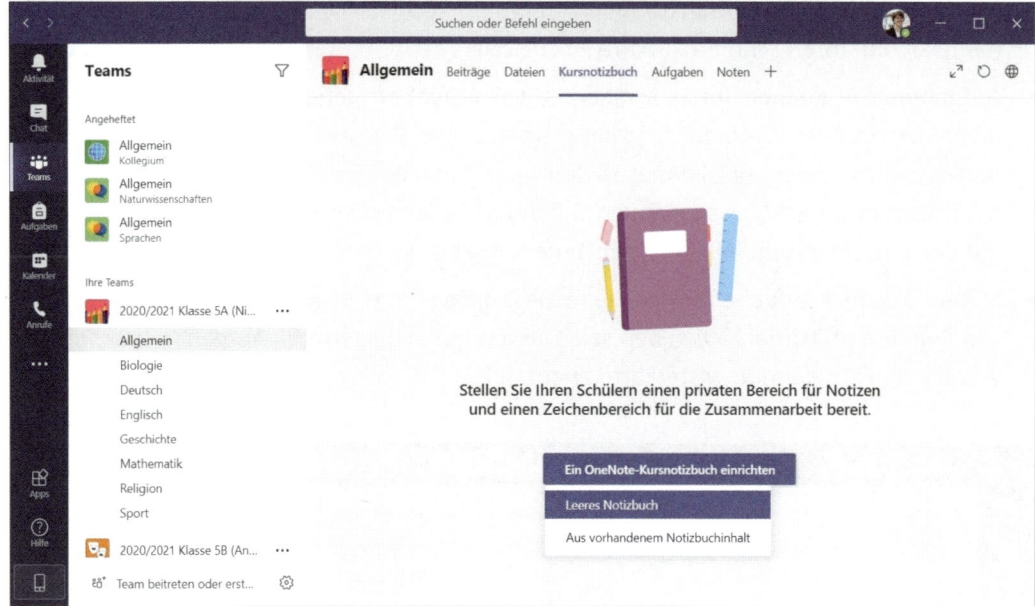

Abbildung 11.16 *Erstellen Sie ein neues Kursnotizbuch.*

Wie Sie Abbildung 11.16 entnehmen können, haben Sie auch hier die Wahl zwischen einem leeren Notizbuch und der Übernahme von Inhalten aus einem bestehenden Notizbuch. Wenn Sie einmal einen Kurs vorbereitet haben, ist die zweite Option sicher sehr interessant für Sie. Für diesen Moment wählen Sie aber die Option **Leeres Notizbuch** aus und erhalten nun entsprechend der Darstellung in Abbildung 11.17 eine Übersicht über die verschiedenen Bereiche des Notizbuchs:

- **Platz zur Zusammenarbeit**: In diesem Bereich können sowohl Lehrkräfte als auch Schüler und Studenten des Teamraums neue Abschnitte und Seiten hinzufügen oder bestehende Informationen bearbeiten.

- **Inhaltsbibliothek**: In diesem Bereich können die Lehrkräfte des Teamraums neue Abschnitte und Seiten hinzufügen sowie die enthaltenen Informationen bearbeiten. Die Schüler und Studenten können nur lesend auf diesen Bereich zugreifen.

- **Nur für Lehrer**: Sie können eine Option aktivieren, wodurch innerhalb des Notizbuchs ein Bereich eingerichtet wird, der ausschließlich für Lehrkräfte (entspricht der Rolle »Besitzer« im Teamraum) zur Verfügung steht. Schüler bzw. Studenten können diesen Bereich nicht aufrufen.

- **Studentennotizbücher**: Für jeden Schüler bzw. Studenten wird ein privater Bereich mit seinem Namen eingerichtet. Er sieht nur seinen privaten Bereich und kann dort neue Abschnitte und Seiten hinzufügen oder auch Informationen bearbeiten. Die Lehrkräfte sehen sämtliche privaten Bereiche und können dort Informationen bearbeiten.

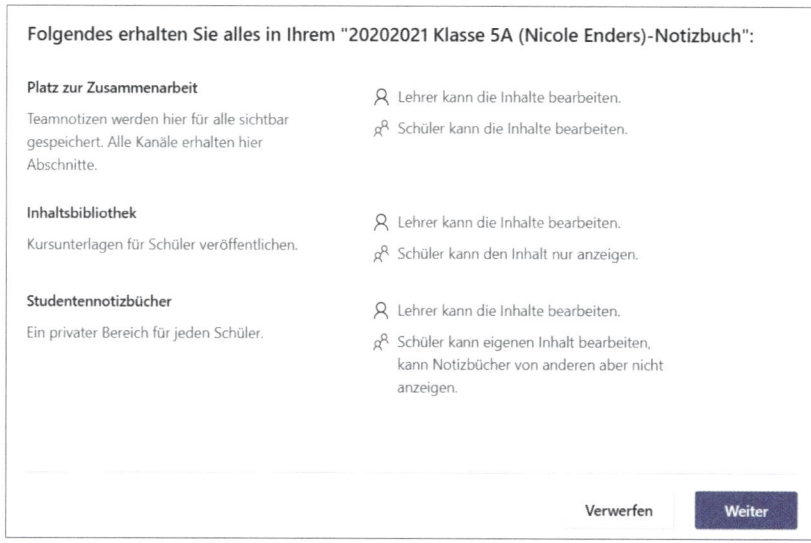

Abbildung 11.17 *Ein Kursnotizbuch bietet Ihnen die Möglichkeit, Arbeitsblätter zentral zur Verfügung zu stellen und an die Schüler zu verteilen.*

Betätigen Sie die Schaltfläche **Weiter**, und nun können Sie entsprechend der Darstellung in Abbildung 11.18 bestimmen, wie die Studentennotizbücher aufgebaut sein sollen. Es geht hierbei um die persönliche Informationsablage Ihrer Schüler, auf die Sie ebenfalls Zugriff haben. Abhängig vom Unterrichtsfach sowie der Jahrgangsstufe können unterschiedliche Strukturierungen sinnvoll sein. Finden Sie Ihre persönliche Struktur, und besprechen Sie mit Ihren Schülern bzw. Studenten, welche Informationen in welchem Bereich abgelegt werden sollen.

Wenn Sie die entsprechenden Abschnitte konfiguriert haben, können Sie den Vorgang über die Schaltfläche **Erstellen** abschließen. Das OneNote-Notizbuch wird nun erstellt und kann anschließend von Ihnen verwendet werden. Sie können ab diesem Zeitpunkt übrigens das Notizbuch auch in der Desktop-App von OneNote öffnen, falls Ihnen dies lieber ist.

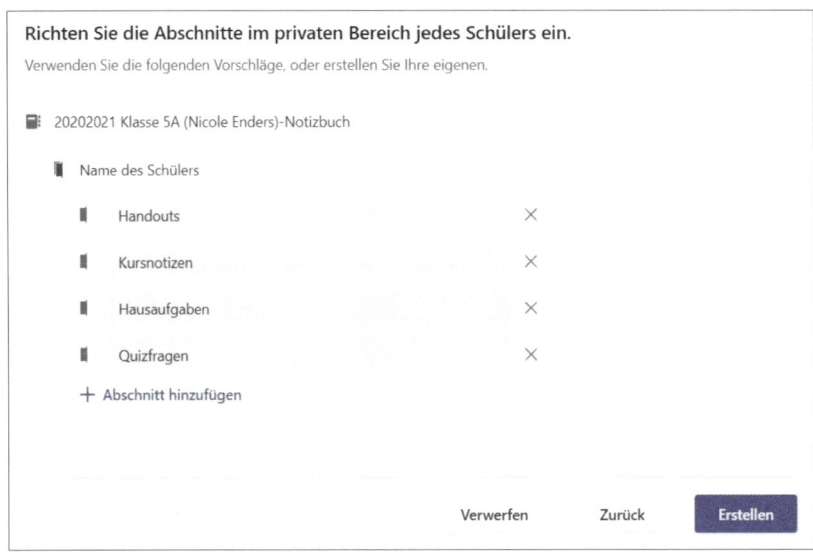

Abbildung 11.18 *Richten Sie die Struktur für Ihre Schüler bzw. Studenten ein.*

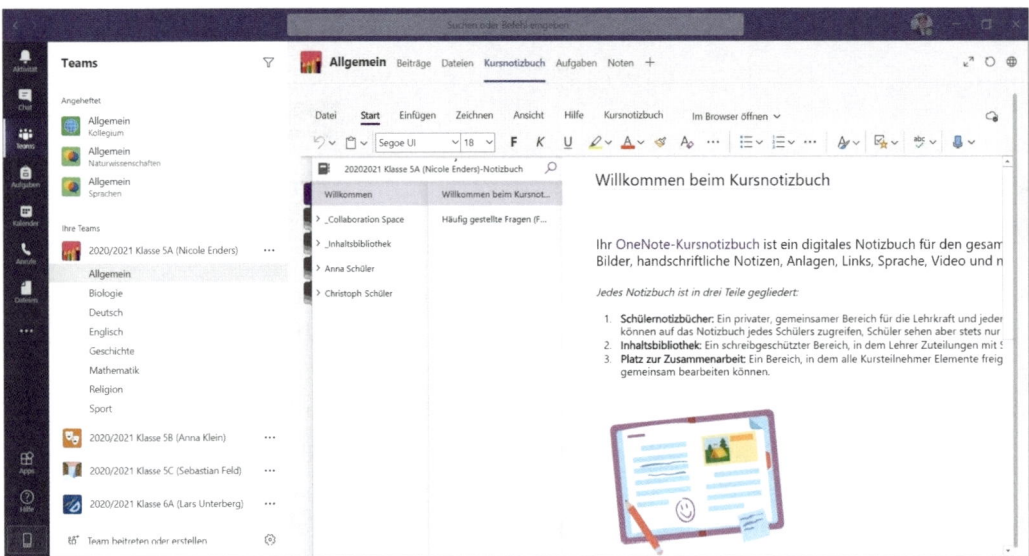

Abbildung 11.19 *Sie können auf die Studentennotizbücher aller Ihrer Schüler bzw. Studenten zugreifen.*

Wenn Sie das in Abbildung 11.19 dargestellte Kursnotizbuch betrachten, sehen Sie dort Abschnitte für zwei Schüler (Anna und Christoph). Wenn ich nun ein-

mal die Perspektive von Anna einnehme, sehen Sie, dass Anna nur ihren eigenen Bereich sieht (siehe Abbildung 11.20).

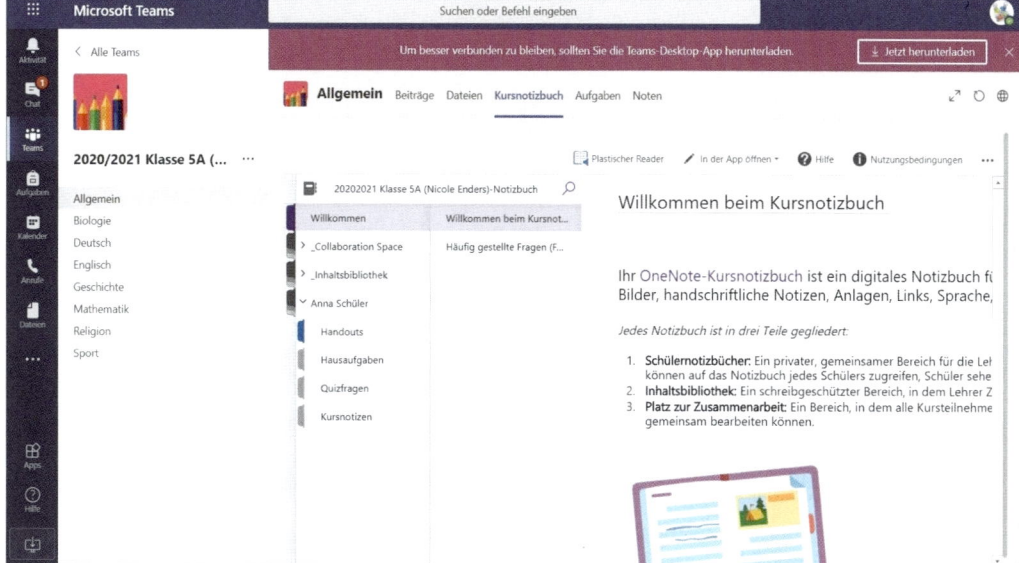

Abbildung 11.20 *Ein Schüler bzw. Student sieht nicht die persönlichen Bereiche seiner Mit-
schüler bzw. Kommilitonen.*

So können Sie innerhalb des Studentennotizbuchs vertraulich mit Ihren Schülern bzw. Studenten zusammenarbeiten. Sie sehen vielleicht schon anhand der
Notizen, an welcher Stelle der entsprechende Schüler eventuell gerade Probleme hat und können ihm direkt an der Stelle eine Notiz mit einem Hinweis
hinterlassen. Diese Möglichkeit kommt der Vorgehensweise nahe, wenn Sie
bisher im Unterricht durch die Reihen gegangen sind und in das Heft eines
Ihrer Schüler geschaut haben. Hier können Sie sogar in die Aufzeichnung des
Schülers schauen, ohne ihn dabei zu stören.

Die Verteilung von Arbeitsblättern erfolgt wie beim Mitarbeiternotizbuch
auch, indem Sie eine Seite aufrufen und über die Registerkarte **Kursnotizbuch**
den Menüpunkt **Seite verteilen • Seite verteilen** aufrufen.

Benötigen Sie einen privaten Bereich für sich?
Sie können auch einen Bereich im Kursnotizbuch einrichten, der ausschließlich den Lehrkräften zur Verfügung steht. Hier können Sie Unter-

richtsmaterialien vorbereiten und zu einem bestimmten Zeitpunkt erst in die Inhaltsbibliothek übertragen.

Rufen Sie dazu über die Registerkarte **Kursnotizbuch** innerhalb des One-Note-Notizbuchs den Menüpunkt **Notizbücher verwalten** auf. Auf der daraufhin erscheinenden Konfigurationsseite können Sie dann die Option **Abschnittsgruppe nur für Lehrer** aktivieren. Die Notizbücher werden dadurch mit einem neuen Bereich »_Nur für Lehrer« ausgestattet.

Bei der Dateiablage gibt es übrigens auch eine Besonderheit. Wenn Sie die Registerkarte **Dateien** einmal aufrufen und dort Dateien hochladen möchten, finden Sie dort einen Ordner **Kursmaterialien**. Wenn Sie Dateien innerhalb dieses Ordners ablegen, können Ihre Schüler bzw. Studenten zwar darauf zugreifen, aber keine Veränderungen vornehmen oder weitere Dateien hochladen. Schüler und Studenten können nur außerhalb dieses Ordners Dateien ablegen.

11.5.2   Unterricht live durchführen

Das Verteilen von Informationen über ein Kursnotizbuch sowie die Erarbeitung von neuen Lerninhalten in Form eines Selbststudiums stellt nur eine Komponente beim Lernen auf räumlicher Distanz dar. Die zweite wichtige Komponente ist der Unterricht im Klassenzimmer oder in Form einer Online-Besprechung. In Kapitel 6 bin ich auf die verschiedenen Möglichkeiten im Detail eingegangen, und sie unterscheiden sich auch nicht in einem unternehmensbezogenen Einsatz oder einem schulischen Kontext. Folgende Einsatzszenarien sind denkbar:

- **Geplante Besprechungen**: In einem Stundenplan ist für jede Lehrkraft sowie für jeden Schüler bzw. Studenten klar definiert, wann ein bestimmtes Unterrichtsfach gelehrt wird. Die Lehrkraft sollte über den Kalender zu der Unterrichtsstunde einladen und dabei darauf achten, dass es sich um einen sich wöchentlich wiederholenden Termin handelt. Die Schüler bzw. Studenten sagen zu dem Termin zu und haben nun in ihrem Kalender eine Übersicht über die verschiedenen anstehenden Unterrichtsstunden. Über den Kalender können alle eingeladenen Personen sowie die Lehrkraft zu der gegebenen Zeit an dem Termin teilnehmen.

- **Spontane Besprechungen**: Im Rahmen einer Gruppenarbeit können über den Teamchat Sofortbesprechungen gestartet werden. An dieser Besprechung kann grundsätzlich jeder aus dem Teamraum teilnehmen. Damit sind Sie flexibel hinsichtlich der Zusammenstellung von Arbeitsgruppen, und Sie können als Lehrkraft zwischen den einzelnen Gruppen wechseln und bei Bedarf helfen. Die Schüler bzw. Studenten können Sie auch gezielt aus Ihrer Gruppenbesprechung heraus hinzuziehen.

- **Persönliche Gespräche**: Wenn ein Schüler bzw. Student ein Problem hat und das Gespräch mit Ihnen sucht oder auch wenn die Eltern Bedarf an einem persönlichen Gespräch mit Ihnen haben, kann dies über den Chat bzw. einen Audio- oder Videoanruf ermöglicht werden. Sie sind in diesem Szenario losgelöst von einem Teamraum und führen ein vertrauliches Gespräch zwischen Schüler, Lehrkraft und ggf. den Eltern.

- **Liveereignis**: Es gibt bestimmte Informationsveranstaltungen, zu denen beispielsweise Schüler mit ihren Eltern eingeladen werden, um ihre nächsten Kurse zu wählen. Hierfür kann ein Liveereignis geplant werden, da bei diesen Veranstaltungen in der Regel wenige Redner vorgesehen sind und ggf. Fragen gestellt und anschließend beantwortet werden.

Sie sehen, dass Sie verschiedenste Möglichkeiten haben, um den Unterricht zu gestalten und den persönlichen Kontakt mit Ihren Schülern bzw. Studenten zu halten.

11.5.3   (Haus-)Aufgaben

Ich möchte Ihnen im letzten Abschnitt eine Funktion für die Verwaltung von Aufgaben vorstellen, die nur in *Microsoft Teams* für Bildungseinrichtungen angeboten wird (siehe Abbildung 11.21).

Über das Kursnotizbuch können Sie Arbeitsblätter verteilen, und vielleicht haben Sie schon überlegt, wie Sie Aufgaben an Ihre Schüler verteilen können bzw. wie Sie den Überblick über verteilte Aufgaben behalten. Mit dem Kursnotizbuch könnte das schwierig werden. Ihnen steht jedoch über die Registerkarte **Aufgaben** eine dafür vorgesehene Funktion zur Verfügung. Wenn Sie die Registerkarte das erste Mal aufrufen, müssen Sie die Schaltfläche **Erste Schritte** betätigen, um auf die in Abbildung 11.22 dargestellte Übersicht zu gelangen. Hier finden Sie später nach Status gruppiert sämtliche Aufgaben, die Sie Ihren

Schülern gestellt haben. Schüler finden hier stattdessen eine Übersicht über alle Aufgaben, die Ihnen gestellt wurden.

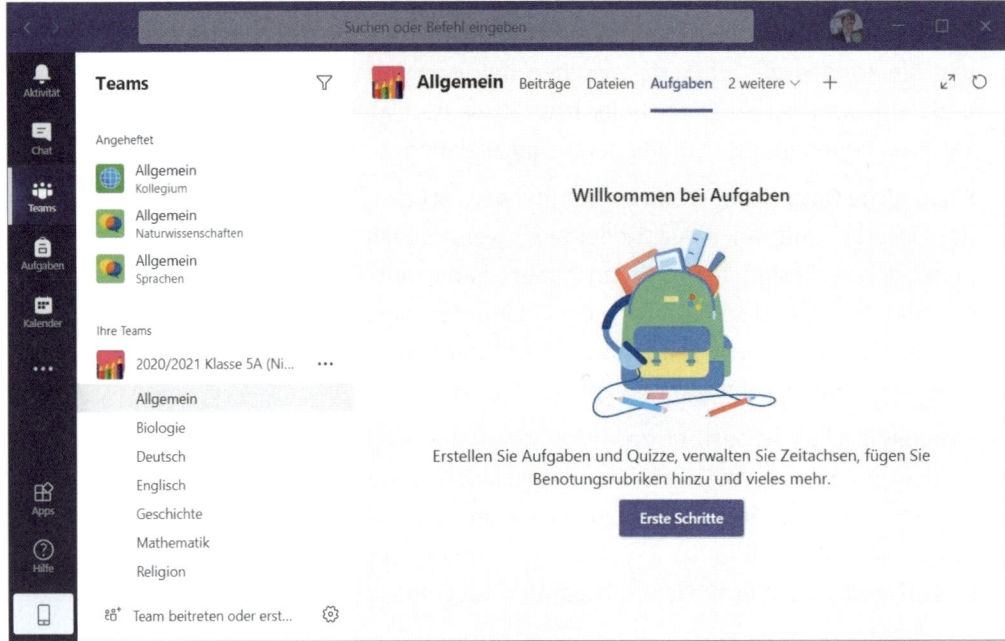

Abbildung 11.21 *Stellen und überprüfen Sie Aufgaben.*

Abbildung 11.22 *Erstellen Sie eine neue Aufgabe.*

Wenn Sie die Schaltfläche **Erstellen** betätigen, erhalten Sie entsprechend der Darstellung in Abbildung 11.22 folgende Auswahl:

- **Aufgabe**: Diese Option werden Sie vermutlich in der Regel verwenden. Sie geben an, was Sie von den Schülern erwarten, bis wann die Aufgabe abgeschlossen sein soll und ob sie benotet wird.

- **Quiz**: Sie können mit *Microsoft Forms* ein Quiz erstellen und so Wissen abfragen. Für jede Frage können Sie Punkte hinterlegen und so beispielsweise Tests oder auch zum Teil Klassenarbeiten oder Klausuren durchführen. Ein Quiz wird anschließend in einer Aufgabe »verpackt«, sodass Sie am besten erst einmal mit einer Aufgabe beginnen.

- **Aus vorhandener**: Wenn Sie eine Aufgabe schon einmal gestellt haben und entweder vollständig übernehmen oder nur marginal anpassen möchten, ist diese Option die richtige für Sie.

Wählen Sie erst einmal die Option **Aufgabe** aus, und füllen Sie die in Abbildung 11.23 dargestellten Felder aus.

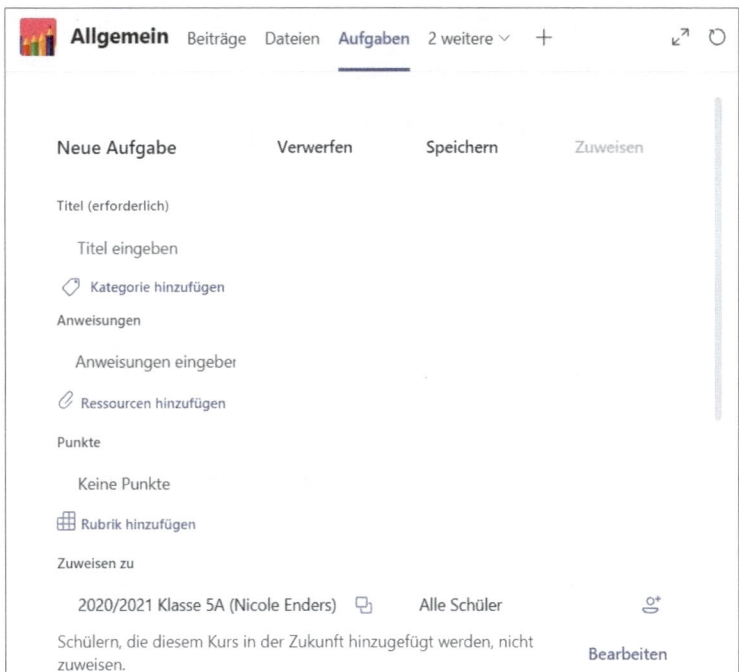

Abbildung 11.23 *Geben Sie Informationen zu der Aufgabe an, damit die Schüler wissen, was Sie von ihnen erwarten.*

Neben einem **Titel** sollten Sie unbedingt im Bereich **Anweisungen** angeben, was Sie von Ihren Schülern erwarten. Dabei können Sie über den Menüpunkt **Ressourcen hinzufügen** auch Dateien wie zum Beispiel ein abfotografiertes Whiteboard oder Tafelbild anfügen. Sie können auch eine Seite aus der Inhaltsbibliothek des Kursnotizbuchs auswählen. Diese Seite wird dann in die Studentennotizbücher kopiert und mit der Aufgabe verknüpft.

Standardmäßig wird eine Aufgabe nicht benotet, was Sie an der Bemerkung **Keine Punkte** erkennen können. Über den Menüpunkt **Rubrik hinzufügen** können Sie diese Einstellung ändern und eine Bewertungsmatrix hinterlegen, die Ihnen auch später bei der Bewertung zur Verfügung steht, wenn Sie manuell die Punkte vergeben.

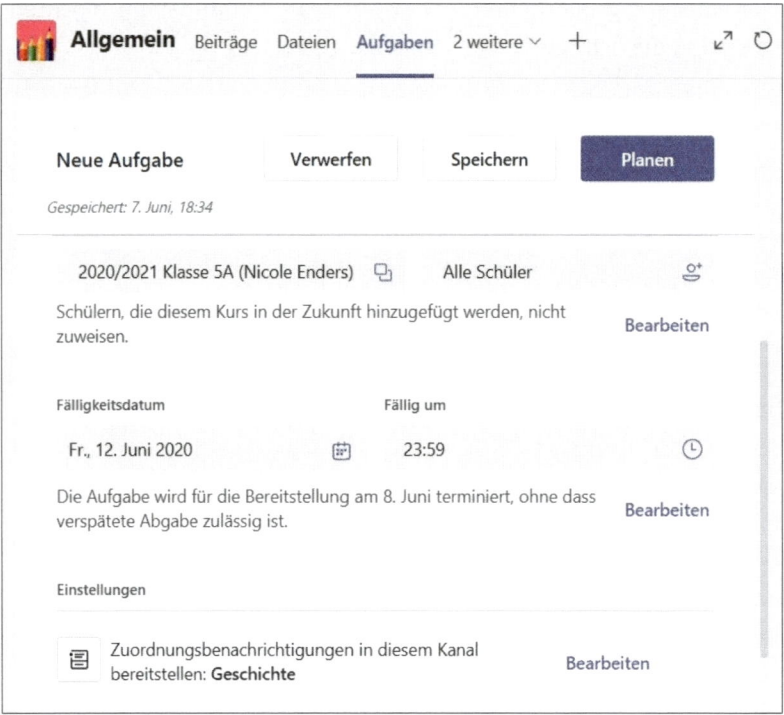

Abbildung 11.24 *Im unteren Bereich bei der Erfassung einer neuen Aufgabe können Sie das Abgabedatum bestimmen.*

Wenn Sie etwas herunterscrollen (siehe Abbildung 11.24), können Sie außerdem festlegen, wem Sie die Aufgabe zuweisen möchten und in welchem Zeitraum sie zu bearbeiten ist. Standardmäßig sind alle Schüler innerhalb des Kurses ausgewählt, über die Schaltfläche **Bearbeiten** können Sie die Aufgabe aber auch gezielt einzelnen Schülern zuweisen. Das Gleiche gilt auch für den Zeitraum der Aufgabe. Wenn Sie hier die Schaltfläche **Bearbeiten** betätigen, erscheint ein Dialog, in dem Sie folgende Einstellungen vornehmen können:

- **Bereitstellungsdatum**: Wenn Sie dieses Datum setzen, wird die Aufgabe erst genau zu diesem Zeitpunkt den Schülern zugewiesen. So können Sie beispielsweise Aufgaben vorbereiten, die erst nach einer Unterrichtsstunde bearbeitet werden sollen.

- **Fälligkeitsdatum**: Dieses Datum zeigt an, bis wann eine Aufgabe durch die Schüler bearbeitet sein soll.

- **Abschlussdatum**: Wenn Sie möchten, dass eine Aufgabe bis zu einem bestimmten Datum bearbeitet sein soll und danach auch keine Ergebnisse mehr nachgereicht werden können, ist dieses Datum für Sie wichtig.

Standardmäßig wird eine neue Aufgabe demnach wohl sofort den Schülern zugewiesen, und sie erhalten eine Benachrichtigung in ihrem Aktivitätsfeed und können die Aufgabe auch über den Menüpunkt **Aufgaben** in der linken Navigation aufrufen. Die Schüler sehen dann auch, wann eine Aufgabe fällig ist, könnten aber auch danach noch ihre Ergebnisse einreichen.

Wenn Sie die Aufgabe erst einmal als Entwurf speichern möchten, können Sie die Schaltfläche **Speichern** betätigen. Um die Aufgabe den Schülern zuzuweisen, betätigen Sie die Schaltfläche **Zuweisen** bzw. **Planen** (wenn Sie ein Bereitstellungsdatum angegeben haben).

Abbildung 11.25 *Rufen Sie als Schüler bzw. Student eine Aufgabe auf, laden Sie Ihre Arbeitsergebnisse hoch, und schließen Sie die Aufgabe ab.*

Als Schüler bzw. Student werde ich über eine neue Aufgabe informiert und kann sie über den Menüpunkt **Aufgaben** oder über die Benachrichtigung in einem Kanal (falls Sie dies ganz unten in der Aufgabe konfiguriert haben) aufrufen. Abbildung 11.25 zeigt ein Beispiel für eine solche Aufgabe.

Ich sehe hier die Aufgabenstellung und die Rubrik, nach der ich benotet werde. Über den Menüpunkt **Arbeit hinzufügen** kann ich dann mein Arbeitsergebnis hochladen. Das kann ein Word-Dokument oder eine andere Datei sein oder auch das Foto von einer handschriftlichen Arbeit.

Wenn ich meine Arbeitsergebnisse hochgeladen habe, kann ich die Schaltfläche **Abgeben** betätigen. Nun können Sie als Lehrkraft die Arbeitsergebnisse sehen und mit der Bewertung beginnen. Ich kann allerdings über die Schaltfläche **Abgabe rückgängig machen** meine Arbeitsergebnisse zurückziehen, Anpassungen vornehmen und erneut meine Arbeitsergebnisse an Sie senden.

Als Lehrkraft sehen Sie in einer Auflistung, welche Schüler bereits die Aufgabe angesehen oder vielleicht sogar schon an Sie gesendet haben (siehe Abbildung 11.25). Über die beiden Registerkarten **Zu benoten** und **Benotet** können Sie außerdem schnell sehen, welche Arbeitsergebnisse Sie schon geprüft haben und welche noch ausstehen.

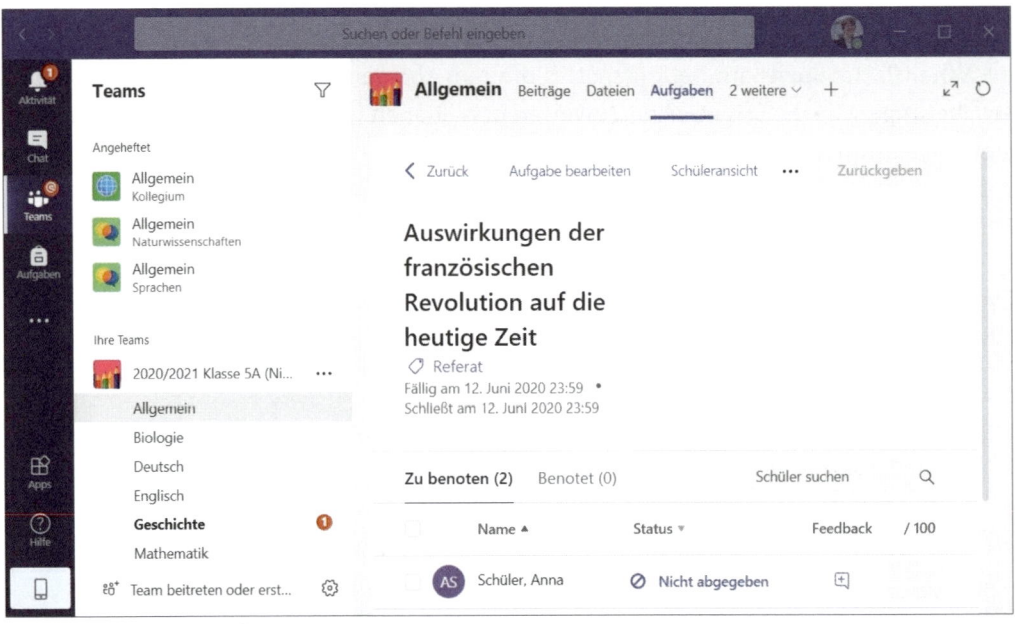

Abbildung 11.26 *Schauen Sie nach, ob Ihre Schüler bereits die Aufgabe bearbeitet haben.*

Wenn Sie nun in die Zeile eines Schülers klicken, öffnet sich der in Abbildung 11.27 dargestellte Bewertungsbereich. Sie sehen zum einen die eingereichten Arbeitsergebnisse und können rechts die Bewertung vornehmen und dem Schüler über das Feld **Feedback** eine Rückmeldung geben. Außerdem vergeben Sie hier auch die Punkte, wobei die Maximalpunktzahl bei 100 liegt. Wenn Sie mit der Bewertung fertig sind, können Sie über die Schaltfläche **Zurückgeben** das Ergebnis an den Schüler senden.

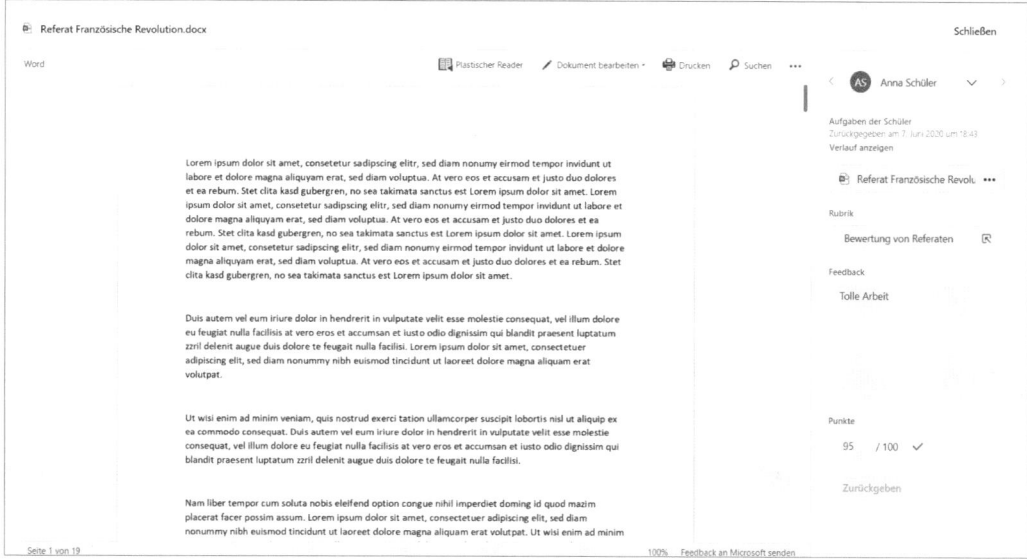

Abbildung 11.27 *Prüfen Sie die eingereichten Arbeitsergebnisse, und geben Sie dem Schüler eine Rückmeldung.*

Im rechten Bereich können Sie ganz oben auch zwischen den einzelnen Schülern wechseln und so Arbeitsergebnisse bei Bedarf miteinander vergleichen. Wenn Sie die Bewertungen nicht einzeln, sondern zur gleichen Zeit an alle Schüler senden möchten, müssen Sie nach der Vergabe der Punkte und Eingeben des persönlichen Feedbacks über die Schaltfläche **Schließen** zur Übersicht zurückkehren, alle Zeilen über die Auswahlbox links auswählen und dann oben rechts die Schaltfläche **Zurückgeben** betätigen.

Nehmen Sie Ihre Schüler bzw. Studenten mit auf die Reise!
Für Lehrkräfte und Schüler bzw. Studenten (und auch für die Eltern) ist die Umstellung auf Homeschooling eine große Herausforderung, die sie nur

gemeinsam meistern können. Wenn Sie über die Einführung von *Microsoft Teams* nachdenken oder das Tool zukünftig nutzen sollen, schließen Sie sich am besten zusammen. Es gibt kein »Richtig« oder »Falsch«. Sprechen Sie miteinander, und holen Sie als Lehrkraft die Schüler und deren Eltern inhaltlich ab, damit sie wissen, was auf sie zukommt und was von ihnen erwartet wird. Probieren Sie Neues aus, und lassen Sie die Schüler aktiv mitgestalten. Dann kann Homeschooling für alle eine gute Alternative und Ergänzung zum Präsenzunterricht werden und viel Spaß mit sich bringen.

Kapitel 12
Exkurs: Microsoft Teams im privaten Umfeld

Tanja nutzt *Microsoft Teams* nun täglich auf der Arbeit und hat sich gefragt, ob das nicht auch etwas für ihr privates Umfeld wäre. Da wären zum einen ihre beiden Töchter; die eine Tochter ist bereits von zu Hause aus ausgezogen, die andere wohnt noch zu Hause. Und beide lieben es zu chatten. Tanja weiß zwar nicht genau, warum die beiden für bestimmte Dinge nicht einfach anrufen, aber so ist es nun einmal. Ansonsten gibt es da noch die wöchentliche Einkaufsliste, die sie zusammen mit ihrem Mann erstellt, und ihr Bruder schickt ihr immer mal wieder Dateien per E-Mail zu, die sie dann bearbeitet wieder zurückschickt. Das könnte doch mit allem, was sie gelernt hat, nun viel einfacher und über ein einziges Tool gehen, oder? Versetzen Sie sich für einen Moment einmal in Tanjas Lage.

Über die Webseite von Microsoft können Sie sich für die *Edition Microsoft Teams für Familie und Freunde* registrieren: *www.microsoft.com/de-de/microsoft-365/ microsoft-teams/teams-for-home.*

12.1   Unterhaltungen innerhalb der Familie

Die Möglichkeiten für das Chatten sind Ihnen bereits bekannt. Wenn Sie Ihre Familienmitglieder zu Ihrer Umgebung hinzugefügt haben, können Sie sie anschreiben und eine schnelle Unterhaltung führen. Sie können sie außerdem zu einem Audio- oder Videoanruf einladen und weitere Personen hinzufügen.

Zusätzlich steht Ihnen auch ein gemeinsamer Kalender zur Verfügung, über den Sie sich miteinander verabreden und dann zu einer Online-Besprechung treffen können.

Den Chat würde ich aber nur für kurzfristige bzw. spontane Themen nutzen. Wenn es dann zum Beispiel um die Organisation einer Überraschungsparty für Tanjas Mann geht, können Sie sich in einem Teamraum organisieren und dort neben der Unterhaltung auch Dateien verwalten (z. B. die Gästeliste oder die geplanten Geschenke).

12.2   Gemeinsame Pflege der Einkaufsliste

Bisher hat Tanja die Einkaufsliste immer per Hand geschrieben und dann ihrem Mann für den Einkauf mitgegeben. Da beide aber über ein Smartphone verfügen und darüber auch *Microsoft Teams* nutzen könnten, fragt sie sich, ob die Einkaufsliste dort nicht viel praktischer wäre. So könnte sie nämlich auch von unterwegs aus noch neue Dinge auf die Liste setzen und würde von ihrem Mann direkt signalisiert bekommen, ob er bestimmte Dinge bei einem Einkauf nicht gefunden hat.

Als Erstes dachte Tanja über eine Excel-Datei nach, die sie über den Chat mit ihrem Mann teilen könnte. Dann fiel ihr aber ein, dass man in *Microsoft Teams* bald auch Aufgaben verwalten kann. Dann würde sie nämlich eine Aufgabenliste für den Einkauf erstellen und diese mit ihrem Mann teilen.

Sie weiß natürlich, dass es sehr viele Apps bereits für Einkaufslisten gibt, aber wenn sie über eine einzige App mehrere Aufgaben aus ihrem Alltag erledigen könnte und sich nicht immer wieder auf die unterschiedlichen Bedienwege verschiedener Apps einstellen müsste, wäre sie sehr glücklich.

12.3   Digitale Form eines Wochenplans

Bisher gab es einen Wochenplan als Magnetboard am Kühlschrank. Hier hat Tanja zusammen mit ihrem Mann und ihrer noch zu Hause lebenden Tochter sonntags immer geklärt, was in der kommenden Woche ansteht und wer welche Aufgaben übernimmt. Mit *Microsoft Teams* könnte sie nun den Kalender nutzen, um Termine zu planen. Und darüber hinaus kann sie auch Aufgaben verwalten und diese ihrem Mann oder ihrer Tochter zuweisen. Ihre Tochter meinte schon einige Male zu ihr, dass der Wochenplan am Kühlschrank »total outdated« wäre und es dafür tolle Apps gäbe – mal sehen, ob sich die Hausarbeiten nun einfacher erledigen lassen.

12.4   Gemeinsame Dateiablage

Zu guter Letzt möchte Tanja nun auch ihrem Bruder erklären, dass das Hin-
und Zurücksenden von Dateien per E-Mail nicht das Wahre ist. Sie denkt darüber nach, einen Teamraum für sie beide zu erstellen und hier die Dateien abzulegen, die sie zuletzt von ihrem Bruder erhalten hat. Zukünftig soll er die Dateien direkt dort bearbeiten oder hochladen und sie per Chat benachrichtigen.

Kleinvieh macht auch Mist

Wenn Sie diese Beispiele aus Tanjas Alltag hören, denken Sie vielleicht, dass
das doch alles nur Kleinigkeiten sind. Aber gerade diese Kleinigkeiten machen einen großen Teil unseres Alltags aus und häufen sich somit an.

Wenn Sie *Microsoft Teams* in Ihrem beruflichen Umfeld einsetzen und gut
damit zurechtkommen, sollten Sie zumindest darüber nachdenken, ob dies
nicht auch das richtige Tool in Ihrem privaten Umfeld sein könnte.

Kapitel 13

Microsoft Teams im Zusammenspiel mit anderen Microsoft-365-Diensten

Microsoft Teams baut auf verschiedenen Microsoft-365-Diensten auf oder kann mit diesen zusammenarbeiten. Ich habe die einzelnen Dienste an verschiedenen Stellen in diesem Buch bereits erwähnt, möchte hier aber noch einmal kurz das Zusammenspiel darstellen.

13.1   Dokumentenmanagement

Microsoft Teams selbst verfügt über keine Dateiablage, sondern verwendet hierfür entweder *OneDrive* oder *SharePoint*:

- **SharePoint**: SharePoint bietet Ihnen eine zentrale Dokumentenablage für Ihr Team. Hier können Sie neue Dokumente und Ordner erstellen oder mittels Drag-and-drop Dateien, die bereits an anderen Orten gespeichert waren, in die Ablage kopieren. Die Dokumente in der Ablage können jederzeit von allen Teammitgliedern gelesen und bearbeitet werden. Darüber hinaus können Sie bei SharePoint Prozesse wie beispielsweise eine Genehmigung bestimmter Dokumente unterstützen sowie granulare Berechtigungen für einzelne Ordner oder Dateien einrichten.

- **OneDrive**: Bei OneDrive handelt es sich um Ihre persönliche Dateiablage. Anstelle einer lokalen Verwaltung auf Ihrem PC können Sie Dateien wie beispielsweise Ihre persönlichen Notizen in OneDrive speichern und damit auch von anderen Rechnern aus auf die Informationen zugreifen. Darüber hinaus können Sie bei Bedarf ausgewählte Kollegen auf eine bestimmte Datei oder einen Ordner berechtigen. Diese Option wird bei jedem persönlichen Chat oder Gruppenchat in *Microsoft Teams* verwendet.

Der Speicherort wird somit nicht explizit von Ihnen als Anwender gewählt, sondern hängt davon ab, wo Sie sich gerade im Tool befinden. Da Sie aber an einigen Stellen Menüpunkte zu den beiden Diensten finden und ggf. auch außerhalb von *Microsoft Teams* auf die Informationen zugreifen möchten, sollten Sie die Zusammenhänge kennen.

13.2   Aufgabenmanagement

In *Teams* selbst wird Ihnen keine Aufgabenverwaltung angeboten. In der Regel werden Sie innerhalb eines Teams Planner nutzen. Sie können allerdings auch weitere Cloud-Dienste wie zum Beispiel *JIRA* in Ihr Team integrieren und so die gemeinsame Bearbeitung von Projekten unterstützen.

Bei *Planner* arbeiten Sie mit einem Aufgaben-Board, das Sie an die Bearbeitungsschritte Ihrer Prozesse anpassen können. Außerdem können Sie mit Planner alle Ihnen persönlich zugewiesenen Aufgaben auf einen Blick einsehen, und zwar unabhängig davon, von wo Ihnen diese Aufgabe zugewiesen wurde.

Während *Planner* für die Aufgaben innerhalb eines Teams gedacht ist, kennen Sie *To Do* vielleicht als den Dienst für Ihre persönlichen Aufgaben. Sie können *To Do* auch aus Outlook heraus erreichen, und Sie können sogar sämtliche Aufgaben (aus *Planner* und *To Do*) aus *Microsoft Teams* heraus zentral aufrufen.

13.3   Wissensmanagement

Zusätzlich zu dem Austausch von Informationen sowie der Bearbeitung von Aufgaben über eine gemeinsame Plattform ist Wissensmanagement für die einzelnen Teams sowie für das gesamte Unternehmen relevant, um dauerhaft wirtschaftlichen Erfolg erzielen zu können. In Microsoft 365 werden verschiedene Dienste zur Unterstützung angeboten:

- **Teams**: Einem Team in *Teams* wird ein Wiki zur Verfügung gestellt. Hier können Sie Erkenntnisse in unstrukturierter Form dokumentieren und nach Bedarf in Seiten und Abschnitte unterteilen.

- **SharePoint**: SharePoint bietet Ihnen ebenfalls die Möglichkeit, Ihr Wissen in Form eines Wikis oder als Neuigkeiten (mit Titel, Bildern und Text) mit Ihren Kollegen zu teilen. Auf Wunsch können Sie auch in einem Kommentarbereich untereinander diskutieren und sich auf diese Weise zu einem Thema austauschen.

- **Stream**: Während Sie bei den übrigen Tools auf eine schriftliche Form des Wissensmanagements beschränkt sind, stellt Stream Ihnen die Möglichkeiten einer Videoplattform zur Verfügung. Sie können zum Beispiel Besprechungen aus *Teams* aufzeichnen und in Stream zur Verfügung stellen. Auch Videos, die mit anderen externen Tools erstellt wurden, können hochgeladen und mit den Kollegen geteilt werden. In der Praxis hat es sich bewährt, Themen in Form eines Videos von ca. fünf bis zehn Minuten zu erläutern. Im Rahmen der Einführung einer Collaboration-Plattform können so zum Beispiel die wesentlichen Änderungen und neuen Funktionen erklärt werden und für den einzelnen Mitarbeiter eine große Hilfe in der Übergangsphase darstellen.

- **Delve**: Bei Delve handelt es sich primär um Ihre persönliche Profilseite. Hier können Sie angeben, mit welchen Themen Sie sich gerade beschäftigen und über welche Expertise Sie verfügen. Vorausgesetzt, die Mehrheit der Mitarbeiter pflegt diese persönlichen Informationen, kann hierüber auch eine Expertensuche durchgeführt werden. Je nach Unternehmensgröße kennen Sie nicht alle Kollegen und können so relativ einfach einen Ansprechpartner für ein bestimmtes Thema finden. Wichtig ist hierbei, dass diese Informationen freiwillig von dem jeweiligen Mitarbeiter angegeben werden müssen.

- **Forms**: Mit Forms können Umfragen und Quiz erstellt werden. Auch wenn es sich dabei nicht um die Dokumentation von Wissen handelt, so möchte ich den Dienst an dieser Stelle erwähnen. Sie können über eine Umfrage oder ein Quiz eine spielerische Komponente in Ihr Wissensmanagement integrieren. Außerdem wird Forms von *Microsoft Teams für den Bildungssektor* verwendet.

- **Yammer**: Yammer bietet Ihnen ähnlich wie *Teams* die Möglichkeit, Ihre Kommunikation innerhalb verschiedener Gruppen bzw. Teams zu organisieren. Der Fokus liegt jedoch eindeutig auf dem unternehmensweiten Informationsaustausch und der Vernetzung von Menschen. In der Praxis hat sich Yammer zur Unterstützung eines Unternehmensnetzwerks bewährt. So finden sich Mitarbeiter aus unterschiedlichen Organisationseinheiten zu bestimmten Themen zusammen, während sie sich, je nachdem, wie groß ein Unternehmen ist, ohne den Einsatz von Yammer überhaupt nicht kennengelernt hätten und sich somit auch nicht untereinander hätten austauschen können.

Die Teamkonstellation sowie die für die generelle Teamarbeit bereits ausgewählten Tools können entscheidend dafür sein, ob Sie für das Wissensmanagement beispielsweise *Teams* oder SharePoint einsetzen. Stream ist für die Wissensvermittlung aktuell zwar objektiv betrachtet die beste Option, allerdings muss eine Videoplattform auch zu Ihnen und Ihrem Unternehmen passen. Falls Sie beispielsweise Hemmungen haben, ein Video zu erstellen, in dem Sie selbst vorkommen (Ton und/oder Bild), so werden Sie diese Möglichkeit nicht oder nur selten nutzen. Außerdem müssen Sie bei dem Einsatz einer Videoplattform auch klären, wie Sie damit umgehen, wenn ein Mitarbeiter das Unternehmen verlässt oder ab sofort nicht mehr möchte, dass in Stream Videos öffentlich zugänglich sind, in denen er auftaucht. Aktuell können Sie nicht direkt ermitteln, in welchen Videos eine bestimmte Person vorkommt.

13.4   Geschäftsprozesse

Zur Unterstützung der Geschäftsprozesse in Ihrem Unternehmen können zum Beispiel *Teams*, SharePoint und Planner genutzt werden. Für die Unterstützung Ihrer individuellen Prozesse werden Sie darüber hinaus vielleicht die folgenden Tools interessant finden, die Sie in *Teams* integrieren können:

- **Power Automate**: Mit Power Automate können Sie Prozesse realisieren, wie zum Beispiel einen Genehmigungsprozess für bestimmte Dokumente inklusive anschließender digitaler Unterzeichnung oder einen automatischen Statuswechsel sowie eine Benachrichtigung bestimmter Personen. Die Stärke von Power Automate besteht einerseits in der grafischen Konfigurationsmöglichkeit und andererseits in der großen Auswahl an Systemen, die Sie miteinander verbinden können. Für Ihre Kollegen aus dem Marketing können Sie zum Beispiel auf Twitter das Stimmungsbild für eine bestimmte Marketingkampagne einfangen, diese Informationen innerhalb von SharePoint speichern und die Kollegen über *Teams* oder Yammer benachrichtigen.

- **Power Apps**: Für die Prozessunterstützung ist die Möglichkeit mobil durchführbarer Arbeitsschritte ein wichtiger Faktor. Prozesse können beschleunigt werden, wenn beispielsweise die Genehmigung eines Urlaubsantrags direkt über das Smartphone erfolgen kann. Mit Power Apps können Sie diese Art von mobiler Unterstützung für ausgewählte (Teil-)Prozesse anbieten.

- **Power Virtual Agents**: Mit *Power Virtual Agents* können Sie Chat-Bots erstellen. Diese digitalen Assistenten können beispielsweise eine FAQ-Liste ablösen und bieten eine interaktive Möglichkeit für Sie und Ihre Kollegen, Antworten auf bestimmte Fragen zu finden oder einen bestimmten Geschäftsprozess (z. B. einen in Power Automate erstellten Flow) zu starten. Im Bereich der Prozessunterstützung kann Power Virtual Agents auch eingesetzt werden, um schnell bestimmte Informationen aus verschiedenen Geschäftsanwendungen abzurufen oder auch Prozesse auszulösen oder fortzuführen, ohne dabei die entsprechende Anwendung selbst aufrufen zu müssen.

- **Dynamics 365**: Dynamics 365 gehört genau betrachtet nicht zu Microsoft 365, hat jedoch viele Berührungspunkte damit. Sie können auf den standardmäßig angebotenen Lösungen für unterschiedliche Geschäfts- und Unterstützungsprozesse aufbauen und diese bei Bedarf an Ihre Anforderungen anpassen. Als Tools kommen dabei u. a. auch Power Automate und Power Apps zum Einsatz.

Da Sie vielleicht kein Dynamics 365 einsetzen (werden), möchte ich an dieser Stelle jedoch betonen, dass Sie Power Automate und Power Apps vor allem in Kombination mit SharePoint und *Teams* einsetzen sollten, um so die für die Teamarbeit relevanten Prozesse möglichst optimal unterstützen zu können.

Starten Sie durch mit Microsoft Teams!

Sie haben auf unserer gemeinsamen Entdeckungsreise durch die vielfältigen Möglichkeiten von *Microsoft Teams* Schritt für Schritt gelernt, wie Sie dieses Tool effektiv einsetzen können. Jeder Reiseführer kann Ihnen allerdings nur Tipps und eine grobe Richtung geben, wohin überall Sie gehen können. Genauso verhält es sich mit diesem Buch! Ich hoffe, ich konnte Ihnen viele wertvolle Tipps und Ideen vermitteln, wie Sie Ihre individuellen Teamräume sowie die Kommunikation mit Ihren Kollegen gestalten können: Welche Möglichkeiten stehen Ihnen zur Verfügung, und wo müssen Sie Grenzen beachten?

Zusammen mit meinem Team konnte ich Ihnen hoffentlich anhand praktischer Beispiele darstellen, wie Sie Online-Besprechungen planen und durchführen können und wann Sie einen Teamraum einem Gruppenchat vorziehen sollten.

Mit den Exkursen zum Schluss haben Sie auch einen Einblick in die Möglichkeiten im Bildungssektor erhalten und erfahren, dass Sie *Microsoft Teams* auch privat einsetzen können.

Bleiben Sie gerne über Twitter mit mir in Kontakt; dort bin ich unter dem Namen @nicolenders zu finden. Falls Sie außerdem weiterführende Fragen haben sollten, die in diesem Buch nicht beantwortet wurden, so können Sie mir gerne eine E-Mail an folgende Adresse senden: *microsoft-teams@conet.de*.

Stichwortverzeichnis

O

P

R

S

Videokonferenzen und produktives Arbeiten im Team

Videokonferenzen sind die ideale Ergänzung für Ihre Workflows mit Microsoft Teams. Mit Zoom, der beliebten Videokonferenz-Software, können Sie sich mit Kollegen in Online-Meetings abstimmen und noch besser zusammenarbeiten. Christine Peyton und Andre Möller stellen Ihnen in diesem Ratgeber alle Funktionen von Zoom vor. Lernen Sie, wie Sie Zoom sicher und souverän nutzen, vom ersten Videochat bis zum produktiven Einsatz im Homeoffice.

304 Seiten, broschiert, in Farbe, 19,90 Euro, ISBN 978-3-8421-0780-9
www.rheinwerk-verlag.de/5219